마가복음 주해

철학 박사 김수흥 지음

도서
출판 언약

Exposition

of

Mark

by

Rev. Soo Heung Kim, S.T.M., Ph.D.

Published by
Eonyak Publishing Company
Suwon, Korea
2024

"성경의 원어를 읽든지 혹은 우리 번역문을 읽든지,
성경을 읽는 것은 성부 하나님, 성자 예수님, 성령 하나님을 읽는 것이고,
본문을 아는 것이 하나님을 아는 것이며,
성경 본문을 붙잡는 것이 하나님을 붙잡는 것이고,
성경본문을 연구하는 것이 하나님을 연구하는 것(신학)이다".

▪ 머리말

　　필자가 청년 시절에는 학구적(學究的)으로 성경주해(exposition of the Bible)를 쓰고 싶었다. 이유는 필자가 언어학을 전공했기 때문이었다. 그러나 신학을 공부하고 또 오랜 목회경력을 쌓아가는 동안 학구적으로 쓰기보다는 누구든지 쉽게 접할 수 있고 또 은혜를 받을 수 있도록 평이하게 써야겠다는 생각으로 바뀌게 되었다.

　　그런데 성경 해석을 평이하게 써야 한다는 생각으로 마음을 정리한 다음에는 주해의 길이를 어떻게 하느냐를 두고 고심을 하게 되었다. 아주 짧게 써야 좋을는지 아니면 많은 분량을 쓰는 것이 좋을는지 고심하게 되었다. 그러나 목회의 연륜이 쌓여가는 동안 짧게 써야 한다는 생각으로 바뀌게 되었다. 전도자나 일반 성도들이나 너무 세상에 지쳐있을 뿐 아니라 또 정보화시대를 맞이하여 모두가 정보로 가득 차 있기에 될 수 있는 한 짧게 그리고 깊이 있게 써야 하겠다는 생각으로 굳어지게 되었다.

　　필자가 막상 주해를 쓰기 위하여 책상 앞에 앉으니 자신의 부족함을 절감하지 않을 수 없게 되었고 성경을 해석하기 위하여 쌓아놓은 여러 지식도 별 것 아닌 것으로 느껴졌다. 그 때 주님께서 필자의 고민 속으로 들어오셔서 번개처럼 순식간에 말씀을 주셨다. 그것은 누가복음 24장의 말씀이었다. 예수님께서 부활하시던 날 엠마오로 가는 두 제자에게 나타나셔서 성경을 풀어주실 때 그들의 마음이 뜨거웠다는 말씀(눅 24:32)이었다. 세상에 여러 해석법이 있지만, 필자는 예수님께서 풀어주시는 것 이상의 좋은 주해가 없다는 생각으로 주님께 기도하면서 성경을 풀어가기 시작했다. 필자는 오늘도 주님께 기도하면서 한 절한 절 성경을 풀어가고 있다.

　　필자가 내놓은 주해서가 벌써 여러 권이다. 옥중서신주해, 공동서신주해, 살전후-딤전후-디도서주해, 요한복음주해를 펴내면서 하나님의 무한대(無限大)하심과 필자의 무한소(無限小)를 더욱 절감하면서 몸부림치게 되었다. 이제 이 작은 마가복음주해를 세상에 내 놓으면서 다시 한 번 자신의 부족함을 절규하는 바이다.

지금은 참으로 위태한 때이다. 신학사상이 혼탁하고 민족의 윤리가 땅에 떨어졌다. 너무 어두워졌고 너무 음란해졌다. 안상무신(眼上無神), 안하무인의 시대가 되어 한 치 앞을 분간하기 힘든 때를 만났다. 이때를 당하여 필자는 하루도 쉴 사이 없이 이 땅의 교회들과 민족을 염려하며 성경주해를 써 내 놓는다. 이 성경주해가 세상에 나가서 어둠을 밝혔으면 하는 일념(一念)뿐이다. 주님이시여, 이 나라의 교계와 민족을 살려주옵소서!

2008년 3월

수원 원천동 우거에서

저자 김수흥

▌ 일러두기
 : 본 주해를 쓰면서 주력한 것

1. 성경을 성경으로 해석해야 한다는 원리를 따랐다. 따라서 외경이나 위경에서는 인용하지 않았다.

2. 본 주해를 집필함에 있어 문법적 해석, 역사적 해석, 정경적 해석의 원리를 따랐다. 성경을 많이 읽는 중에 문단의 양식과 구조와 배경을 파악해냈다.

3. 문맥을 살펴 주해하는 일에 심혈을 기울였다.

4. 매절마다 빼놓지 않고 주해하였다. 난해 구절도 모두 해결하느라 노력했다.

5. 매절을 주해하면서도 군더더기 글이 되지 않도록 노력했다. 군더더기 글은 오히려 성경을 더 복잡하게 만들어 놓기 때문이다.

6. 절이 바뀔 때마다 독자의 편의를 위하여 한 줄씩 떼어놓아 눈의 피로를 덜도록 했다.

7. 본 주해를 집필하는 데 취한 순서는 먼저 개요를 쓰고, 다음 한절 한절을 주해했다. 그리고 실생활을 위하여 적용을 시도했다.

8. 매절(every verse)을 주해할 때 히브리어 원어의 어순을 따르지 않고 한글 개역개정판 성경의 어순(語順)을 따랐다. 이유는 우리의 독자들을 위해야 했기 때문이다.

9. 구약 원어 히브리어는 주해에 필요한 때에만 인용했다.

10. 소위 자유주의자의 주석이나 주해 또는 강해는 개혁주의 입장에 맞는 것만 참고했다.

11. 주해의 흐름을 거스르는 말은 각주(footnote)로 처리했다.

12. 본 주해는 성경학자들과 목회자를 위하여 집필했지만 일반 성도들도 얼마든지 이해할 수 있도록 평이하게 집필했다. 특히 남북통일이 되는 날 북한 주민들도

읽고 이해할 수 있도록 가능한 쉽게 집필했다.

13. 영어 번역이 필요할 경우는 English Standard Version(ESV)을 인용했다. 그러나 때로는 RSV(1946-52년의 개정표준역)나 NIV(new international version)나 다른 번역판들(NASB 등)을 인용하기도 했다.

14. 틀린 듯이 보이는 다른 학자의 주석을 반박할 때는 "혹자는"이라고 말했고 그 학자의 이름은 기재하지 않았다. 그러나 단지 필자와 다른 견해를 제시하는 학자의 이름은 기재했다.

15. 성경 본문에서 벗어난 해석들이나 주장들을 반박할 때는 간단히 했다. 너무 많은 지면을 쓰는 것은 바람직하지 않고 독자들을 피곤하게 만들기 때문이다.

16. 성경 장절(Bible references)을 빨리 알아볼 수 있도록 매절마다 장절을 표기했다(예: 창 1:1; 출 1:1; 레 1:1; 민 1:1 등).

17. 가능한 한 성경 장절을 많이 넣어 주해 사용자들의 편의를 도모했다.

18. 필자가 주해하고 있는 성경 책명 약자는 기재하지 않았다(예: 1:1; 출 1:1; 막 1:1; 눅 1:1; 요 1:1; 롬 1:1 등). 제일 앞의 1:1은 욥기 1장 1절이란 뜻이다.

19. 신구약 성경을 지칭할 때는 '성서'라는 낱말을 사용하지 않고 줄곧 '성경'이라는 용어를 사용했다. '성서'라는 용어는 다른 경건 서적에도 붙일 수 있는 용어이므로 반드시 '성경'이라는 용어를 사용했다.

20. 목회자들의 성경공부 준비와 설교 작성을 염두에 두고 집필했다.

21. QT에도 적절하게 사용할 수 있도록 주해했다.

22. 가정 예배의 교재로 사용할 수 있도록 쉽게 집필했다.

23. 오늘날 믿음을 잃은 수많은 젊은이들이 주님 앞으로 돌아오기를 바라면서 주해를 집필하고 있다.

마가복음 주해

Exposition of Mark

총론

마가복음의 저자는 누구인가

1. 내증

　　마가복음의 저자를 성경 안에서 찾는다는 것이 쉽지 않지만 아주 불가능한 것은 아니다. 1)막 14:51-52에 보면 마가복음 저자는 겟세마네에서의 '한 청년'에 대해 기록했는데, 학자들은 벗은 몸에 베 홑이불을 두르고 예수님을 따라가다가 무리에게 잡혀 베 홑이불을 버리고 벗은 몸으로 도망하던 그 청년을 마가 자신일 것이라고 추측한다. 그 이유는, 14:50에 보면 열두 사도들이 모두 그리스도를 버리고 다 도망하여 그 자리에 없었으므로 그 현장을 목격한 사람은 마가복음 저자 자신일 것이라고 자연스레 추측할 수 있기 때문이다. 2)본서 전체를 통하여 나타나는 사실적(寫實的)인 필치(筆致)는 저자가 직접 목격했거나 아니면 목격자에게서 직접 들은 것임을 증명한다. 여러 외증(外證)들은 본서가 베드로의 설교를 토대로 하여 마가가 저술하였을 것이라고 주장하고 있는데, 본서의 문장 구성이 베드로의 가이사랴에서의 설교(행 10:34-43)와 상통하고 있는 점을 감안할 때 마가의 저작임을 부인할 수 없다. 3)예수님께서 최후의 만찬을 잡수신 다락방이 마가의 집이라 여겨진다. 그런데 마가복음의 다락방에 대한 설명이나 거기서 성찬을 준비하는 광경(막 14:12-16)이 마태복음서(마 26:17-19)나 요한복음서(요

13:1)보다 상세하다. 이 점을 보아도 마가복음의 저자는 마가가 확실하다.

2. 외증

이 책의 저자가 누구냐 하는 것을 밝히기 위해서는 초대교회로부터 내려오는
여러 전승(傳承)이나 여러 교부들의 증언을 따를 수밖에 없다. 이유는, 마가복음
안에는 마가복음의 저자가 마가라고 하는 분명한 내증(內證)이 없기 때문이다.
그런데 여러 전승이나 교부들은 일치하게 본서의 저자를 마가라고 주장한다.
1)헬라어 성경을 보면 이 책의 제목을 '카타 마르콘'(κατα Μαρκον), 곧 '마가에
의한'이라고 표기하고 있다(우리 성경의 책 제목은 "마가복음"이라고 했지만).
마태복음의 책 이름을 그 책의 저자 이름에서 따 온 것처럼 본서 역시 저자의
이름을 책 이름으로 삼고 있는 것이다. 2)히에라폴리스의 감독이었던 파피아스
(Papias, A. D. 140년경)는 '그 장로'라는 사람의 이름을 인용하여 마가복음의
저작자를 마가라고 말한다. 파피아스가 언급하는 '그 장로'가 말하기를, "마가는
베드로의 통역자였으며 그가 그리스도의 말씀을 기록했다'고 한다. 파피아스는
여기 '그 장로'가 누구인지 구체적으로 말하지 않았지만 '그 장로'라는 사람의
말을 자주 인용했다. 파피아스가 자랑스럽게 여기는 '그 장로'가 마가복음을 기록한
사람이 마가라고 주장하는 말은 믿을만한 것이다. 3)A. D. 4세기 초에 기술한
유세비우스의 교회사(Ecclesiastical History II. xiv. 6-xv. 2)에 의하면, 베드로와
성도들이 베드로를 따르던 마가로 하여금 마가복음이라는 성경을 쓰게 하였고
마가는 성령의 감동으로 마가복음을 기록하였다고 한다. 유세비우스는 또 그의
교회사(VI. xxv. 5)에서 오리겐의 다음과 같은 말을 인용하고 있다. "마가는 그의
복음서를 베드로의 지시대로 기록하였으며 베드로는 또한 그의 공동 서신에서
마가를 그의 아들로 말했다'(벧전 5:13).[1] 4)터툴리안(Tertullian, A. D. 150-220)은

---

1) 윌렴 헨드릭슨, *마가복음* (상), 헨드릭슨 성경주석, 김만풍 역 (서울: 아가페 출판사, 1983),
   pp. 24-25.

그의 반 말시온 선언(Against Marcion IV. 5)에서 이렇게 말한다. 곧 "마가가 펴낸 복음서는 베드로의 것이라 확언할 수 있으니, 이는 마가가 그의 통역자였던 것이다."2) 5)리욘(Lyions)의 감독이었던 이레니우스(Irenaeus)는 그의 저서 반 이단 선언(Against Heresies III. i. 1.)에서 "베드로와 바울은 서쪽으로 나아가 복음을 전했고 로마에 교회를 설립하였다. 그들이 떠난 후 베드로의 제자요 통역자 였던 마가는 또한 베드로가 전파하였던 것을 글로 기록하여 우리에게 전해주었다" 고 한다.3) 여러 전승이나 교부들은 마가복음의 저자가 마가라는데 별로 이의를 제기하지 않는다.

마가복음의 저작 연대는 언제인가

마가복음의 저작 연대는 정확히 알 수가 없다. 그러나 1)예루살렘 멸망(A. D. 70) 이전에 이 복음서가 기록되었을 것이라고 추측하는 것이 옳다. 이유는 막 13:2에서 예루살렘이 앞으로 멸망할 것이라고 예언하고 있기 때문이다. 2)초대교 회의 이레니우스(Irenaeus)는 "베드로와 바울이 죽은 후 베드로의 제자이며 통역자 였던 마가도 베드로의 설교를 기록하여 우리에게 전해주었다"고 기록하고 있다 (Irenaeus, Against Heresies III). 이레니우스의 말을 근거하여 저작연대를 잡는다 면, 베드로(A. D. 64년)와 바울(A. D. 67년)이 순교한 이후에 마가복음이 쓰였고, 또 예루살렘 멸망(A. D. 70년)의 예언이 아직 성취되지 않은 때 기록되었을 것이니 그 기록 연대는 A. D. 67-70년으로 보인다. 3)그러나 최근 들어 어떤 학자들은 A. D. 40-65년 사이에 기록된 것으로 보기도 하고 또 혹자는 A. D. 55-68년으로 주장하기도 한다. 아무튼 마가복음의 기록 연대에 대해서는 논란이 있어서 정확하 게 말하기는 힘드나 대략 A. D. 55-65년으로 보는 것이 가장 무난하다고 본다.

---

2) Ibid. p. 25.
3) Ibid. p. 26.

마가복음은 어디에서 저작 되었는가

유세비우스(Eusebius)와 알렉산드리아의 클레멘트(Clement of Alexandria) 그리고 이레나우스(Irenaeus)에 의하면, 로마인들을 위해서 기록한 이 복음은 로마에서 기록되었다고 한다. 이 복음이 이방인들을 위해서 기록되었음의 증거는, 1)저자 마가가 때때로 헬라어를 라틴어로 번역하고 있는 것을 보아 알 수 있다. 두 렙돈이 한 고드란트라에 해당하는 것이라고 말하며 군병들이 예수님을 끌고 들어간 아울레(αὐλή-"궁")를 브라이도리온으로 번역해 놓았다. 2)히브리어를 사용할 경우 이를 번역하고 있다. "보아너게"-)"우뢰의 아들"(3:17), "달리다굼"-)"소녀야 내가 네게 말하노니 일어나라"(5:41), "고르반"-)"하나님께 드림이 되었다"(7:11), "엘리 엘리 라마 사박다니"-)"나의 하나님 나의 하나님 어찌하여 나를 버리셨나이까"(15:34). 3)마가는 또 구레네 시몬이(15:21) 로마에서 잘 알려진 인물이었던(롬 16:13) "알렉산더와 루포의 아비"였다고 소개하고 있다(15:21, 윌럼 헨드릭슨). 4)고대의 증언들은 본서가 로마에서 기록되었다고 말한다(Hermas, Hipolytus, Epiphanaeus, Tatian, Eusebius). 4)딤후 4:11에는 바울이 마가를 로마로 불렀고, 벧전 5:13에 의하면 마가가 베드로와 함께 로마에 있었다고 한다. 이로 보건대 그가 로마에서 본 복음을 저술했으리라 본다.

마가복음의 저작 동기는 무엇인가

1)마가는 베드로와 함께 로마에 있을 때 그의 설교를 기록하기 원하는 로마 사람들의 요구를 받아들여 성령의 인도를 받아 이 복음서를 기록했다. 2)베드로의 설교를 요약해야 하는 마가는 사람들에게 회개를 촉구했고 믿음을 통한 구원을 받아 하나님께 영광 돌릴 것을 권고했다(행 11:18). 3)마가는 예수님을 철저히 인간으로 부각시키려 했다(1:41; 2:16; 3:5; 11:12; 15:36). 4)그리고 예수님이 완전한 하나님이심도 드러내기 원했다. 마가는 예수님이 하나님의 아들이시며(1:1; 3:11), 치유와 사망의 권세를 가지고 계신 분으로 드러내기를 원했다(1:32-34;

8:22-26; 10:46-52). 그리고 자연을 통치하시며(4:35-41) 바다 위를 걸으시고(6:48) 위대한 이적을 행하시는 분이시라(6:30-44; 8:1-10) 증거했다. 5)마가는 사람들이 사람이시면서 하나님이신 예수님을 영접하기를 소원하여 이 복음을 썼다. 6)데이비스(Davies)는 말하기를 "마가복음의 가장 중요한 목적은 심각한 시련을 맞이한 교회가 인내할 수 있는 힘을 얻고 또 계속해서 충성할 수 있도록 그리스도의 인격을 묘사하는 것이다"라고 했다.[4] 오늘도 마가복음을 읽고 믿음을 건강하게 하여 험한 시대와의 싸움에서 이겨야 할 것이다.

마가복음의 특징은 무엇인가

　　4복음서 중에서 가장 짧은 이 마가복음서에도 여러 가지 특징들이 보인다. 1)첫 번째 특징은 간결성을 들을 수 있다. 다시 말해 4복음서 중에서 가장 짧다. 마가복음은 겨우 661절을 포함하고 있을 뿐이다(마태복음은 1068절, 누가복음은 1147절). 2)마가복음의 두 번째 특징은 생동성을 들 수 있다. 마가는 활기에 넘치는 필치로 마가복음을 엮어나가고 있다. 예수님께서 광야에 계셔서 시험을 받으실 때 "들 짐승과 함께" 계셨다고 했다(1:13). 청중들에게 회개를 전파할 때엔 회개만 전파한 것이 아니고 "복음을 믿으라"는 외침도 서술했다(1:15). 제자들이 예수님을 배에 계신 그대로 모시고 간 것은 "저물 때"라고도 했다(4:35). 그리고 예수님은 "고물에서 베개를 베시고"(4:38) 주무셨다는 표현도 한다. 거라사 지방의 귀신들린 사람을 쫓아내신 기사에 대한 묘사도 마태복음이나 누가복음보다 훨씬 더 상세히 기록하고 있다(5:1-20). 마가복음은 거의 "2,000마리 되는 떼가 물에 들어가 몰사해 버렸다"고 기록하고 있다(5:13). 아무튼 마가복음엔 활기가 넘쳐난다. 3)본서는 그리스도의 수난 기사를 중심하여 기록하였다. 본서는 그 길이에 비해 그리스도의 마지막 수난 주간의 기사를 책 전체의 3분의 1이 넘게 기록하였다. 4)본서는

---

4)James D. Stevens, "The Gospel According to Mark," in *King James Commentary* (Nashville: Thomas Nelson Publishers, 1999), p. 1236.

연대기적으로 기록했다. 다시 말해 연대순으로 기록했다는 것이다. 그래서 사건을 연대적으로 정리하고자 할 때엔 마태복음이나 누가복음보다는 마가복음을 보아야 한다. 특히 중요한 것은, 마태복음과 마가복음의 순서가 다를 때 누가복음은 마가복음과 일치하고 누가복음과 마가복음의 순서가 다를 때 마가복음은 마태복음과 일치한다는 것이다(윌럼 헨드릭슨). 5)본서는 로마인들을 위한 기록이란 의도대로 유대인 색채를 제거하였다. 마태복음이나 누가복음에 있는 예수님의 족보나 탄생 기사를 제거하고 돌연 세례 요한의 활동부터 이야기를 시작한다. 본서는 소위 "종의 복음"이라 일컬어지는 글의 성격에 맞게 예수님의 족보나 탄생 기사를 밝힐 필요가 없었을 것이다.

내용분해

참고도서

1. 박윤선. *공관복음*, 성경주석, 서울: 영음사, 2003.

2. 이상근. *마가복음*, 신약주해, 서울: 대한예수교장로회 총회교육부, 1980.

3. 이순한. 마가복음서강해. 서울: 한국기독교연구원, 1995.

4. 그래믹, 존 D. 마가복음, 두란노강해시리즈 20, 김도후 옮김. 서울: 두란노서원, 1988.

5. 바톤, 브루스 B. *마가복음* (하), Life Application Bible Commentary, 박대영 역, 서울: 한국성서유니온선교회, 2003.

6. 귤리히, 로버트. *마가복음* (상), Word Biblical Commentary, 34, 김철 옮김. Dallas: Word Books, Publisher, 2001.

7. 라일, 존. *마가복음서강해*, 존 라일 강해시리즈 2, 지상우 역. 서울: 기독교문서선교회, 1985.

8. 로버트슨, A. T. *마태복음*, *마가복음*, 신약원어 대해설, A. T. 로버트슨번역위원회 역. 서울: 요단출판사, 1984.

9. 아이언사이드, H. A. *마가복음*, 아이언사이드강해, 모수환 역. 서울: 코미조서원, 1997.

10. 에반스, 크레이그 A. *마가복음 8:27-16:20*, WBC 34(하), 김철 옮김, Nashville: Thomas Nelson Publishers, 2001.

11. 헨드릭슨, 윌렴. *마가복음* (상), 헨드릭슨 성경주석, 김만풍 옮김. 서울: 아가페출판사, 1983.

12. 헨드릭슨, 윌렴. *마가복음* (하), 헨드릭슨 성경주석, 최태영 옮김. 서울: 아가페출판사, 1984.

13. Alexander, Joseph A. *The Gospel According to Mark*. The Banner of Truth Trust, 1960.

14. Alford, Henry. *The Four Gospels*, The Greek Testament. Cambridge: Bell & Co., 1983.

15. Anderson, Hugh. *The Gospel of Mark,* The New Century Bible Commentary. ed. Ronald E. Clements. Grand Rapids: Wm. B. Eerdmans Publishing Co., 1987.

16. Barton, Bruce B. *Mark,* 마가복음(하), Life Application Bible Commentary. Series ed. Grant Osborne, 박대영 옮김. 서울: 한국성서유니온선교회, 1996.

17. Barclay, William. *The Gospel of Mark,* The Daily Study Bible Series. Philadelphia: Westminster Press, 1956.

18. Barberi, Louis. Mark, Moody Gospel Commentary. Chicago: Moody Press, 1995.

19. Barnes, Albert. *Notes on the New Testament.* Grand Rapid: Kregel, 1962.

20. Bengel, John A. *Bengel's New Testament Commentary.* Vol. 1. Grand Rapids: Kregel, 1981.

21. Burdick, Donald W. "The Gospel According to Mark," in *The Wycliffe Bible Commentary.* ed. by Everett F. Harrison. Chicago: Moody Press, 1981.

22. Calvin, John. *Commentary on a Harmony on the Evangelists.* Vol. III. Grand Rapids: Baker, 1979.

23. Cole, R. Alan. *The Gospel According to St. Mark,* The Tyndale New Testament Commentaries. Grand Rapids: William B. Eerdmans Publishing Co., 1983.

24. Cranfield, C. E. B. *The Gospel According to St. Mark.* Cambridge Greek Testament Commentary. London: Cambridge University Press, 1985.

25. Earle, Ralph. *마가복음*, 나침반-정선주석, 장기철 옮김. 서울: 도서출판 나침반사, 1986.

26. Gould, Ezra P. *Gospel According to St. Mark,* Critical and Exegetical

Commentary. Edinburgh: T. & T. Clark. 38 George Street, 1975.

27. Gruenler, R. G. "Mark," *Baker Commentary on the Bible*, ed. by Elwell, Walter A. Grand Rapids: Baker Books, 1989.

28. Henry, Matthew. *A Commentary on the Holy Bible*, Marshall Bros., n.d.

29. Hiebert, D. Edmund. *Mark: A Portrait of the Servant.* Chicago: Moody Press, 1974.

30. Lane, William L. *The Gospel According to Mark.* In the New International Commentary on the New Testament. Grand Rapids: Eerdmans, 1974.

31. Lange, J. Peter. *Matthew-Luke,* Commentary on the Holy Scriptures. Grand Rapids: Zondervan Publishing House. 1969.

32. Lenski, R. C. H. *The Interpretation of St. Mark's Gospel.* Columbus: Lutheran Book Concern, 1932.

33. Lightfood, R. H. *The Gospel Message of St. Mark.* Oxford: Clarendon, 1950.

34. Morgan, G. Campbell. *Studies in the Four Gospels.* New Jersey: Fleming H. Rerell Co., 1931.

35. Moulton & Milligan. *The Vocabulary of th Greek Testament.* Grand Rapids: Wm. B. Eerdmans Publishing Co., 1982.

36. Plummer, A. *The Gospel According to St. Mark*, CGT. Cambridge: Cambridge University Press, 1938.

37. Robertson, A. T. *The Word Pictures in the New Testament.* London: SCM, 1957.

38. Stevens, James D. "The Gospel According to Mark," in *King James Commentary.* Nashville: Thomas Nelson Publishers, 1999.

39. Swete, H. B. *Commentary on Mark*, Grand Rapids: Kregel Publications,

1977.

40. Tasker, R. V. G. *The Nature and Purpose of the Gospels*, Richmond: John Knox, 1962.

41. Taylor, Vincent. *The Gospel According to St. Mark*. Thornapple Commentaries, Grand Rapids: Baker Book House, 1981.

42. Tenney, M. C. *The Genius of the Gospels*. Grand Rapids: Eerdmans, 1951.

43. Vincent, Marvin R. *Word Studies in the New Testament*, Vol. I. Grand Rapids: Wm. B. Eerdmans Pub., 1946.

44. Wessel, Walter W. "Mark," in *The Expositor's Bible Commentary 8*. ed. Frank & Gaebelein. Grand Rapids: Zondervan Publishing House, 1984.

45. Wiersbe, Warren W. *Be Diligent(Mark)*. Wheaton: Victor Books, 1987.

제 1 장

예수 그리스도께서 등장하시다

I. 예수 그리스도께서 등장하시다 1:1-45

　　마가는 예수님께서 드디어 등장하신다고 말한다. 그러면서 예수님의 족보
를 기록하지는 않는다. 이유는 예수님이 종으로 오셨기 때문이다. 마가는 예수님의
등장을 널리 증거하는 선구자 세례 요한에 대해 말하고(1-8절), 또 예수님께서
세례 받으시는 일(9-11절)과 광야에서 시험 받으신 일에 대해 기록한다(12-13절).
그리고 예수님께서 전도를 시작하신 일과(14-20절) 이적을 행하셔서 많은 병자를
고치신 일을 기록한다(21-45절).

1. 마가가 예수 그리스도의 선구자 세례 요한의 사역을 진술하다
   1:1-8

막 1:1. 하나님의 아들 예수 그리스도의 복음의 시작이라.
　　마가는 다른 복음서 저자들(마태, 누가, 요한)과는 다르게 서론을 쓰지 않고
(혹자들은 1절이 책 제목이라고 주장한다) 예수 그리스도에 의한 복음이 시작되었다
는 말로 글을 시작한다. 다시 말해 다음 2-3절에 말한 바와 같이 세례 요한과
더불어 복음이 시작되었다고 선언한다. 아마도 마가는 그의 역동적인 복음을 증거하
기 위하여 서론을 쓰지 않고 곧장 복음을 말하기 시작한 것으로 보인다.

헬라어 원문에 보면 "하나님의 아들"(υἱοῦ θεοῦ)이란 말 앞뒤에 괄호표시가 있다. 이것은 어떤 사본들(B.D.L.W.A.K. 등)에는 이 말이 있고 또 어떤 사본들(ℵ.Θ)에는 없다는 뜻이다. 그러나 "하나님의 아들"(마 14:33; 눅 1:35; 요 1:34)이란 말이 있다고 보는 것이 옳을 것이다. 이유는 "하나님의 아들"이란 말이 마가복음의 주제이기 때문이며(1:11; 3:11; 5:7; 9:7; 12:6; 13:32; 14:61; 15:39), 마가가 베드로의 통역자로서 베드로의 신앙 고백(마 16:16)의 영향을 받은 것을 감안하면 "하나님의 아들"이란 말이 있는 것이 옳기 때문이다.

"하나님의 아들"이라는 칭호는 구약에서 천사(욥 1:6; 2:1), 방백(시 82:6), 그리고 이스라엘 전체(출 4:22)에게, 신약에서는 예수님을 따르는 사람들(요 1:12; 롬 8:15)에게 붙여졌다. 그러나 예수님에게 이 칭호를 붙인 것은 예수님의 신성을 강조하기 위한 것이다(막 3:11; 5:7; 9:7; 15:9). 예수님은 특별한 의미에서 하나님의 아들이시다(요 20:17). 그래서 그는 독생자라고 불리신다(요 3:16). "하나님의 아들"이란 칭호는 예수님께서 자신을 부르신 칭호가 아니라 다른 증언자들이 부른 칭호이다.

마가는 "예수"(구주의 이름이다)를 "그리스도"라고 말한다. 다시 말해 '메시야(그리스도)라고 규명한다. "그리스도"(메시야)란 말은 '기름부음을 받은 자'라는 뜻이다. 구약 시대에 선지자와 왕과 제사장이 기름부음을 받았다. 예수님은 삼직(三職-선지자, 왕, 제사장)을 겸하신 분으로 우리를 구원하시기에 능하신 분이시다. 그는 하나님의 말씀을 우리에게 전하여 주신 선지자이시며 우리를 다스리시는 왕이시고 또 우리를 위해 죽으신 대제사장이시다.

"복음의 시작이라"는 말은 '복음이 시작되었다'는 말이다. 다시 말해 '복음이 전파되기 시작하였다', '예수 그리스도에 의한 복음이 전파하기 시작되었다'는 뜻인데 2-3절에 기록된 것과 같이 세례 요한과 더불어 복음이 시작되었다는 의미이다. 4복음서(마태, 마가, 누가, 요한복음) 기자들은 복음을 시작할 때 세례 요한을 제쳐놓지 않고 그의 사역부터 말한다(마 3:1-6; 눅 3:3-6; 16:16; 행 10:37). 마가는 다른 것을 일체 생략하고 세례 요한의 사역부터 언급한다. 그만큼 세례 요한의 사역은 그리스도의 복음의 시작인 것이다.

"복음"은 '복된 소식'이란 뜻인데 '죄에 빠진 사람들을 위한 구원의 기쁜 소식'이란 말이다. 쉽게 말해 예수 그리스도께서 우리를 위해 대신 죽으시고 부활하셔서 우리의 부활을 성립시켰다는 소식이다. 이 놀라운 소식이 세례 요한의 사역으로부터 시작되었다는 것이다.

막 1:2. 선지자 이사야의 글에 보라 내가 내 사자를 네 앞에 보내노니 그가 네 길을 준비하리라.

마가는 본 절과 다음 절(3절)에서 세례 요한의 사역이 선지자 이사야의 글에 예언되어 있다고 한다. 선지자 이사야의 글에 "보라 내가 내 사자를 네 앞에 보내노니 그가 네 길을 예비하리라"는 말이 예언되어 있다는 것이다. 그러나 실제로는 이 글이 이사야의 책에는 없고 말라기 3:1에 기록되어 있다. 그리고 이사야의 책에 예언되어 있는 문장(40:3)은 다음 절(3절)에 인용되었다. 이것을 두고 혹자는 마가가 기억에 착오를 일으켰거나 혹은 성경 사본을 베낀 사람들의 착오로 그렇게 되었다고 주장하기도 하지만, 마가가 말라기와 이사야 두 사람 중에 대표로 이사야의 이름을 쓴 것으로 보인다.

마가는 말라기 3:1("보라 내가 내 사자를 보내리니 그가 내 앞에서 길을 준비할 것이요")을 끌어내어 본 절에 기록하면서 약간 수정했다. 곧 "보라 내가 내 사자를 네 앞에 보내노니 그가 네 길을 준비하리라"로 수정했다(마 11:10; 눅 7:27). "네 앞에"를 추가했고, 또 "내 앞에서 길"이란 말을 "네 길"로 변경했다. 말라기의 예언은 하나님께서 이 땅에 오시는 것으로 되어 있는데 마가는 예수님께서 오시는 것으로 변경하여 기록한 것이다. 이유는 하나님과 예수님은 일체(一體)이시기 때문이다(요 10:30). 곧 '보라 내(하나님)가 내(하나님) 사자(세례 요한)를 네(예수) 앞에 보내노니 그(세례 요한)가 네(예수) 길을 준비하라'고 수정한 것이다. 하나님은 예수 그리스도께서 오실 때에 먼저 세례 요한을 선구자로 파견하신다고 말씀하신 것이다. 마가는 그 예언대로 하나님이 세례 요한을 보내서 예수님의 길을 준비했다고 말한다. 세례 요한은 예수님의 길을 준비하는 사람, 다시 말해 사람들을 회개토록 하여 예수님을 영접하게 하는 사람이라는 것이다. 세례 요한은 예수님의 길을 준비하는 선구자였다.

막 1:3. 광야에 외치는 자의 소리가 있어 이르되 너희는 주의 길을 준비하라 그의 오실 길을 곧게 하라 기록된 것과 같이.

마가는 이사야 40:3의 예언을 인용한다. 마가는 세례 요한을 "광야(요단강 하류지방)에 외치는 자의 소리"라고 소개한다(사 40:3; 마 3:3; 눅 3:4; 요 1:15). 자신은 드러내지 않고 그리스도를 전하는 소리, 그리스도를 높이는 소리만 지르다가 간 사람이라는 것이다. 우리 역시 그리스도만을 높이는 소리를 지르다가 가야 할 것이다. 그러지 않고 자신을 나타낸다면 나타낸 그만큼 실패한 삶을 사는 것이다.

세례 요한은 "너희는 주의 길을 준비하라 그의 길을 곧게 하라"고 외쳤다(마 3:3; 눅 3:4; 요 1:23). 곧 사람들을 향하여 '너희는 주님께서 들어가실 길을 준비하라. 주님께서 들어가실 길을 곧게 하라'고 외쳤다. 다시 말해 마음의 대로(大路)를 수축하라고 외친 것이다. 여기 "준비하라"(ἐτοιμάσατε)는 말은 부정(단순)과거로 '확실하게 준비하라'는 뜻이다. 주님께서 우리 심령 깊은 곳으로 들어가실 수 있도록 모든 죄를 자백하라는 것이다. 이기심, 교만, 불의, 음란, 탐욕 등을 자백하라는 뜻이다. 그래서 주님께서 우리의 심령 깊은 곳으로 들어오실 수 있게 해야 한다.

본문 끝의 "기록된 것과 같이"(καθὼς γέγραπται)란 말은 헬라어 원문에서는 2절 초두에 나와 있다. 한글로 번역할 때는 3절 끝에 둘 수밖에 없다. 그리고 여기 "기록된 것"(γέγραπται)이란 말은 현재완료형으로, 과거에 기록된 것이지만 그 기록의 효과가 여전히 지속되고 있음을 말하는 나타낸다. 예언이란 과거에 기록되었지만 현재에도 여전히 그 예언의 효력을 발휘하고 있다는 말이다.

막 1:4. 세례 요한이 광야에 이르러 죄 사함을 받게 하는 회개의 세례를 전파하니

(ἐγένετο Ἰωάννης ((ὁ)) βαπτίζων ἐν τῇ ἐρήμῳ καὶ κηρύσσων βάπτισμα μετανοίας εἰς ἄφεσιν ἁμαρτιῶν). 이사야서에 기록된 것과 같이 실제로 "세례 요한이 광야에 이르러 죄 사함을 받게 하는 회개의 세례를 전파했다"는 것이다(마 3:1; 눅 3:3; 요 3:23). 하나님은 자신이 예언하신 바를 실행하시기 위해서 세례 요한을 광야(유다광야마 3:1)에 보내셔서 사람들을 위해서 두 가지 사역을 감당하게 하셨다. 하나는 "세례를 베푼 것"이었다(한글판에는 나타나지 않는다). "세례를 베풀다"(βαπτίζων)란 원래 '담그다' 혹은 '물속에 잠기게 하다'는 뜻이다. 요한의 세례는 물속에 잠기게 한 것이었다. 혹자는 요한의 세례가 사람을 물속에 완전히 잠기게 한 것이 아니라 세례 받을 사람이 요단강에 들어서면 그가 물을 떠서 세례를 베풀었다고 주장한다. 가능한 학설로 보인다. 세례 요한이 한 또 하나의 일은 "죄 사함을 받게 하는 회개의 세례를 전파한 것"이었다. 곧 '죄 사함을 받게 해주는 회개의 세례를 전파한 것'이다. "죄 사함"이란 '죄를 말끔히 씻는 것'을 뜻한다(시 103:12; 사 1:18; 44:22; 55:6-7; 미 7:18-19). 그리고 "회개"란 마음의 근본적인 변화를 뜻한다(고후 7:8-10; 딤후 2:25 참조). 이것은 죄 사함을 받게 해주는 것이다. 그러니까 "회개의 세례"란 '회개한 자에게 베푸는 세례란 뜻인데 요한은 회개한 사람들에게 세례를 베풀었다. 다시 말해 요한은 어떤 사람이 회개했다는 표시로 그를 물속에 잠기게 했다. 요한은 사람들로 하여금 회개하여 세례를

받도록 전파했다(외쳤다). 본 절에서 세례 요한이 한 일은 세례를 베푸는 것과 세례를 받으라고 외친 것이다.

막 1:5. 온 유대 지방과 예루살렘 사람이 다 나아가 자기 죄를 자복하고 요단강에 서 그에게 세례를 받더라.

세례 요한의 세례 전파에 영향을 입어(앞 절) 두 지역 사람들(온 유대지방 사람들-예루살렘의 근교 사람들, 그리고 예루살렘 사람들)이 모두 그에게 나아가서 자기들의 죄를 자복하고 요단강에서 세례를 받았다. 마태복음에 보면 요단강 사방에서 요한에게 나아갔다고 한다(마 3:5). 그들은 회개를 했다는 표시로 세례를 받았다. 죄를 자복하는 것만큼 중요한 것은 없다. 이유는 죄 사함을 받기 때문이다.

막 1:6. 요한은 낙타털 옷을 입고 허리에 가죽 띠를 띠고 메뚜기와 석청을 먹더라.

마가는 요한의 두 가지 방면의 생활을 언급한다. 하나는 몸에 걸치는 의상에 대해서고, 또 하나는 먹는 음식에 대해서다. 그가 입는 옷은 낙타털 옷이었다. 엘리야 선지자처럼 털옷을 입었다(마 3:4; 왕하 1:8 참조). 그리고 허리에는 가죽 띠를 띠고 살았다. 낙타털 옷이 몸에 잘 붙도록 하기 위해 가죽 띠를 띠었다. 요한의 털옷과 가죽 띠는 광야 생활에 잘 적응하는 차림이었다. 요한은 부드러운 옷을 입은 사람이 아니었다(마 11:8).

그리고 요한의 식생활도 간단했다. 요한은 메뚜기(레 11:22)와 석청(야생 꿀)을 먹고 생활했다. 이런 음식들은 광야에서 쉽게 얻을 수 있는 음식들이었다(신 32:13; 삿 14:8-9; 삼상 14:25-26, 29). 요한은 광야에서 단순하고 소박한 생활을 하며 그의 사역을 감당했다. 오늘의 전도자들도 다른 일에 너무 큰 신경을 써서는 안 될 것이다. 이유는 두 가지이다. 하나는 단순하고 소박하게 살아야 복음 전파자로 서 사람들의 모범이 될 것이고 또 시간을 절약하여 주님의 일에 더욱 매진할 수 있기 때문이다.

막 1:7. 그가 전파하여 이르되 나보다 능력 많으신 이가 내 뒤에 오시나니 나는 굽혀 그의 신발 끈을 풀기도 감당하지 못하겠노라.

세례 요한은 백성들이 자기를 바라보지 못하도록 자신의 비천함을 사실대로 말했고 동시에 예수님을 높였다. 그는 "나보다 능력 많으신 이가 내 뒤에 오시고 있다"고 설교한다(마 3:11; 요 1:27; 행 13:25). '자신보다 능력이 비교할 수 없이 많으신 예수님이 자신보다 뒤에 오고 계시다'고 외친다. "내 뒤에 오시나니"란 말은 '자기보다 시간적으로 뒤에 오고 계시다'는 뜻이다(눅 1:26, 36). "오시나니"(ἔρχεται)란 말은 현재시제로 지금 오고 계시다는 것이다. 먼 훗날의 일이 아니라 벌써 오기 시작해서 지금 오고 계시다는 뜻이다.

세례 요한은 지금 오고 계신 예수님께서 지극히 위대하시다는 것을 말하기 위해 "나는 굽혀 그의 신발 끈을 풀기도 감당하지 못하겠노라"고 말한다. 신발 끈을 푸는 것은 종들이 하는 일인데 요한은 예수님의 종노릇도 못할 정도라고 말한다. 그는 많은 제자들을 거느린 당대의 유명인으로서 이렇게 말하기가 힘든 입장이었을 텐데 자신은 생각하지 않고 예수님만 높이는 말을 했다. 우리도 우리의 자존심, 우리의 위신 같은 것을 생각하지 말고 예수님만 높이는 사람들이 되어야 할 것이다.

막 1:8. 나는 너희에게 물로 세례를 베풀었거니와 그는 너희에게 성령으로 세례를 베푸시리라.

세례 요한은 자신과 예수님을 극명하게 비교한다. 자신은 백성들에게 "물로 세례를 베풀었"지만(행 1:5; 11:16; 19:4) 예수님은 백성들에게 "성령으로 세례를 베푸실 것이라"고 말한다(사 44:3; 욜 2:28; 행 2:4; 10:45; 11:15-16; 고전 12:13). "물로 세례를 베풀었다"는 말은 '물을 사용하여 세례를 베풀었다'는 뜻이다. 세례 요한은 요단강에서 사람들에게 세례를 베풀 때에 물속에 잠기게 해서 세례를 베풀었다. 다시 말해 요한은 사람들이 죄를 회개했다는 것을 증명하기 위하여 물로 세례를 베풀었다. 그러나 예수님은 오순절 때 성령을 주어 사람들로 하여금 거듭나게 하실 것이라는 것이다. 요한의 물세례는 회개를 독촉하여 사람들이 회개했을 경우 그 사람이 회개한 것을 증명하는 뜻으로 물을 사용하여 베푸는 세례이고, 성령 세례는 성령님께서 사람들의 심령 속에 들어가서 그들로 하여금 새 생명, 영원한 생명, 신령한 생명을 가지게 하는 것이다. 혹자는 성령 세례가 개인들에게 계속되어야 하는 것으로 말하나 성령 세례는 일생에 단 한번만 있다. 일생동안 계속해야 하는 것은 성령 충만이다.

2. 예수 그리스도께서 세례를 받으시다 1:9-11

예수님께서 세례를 받으신 일은 공관복음서에 모두 언급된다(마 3:13-17; 눅 3:21-23). 누가복음은 예수님께서 세례를 받으신 후 기도하셨다는 말씀이 첨가되었고, 본서는 마태복음이나 누가복음에서 말씀하고 있는, 바리새인들에 대한 책망을 생략한다.

막 1:9. 그 때에 예수께서 갈릴리 나사렛으로부터 와서 요단강에서 요한에게 세례를 받으시고.

예수님이 "그 때에," 곧 '세례 요한이 사람들에게 세례를 베풀고 있을 때에' "갈릴리 나사렛으로부터 와서 요단강에서 요한에게 세례를 받으셨다"는 것이다(마 3:13; 눅 3:21). "갈릴리 나사렛"은 '로마의 4대 행정구역 중의 하나인 갈릴리 지역의 한 분지를 지칭하는 말이다. 나사렛은 예루살렘으로부터 120km지점에 위치하고 있다. 예수님은 피난살이하던 애굽에서 돌아오신 후 30세까지 줄곧 그곳에서 사셨다(마 2:23). 그리고 공생애를 시작하시기 전에 먼저 세례를 받으셨다.

　　예수님은 갈릴리 나사렛으로부터 오셔서 "요단강에서"(εἰς τὸν Ἰορδάνην) 세례를 받으셨다. '요단강 물속에 들어가셔서' 세례를 받으셨다. "세례를 받다"(ἐ-βαπτίσθη)란 말은 '물에 담그다,' '물로 씻다,' '세례식을 거행하다'란 뜻이다. 예수님은 요단강 물속에 들어가셨다가 나오신 것으로 보인다. 그러나 혹자는 예수님께서 요단강 물에 들어서시자마자 곧 물이 발목에 오를 때 요한에 의해 세례를 받으시고 올라오셨다고 말한다. 오늘날 침례이든 어떤 형태의 세례이든 형식이 중요한 것이 아니다. 성령 세례를 받는 것이 중요하다. 형식을 너무 주장하는 것은 위험한 일이다.

　　그러면 예수님은 왜 세례를 받으셨을까. 세례란 죄를 고백한 자에게 주는 의식인데 예수님은 죄가 없으신 분이시면서 무슨 이유로 세례를 받으셨는가. 그것은 마 3:15("우리가 이와 같이 하여 모든 의를 이루는 것이 합당하니라")이 밝혀주고 있다. 예수님 자신도 세례를 받으시는 것이 하나님 보시기에 합당하기 때문이다. 예수님께서 죄인을 대신하시니 죄인의 대표로 세례를 받음이 옳다는 것이다. 예수님은 죄인의 대표로 세례를 받으셨다. 예수님은 모든 점에서 우리를 대신하신다.

막 1:10. 곧 물에서 올라오실새 하늘이 갈라짐과 성령이 비둘기 같이 자기에게 내려오심을 보시더니.

　　예수님은 자신이 물에서 올라오실 때 나타난 두 가지 현상을 보셨다. 하나는 "하늘이 갈라진 것"을 보셨다. 여기 "갈라졌다"(σχιζομένους)는 말은 하늘이 '찢어졌다'는 뜻이다. 마태와 누가는 하늘이 "열렸다"(ἠνεῴχθησαν)는 표현을 쓰고 있는데 반해 마가는 박진감 넘치게 하늘이 "찢어졌다"는 표현을 사용한다(사 64:1). 이제는 새로운 시대가 열렸다는 뜻이고 새로운 소망의 시대가 오고 있음을 알리는

표현이다. 또 하나는 "성령이 비둘기 같이 자기에게 내려오심을 보셨다"는 것이다
(마 3:16; 요 1:32). 성령님이 "비둘기"같다는 말은 성령님의 '온유하시고도 평화롭고
순결한 성품과 통치'를 뜻한다(시 68:13; 아 6:9; 마 10:16). 성령님이 비둘기같이
예수님에게 내려오신 것은 예수님께서 세례를 받으시고 기도하실 때 된 일이다(눅
3:21). 예수님은 신성과 인성을 지니신 분인데 성령님이 비둘기 형체로 눈에 보이게
내려오신 것은 메시야의 직무 수행을 위하여 하나님께서 객관적으로 확증하신
것이다.

막 1:11. 하늘로부터 소리가 나기를 너는 내 사랑하는 아들이라 내가 너를 기뻐하노라 하시니라.

　　　예수님께서 세례를 받으실 때 또 하나의 현상은 하늘로부터 "너는 내 사랑하
는 아들이라 내가 너를 기뻐하노라"는 소리가 들려왔다(9:7; 시 2:7; 마 3:17).
소리의 내용은 두 가지였다. 하나는 "너는 내 사랑하는 아들이라"(Σὺ εἶ ὁ υἱός
μου ὁ ἀγαπητός)는 소리였는데 '예수는 내(성부) 영원히 사랑하는 아들이라'는
말이다. 이 문장의 동사(εἶ)가 현재시제임을 주의해야 한다. 곧 '예수는 영원토록
하나님의 아들이라'는 뜻이다. 그리고 나머지는 "내가 너를 기뻐하노라"(ἐν σοὶ
εὐδόκησα)는 것이다. 여기 "기뻐하노라"라는 말은 부정(단순)과거 시제로 '확실히
기뻐한다'는 뜻이다. 예수님은 죄가 없으신 분인데 택한 백성들의 죄를 대신하여
죽으실 준비를 완료하신 것을 하나님께서 대단히 기뻐하신다는 것이다. 하나님은
하늘에서 그냥 계실 수가 없으셨다. 그래서 만백성이 들리도록 "내가 너를 기뻐하노
라"라고 하신 것이다. 이 소리는 예수님이 메시야로 취임하심을 알리는 하나님의
객관적인 음성이다. 하나님께서 기뻐하신다는 소리는 예수님의 변화산상에서도
들렸고(9:7), 수난 주간에도 다시 들렸다(요 12:28).

3. 예수 그리스도께서 광야에서 시험을 받으시다 1:12-13

공생애의 사역을 준비하시느라 세례를 받으신 예수님(9-11절)은 이제 마귀에게 시험을 받으러 광야로 나가신다(12-13절). 예수님께서 마귀에게 시험을 받으신 기사에 대해 마태(마 4:1-11)나 누가(눅 4:1-13)는 자세하게 기록하지만 본서는 아주 간단히 기록한다. 예수님께서 왜 시험을 받으셨느냐 하는 것은 참으로 신비에 속하는 일이다. 예수님께서 왜 시험을 받으셨는지 그 이유를 우리가 잘 알 수는 없으나, 분명한 것은 예수님이 우리를 위하여 시험을 받으셨다는 사실이다.

막 1:12. 성령이 곧 예수를 광야로 몰아내신지라.
마가는 예수님께서 마귀에게 시험을 받으신 사실을 기록하는데도 역시 박진감 있게 묘사하기 위해 "곧"이란 낱말을 사용한다. 즉 예수님께서 세례를 받으시고 "곧" 광야로 몰아냄을 받으셨다는 것이다. 마가는 "성령이 곧 예수를 광야로 몰아내셨다"고 말한다(마 4:1; 눅 4:1). 세례 받으실 때 임하신 성령님께서 예수님을 요단강에서부터(5절) 광야로 몰아내신 것이다. 여기 "몰아내신지라"(ἐκ-βάλλει)는 말은 '밖으로 던졌다'는 뜻으로 성령님께서 예수님을 광야로 던지셨다는 것이다. 마가는 여기뿐만 아니라 예수님께서 귀신을 내쫓으실 때도 이 단어를 사용하였고(1:34, 39), 때로는 사람을 급히 보내실 때도 이 단어를 사용하였다(1:43). 마태가 "성령에게 이끌리어"라고 표현한 것(마 4:1)과 비교하면 마가는 분명 생동감 있는 표현을 좋아한다. 이처럼 예수님께서 시험을 받으신 것은 공관복음서 뿐 아니라 히브리서도 증명한다(히 4:15).

막 1:13. 광야에서 사십 일을 계시면서 사탄에게 시험을 받으시며 들짐승과 함께 계시니 천사들이 수종들더라.

　　　예수님은 광야에서 사십 일을 계시면서 사탄에게 시험을 받으셨다.[5] 예수님
은 먼저 40일간 금식하셨다(마 4:2-3). 그리고 사탄(대적자)에게 시험을 받으셨다.[6]
시험은 세 가지였다(마 4:1-11; 눅 4:1-13). 예수님께서 시험을 받으신 이유는
우리가 예수님 안에서 시험을 이길 수 있도록 하신 것이고 또 예수님께서 마음속에
죄가 없으신 고로 시험을 이기신 것처럼 우리 역시 속에 있는 죄를 예수님께
고하여 해결하고 살면 우리도 시험을 이길 수 있다는 것을 보여주신 것이다.

　　　예수님은 광야에서 "들 짐승과 함께" 계셨다. 유대 광야에는 각종 짐승이
우글거렸다(곰, 뱀, 여우, 산돼지, 사자, 산개, 승냥이, 이리, 표범 등). 이런 짐승들은
예수님을 해하지 않았다. 마치 사자가 굴속의 다니엘을 해하지 않은 것과 같다.
세상의 맹수도 해할만한 대상자를 해한다. 그리고 예수님은 천사들의 수종을
받으셨다. 마귀가 시험을 끝내고 물러난 뒤에 천사들이 나아와서 시중을 들었다(마
4:11). 하나님께서 시험에 이기신 예수님에게 승리의 표시로 천사들을 보내셔서
시중들게 하신 것이다. 예수님은 이제 모든 준비를 마치셨으므로 공생애를 시작하
시게 되었다.

4. 예수 그리스도께서 전도하시다 1:14-20

　　　예수님께서 세례를 받으시고 또 시험을 받으신 후 이제는 전도의 대장정에

---

5) 40이란 숫자는 다른 사건에서도 보인다. 모세가 십계명을 받을 때 산에서 40일을 단식하였
　고(출 34:28), 엘리야가 갈멜산에서 역사를 마친 후에 이세벨을 피하여 40주 40야를 행하
　여 하나님의 산 호렙에 이르렀다(왕하 19:8). 또 예수님께서 부활하신 후 40일을 땅에 계
　시다가 승천하셨다(행 1:3).

6) 사탄(Σατᾶν)은 "대적자"라는 뜻으로, 귀신들의 머리이다. 구약에는 "사탄"이란 단어가 24회
　나타나고 신약에는 34회 나타난다. 이 단어는 때로 다른 말로 바뀌어 나타나고 있다. 곧
　시험하는 자(마 4:4), 바알세불(마 12:27), 귀신의 왕(막 3:22), 살인한 자(요 8:44), 거짓말
　쟁이(요 8:44), 이 세상의 임금(요 14:30), 벨리알(고후 6:15), 뱀(고후 11:3), 공중의 권세
　잡은 자(엡 2:2), 악한 자(엡 6:16), 대적(벧전 5:8), 용(계 12:3), 옛 뱀(계 12:9), 온 천하
　를 꾀는 자(계 12:9), 참소하던 자(계 12:10) 등 많은 별명이 있다.

오르신다. 예수님은 바로 이 일을 위해 이 땅에 오셨다. 마가는 요한 사도(요한은 예수님께서 유대전도를 하신 것을 집중적으로 기록한다)와는 달리 예수님께서 갈릴리 전도를 하신 것을 치중하여 9장까지 계속해서 기록한다. 예수님은 갈릴리 전도를 하심에 있어서 먼저 갈릴리 바다 주변에서 전도하시다가(1:24-5:43) 후에 반대가 심해져서 갈릴리를 떠나 북방지역을 순회하셨다(6:1-9:5).

1) 갈릴리 전도를 시작하시다 1:14-15

마가는 예수님께서 세례 요한이 잡힌 후 갈릴리로 오셔서 갈릴리 전도를 시작하신 것을 기록한다. 이 부분은 갈릴리 전도의 서론이다.

막 1:14. 요한이 잡힌 후 예수께서 갈릴리에 오셔서 하나님의 복음을 전파하여.

"요한이 잡힌 후"에 예수님은 갈릴리 전도를 시작하신다(마 4:12; 눅 3:19-20). 마가는 요한이 잡힌 사건에 대한 추가설명 없이(6:14-29에서 상론한다) 예수님께서 갈릴리에 오셔서 하나님의 복음을 전파하신 사실을 기록한다(마 4:23). 예수님은 나사렛으로 돌아가시지 않고 갈릴리 가버나움으로 오셔서 전도를 시작하셨다(마 4:13). 본문에서 "하나님의 복음"이란 말은 '하나님께서 그리스도를 이 땅에 보내셔서 십자가에서 대속의 죽음을 죽게 하사 인류를 구원하신다는 좋은 소식'을 지칭한다.

막 1:15. 이르시되 때가 찼고 하나님의 나라가 가까이 왔으니 회개하고 복음을 믿으라 하시더라.

예수님께서 "때가 찼고 하나님의 나라가 가까이 왔다"고 말씀하신다. "때가 (ὁ καιρὸς) 찼다"라는 말은 '하나님께서 예정하신 그 때가 되었다'는 뜻이다(단 9:25; 롬 5:6; 갈 4:4; 엡 1:9-10). 다시 말해 '예수님께서 사역을 시작하실 때,'

'하나님의 나라가 도래할 때'를 지칭한다. 그리고 "하나님의 나라"란 말은 '하나님의 통치,' '하나님의 지배'를 가리킨다(마 3:2; 4:17). "하나님의 나라가 가까이 왔다"는 말은 '예수 그리스도를 통하여 하나님의 통치하심이 가까이 왔다'는 뜻이다. 예수님께서 이 땅에 오셔서 말씀하시며, 병자들을 고치시며, 귀신들을 내쫓으셔서 이제 어둠이 물러가고 하나님께서 사람들을 주장하시며 지배하시고 통치하시는 시대가 가까이 왔다는 뜻이다. 하나님께서 병자들을 고치시면 그 병자들에게는 하나님의 나라가 온 것이다. 흑암의 백성들에게 예수님께서 말씀을 선포하시면 그 백성들에게 하나님의 나라가 온 것이다. "하나님의 나라"란 말은 본서에 14회, 누가복음에 32회가 나타난다. 마태복음에서는 "천국"이란 말로 바뀌어 30회가 나타난다.

예수님은 자신을 통하여 하나님의 통치가 가까이 왔으니 "회개하고 복음을 믿으라"고 하신다. 곧 '예수님에게로 돌아서서 예수님을 믿으라,' '예수님께로 회전하여 예수님께서 구원하시는 것을 믿으라'고 하신다. "회개"란 '죄악에서 돌이키는 면도 있지만 근본적인 것은 예수님께로 돌아서서 예수님을 영접하는 것'을 뜻한다. 그리고 "복음을 믿으라"는 말은 '예수님을 믿으라'는 말이다(14절 주해 참조). 세례 요한도 역시 이 메시지를 전했다(마 3:2).

2) 네(四) 사람의 어부를 부르시다 1:16-20

이 부분은 마 3:18-23과 병행한다. 그런데 많은 학자들은 눅 5:1-11과도 병행하는 것으로 보고 있다. 그러나 차이점이 있다. 예수님께서 복음을 전하시기 위해서 제일 먼저 필요했던 것은 제자들을 불러서 훈련시키는 일이었다.

막 1:16. 갈릴리 해변으로 지나가시다가 시몬과 그 형제 안드레가 바다에 그물 던지는 것을 보시니 그들은 어부라.

예수님은 하나님의 예정하신 때가 가까이 온 것을 아시고 복음을 전할 일꾼들을 부르신다. 먼저 시몬과 그 형제 안드레를 부르시고 또 야고보와 요한을 부르신다. 예수님은 "갈릴리 해변으로 지나가시다가" 제자들을 부르신 것이다(마 4:18; 눅 5:4).[7] 나라의 수도 예루살렘이나 다른 큰 도시로 가시지 않고 어부들을 제자로 부르시기 위하여 갈릴리 해변을 지나가신 것이다.

　　"시몬"은 히브리 이름으로 '들음'이란 뜻을 가지고 있다(마 14:28-33; 막 8:32; 14:29-31, 47; 요 18:10). 이 사람은 성미가 급한 사람으로 제자들 중에 지도급 제자이다. 그리고 "안드레"는 헬라식 이름으로 '남자'라는 뜻을 가지고 있다. 안드레는 사람들을 그리스도에게로 인도하는 사람이다(요 1:40-42; 6:8-9). 이 두 형제가 "바다에 그물을 던지고 있었다." "그물을 던지다"(ἀμφιβάλλοντας)라는 말은 현재분사로서 '계속해서 그물을 던지고 있다'는 뜻이며, 그들은 열심히 일하고 있을 때 부름을 받았다.

막 1:17. 예수께서 이르시되 나를 따라오라 내가 너희로 사람을 낚는 어부가 되게 하리라 하시니.

　　예수님은 형제를 향하여 "나를 따라오라 내가 너희로 사람을 낚는 어부가 되게 하리라"고 하신다. "나를 따라오라"는 말씀은 '복음을 전파하는 제자가 되기 위해서 따르라'는 뜻이다. 그리고 예수님은 "내가 너희로 사람을 낚는 어부가 되게 하리라"고 보장하신다. 고기를 잡는 대신 사람을 취하는 사람이 되게 하시겠다는 것이다. 놀라운 승진이 아닐 수 없다. 예수님은 비천한 사람을 들어 능한 사람들을 부끄럽게 하신다(고전 1:27-28).

---

7) "갈릴리 해변"이란 말은 다른 이름으로도 불렸다. 구약시대에는 '긴네렛 바다'(민 34:11; 수 12:3; 13:27)로 불렸고 신약시대에 와서는 '게네사렛 호수'(눅 5:1)로 불렸으며 또 일반적으로는 '갈릴리 바다'로 불렸고 '디베랴 바다'로도 불렸다(요 6:1; 21:1) 이는 로마식 이름이다. 갈릴리 바다에는 고기가 많아 옛날부터 어부가 많았다.

막 1:18. 곧 그물을 버려두고 따르니라.

이들은 예수님의 부르심에 즉시 그물을 버려두고 그분을 따랐다(마 19:27; 눅 5:11). 전 재산을 버리고 따랐다. 그리스도의 신비한 부르심에 그들은 압도되었던 것이다. 그들은 이전에 예수님을 만나본 적이 있었는데(요 1:35-42) 이번에 다시 뵙고 신비함을 느껴 재산을 버리고 따랐던 것이다. 바울은 세상의 모든 자랑거리들을 배설물로 여기고 주님을 좇았다(빌 3:4-14). 오늘 교역자들도 버릴 것을 버리지 않으면 그리스도를 따를 수 없다. 또 일반 성도들도 역시 예수님을 따르기 위해서는 세상 것을 미워하지 않으면 안 된다(마 10:37). 다시 말해 모든 것을 그리스도보다는 덜 귀하게 여겨야 한다.

막 1:19. 조금 더 가시다가 세베대의 아들 야고보와 그 형제 요한을 보시니 그들도 배에 있어 그물을 깁는데.

갈릴리 해변 곧 예수님께서 베드로와 안드레를 부르신 곳에서 "조금 더 가시다가 세베대의 아들 야고보와 그 형제 요한을 보셨다"(마 4:21). 여기 "야고보"는 '발꿈치를 잡았다'(창 25:26)는 뜻이며, "요한"은 '여호와의 은혜'라는 뜻이다. 두 사람 모두 세베대의 아들들이었다. 요한은 "예수의 사랑하시는 제자"(요 13:23; 19:26)로 불려졌다. 여기서 야고보의 이름이 먼저 나오는 것으로 보아 형으로 보인다. 그는 사도들 중에서 최초의 순교자가 되었다(행 12:2). 요한은 오랫동안 목회하면서 요한복음과 요한일, 이, 삼서를 썼고 요한계시록도 썼다.

예수님께서 이들을 부르실 때 그들은 "배에 있어 그물을 깁고 있었다." 베드로와 안드레 형제는 예수님께서 부르실 때 그물을 던지고 있었고 야고보와 요한은 배 안에서 그물을 깁고 있었다. 이들은 모두 열심히 일하는 중에 부르심을 받았다. 부지런함은 복음 전도에 필수적인 요소이다.

막 1:20. 곧 부르시니 그 아버지 세베대를 품꾼들과 함께 배에 버려두고 예수를 따라가니라.

예수님께서 야고보와 요한을 부르셨을 때 그들은 "그 아버지 세베대를 품꾼들과 함께 배에 버려두고 예수를 따라갔다." 그들은 아버지도, 품꾼들도 버려두고 예수님을 따라간 것이다. 얼핏 보면 참으로 무례하게 보인다. 그러나 이들의 아버지 세베대는 아들들에게 품꾼들과 고기잡이를 할 터이니 염려 말고 예수님을 따르라고 했을 것이며 마음속으로 그 아들들이 잘 되기를 바라면서 보냈을 것이다. 주님께 헌신하는 일은 언제나 복된 일이다. 두 아들은 그들대로 헌신했고 아버지는 아버지대로 헌신한 것이다. 훗날 세베대나 그 부인 살로메는 두 아들을 떠나보낸 것에 대해 후회하는 말을 한 것 같지는 않다.

5. 예수 그리스도께서 각종 병자를 고치시다 1:21-45

예수님께서 갈릴리 해변에서 베드로, 안드레, 야고보, 요한을 부르신 후 귀신들린 사람을 고치시고 시몬의 장모와 각종 병자들을 고치시며 새벽에 기도하시고 문둥병자를 고치셨다.

1) 더러운 귀신들린 사람을 고치시다 1:21-28
막 1:21. 그들이 가버나움에 들어가니라 예수께서 곧 안식일에 회당에 들어가 가르치시매.

예수님께서 갈릴리 바다에서 네 사람의 제자들(29절)을 부르신 다음 가버나움에 들어가셨다. 가버나움은 갈릴리 해변으로부터 멀지 않은 곳이며 갈릴리 바다의 서북쪽에 위치하고 있다. 그곳은 갈릴리 전도의 근거지였고(마 4:13; 눅 4:31), 베드로의 처가가 있는 곳이었다(29-30절).

　　예수님은 "안식일에," 곧 '금요일 저녁 해질 때부터 시작되어 토요일 해질 때에 끝나는 안식일에' 회당에 들어가서 가르치셨다. 예수님은 이 하루 중에 제일 첫 시간, 다시 말해 금요일 해질 때에 회당에 들어가신 것이다. 예수님께서 안식일을 맞이하여 회당에 들어가시는 것은 하나의 규례였다(눅 4:16; 요 18:20). 예수님은 그 안식일 예배에 참여하셔서 "가르치셨다." "가르치시매"(ἐδίδασκεν)라는 말은 미완료과거시제로서 예수님이 회당에 들어가셔서 안식일마다 '계속해서 가르치셨음'을 말한다. 예수님은 이적을 행하시기 전에 사람들에게 복음을 전하시고 또 가르치셨다. 예수님께서 이적을 행하신 것은 사람들로 하여금 그의 교훈을 믿게 하려하심 때문이었다. 이적은 결코 가르침보다 중요하지 않다. 그것은 가르침을 위한 하나의 신임장 역할을 한다.

막 1:22. 뭇 사람이 그의 교훈에 놀라니 이는 그가 가르치시는 것이 권위 있는 자와 같고 서기관들과 같지 아니함일러라.

　　회당에 있던 많은 사람들이 예수님의 교훈에 놀랐다(마 7:28; 눅 4:32). 다시 말해 그들은 너무 충격을 받아서 정신이 벙벙했다. 이유는 예수님의 가르치심에는 힘이 있었기 때문이다. 그 가르침의 내용은 정곡을 찔렀고 그 말씀의 힘도 대단했다. 많은 사람들은 그 동안 서기관들의 가르침도 들어보았지만 그들의 교훈에는 힘이 없었다. 그들의 가르침에는 틀린 것들이 많았고 중언부언하기 일쑤였다. 하지만 예수님의 말씀엔 성령님이 함께 하셔서 서기관들과는 비교도 되지 않을 정도로 힘이 넘쳤다.

막 1:23. 마침 그들의 회당에 더러운 귀신 들린 사람이 있어 소리 질러 이르되.

　　"마침," 곧 '회당에 참석해서 예수님의 가르침을 들은 사람들이 예수님의 가르침에 힘이 있음을 느껴 정신이 벙벙하던 바로 그 시점에' 또 하나의 사건이 발생한다. "회당에 더러운 귀신 들린 사람이 있어 소리를 질렀다(눅 4:33). 예수님의 가르침을 더 이상 견딜 수 없었던 "더러운 귀신"이 그 사람으로 하여금 소리를 지르게 한 것이다. 여기 "더러운 귀신"(πνεύματι ἀκαθάρτῳ)은 '더러운 영'이란 뜻으로 마가복음에 11회 나타난다. "더러운 영"이란 말은 '귀신이 더러운 것'을 지칭한다(눅 4:33; 8:27; 10:17). 귀신은 사람을 더럽히고 사람을 정신병자로 만들기 때문에 더럽다.

막 1:24. 나사렛 예수여 우리가 당신과 무슨 상관이 있나이까 우리를 멸하러 왔나이까 나는 당신이 누구인 줄 아노니 하나님의 거룩한 자니이다.

예수님의 말씀을 듣고 있던 귀신이 더 이상 견딜 수 없어 소리를 지른다. 귀신은 먼저 "나사렛 예수여 우리가 당신과 무슨 상관이 있나이까 우리를 멸하러 왔나이까"라고 외친다(마 8:29). "우리가 당신과 무슨 상관이 있나이까"(τί ἡμῖν καὶ σοι)라는 말은 '우리의 일에 관여하지 마소서'라는 뜻이다(수 22:24; 삿 11:12; 삼하 16:10, 왕상 17:18). 귀신들이 "우리"라고 말하는 것을 보면 귀신의 숫자가 많음을 나타낸다. 귀신들은 나사렛 예수님이 자신들을 멸하는 분이심을 알고 "우리를 멸하러 왔나이까"라고 말한다. 여기서 멸한다는 말은 귀신들의 존재를 아주 없애버린다는 것이 아니라 사람의 몸 밖으로 쫓아냄을 지칭한다. 귀신들은 사람 속에 들어가는 것을 좋아하고 사람의 몸 밖으로 쫓겨나는 것을 비참하게 생각한다(마 12:43-45).

귀신들의 또 하나의 외침은 '나는 당신이 누구인 줄 아노니 하나님의 거룩한 자니이다'라는 말이다. 귀신들은 그 사람의 속에 들어있으면서 자기들을 단수('나')로 축소하여 말한다. 한 사람 속에 들어있기 때문에 마치 한 개의 귀신인양 '나'라고 말한 것이다. 귀신들은 예수님이 누구인줄 잘 알고 있었다. 예수님을 "하나님의 거룩한 자", 곧 '하나님께서 거룩하게 구별한 자'라고 고백했다. 이 말은 예수님께서 그 존재에 있어 모든 피조물과 구별되어 계신 분이심을 뜻이다(눅 4:34). 이 말은 결코 예수님께서 죄로부터 떠나 계심을 뜻하는 말은 아니다. 예수님은 죄와는 관계도 없으실 뿐 아니라 모든 피조물과 구별되신 분이시기에 "하나님의 거룩한 자"이시다.

막 1:25. 예수께서 꾸짖어 이르시되 잠잠하고 그 사람에게서 나오라 하시니.

예수님께서 귀신들을 대하는 방식은 꾸짖으심이다(34절). 다시 말해 그들을 책망하셨다. 결코 그들과 타협하거나 환대하시지 않으셨다. 예수님께서는 귀신들을 향해 "잠잠하고 그 사람에게서 나오라"고 하셨다. 이 말씀은 첫째, "잠잠하게" 처신하라는 것이다. 오늘도 역시 귀신들은 잠잠하게 처신하는 것이 좋다. 지구상에서 하나님을 대적하는 모든 세력들은 떠들수록 자기들에게 불리하다. 둘째, "나오라"는 것이다. 성도들 사회에서 '빠져나오라'는 것이다. 예수님의 명령에는 놀라운 능력이 동반한다(5:30). 예수님은 성도들을 괴롭히는 모든 세력들을 성도들의 마음과 공동체에서 빠져나가게 하신다. 성도들은 그리스도의 능력을 의지하여 그런 세력들을 몰아내야 한다.

막 1:26. 더러운 귀신이 그 사람에게 경련을 일으키고 큰 소리를 지르며 나오는지라.

더러운 귀신들은 24절에서 입으로 떠들었는데 그들이 이제 예수님의 명령에 순종하여 나갈 때는 물리적으로 두 가지 일을 했다. 하나는 "그 사람에게 경련을 일으켰다"(9:20). "경련을 일으켰다"(σπαράξαν αὐτόν)는 말은 '몸을 격하게 비틀게 했다,' '몸을 수축하게 했다'는 뜻이다. 귀신이 나갈 때는 사람이 자기 의사와는 상관없이 몸이 이상하게 비틀린다는 말이다. 예수님께서 재림하시는 때에도 역시 세상은 요동할 것이다. 이유는 귀신들이 마지막으로 발악할 것이기 때문이다. 그리고 또 하나는 "큰 소리를 질렀다". 귀신은 사람으로부터 나오는 것이 가장 괴로운 일이어서 비명을 지른 것이다(마 12:43-45). 예수님께서 가시는 곳에 귀신들의 비명이 있다. 귀신들이 사람으로부터 물러난다는 것이 엄청난 패배이기 때문이다.

막 1:27. 다 놀라 서로 물어 이르되 이는 어쩜이냐 권위 있는 새 교훈이로다 더러운 귀신들에게 명한즉 순종하는도다 하더라.

　　　　예수님의 명령에 귀신들이 사람으로부터 나가며 야단하는 광경을 보고 그 회당에 있던 사람들이 다 놀라서 서로 얼굴을 마주 보면서 말하기를 "어쩜이냐 권위 있는 새 교훈"이라고 말했다. 여기 "새 교훈"(διδαχὴ καινη)이란 말은 '질적으로 전혀 다른 교훈'이란 말이다. 그들은 과거에 어떤 사람에게서도 경험해보지 못한 '질적으로 다른 교훈'이 나타났다고 야단했다. 새 교훈이라고 말할 수밖에 없는 이유는, 예수님께서 "더러운 귀신들에게 명한즉 순종하는" 것을 보았기 때문이다. 예수님은 귀신들에게 명령하시고 귀신들은 그 명령에 순종했다. 오늘 우리는 새 교훈(예수님의 말씀)을 물려받았다. 우리는 더러운 귀신들을 향하여 명령할 수 있어야 한다. 세상의 더러운 세력들을 향하여 물러가라고 책망하고 꾸짖을 수 있어야 한다.

막 1:28. 예수의 소문이 곧 온 갈릴리 사방에 퍼지더라.

　　　　"예수님의 소문," 곧 '예수님께서 말씀으로 귀신들을 내쫓으셨다는 소문'이 온 갈릴리 사방에 퍼졌다. 여기 온 갈릴리 사방이란 말은 가버나움을 중심한 갈릴리 사방을 뜻한다(눅 4:27). 예수님의 소문은 순식간에 널리 퍼졌다.

　　　　2) 시몬의 장모와 각종 병자들을 고치시다　1:29-34

막 1:29. 회당에서 나와 곧 야고보와 요한과 함께 시몬과 안드레의 집에 들어가

시니.

예수님은 안식일(21절)에 회당에서 나와 곧바로 야고보와 요한과 함께 시몬과 안드레의 집에 들어가셨다(마 8:14; 눅 4:38). 야고보 형제와 함께 베드로와 안드레가 함께 살고 있는 집에 들어가신 것이다. 예수님의 복음 전파에 형제들이 함께 쓰임 받고 있었다.

막 1:30. 시몬의 장모가 열병으로 누워 있는지라 사람들이 곧 그 여자에 대하여 예수께 여짜온대.

베드로는 결혼해서 장모를 모시고 살았다. 전도 여행에 부인을 동반하기도 하였다(고전 9:5). 교역자의 독신주의는 성경적이 아니다. 베드로의 장모가 열병으로 누워 있었는데 의사인 누가는 시몬의 장모의 병이 다름 아닌 "심한 열병"(눅 4:38)이라고 말한다. 본문에 "누워 있는지라"(κατέκειτο)는 말은 미완료과거형으로 '오랫동안 누워있었다'는 뜻이다. 사람들이 "그 여자에 대하여 예수께 여쭈었다." '그 여자를 고쳐주시기를 예수님에게 부탁했다'는 말이다. 장모가 아무리 오랫동안 누워 있었어도 예수님의 권능 앞에는 어떤 병이든 견딜 수 없다. 우리는 자신들이 무슨 병에 걸렸을지라도 예수님께 스스럼없이 부탁해야 한다. 그리고 다른 사람의 병의 치유를 위해서도 그리스도께 부탁해야 할 것이다.

막 1:31. 나아가사 그 손을 잡아 일으키시니 열병이 떠나고 여자가 그들에게 수종드니라.

예수님은 시몬의 장모가 누워 있는 곳으로 나아가서서 그 손을 잡아 일으키셨다. "손을 잡아 일으키신 것"은 예수님께서 병을 고치실 때 취하는 방법이었다(41절; 5:41). 예수님께서 그 손을 잡아 일으키실 때 그 여자의 "열병이 떠났다." 예수님은 때로는 말씀으로 병을 고치시고, 때로는 안수하여 고치시고, 때로는 본문처럼 손을 잡아 일으키셨다. 아무튼 어떤 방식을 사용하시든지 항상 예수님의 능력이 동반했다(5:30). 여기 "떠났다"(ἀφῆκεν)는 말은 부정(단순)과거형으로 '즉시 떠난 것,' 단숨에 떠난 것'을 가리키는데, 마가의 박진감 넘치는 필치를 보여준다. 그리고 "그 여자가 그들에게 수종드니라"고 말한다. 회복기간이 따로 필요 없을 만큼 회복되어 시몬의 장모가 그들에게 곧바로 시중들었다는 것이다. 그 여자가 "수종들었다"(διηκόνει)는 말은 미완료 과거로 '계속해서 섬겼다'는 뜻이다. 병이 낫는 것은 순간적으로 나았고 시중드는 일은 계속했다. 오늘 우리가 영혼의 병으로부터 구원받았다면 계속해서 주님과 성도들을 섬겨야 할 것이다.

막 1:32. 저물어 해 질 때에 모든 병자와 귀신들린 자를 예수께 데려오니.
　　　시몬의 장모의 병을 고치신 다음 "저물어 해 질 때에," 곧 '안식일이 끝나는 시각 토요일 저녁 해 질 때에' 가버나움 동네 사람들이 "모든 병자와 귀신들린 자를 예수께 데려왔다"(마 8:16; 눅 4:40). "많은"이란 말은 아무리 많은 병자나 귀신들린 자를 데려온다고 해도 예수님이 얼마든지 고치신다는 것을 강조하는 말이다. 여기 "병자"는 '일반적인 환자들'을 뜻하고 "귀신들린 자"는 '귀신이 들려 병에 걸린 자들'을 지칭한다. 본문에 "데려오니"(ἔφερον)라는 말은 미완료과거시제로 '계속해서 데려온 것'을 뜻한다. 지금도 우리는 귀신들린 자들과 우리의 문제들을 계속해서 예수님에게 가지고 나가야 한다.

막 1:33. 온 동네가 그 문 앞에 모였더라.
　　　온 동네가 베드로의 집 문 앞에 모였다. 병자도 모였고 구경꾼도 모였다. 사실은 큰 구경이 난 것이다. 어떤 병이라도 예수님께서 고치시니 말이다. 이런 일이야말로 전무후무한 일이었다. 오늘도 기도하여 예수님으로부터 능력을 받아 말씀 전하는 전도자들과 병을 고치는 사람들 주위에는 많은 사람들이 모이고 있다.

막 1:34. 예수께서 각종 병이 든 많은 사람을 고치시며 많은 귀신을 내쫓으시되 귀신이 자기를 알므로 그 말하는 것을 허락하지 아니하시니라.

예수님께서 각종 일반 환자들을 고치시며 또 많은 귀신들을 내쫓으시되 귀신들이 예수님을 알므로 귀신들이 예수님에 대해 말하는 것을 허락하지 아니하셨다는 것이다. 누가는 같은 사건을 말하는 문장에서 "귀신들이 나가며 소리 질러 이르되 당신은 하나님의 아들이시니이다"(눅 4:41)라고 외쳤다고 말한다. 예수님은 예수님을 믿는 사람들로부터 신앙의 고백을 받기 원하시지 결코 귀신들의 고백을 원하지 아니하신다(3:12; 행 16:17-18).

3) 기도하시고 전도하시며 귀신들을 내쫓으시다 1:35-39

예수님께서 첫 번째로 갈릴리 순회 전도를 하신 것을 말한다. 마태는 예수님께서 가르치시며 천국 복음을 전파하시며 병을 고치셨다고 말한다(마 4:23).

막 1:35. 새벽 아직도 밝기 전에 예수께서 일어나 나가 한적한 곳으로 가사 거기서 기도하시더니.

예수님은 새벽, 아직도 날이 완전히 밝기 전(눅 4:42), 한적한 곳을 찾아 가셔서 기도하셨다. 여기 "기도하시더니"(προσηύχετο)란 말은 미완료과거 시제로 '계속해서 기도하신 것'을 지칭한다. 예수님은 성부 하나님께 기도하여 힘을 얻어 구원 사역을 감당하셨던 것이다. 우리도 고요한 시간, 고요한 장소에서 하나님께 기도해야 모든 일을 감당할 수 있다.

막 1:36. 시몬과 및 그와 함께 있는 자들이 예수의 뒤를 따라가.

시몬뿐만 아니라 또 함께 있는 사람들이 예수님께서 어디 계신가를 알기 위하여 뒤를 추적한 것이다. 여기 "뒤를 따라가"(κατεδίωξεν)라는 말은 '샅샅이

뒤지고 찾았다'는 뜻이다. '끝까지 미친 듯이 찾은 것을 말한다. 예수님을 잃으면
안 된다는 뜻이었다. 오늘도 역시 영적으로 예수님을 잃을 지경이 되었다면 예수님
을 추적하듯이 찾으면 찾을 수 있다는 것을 보여주는 말씀이기도 하다.

막 1:37. 만나서 이르되 모든 사람이 주를 찾나이다.

결국 그들은 예수님을 만났다. 그리고 말하기를 "모든 사람이 주를
찾나이다"라고 말했다. 여기 "모든 사람"이란 안식일이 끝난 저녁 때 베드로의
집 앞에서 예수님의 이적을 체험한(32절), 하지만 아직 진정한 신앙이 없고 그저
이적 신앙만 가지고 있었던 사람들이었다. "찾나이다"(ζητοῦσίν)라는 말은 현재시
제로 '지금 계속해서 찾고 있다'는 뜻이다. 그들은 육신의 복을 위해서만 움직이고
있었다.

막 1:38. 이르시되 우리가 다른 가까운 마을들로 가자 거기서도 전도하리니 내가 이를 위하여 왔노라 하시고.

예수님은 그들이 예수님을 찾는 것에 대해 기뻐하시지 않고 한적한 곳에
가셔서 기도하신 이유에 대해 언급하신다. 예수님은 "우리가 다른 가까운 마을들로
가자 거기서도 전도하리니 내가 이를 위하여 왔노라"고 하신다(눅 4:43). 이적이
중요한 것이 아니라 하나님의 복음을 전하는 것이 중요하다는 것이다. 여기 "다른
가까운 마을들"이란 '가버나움 근교의 마을들'을 지칭한다. 당시의 유대 역사가는
증언하기를 그 당시 갈릴리 상류 지방에는 크고 작은 마을들이 200여개나 되었다고
한다. 예수님은 우선 가까운 마을들로부터 복음을 전하고 그 다음 먼 곳을 생각하셨
던 것이다(행 1:8). 예수님은 사람들을 향하여 "내가 이를 위하여 왔노라"고 하셨다
(사 61:1; 요 16:28; 17:4). '내가 전도하기 위하여 하나님 아버지에게서 왔다'는
것이다. 똑같은 사건을 다루는 눅 4:43에 보면 '나는 이 일을 위해 보내심을 받았노
라'고 하신다. 예수님은 전도하러 이 땅에 하나님으로부터 보내심을 받으신 것이다.

막 1:39. 이에 온 갈릴리에 다니시며 그들의 여러 회당에서 전도하시고 또 귀신들을 내쫓으시더라.

예수님은 온 갈릴리를 순회하시면서 여러 회당에서 전도하셨고 귀신들을 내쫓으셨다(마 4:23; 눅 4:44). 예수님께서 여러 회당에서 전도하시고 귀신들을 내쫓으셨다는 것은 하나님의 나라가 갈릴리에 임하셨다는 것을 보여준다. 예수님의 말씀과 능력이 임한 곳이 바로 하나님의 나라이다.

4) 문둥병자를 깨끗하게 하시다 1:40-45

마가는 예수님께서 갈릴리 전도를 하신 것을 말하다가 문둥병자를 고치신 사건을 다룬다. 다시 말해 마가가 1:35-39(갈릴리 전도여행)과 2:1-12(가버나움에서 중풍병자를 고치신 사건)의 중간에 본문을 배치한 것을 보면 예수님께서 문둥병자를 고치신 사건은 갈릴리 전도 여행 도중에 어느 한 동네에서 된 일로 보인다(눅 5:12, "한 동네").

막 1:40. 한 나병환자가 예수께 와서 꿇어 엎드려 간구하여 이르되 원하시면 저를 깨끗하게 하실 수 있나이다.

한 나병환자(레 13:45-46)가 예수님께 나아와서 "꿇어 엎드려" 간구했다(마 8:2; 눅 5:12). "꿇어 엎드렸다"는 것은 나병환자의 겸손을 보여주는 말이다. 기도하는 사람은 겸손한 자세를 취해야 한다(시 10:17; 약 4:6). 마태는 나병환자가 "절했다"고 말하고, 누가는 "엎드렸다"고 말한다. 그는 예수님께 경배했던 것이다.

나병환자는 엎드려 간구하기를 "원하시면 저를 깨끗하게 하실 수 있나이다"라고 말한다. 첫째, 자기의 병이 낫고 낫지 않는 여부가 예수님의 소원에 달려 있다는 것이다("원하시면"). 자신이 아무리 간구해도 예수님의 소원이 아니면 자기의 나병을 고치시지 않으실 것으로 알았다. 둘째, 예수님께서 원하시기만 한다면 나병을 "깨끗하게 하실 수 있다"고 믿었다. 그는 예수님의 능력을 믿은 것이다. 우리는 예수님의 소원이 이루어지기를 간구해야 하고 또 예수님의 능력을 믿고 간구해야 한다.

막 1:41. 예수께서 불쌍히 여기사 손을 내밀어 그에게 대시며 이르시되 내가 원하노니 깨끗함을 받으라 하시니.

예수님은 이 문둥병자의 간구를 들으시고 병을 고쳐주셨다. 예수님은 그를 "불쌍히 여기셔서" 고쳐주신 것이다. 예수님은 그 환자의 비참함을 돌보신 것이다. 우리 역시 예수님으로부터 불쌍히 여김을 받아야 한다. 어느 분은 매일 기도할 때 하나님의 긍휼을 구하는 기도를 많이 하곤 했다. 하루 세 시간씩 기도하는 중에 어느 날은 한 시간도 혹은 그 이상 "나를 불쌍히 여겨주옵소서"라고 기도한 다음 다른 기도를 드렸다.

예수님은 그 병자를 불쌍히 여기시는 의미에서 "손을 내밀어 그에게 대셨다." 문둥병자에게 손을 댄다는 것은 참으로 불쌍히 여기시는 태도이다(마 8:3, 15; 9:29; 17:7; 20:34; 눅 5:13; 7:14; 22:51). 그리고 "내가 원하노니 깨끗함을 받으라"고 말씀하셨다. 문둥병자가 간구한 내용 두 가지(40절)를 그대로 반복하신 것이다. 예수님은 그 문둥병자의 간구를 대단히 기뻐하신 것이 분명하다.

막 1:42. 곧 나병이 그 사람에게서 떠나가고 깨끗하여진지라.

마가는 "곧" 그 나병이 그 사람에게서 떠나가고 깨끗하여졌다고 말한다. 며칠이나 혹은 그 이상의 시간이 걸린 것이 아니라 '즉시' 나았다는 것이다. 예수님의 치료와 사람의 치료엔 차이점이 많은데, 예수님께서 고치실 때는 "곧" 나았고 사람이 치료할 때는 오랜 회복의 시간이 필요한 것도 대표적인 차이점 중 하나이다.

막 1:43. 곧 보내시며 엄히 경계하사.

예수님께서 그 문둥병자를 "곧 보내셨다"(εὐθὺς ἐξέβαλεν). 다시 말해 그 나은 사람을 '즉시 쫓아내어 보내셨다.' 한 동네(눅 5:12)에서 쫓아내시면서 제사장한 테 가서 예물을 드리도록 하신 것이다. 그리고 예수님은 "엄히 경계하셨다." 여기 "엄히 경계하셨다"(ἐμβριμησάμενος)는 말은 원래 '말(馬)이 거칠게 콧김을 내 뿜는 다' 혹은 '분노하여 큰 소리를 치다'는 뜻으로부터 '나무라다,' '꾸짖다'의 뜻으로 변경되었다. 예수님은 문둥병자가 이런 말 저런 말을 할 것으로 예상하시고 분노하시 듯 아무 말도 하지 말라고 경계하신 것이다. 말을 하면 많은 사람들이 예수님 주위로 모여들어서 말씀을 전하는 일에 지장을 줄 것 이므로 어떤 말도 하지 말라고 경계하신 것이다. 예수님께서 이 땅에 오신 목적이 이적을 행하는 것이 아니었기 때문에 그것에 대해 여기저기서 떠들지 말라고 하신 것이다.

막 1:44. 이르시되 삼가 아무에게 아무 말도 하지 말고 가서 네 몸을 제사장에게 보이고 네가 깨끗하게 되었으니 모세가 명한 것을 드려 그들에게 입증하라 하셨더라.

예수님께서 분노하듯이 경계하신 말씀의 내용은 첫째, "삼가 아무에게 아무 말도 하지 말라"는 것이었다(3:12; 마 9:30; 12:16; 눅 4:41; 8:56). 말을 하면 유대 교권자들의 시기 질투 때문에 예수님의 복음 전파가 방해를 받을 뿐 아니라 많은 사람들이 모여서 이적 행하실 것을 소원할 것이므로 예수님의 사역이 방해를 받을 것이 뻔했다. 그래서 예수님은 그 사람에게 함구령을 내리신 것이다. 둘째, "가서 네 몸을 제사장에게 보이고 네가 깨끗하게 되었으니 모세가 명한 것을 드려 그들에게 입증하라"는 것이었다. "모세가 명한 것," 곧 '모세가 명한 제물, 정한 산(living) 새 두 마리와 백향목과 홍색실과 우슬초를 드리고(레 14:3-4, 10; 눅 5:14), 또 8일 후에 다시 흠 없는 어린 수양 둘과 암양 하나'(레 14:10)를 드려 입증하는 일이었다. 이렇게 하므로 그 문둥병자는 사회적인 제약으로부터 풀려나고, 예수님은 율법을 폐함이 아니라 온전케 하러 오신 분이라는 것이 증명될 것이었다(마 5:17). 물론 예수님이 이런 식으로 율법의 완성자가 되시는 것은 아니었다. 그러나 십자가에 달리시기 전의 예수님은 자신이 율법을 지키는 자임을 여러 사람에게 알게 하시려 하였다. 예수님께서 이렇게 경계하셨는데도 그 문둥병자는 말을 많이 하여 예수님의 복음 전도에 큰 지장을 드렸다.

막 1:45. 그러나 그 사람이 나가서 이 일을 많이 전파하여 널리 퍼지게 하니 그러므로 예수께서 다시는 드러나게 동네에 들어가지 못하시고 오직 바깥 한적한 곳에 계셨으나 사방에서 사람들이 그에게로 나아오더라.

그 병자는 너무 큰 기쁨에 견딜 수 없어 이제 자기가 예수님으로 말미암아 깨끗하게 된 것을 광포하고 말았다(눅 5:15). 그래서 예수님은 다시는 드러나게 동네에 들어가지 못하시고 복음 전도에 방해를 받으셨다. 복음 전도는 열정만으로 되는 것이 아니다. 그리스도의 명령에 절대적으로 순종해야 한다. 예수님은 수일 동안(2:1) 동네에 들어가지 못하셨다. 예수님께서 동네에 들어가지 못하시는 동안 사람들은 예수님이 계신 곳으로 나아왔다(2:13). 여기 "나아오더라"(ἤρχοντο)는 말은 미완료과거 시제로, 계속해서 수일 동안 한적한 곳으로 사람들이 왔다는 것이다. 하나님은 예수님께서 계신 곳에 사람들을 모아 주신다. 교회에 예수님의 복음이 충만히 전파되면 사람들이 모여든다.

제 2 장

중풍병자를 고치신 일과 레위를 부르신 일 및
금식논쟁과 안식일 논쟁

II. 중풍병자를 고치시다   2:1-12

　　예수님께서는 복음 전파를 시작하시고(1:14-20) 여러 가지 이적을 행하신
(1:21-45) 후 중풍병자를 고치신다(2:1-12; 마 9:1-8; 눅 5:17-26). 예수님께서 이적을
행하기 시작하시자 차츰 박해도 시작되는 분위기였다. 처음에는 서기관들이 "마음
에 생각하는"(2:6-7) 정도였으나, 다음에는 예수님의 제자들에게 불평하기 시작했
다(2:16). 그리고 그 후에 그들은 예수님에게 직접 불평하기 시작한다. 그리고
예수님을 죽일 음모를 꾸미기 시작했고(3:6) 마침내 예수님을 향하여 귀신의 왕이
들렸다고 말한다(3:22).

막 2:1. 수일 후에 예수께서 다시 가버나움에 들어가시니 집에 계시다는 소문이 들린지라.

　　예수님은 갈릴리 지방의 순회전도(1:38-39)로부터 다시 "가버나움"으로 돌아
오셔서(마 9:1) 머무시는 집(마 4:13; 요 2:12)에 거하신다. 가버나움은 예수님께서
나사렛을 떠나신 후에 사시는 곳이다. 예수님은 가버나움에서 오래 머무시면서 복음을
전하셨지만 그곳 사람들은 회심하지 않았다. 예수님은 훗날 "가버나움아 네가 하늘에
까지 높아지겠느냐 음부에까지 낮아지리라 네게서 행한 모든 권능을 소돔에서 행하였

더라면 그 성이 오늘까지 있었으리라. 내가 너희에게 이르노니 심판 날에 소돔 땅이 너보다 견디기 쉬우리라 하시니라"(마 11:23-24)라고 정죄하셨다.

　　예수님께서 "집에 계시다는 소문"은 급속히 퍼져나갔다. 예수님께서는 여러 이적을 행하셨기에(1:21-45) 그분이 집으로 오셔서 머무시자마자 그 소문이 퍼져나갔다(3:8, 21; 5:27).

막 2:2. 많은 사람이 모여서 문 앞까지도 들어설 자리가 없게 되었는데 예수께서 그들에게 도를 말씀하시더니.

　　"많은 사람이" 예수님께서 머무시는 집에 모인 이유는 예수님께서 놀랄만한 일을 행하셨기 때문이다(1:21-34, 39-45). 사람들은 예수님께서 무슨 말씀을 하실 것인가 하고 호기심에 차서 모였고 또 어떤 사람들은 시기심에 차서 모였는데 "문 앞까지도 들어설 자리가 없게 되었다." 예수님은 어디에서나 그러하듯이 여기서도 역시 먼저 "도," 곧 '복음'을 말씀하신다. 예수님의 이적을 중시하는 사람들은 복음서의 3분의 1이 이적으로 찼다고 말한다. 하지만 예수님은 항상 이적을 행하시기 전에 먼저 복음을 가르치셨다. 오늘 우리 역시 복음을 더 중요하게 생각하고 전하고 가르쳐야 할 것이다.

막 2:3. 사람들이 한 중풍병자를 네 사람에게 메워 가지고 예수께로 올새.

　　한참 그 머무시는 집에서 예수님이 복음을 전파하고 계실 때 "사람들이 한 중풍병자를 네 사람에게 메워 가지고 예수께로 왔다." 사람들이 힘을 합쳐서 한 사람의 중풍병자를 네 사람에게 메워 가지고 온 것이다. 그 사람들은 한 사람의 중풍병자를 살릴 생각으로 네 사람으로 하여금 침상을 들게 해서 예수님께로 데리고 왔다. 여러 사람들은 마음을 합쳤고 네 사람은 협조하였다. 이 사람들이 한 사람의 중풍병자를 살린 것이다. 여러 사람이 협조하고 여러 성도가 기도에

협조하면 큰 일이 이루어진다. 과거 옥스퍼드(Oxford)대학의 대학생들(존 웨슬리를 중심하여)이 함께 기도하여 영국을 복음으로 살렸다. 몇 사람만이라도 마음을 합쳐 기도하면 교회를 살리고 교단을 살리며 나라를 살린다.

막 2:4. 무리들 때문에 예수께 데려갈 수 없으므로 그 계신 곳의 지붕을 뜯어 구멍을 내고 중풍병자가 누운 상을 달아내리니.

　　　문 앞까지 꽉 들어찬 "무리들 때문에 예수께 데려갈 수 없었다." 그러나 그들은 그냥 돌아가지 않고 "그 계신 곳의 지붕을 뜯었다." 누가는 "기와를 벗겼다"고 말한다. 그들은 계단을 이용하여 유대나라의 평평하게 생긴 지붕으로 올라가(행 10:9) 지붕을 뜯은 것이다. 그들은 그 중풍환자를 살리는 일을 결코 포기하지 않았다. 그들은 지붕을 뜯어 "구멍을 내고 중풍병자가 누운 상을 달아 내렸다." 중풍병자가 누운 상을 달아 내린 것은 큰 모험임에 틀림없다. 침상을 달아 내리는 동안 침상이 기우뚱하면 환자는 더 심한 환자가 될 터인데 모험심을 발휘한 것이다.

막 2:5. 예수께서 그들의 믿음을 보시고 중풍병자에게 이르시되 작은 자야 네 죄 사함을 받았느니라 하시니.

　　　예수님께서 그들 다섯 사람의 "믿음을 보시고" 중풍병자의 죄를 사하신다. 혹자는 예수님께서 네 사람의 믿음만을 보신 것으로 말하나 예수님께서 병자의 죄를 사하신 것을 보면 병자의 믿음도 보신 것이 틀림없다. 예수님은 다섯 사람의 믿음을 보시고 병자의 죄를 사하신 것이다. 누구든지 예수님 앞으로 나아가면 예수님께서 죄를 대신 지시고(요 1:29) 죄를 사해주신다. 여기 "네 죄 사함을 받았느니라"(ἀφίενταί σου αἱ ἁμαρτίαι)는 말은 현재수동태로 '네 죄들이 이 순간 사함을 받는다'는 뜻이다. 중풍환자의 모든 죄들이 예수님에게 전가되어 다 씻어진 것을 지칭한다. 누구든지 예수님 앞으로 나아가면 모든 죄를 씻음 받는다. 중풍환자는 육신의 질병을 고치러 왔다가 먼저 죄 사함을 선언 받았다.

모든 병의 원인이 죄는 아니지만 죄가 병을 일으키는 것은 사실이다. 이 환자는 먼저 죄 사함을 받았고 다음으로 질병의 치유를 받았다(12절).

막 2:6. 어떤 서기관들이 거기 앉아서 마음에 생각하기를.

문 앞까지도 입추의 여지없이 가득 찬 사람들 중에는 서기관들(이들은 예루살렘에서 내려 온 사람들이었다 눅 5:17)이 앉아있었다. 그들은 예수님께서 중풍병자의 죄를 사하시는 것을 보고 "마음에 생각하기" 시작한다. 이들은 이제 마음으로부터 박해를 시작한 것이다. 누구든지 마음에 품은 악한 생각은 일찍이 뿌리를 뽑아야 한다. 그렇지 않으면 큰 죄로 발전한다.

막 2:7. 이 사람이 어찌 이렇게 말하는가 신성 모독이로다 오직 하나님 한 분 외에는 누가 능히 죄를 사하겠느냐.

본 절은 서기관들이 마음으로 생각하는 것들이다. 서기관들 각자가 거의 비슷하게 생각한 이유는 그들은 예루살렘에서 안식일마다 사람들에게 율법을 가르치고 있었기에 예수님께서 죄를 사하신 것을 도무지 납득할 수 없었다. 그들은 예수님께서 죄를 사하시는 것을 보고 "이 사람이 어찌 이렇게 말하는가 신성 모독이로다"라고 말한다. 다시 말해 '죄를 씻는 것은 하나님만 하시는 일이니 예수님께서 죄를 사하신 행위는 하나님을 모독하는 행위라는 것이다(레 24:15-22). "신성 모독이로다"(βλασφημει)란 말은 '하나님의 특권을 탈취하거나 하나님을 불경스럽게 모독한다'는 뜻이다. 서기관들은 예수님께서 죄를 사하시는 것을 보고, 죄를 사하는 권한은 하나님께만 있는 권한인데 새파랗게 젊은 사람이 감히 하나님만이 하실 수 있는 일을 한다 하니 하나님을 모독했다는 것이다. 그들은 "오직 하나님 한 분 외에는 누가 능히 죄를 사하겠느냐"고 말한다(사 43:25). 그들은 예수님이 바로 하나님이신 줄 몰랐다.

막 2:8. 그들이 속으로 이렇게 생각하는 줄을 예수께서 곧 중심에 아시고 이르시되 어찌하여 이것을 마음에 생각하느냐.

예수님은 서기관들이 마음속으로 예수님을 평하는 것을 "곧 중심에 아셨다." 즉시 '마음으로 아셨다'는 뜻이다(마 9:4; 눅 5:22; 요 2:25). 예수님은 서기관들을 향하여 "어찌하여 이것을 마음에 생각하느냐"고 호되게 책망하신다. 누구든지 마음에 악을 품으면 예수님으로부터 호된 책망을 받는다. 우리는 책망을 받기 전에 이 모든 악들을 토해내야 한다.

막 2:9. 중풍병자에게 네 죄 사함을 받았느니라 하는 말과 일어나 네 상을 가지고 걸어가라 하는 말 중에서 어느 것이 쉽겠느냐.

예수님은 마음속에 악한 생각들을 품고 있는 서기관들을 향하여 "중풍병자에게 네 죄 사함을 받았느니라 하는 말과 일어나 네 상을 가지고 걸어가라 하는 말 중에서 어느 것이 쉽겠느냐"고 물으신다(마 9:5). 사람들의 눈으로 보기에는 답은 극명하다. "네 죄 사함을 받았느니라"는 말은 눈에 보이는 결과가 없어도 되는 것이고 "일어나 네 상을 가지고 걸어가라"는 말은 눈에 보이는 결과가 있어야 하니까 "네 죄 사함을 받았느니라"는 말이 훨씬 쉽다. 그러나 그 말이 쉽다고 해서 예수님께서 먼저 그 말씀을 하신 것은 아니다. 그 말씀을 먼저 하신 이유는 죄를 사하는 것이 더 우선해야 하기 때문이다. 죄 사함을 먼저 받아야만 다음으로 육신의 치유가 따른다. 예수님은 결코 말씀하기 쉽다고 해서 죄 사함을 받았다고 선언하신 것이 아니라 먼저 죄 사함을 받아야 하겠기에 죄 사함을 선언하신 것이다. 우리는 예수님께서 사죄권도 있으시고 치유권도 있으시다는 사실을 명심해야 하며 그분께 영광을 돌려야 한다.

막 2:10. 그러나 인자가 땅에서 죄를 사하는 권세가 있는 줄을 너희로 알게 하려 하노라 하시고 중풍병자에게 말씀하시되.

'죄 사함을 받았느니라고 선언하는 것이 사람들 보기에는 더 쉬우나'(앞절) "그러나 인자가 땅에서 죄를 사하는 권세가 있는 줄을 너희로 알게 하기" 위해서 죄 사함을 선언한다고 하신다. 다시 말해 예수님에게 죄를 사하시는 권세가 있다고 알리는 것이 너무 중요하니까 선언하신다는 것이다. 여기 "인자"(ὁ υἱὸς τοῦ ἀνθρώπου)란 말은 예수님의 자칭호(自稱號)로 '고난을 받으시는 메시야'라는 뜻이다(2:28; 8:31, 38; 9:9, 12, 31; 10:33, 45; 13:26; 14:21, 41, 62). 예수님은 자신이 세상에서 사람들을 대신한 고난을 받으시고 사람들의 죄를 사하신다. 예수님은 자신이 죄를 사하시는 권세가 있다는 것을 알게 하시고는 다음 절과 같이 "중풍병자에게 말씀하신다."

막 2:11. 내가 네게 이르노니 일어나 네 상을 가지고 집으로 가라 하시니.

예수님은 이제 중풍환자에게 세 가지를 말씀하신다. 첫째, "일어나라"고 하신다. 예수님은 안수도 하지 않으시고 말씀만 하신다. 둘째, "상을 가지라"고 하신다. 환자가 일어난 뒤 회복기간도 필요 없이 그저 자기가 들려왔던 침상을 손에 취하라고 하신다. 셋째, "집으로 가라"고 하신다. 그 침상을 가지고 집으로 가라는 말씀이다. 예수님은 지금도 권능의 말씀으로 모든 일을 행하신다.

막 2:12. 그가 일어나 곧 상을 가지고 모든 사람 앞에서 나가거늘 그들이 다 놀라 하나님께 영광을 돌리며 이르되 우리가 이런 일을 도무지 보지 못하였다 하더라.

예수님의 세 가지 명령을 받고 중풍병자는 "일어나 곧 상을 가지고 모든 사람 앞에서 나갔다." 예수님의 말씀에는 그 말씀을 실행할 능력이 있어서 그 중풍병자는 즉시 실행할 수 있었다. 그 중풍환자는 자기를 싣고 온 사람들과 함께 집으로 돌아갔다. 예수님의 말씀에는 능력이 나타난다. 그 현실을 목격한 사람들은 "다 놀라 하나님께 영광을 돌리며 이르되 우리가 이런 일을 도무지

보지 못하였다"고 말한다. 여기 "다 놀랐다"고 말하지만 예루살렘에서 내려온 서기관들은 감탄하지 않았을 것이다. 강퍅한 마음에는 감격이 없는 법이다(3:5). 서기관들을 제외하고 다른 사람들은 세상을 살아오면서 그런 이적을 처음 보았으므로 놀란 것이다. 마가의 "놀랐다"는 표현대신 마태는 '두려워하며'(9:8), 누가는 '놀라... 심히 두려워하여'(눅 5:26)라고 표현하고 있다. "놀람"을 지나 "두려움에" 사로잡힌 것이다.

그 중풍환자는 고생을 하다가 예수님께 들려가서 죄 사함을 받았으며 병고침을 받았다. 다윗은 "고난당한 것이 내게 유익이라 이로 인하여 내가 주의 율례를 배우게 되었나이다"(시 119:71)라고 말한다. 우리가 세상에서 고생을 하더라도 예수님을 만나 예수님을 믿는다면 그것만큼 복된 일은 없다.

III. 레위(마태)를 부르시다   2:13-17

예수님께서 집에서 말씀을 전하시고 또 중풍병자를 고치신(1-12절) 다음 바닷가에 나가서서 가르치신다. 그리고 바다를 떠나 지나가시다가 세관에 앉아 있는 레위를 부르신다(13-17절). 예수님은 레위를 부르시고(13-14절) 레위가 베푼 연회에 참석하셔서 죄인 및 세리들과 교제하신다(15-17절).

막 2:13. 예수께서 다시 바닷가에 나가시매 큰 무리가 나왔거늘 예수께서 그들을 가르치시니라.

예수님은 전날 갈릴리 해변으로 지나가시다가 시몬과 안드레, 야고보와 요한을 부르셨는데(1:16) "다시 바닷가에 나가신다." 마침 큰 무리가 나아와서 예수님께서 "그들을 가르치신다." 예수님은 바닷가를 강단으로 사용하신다(3:7; 4:1). 예수님은 어디서든지 가르치셨다(산, 바닷가, 광야 등). 여기 "가르치시니라"(ἐδίδασκεν)라는 말은 미완료과거 시제로 '계속해서 가르치고 있었다'는 뜻이다.

예수님은 어디서든지 계속해서 하나님의 말씀을 가르치셨다. 오늘날의 기독교 교육도 어디서든지 이루어져야 한다.

막 2:14. 또 지나가시다가 알패오의 아들 레위가 세관에 앉아 있는 것을 보시고 그에게 이르시되 나를 따르라 하시니 일어나 따르니라.

예수님은 바닷가에서 큰 군중을 가르치신 후에 아마도 큰 길을 따라 세관 있는 쪽으로 가신 것 같다. 예수님은 "알패오의 아들 레위가 세관에 앉아 있는 것을 보시고 그에게 이르시되 나를 따르라"고 명령하신다(마 9:9; 눅 5:27). 여기 "알패오"란 사람은 "레위"의 부친이었는데 이 "알패오"를 야고보와 요세의 부친 알패오(3:18; 15:40)와 혼돈해서는 안 된다.

본문의 "세관"은 수리아와 이집트 사이에 놓여있는, 국제 도로를 통과하는 무역 상품에 대해 관세를 거둬들이는 곳이었다(윌럼 헨드릭슨). 예수님은 알패오의 아들 레위(마가와 누가는 레위라 하고 마태는 레위라 하지 않고 마태라고 한다)가 세관에 앉아 있는 것을 보시고 "나를 따르라"고 하신다. 여기 "나를 따르라"(ἀκο-λούθει μοι)는 말은 현재 명령형으로 '계속해서 따르라'는 말이다. 예수님은 세관에 앉아서 세금을 거둬들이는 세리, 곧 로마 정부의 세금사무를 청부맡은, 잔인하기 그지없는 레위에게 자신을 따르라고 하신다.[8] 예수님은 그 명령이 자신의 이미지를 먹칠할 수도 있음을 개의치 않으시고 그를 깨끗하게 하셔서 사도로 쓰시기 원하셨다. 그리스도께서 레위에 의해서 더러워지는 것이 아니라 레위가 예수님에 의해 깨끗해진 것이다.

레위는 예수님의 한 마디 말씀에 뒤를 돌아보지 않고 "일어나 따라갔다." 예수님의 부르심엔 권능이 있었다. 아마도 하나님께서는 예수님이 레위를 부르시기

---

8) "세리들은 일반적으로 무엇을 거래하든 상관없이 무거운 세금을 거두어드렸다. 그 결과 그들은 착취자들이라는 악명을 떨치게 되었다. 유대인 세리들은 다른 유대인들에 의해서 자기 민족과 신앙을 저버린 반역자들로 낙인 찍혔다...이와 같이 세리들을 멸시하고 죄인 취급했던 사실이 막 2:15-16등의 구절에서 밝혀진다"(윌럼 헨드릭슨).

전에 그의 심령을 준비하셨을 것이다. 자기의 직업이나 삶 자체에 대해 회의를 느꼈을 것이다. 그리하여 레위(마태)는 "모든 것을 버리고" 주님을 좇았다(눅 5:28). 어쩌면 레위(마태)의 헌신은 베드로, 안드레, 야고보, 요한의 헌신보다 더 큰 것으로 보아도 될 듯싶다. 네 사람은 배와 그물을 버리고 주님을 따랐지만 레위(마태)는 돈 잘 버는 직업을 버리고 예수님을 따랐기 때문이다. 그는 주님을 따라 나선 후 많은 훈련을 받고 결국 마태복음을 기술하는 사도가 되었다. 그는 구약에 능통하여 유대민족을 위해서 구약 인용을 많이 한 마태복음을 기록했다. 예수님의 손 안에 들어간 사람마다 훌륭한 신앙인이 되는 법이다.

막 2:15. 그의 집에 앉아 잡수실 때에 많은 세리와 죄인들이 예수와 그의 제자들과 함께 앉았으니 이는 그러한 사람들이 많이 있어서 예수를 따름이러라.

레위는 자신을 불러주신 예수님을 환영하는 뜻으로 "그의 집," 곧 '자기의 집'에서 잔치를 배설한다(눅 5:29). 예수님이 "그(레위)의 집에 앉아 잡수실 때에 많은 세리와 죄인들이 예수와 그의 제자들과 함께 앉아서" 식사를 하였다(마 9:10). 레위가 "많은 세리와 죄인들"을 초청한 이유는, "그러한 사람들이 많이 있어서 예수를 따르기" 때문이었다. 레위는 자기와 같은 종류의 사람들을 초청하여 식사를 대접했다. 혹자는 레위가 세리와 죄인들을 많이 불러 잔치에 초대한 것은 이제 그들과는 직업이 달라져서 결별하기 위한 것이라고 말하나 문맥에 맞지 않는다. 예수님께서 이런 사람들을 주위에 많이 두신 것은 유대사회에서 비난과 손가락질을 받을만한 사유였다. 하지만 예수님은 그가 하늘에서 오신 목적대로 죄인을 부르셨다. 우리도 그가 세리와 죄인을 부르신 사실 때문에 무한한 감사를 드려야 한다.

막 2:16. 바리새인의 서기관들이 예수께서 죄인 및 세리들과 함께 잡수시는 것을 보고 그의 제자들에게 이르되 어찌하여 세리 및 죄인들과 함께 먹는가.

서기관들은 예수님께서 죄인 및 세리들과 함께 식사하시는 것을 보고 예수님께 직접 항의하지 못하고 그분의 제자들에게 항의를 한다. 본문에 "바리새인의 서기관들"(οἱ γραμματεῖς τῶν Φαρισαίων)이란 말은 '바리새파에 속하는 서기관들'이란 뜻이다(서기관들 중에는 바리새파에 속하지 않은 사람들도 있었다-눅 5:30). 바리새인의 기원에 대해서는 확실하게 드러낼 수는 없으나 대략 마카비가 독립운동을 하던 초기 시대로 보이며(B. C. 167), 그 어원은 "분리"(פרש)라는 뜻에서 유래한 말로 믿어진다. 마카비가 독립운동을 하던 시절, 그 독립운동의 정치적 흐름에 대하여 불만을 품은 사람들이 율법의 순수성을 보존하려는 동기에서 출발한 것으로 보인다. 그러므로 바리새인이란 말은 "분리주의자"를 뜻한다. 유대의 역사가 요세푸스에 의하면 바리새인이란 "율법을 정확하게 해석하여 종교적 항목들을 준수함에 있어서 유대 나라의 다른 사람들에 비해 탁월하다는 평판을 듣고 있는 한 무리의 유대인들"이라고 했다(Jos., *Wars* 1. 110 V. 2).

바리새파에 속한 서기관들은 "예수께서 죄인 및 세리들과 함께 잡수시는 것을 보고 그의 제자들에게 이르되 어찌하여 세리 및 죄인들과 함께 먹는가"라고 항의한다. 그들은 예수님께서 율법대로 행하지 않고 사회의 탕아들(죄인 및 세리들)과 함께 잡수시는 것을 보고 예수님께 직접 질문하지는 못하고 제자들에게 질문을 한 것이다. 예수님께서 중풍병자를 고치셨을 때는 서기관들이 마음으로 항의하였는데(6-7절) 이제는 한 걸음 전진해서 말로 항의하기에 이르렀다. 서기관들의 행동은 점점 더 난폭해져 간다.

막 2:17. 예수께서 들으시고 그들에게 이르시되 건강한 자에게는 의사가 쓸 데 없고 병든 자에게라야 쓸 데 있느니라 나는 의인을 부르러 온 것이 아니요 죄인을 부르러 왔노라 하시니라.

예수님께서 바리새파에 속한 서기관들이 예수님의 제자들에게 예수님의 행위에 대하여 항의하는 것을 들으시고 "건강한 자에게는 의사가 쓸 데 없고 병든 자에게라야 쓸 데 있느니라"는 당시의 속담을 인용하시며 예수님께서 정당하심을 말씀하신다(마 9:12-13; 18:10; 눅 5:31-32; 19:10; 딤전 1:15). 즉 '소위 건강하다는 바리새인들은 의사이신 예수님이 필요 없고 병든 자들에게만 예수님이 쓸데 있다'고 말씀하신다. 예수님을 쓸 데 없다고 하는 바리새인들이 아니라 필요하다고 하는 죄인이나 세리들과 교제함이 마땅하다는 것이다. 예수님은 참으로 놀라운 풍자적인 속담을 이용하셔서 바리새인들의 비참함을 폭로하신다. 사실은 바리새인들이야 말로 죄인들이었다(롬 3:11). 그들은 마음이 높아져서 자기들이 죄인들인 줄 몰랐다(눅 18:9). 오늘도 자기들이 죄인이 아니라고 하는 사람들은 참으로 불행한 자들이다. 자신을 모르는 것은 분명 큰 불행이기 때문이다. 더불어 그들은 죄인이라고 고백하는 사람들에게 주시는 주님의 은혜를 받지 못하기 때문에 더 불행하다.

예수님은 "나는 의인을 부르러 온 것이 아니요 죄인을 부르러 왔노라"고 하신다. 성육신의 목적은 죄인을 부르는데 있다는 말씀이다. 우리는 바울과 같이 "죄인 중에 내가 괴수니라"는 의식을 가지고 살아야 한다(딤전 1:15). 죄인들을 향해 긍휼을 베푸시는 그리스도를 바라보며 긍휼을 호소해야 한다(마 18:23-35).

IV. 금식에 관한 질문에 대해 답하시다   2:18-22

레위(마태)가 자기 집에서 예수님과 그의 제자들, 그리고 세리와 죄인들을 초청하여 식사하는 것(15절)을 보고, 요한의 제자들(마 9:14)이 예수님께 와서, 자기들과 바리새인의 제자들은 금식하고 있는데 어찌하여 예수님의 제자들은 금식하지 않는가에 대해 질문하였을 때, 예수님은 그의 제자들이 유대교의 낡은 전통을 받는 사람들이 아니라고 대답하신다. 그리고는 세 가지 비유를 들어 설명하신다. 금식문제는 마태복음에서 다 취급하고 있다(마 9:14-17; 눅 5:33-39).

막 2:18. 요한의 제자들과 바리새인들이 금식하고 있는지라 사람들이 예수께 와서 말하되 요한의 제자들과 바리새인의 제자들은 금식하는데 어찌하여 당신의 제자들은 금식하지 아니하나이까.

"요한의 제자들과 바리새인들"은 전통을 따라 금식을 하고 있었다. 여기 "금식하고 있는지라"(ἦσαν... νηστεύοντες)는 말은 미완료과거 시제로 '과거부터 금식해 내려왔는데 지금도 금식하고 있다'는 뜻이다. 그들은 구약시대부터 금식해 내려오는 전통을 따라서 금식하고 있었다. 구약 시대부터 1)유대인들은 괴로움이 있을 때나 참회할 때에 금식했고(삼하 12:16; 왕상 21:27), 2)속죄일을 맞이하여 금식했으며(레 16:1-34), 3)국가적인 재난을 피하기 위하여 회개하는 뜻으로 금식했고, 4)개인적이거나 혹은 국가적인 재난이 발생한 후에 죄를 고백하면서 금식했으며(욜 1:14; 2:12), 5)경건을 표현하기 위해서 금식하기도 했다. 예를 들어 이레에 두 번씩 금식기도를 했다(눅 18:12). 요한의 제자들과 바리새인들이 어떤 일로 금식을 하고 있었는지는 확실히 알 수 없으나 한창 금식을 하는 중이었는데 마침 똑같은 기간에 예수님과 제자들이 식사를 하고 있어서 아주 불경하게 보여 요한의 제자들(마 9:14)이 예수님께 와서 왜 금식하지 않느냐고 질문한 것이다. 이들은 질문하기를 "요한의 제자들과 바리새인의 제자들은 금식하는데 어찌하여 당신의 제자들은 금식하지 아니하나이까"라고 말한다(마 9:14; 눅 5:33). 여기 "바리새인의 제자들"이란 아마도 바리새인들의 교훈에 영향을 받은 사람들을 지칭할 것이다. 바리새인들은 스승들이 아니므로 제자들을 양성하지 않았다. 그러나 바리새인들의 영향을 받아 따르는 사람들은 있었다. 사람들은 자기가 하는 것이 항상 표준인줄 착각하고 다른 사람들에게 있는 차이점을 이상하게 생각하고 질문한다.

막 2:19. 예수께서 그들에게 이르시되 혼인집 손님들이 신랑과 함께 있을 때에 금식할 수 있느냐 신랑과 함께 있을 동안에는 금식할 수 없느니라.

본 절부터 22절까지 예수님은 그의 제자들이 지금 금식할 때가 아니라고 세 가지 이유를 들어 설명하신다. 첫째(둘째는 21절에 있음), "혼인집 손님들이 신랑과 함께 있을 때에 금식할 수 없는" 것처럼 예수님의 제자들이 예수님과 함께 있을 때에 금식할 수 없다고 하신다. 여기 "혼인집 손님들"(οἱ υἱοὶ τοῦ νυμφῶνος)이란 문자적으로 '혼인집의 아들들'이라고 번역되는데 '예수님의 제자들'을 지칭하는 말이다. 세례 요한은 자신을 신랑(그리스도)의 친구로 비유하기도 했다(요 3:29). 구약 성경에 보면 여호와 하나님을 이스라엘의 남편으로 비유했고 (사 54:6; 62:4-5; 렘 31:32; 겔 16:8; 호 2:16-20), 신약 성경에서는 그리스도와 성도들을 부부관계로 묘사한다(마 25:1-10; 요 3:29; 고후 11:2; 계 19:7; 21:2; 22:17). 예수님은 혼인집의 손님격인 예수님의 제자들, 곧 혼인집의 아내격인 제자들이 지금 한창 예수님과 부부관계가 되기 위하여 혼인 잔치를 하고 있는 중에 신부들이 금식할 수 있느냐고 질문하신 것이다. 결코 "신랑과 함께 있을 동안에는 금식할 수 없다"고 하신다. '신랑 되신 예수님과 함께 있는 3년 동안의 혼인 잔치 중에 슬퍼하는 표시로 금식할 수 없다'는 것이다.

막 2:20. 그러나 신랑을 빼앗길 날이 이르리니 그 날에는 금식할 것이니라.

예수님은 그 제자들이 혼인 잔치 중에는 금식할 수 없었지만(앞 절), "그러나 신랑을 빼앗길 날이 이르리니 그 날에는 금식할 것이니라"고 말씀하신다. 곧 '신랑 되신 예수님께서 원수들에게 잡혀 십자가에서 못 박히시는 날에는 금식할 것이라'는 뜻이다. 예수님은 여기서 처음으로 원수들에게 잡혀 고난당하실 것을 암시하시며 그 때가 되면 제자들은 금식을 통하여 예수님의 고난에 동참해야 할 것이라고 하신다. 예수님은 금식을 부인하시는 것이 아니라 금식할 때와 금식하지 않을 때가 있음을 말씀하신 것이다. 성도들은 그 어떤 전통에 의하여 금식할 것이 아니라 영적으로 금식이 필요한 때에 금식해야 한다.

막 2:21. 생베 조각을 낡은 옷에 붙이는 자가 없나니 만일 그렇게 하면 기운 새것이 낡은 그것을 당기어 해어짐이 더하게 되느니라.

　　둘째(셋째 이유는 22절에 있음), "생베 조각을 낡은 옷에 붙이는 자가 없는" 것 같이 예수님의 새로운 교훈은 낡은 유대교 전통을 용납하지 않는다는 것이다. 예수님께서 이 말씀을 하시게 된 동기는 세례 요한의 제자들(바리새인들도 섞여 있었을 것이다-18절)이 예수님의 말씀(19-20절)을 얼른 알아듣지 못했기 때문이었을 것이다. 낡은 유대교의 전통과 교훈을 지키는 자들이 예수님의 교훈을 이해하지 못하고 오히려 자기들의 교훈이 우월한 것으로 생각할 때에 예수님은 예수님의 생명력 있는 복음을 "생베조각"으로 비유하시고 유대교의 낡은 전통을 "낡은 옷"에 비유하여 도무지 서로 합하지 않는다고 말씀하신다. 생베조각을 낡은 옷에 붙여놓으면 처음에는 잘 붙는 것처럼 보이지만 생베조각에 물이 묻었다가 마르면 그 생베조각이 오그라들고 결국에는 힘이 없는 낡은 옷을 다 찢어버려 못쓰게 된다. 생베조각이 낡은 옷을 그냥 두지 않고 용납할 수 없는 것처럼 그리스도의 생명력 넘치는 은혜의 복음과 유대교의 낡은 전통은 절대로 서로 합할 수 없다. 유대교의 금식의 규례를 은혜의 복음이 그냥 그대로 받아들일 수 없다.

　　예수님은 "만일 그렇게 하면 기운 새것이 낡은 그것을 당기어 해어짐이 더하게 된다"고 하신다. 다시 말해 '만일 그런 식으로 붙여놓으면 기운 생베조각이 낡은 옷을 당기어 해어짐이 더하게 된다'는 것이다. 더 꼴사납게 된다는 뜻이다. 유대교의 교훈과 전통은 구약 성경을 변질시킨 낡은 교훈으로서 예수님의 가르침과는 거리가 멀다.

막 2:22. 새 포도주를 낡은 가죽 부대에 넣는 자가 없나니 만일 그렇게 하면 새 포도주가 부대를 터뜨려 포도주와 부대를 버리게 되리라 오직 새 포도주는 새 부대에 넣느니라 하시니라.

　　셋째, "새 포도주를 낡은 가죽 부대에 넣는 자가 없는" 것처럼 그리스도의 희열에 넘친 복음은 유대교의 낡은 전통의 교훈과 맞지 않는다고 하신다. 예수님께서 첫 번째 비유(19-20절)와 두 번째 비유(21절)를 말씀해주셨는데도 요한의 제자들이 잘 이해하지 못하니 예수님께서 이 세 번째 비유를 말씀하신 것으로 보인다. 예수님은 "만일 그렇게 하면 새 포도주가 부대를 터뜨려 포도주와 부대를 버리게 된다"고 하신다. 다시 말해 발효 중에 있는 새 포도주를 낡은 가죽 부대에 넣으면 포도주가 부대를 터뜨려 둘 다 못쓰게 된다는 뜻이다. 아예 그런 일은 하지 말아야 한다고 하신다. 기쁨이 충만한 복음과 유대교의 낡은 전통의 교훈은 피차 맞지 않는다. 슬픔을 표시하는 금식기도는 아무 때나 하는 것이 아니다. 예수님은 "오직 새 포도주는 새 부대에 넣는" 법이라고 하신다. 곧 '새로 나온 그리스도의 복음은 새로운 형식으로 유지해야 한다'는 것이다. "새 포도주"의 "새"(νέον)는 '시간적으로 말해서 새 것을 지칭하며 "새 부대"의 "새"(καινός)는 '질적으로 새 것'을 가리키는 말이다. 우리는 예수님의 새로운 복음에 걸맞는 새로운 생활방식을 취해야 한다. 예수님의 제자들이나 성도들이 그리스도의 복음을 받은 후에 옛 생활방식을 따라서는 안 될 것이다. 곧 유대교 방식의 금식을 해서는 안 된다. 복음에 알맞은 새로운 삶을 살아야 한다.

V. 안식일이 무슨 날인가를 바르게 가르쳐주시다   2:23-28.

　　　유대교의 낡은 교훈을 따라 금식을 은근히 강요하는 사람들의 말을 듣고 예수님의 복음에 합당한 삶을 살기를 권한(18-22절) 예수님은 이제 안식일이 무슨 날인가를 가르치신다(23-28절; 마 12:1-8; 눅 6:1-5).

막 2:23. 안식일에 예수께서 밀밭 사이로 지나가실새 그의 제자들이 길을 열며 이삭을 자르니.

안식일에 예수님께서 밀밭 사이를 지나가실 때 제자들이 앞서 가면서 곡식 이삭에 의해 가려진 길을 열면서 이삭을 잘라 먹었다는 것이다(마 12:1; 눅 6:1). 여기 "지나가실 새"(παραπορεύεσθαι)란 말은 '따라가실 새'(pass along)라는 뜻으로, 예수님이 밀밭 사이 길을 따라가셨다는 말이다. 그런데 "그의 제자들이 길을 열며 이삭을 잘랐다"(신 23:25). 곧 '예수님의 제자들이 곡식 이삭에 의해 가려진 길을 열면서 이삭을 잘라 먹은 것'이다.

마가가 여기 안식일에 제자들이 행한 일을 말하는 것은 금식문제만(18-22절) 아니라 안식일에 대한 예수님의 교훈이 유대교의 낡은 교훈과 근본적으로 다른 것을 보이기 위하여 내세운 것으로 보인다. 유대교는 마치 사람이 안식일을 위하여 있는 것처럼 교훈하는데 반하여 예수님의 복음은 안식일이 사람을 위하여 있는 것이라고 가르치신다(27-28절).

막 2:24. 바리새인들이 예수께 말하되 보시오 저들이 어찌하여 안식일에 하지 못할 일을 하나이까.

바리새인들은 이제 예수님의 제자들에게 말하지 않고 더욱 담대하게 예수님께 직접 항의한다. 곧 "보시오 저들이 어찌하여 안식일에 하지 못할 일을 하나이까"라고 말한다. 바리새인들은 예수님에게 예수님의 제자들이 안식일에 "하지 못할 일"을 한다고 지적한다. 사실 구약 율법에는 얼마든지 이삭을 잘라 비비어 먹을 수 있다고 말씀한다. 신 23:25에 "네 이웃의 곡식밭에 들어갈 때에는 네가 손으로 그 이삭을 따도 되느니라"고 말씀한다. 그런데도 유대인들은 안식일에 하지 못할 일 39가지 조항을 만들어놓고 사람을 속박했다. 바리새인들은 예수님의 제자들이 두 가지를 범했다고 말한다. 첫째, 이삭을 잘랐으니 안식일에 추수했다는 것이고, 둘째, 비비어 먹었으니 타작을 했다는 것이다. 참으로 규칙을 번쇄하게 만들어놓고 사람을 얽어매고 있었다. 현대 교회 안에도 이런 성품의 소유자들이 성도들을 괴롭히고 있다.

막 2:25. 예수께서 이르시되 다윗이 자기와 및 함께 한 자들이 먹을 것이 없어 시장할 때에 한 일을 읽지 못하였느냐.

예수님은 본 절과 다음 절(26절)에 옛날 다윗왕의 행적(삼상 21:1-6)을 들어 예수님의 제자들이 잘못한 것이 없음을 증명하신다. 예수님은 "다윗이 자기와 및 함께한 자들이 먹을 것이 없어 시장할 때에 한 일을 읽지 못하였느냐"고 반격하신다. 다윗이 먹을 것이 없어서 시장한 때가 있었는데 그 때에 한 일은 다음 절에 기록되어 있다. 예수님께서 이렇게 다윗의 행적을 들어서 말씀하시는 이유는 다윗의 행적을 들면 유대인들이 반대하지 않을 것이기 때문이었다.

막 2:26. 그가 아비아달 대제사장 때에 하나님의 전에 들어가서 제사장 외에는 먹어서는 안 되는 진설병을 먹고 함께 한 자들에게도 주지 아니하였느냐.

다윗이 사울의 박해를 피하여 도망생활을 하고 있을 때 놉 땅에 가서 아비아달 대 제사장으로부터 진설병을 얻어서 자기도 먹고 함께 간 자들에게도 먹게 했는데 그것을 하나님께서 죄로 여기시지 않았다는 것이다.

그런데 여기 한 가지 문제가 되는 것은 다윗이 찾아간 대제사장 이름이 아히멜렉이었는데 본문에는 그 아들 아비아달(삼상 22:20)이라고 기록한 것이다. 이 문제를 해결하기 위하여 여러 학설이 있으나 "아버지 아히멜렉과 아들 아비아달이, 다윗이 놉에 왔을 때 그곳에 함께 있었으며, 이들 부자가 함께 다윗에게 거룩한 떡을 주었다. 그 후 곧 아버지 아히멜렉은 살해되었고 아들 아비아달은 대제사장이 되어 그 사실들을 기록하였다"고 보는 것이다(윌럼 헨드릭슨, R. C. H. Lenski). 다윗이 "하나님의 전에 들어가서 제사장 외에 먹어서는 안 되는 진설병을 먹고 함께 한 자들에게" 준 것은 분명히 죄였다(출 29:32-33; 레 24:9). 이유는 "진설병"9) 곧 '성소의 상에 진설되는 열두 개의 떡(출 25:30; 35:13)은 제사장만이 먹을 수 있었기 때문이었다(레 24:5-9). 그러나 하나님은 긍휼의 법을 발동하셔서 다윗이 배가 고파서 떡을 먹은 것을 허물하시지 않으셨다. 마찬가지로 예수님의 제자들이 비록 안식일이라 할지라도 배가 고파서 이삭을 잘라 비비어 먹은 것은 죄가 아니라는 것이다.

막 2:27. 또 이르시되 안식일이 사람을 위하여 있는 것이요 사람이 안식일을 위하여 있는 것이 아니니.

　　　　예수님은 그의 제자들이 안식일에 밀 이삭을 잘라 비비어 먹은 것이 죄가 아니라는 사실을 말씀하신(25-26절) 후 이제는 "안식일이 사람을 위하여 있는 것이라"고 하신다. 안식일뿐만 아니라 율법 전체가 사람을 위하여 있다는 것이다. 하나님은 사람을 위하여 모세를 통하여 율법을 주셨다. 하나님은 사람들이 노동을 쉬고 자신을 예배하도록 안식일을 주셨다. 그리고 주일에 안식하므로 앞으로 닥쳐올 안식의 때를 기다리도록 한 것이다. 한마디로 안식일은 사람의 복을 위해 만드신 제도이다. 안식일(오늘은 주일을 지킨다)에 배가 고파 힘든 지경이 되는 경우 주일에라도 식사문제를 해결해야 한다. 오늘 이 진리를 모르고 아직도 안식일 논쟁을 하고 있는 성도들이 있다. 예수님은 "사람이 안식일을 위하여 있는 것이 아니라"고 하신다. 초대교회의 유대주의자들은 율법의 노예로 살았고 또 다른 사람들을 율법의 노예로 삼으려고 노력했다.

막 2:28. 이러므로 인자는 안식일에도 주인이니라.

　　　　"이러므로," 곧 '안식일이 사람을 위하여 있는 것이므로'(앞 절) 사람의 주인이신 "인자는 안식일에도 주인이니라"고 선언하신다(마 12:8). 예수님은 사람

---

9) "진설병"은 모두 열 두 덩이였고 향과 함께 봉헌되었으며 이 떡은 안식일에 진설되어 다음 안식일이 되기까지 진설된 채 있다가 다음 안식일이 되면 묵은 떡은 치우고 새로 구운 떡을 올려놓았다. 그런데 묵은 떡 열두 개는 제사장만이 먹을 수 있었고 일반 백성들은 금지되었다(레 24:5-9).

의 주님도 되시고 안식일을 주장하시는 주인도 되신다는 말씀이다. 안식일에 사람이 지켜야 하는 모든 규례들을 만드신 분은 여호와 하나님이신데 그 하나님과 동등한 메시야이신 예수님(요 10:30)께 모든 권세가 주어졌으므로(마 11:27; 28:18), 예수님은 안식일을 주관하시는 분이시다. 예수님은 제자들이 이삭을 잘라 비비어 먹은 것은 아무 죄가 되는 것이 아니라고 말씀하신다. 예수님께서 해석하신 대로 되는 것이고 예수님께서 그 안식일을 주장하신 대로 되는 것이다. 오늘 우리는 예수님께서 기뻐하시는 대로 주일을 지내야 한다. 육체의 피곤을 푸는 날로, 그리고 그리스도께 예배하는 날로, 우리의 영혼에 영적인 양식을 공급하는 날로, 영원한 안식 세계를 바라보는 날로 지내야 한다. 무슨 규칙에 사로잡혀 스스로를 얽매는 날로 지켜서는 안 될 것이다.

제 3 장

예수님의 사역도 확장되고
예수님께 대한 박해도 고조되다

VI. 안식일에 한 편 손 마른 사람을 고치시다   3:1-6

예수님의 제자들이 안식일에 밀 이삭을 잘라 비비어 먹은 것을 가지고
시비를 건 바리새인들은(2:23-28) 이제 예수님께서 안식일에 한쪽 손 마른 사람의
손을 고치시는 것을 보고 더욱 견딜 수 없이 야단이다. 이 기사는 마 12:9-21;
눅 6:6-11과 병행한다.

막 3:1. 예수께서 다시 회당에 들어가시니 한쪽 손 마른 사람이 거기 있는지라.

안식일 때문에 밀밭에서 야단하던 바리새인들은 이제 예수님을 따라 회당에
들어와서 예수님을 주시한다. 예수님은 전에 회당에서 전도하시고 또 귀신을
내쫓으신 일이 있었는데(1:39) 이제 "다시" 복음을 전하시러 회당에 들어가신다.
그런데 "한쪽 손 마른 사람이 거기 있었다"(마 12:9-10; 눅 6:6). 예수님에게는
항상 하실 일이 기다리고 있었다. 오늘도 역시 일은 여기저기서 그리스도의 사역자
들을 기다리고 있다. 마가는 "한쪽 손 마른 사람"이라고 했는데 누가는 '오른
손 마른 사람'이라고 말한다(눅 6:6). 그런데 여기 "마른"(ἐξηραμμένην)이란 말은
현재완료 수동태 분사로 '과거 어느 때 마른 것이 계속되어 지금도 말라 있는
것'을 지칭한다. 그러니까 그는 과거 어느 때에 말라버린 것이지 태어날 때는

온전하게 태어난 것이다. 그는 오른 손이 말라 생활에 더욱 어려움을 겪었을 것이다. 우리의 마른 지체나 마른 심령은 예수님의 치유에 의해서 완치 될 수 있다.

막 3:2. 사람들이 예수를 고발하려 하여 안식일에 그 사람을 고치시는가 주시하고 있거늘.

율법에 매어있는 사람들(바리새인들-6절)은 예수님을 고발하기 위해서 안식일에 그 사람을 고치시는가를 "주시하고 있다." 여기 "주시하고 있거늘"(παρ-ετήρουν)이란 말은 미완료시제로 '계속해서 주시하고 있었다'는 뜻이다. 그들은 예수님의 교훈에는 관심이 없었고 그저 고발하기 위해서 예수님께서 "안식일에 그 사람을 고치시는가"를 주시하고 있었다. 여기 "안식일"은 바로 앞의 안식일과 동일한 안식일이 아니라 다른 안식일이었다(눅 6:6). 남의 행동을 악의에 차서 계속 주시하는 사람은 세상 어디에도 있다. 불행한 사람들이다.

막 3:3. 예수께서 손 마른 사람에게 이르시되 한 가운데에 일어서라 하시고.

바리새인들이 고발하려고 주시하고 있던 중(앞 절), 예수님이 오른 손 마른 사람을 고치시려고 명령하시기를 "한 가운데에 일어서라"고 하신다. "한 가운데에 일어서라"(ἔγειρε εἰς τὸ μέσον)는 말씀은 '일어선 다음 한 가운데로 가라'는 뜻으로 바리새인들이나 일반 청중들 한 가운데에 당당히 서라는 것이다. 예수님은 자신의 창조적인 권능을 보여주시며 자신이 하나님이심을 알리시기 위해 그 환자를 향해 일어서서 한 가운데로 가라고 하셨다. 그 환자에게 안식일이란 사람이 치유되어 온전하게 되고 복을 받는 날임을 보여주시기 위해 일어서서 한 가운데로 가라고 하셨다. 예수님은 지금도 우리를 온전하게 만드시기를 원하신다. 우리도 예수님의 눈에 띄게 해야 한다. 다시 말해 내가 여기서 지금 고통을 당한다고 아뢰어야 한다는 말이다.

막 3:4. 그들에게 이르시되 안식일에 선을 행하는 것과 악을 행하는 것 생명을 구하는 것과 죽이는 것 어느 것이 옳으냐 하시니 그들이 잠잠하거늘.
  예수님은 그 환자를 얼른 고치시지 않고 바리새인들과 일반 청중들에게 안식일에 무슨 일을 해야 옳은지를 설명하신다. 다시 말해 안식일에 해야 하는 일과 해서는 안 되는 일을 구분하셔서 말씀해 주신다. 해야 하는 일은 "선을 행하는 것" 곧 "생명을 구하는 일"이라 하시고, 해서는 안 되는 일은 바리새인들이 시도하는 것으로서 "악을 행하는 것," 곧 "죽이는 것"이라고 지적하신다. 오른손 마른 사람의 손을 고쳐주시고 영혼을 구하는 것은 선을 행하는 것이고 생명을 구하는 것이라는 것이다. 그와 반면에 손 마른 사람의 손을 고치지 못하게 막는 것은 악을 행하는 것이며 사람을 죽이는 일이다. 바리새인들은 자기들이 안식일 규칙을 많이 만들어 예수님으로 하여금 사람을 고치지 못하게 하는 것이 잘하는 일인 줄 알았으나 도리어 그들은 악을 행하여 사람을 죽이는 일을 행하는 사람들이었다.
  예수님은 안식일에 마땅히 해야 하는 일과 해서는 안 되는 일을 구분하신(전반 절) 다음 이제는 바리새인들이나 일반 청중들을 향하여 "어느 것이 옳으냐"고 물으시자 바리새인들은 "잠잠"해 했다. 예수님의 말씀을 듣고 그들은 어쩔 수 없어 침묵하였다. 예수님의 말씀을 듣고 대항할 사람들이 어디에 있겠는가. 갈릴리의 풍랑을 잠잠케 하신 예수님은 세상의 모든 소요를 얼마든지 잠잠케 하실 수 있으시다. 그러나 때로는 그들이 떠들게 그냥 놓아두시는 때도 있으시다(잠 16:4).

막 3:5. 그들의 마음이 완악함을 탄식하사 노하심으로 그들을 둘러보시고 그 사람에게 이르시되 네 손을 내밀라 하시니 그가 내밀매 그 손이 회복되었더라.
  예수님은 그 환자를 얼른 고치시지 않고 안식일에 해야 할 일과 해서는 안 되는 일을 말씀하신(앞 절) 다음 "그들의 마음이 완악함을 탄식하사 노하심으로 그들을 둘러보시느라" 시간을 보내신다. 바리새인들의 마음은 "완악했다." 여기 "완악함"(πωρώσει)이란 말은 '단단함,' '무감각함'이란 뜻으로 바리새인들의 마음이 돌같이 굳어버린 것을 지칭한다(롬 11:25; 엡 4:18). 어떤 잘못된 법을 고수하면서 요지부동한 사람들은 대체적으로 마음이 돌같이 굳은 사람들이다. 바리새인들은 마음이 돌같이 굳어 잘못된 안식일 규칙은 중요하다고 생각했지만 사람의 생명이 그보다 귀한 줄은 알지 못했다. 참으로 강퍅한 사람들이었다.

예수님은 그들의 마음이 완악함을 "탄식하사 그들을 노하심으로 둘러보셨다." 여기 "탄식하사"(συλλυπούμενος)라는 말은 현재분사로 '계속해서 함께 슬퍼한다'는, '예수님께서 바리새인들의 심령 상태를 생각하시면서 계속해서 슬퍼하셨다'는 뜻이다. 예수님은 지속적으로 슬퍼하셨다. 그리고 그들의 완악한 심령을 보시고 "노하심으로 둘러보셨다"(10:14; 마 3:7; 눅 3:7; 21:23; 요 3:36). 여기 "노하심으로 둘러보셨다"(περιβλεψάμενος...μετ᾽ ὀργῆς)는 말은 '분함을 가지고 여러 사람을 한번 둘러보셨다'는 뜻이다. "둘러보셨다"는 말은 부정(단순)과거 분사로 '한번 휙 둘러보셨다'는 뜻이다. 바리새인들을 향하여 분함을 쏟으시는 뜻으로, 진노하시는 뜻으로 둘러보셨다는 것이다. 사람을 죽이려는 바리새인들을 향하여 분하게 생각하지 않을 수 있겠는가. 예수님이 그 환자를 고치시기 전에 바리새인들 때문에 이렇게 시간을 끄신 이유는, 바리새인들의 안식일 개념이 너무 잘못되었음을 알리기 위함이었을 것이다.

예수님은 바리새인들의 잘못된 심령 상태를 꾸짖으신 다음 그 환자를 향하여 "네 손을 내밀라"고 하신다. 그때 그 환자가 예수님께 자신의 손을 "내밀었다." 예수님께서 "네 손을 내밀라"고 말씀하실 때 그 손을 내밀 수 있는 힘을 주신 것이다. 다시 말해 예수님의 능력이 동반한 것이다(5:30). 예수님은 말씀 한마디로 그 환자를 치유하신 것이다. 예수님의 이런 능력은 태초에 우주를 창조하실 때의 능력과 동일한 능력이었다. 그런 능력을 가지신 예수님께 우리의 구부러진 성격과 육신의 병 치유를 부탁해야 한다.

막 3:6. 바리새인들이 나가서 곧 헤롯당과 함께 어떻게 하여 예수를 죽일까 의논하니라.

　　　　예수님께서 오른 손 마른 사람의 손을 치유하신 놀라운 이적을 보고 "바리새인들이 나가서 곧 헤롯당과 함께" 예수님을 죽일 계교를 논의했다(마 12:14). 죽이는 시기와 장소와 방법을 의논했다. 축하하고 기뻐할 일을 가지고 한없이 부정적으로 생각한 것이다. 더욱이 바리새인들은 그런 문제를 가지고 자기들과 사상이 전혀 다른 세속 세력과 더불어 마음을 합쳐 예수님을 죽일 계교를 꾸민 것이다. "헤롯당"(마 22:16)은 갈릴리를 관할하던 헤롯 안디바스에 빌붙어 그를 옹립하던 정치적인 파당으로, 항상 보수주의적이며 애국주의적이었던 바리새인들과는 거리가 먼 세속 정당이었다. 바리새인들이 그들 비애국 단체이며 비종교적이었던 단체와 손을 잡는다는 것은 있을 수 없는 일이었는데 예수님을 죽이는 일에 있어서는 예외 없이 그저 손을 잡은 것이다. 오늘도 사람을 죽이려는데 있어서 친구도 원수도 구별하지 않고 손을 잡는 사람들이 얼마나 많은지 모른다.

VII. 해변에서 큰 무리를 가르치시고 병자들을 고치시다　3:7-12

　　　　바리새인들이 헤롯당과 함께 어떻게 하면 예수님을 죽일까 의논하는 상황에서(앞 절) 예수님은 갈릴리 호수로 물러가신다. 그러자 수많은 사람들이 전국에서 그곳으로 몰려왔다. 이 부분은 마 12:15-21; 눅 6:17-19과 병행한다.

막 3:7. 예수께서 제자들과 함께 바다로 물러가시니 갈릴리에서 큰 무리가 따르며.

본 절과 다음 절(8절)은 예수님께서 제자들과 함께 갈릴리 호수로 물러가신 후 전국에서 수많은 사람이 모여든 것을 기록한다. 예수님은 회당에서 바리새인들과 충돌하신 후 일단 "바다로 물러가셨다"(ἀνεχώρησεν πρὸς τὴν θάλασσαν). '바닷가의 어느 한 곳으로 후퇴하신 것이다.' 지금까지 예수님은 바리새인들과 네 번 충돌하셨다(2:6-12; 2:15-17; 2:23-28; 3:1-6). 예수님은 그들과 첫 번째 충돌하신 후에 갈릴리 바다로 물러가셨는데 이번에 네 번째로 충돌하시고 그곳으로 또 후퇴하신 것이다. 예수님은 후퇴해야 할 때는 후퇴하셨다(3:7; 7:24, 31; 10:1). 그러나 십자가를 향해서는 전진하셨다(10:32).

예수님은 바다로 후퇴하셨지만 사람들은 전국에서 더욱 많이 모여들었다. 우선 가까운 "갈릴리에서 큰 무리가 따랐다." 그분이 가시는 곳이면 어디든지 사람들이 몰려들곤 했다. 바울 사도가 로마 감옥에 갇혀 있을 때도 사람들은 그의 주위에 있었고 복음은 계속 퍼져나갔다(빌 1:12-18). 복음은 결코 장소에 매이지 않는다. 오늘도 전도자가 그리스도의 복음을 가지고 있을 때 그것을 들을 청중들이 주위에 모여든다.

막 3:8. 유대와 예루살렘과 이두매와 요단강 건너편과 또 두로와 시돈 근처에서 많은 무리가 그가 하신 큰 일을 듣고 나아오는지라.

마가는 갈릴리 지방(앞 절) 외에 여섯 지역을 거론한다. "유대"는 '유대 사방'을 뜻하고(눅 6:17) "이두매"는 예루살렘 서남쪽에 위치한 곳으로 B. C. 6세기에는 에돔인의 거주지였다가 훗날 유대인이 살게 된 곳을 뜻한다. "요단강 건너편"은 아마도 '베뢰아 지방과 데가볼리 지방'을 지칭할 것이다. 그리고 "두로와 시돈 근처"는 갈릴리 바다를 중심으로 북서쪽 지방들이다. 이 모든 지역들은 결국 팔레스틴 전역(全域)을 지칭한다. 팔레스틴 전역에서 많은 무리가 예수님께 모여든 이유는 "그가 하신 큰 일을 듣고 나아온 것이다." 여기 "그가 하신"(ἐποίει)이란 말은 미완료 시제로 '예수님께서 계속해서 하고 계신'이란 뜻으로 예수님께서 계속해서 이적과 사역을 행하셨음을 가리킨다. 그리고 "듣고"(ἀκούοντες)란 말은 현재분사로 '계속해서 듣고 있음'을 지칭하는데, 사람들이 한꺼번에 듣고 온 것이 아니라 많은 사람들이 여기저기서 듣고 예수님께로 나아온 것을 뜻한다. 우리는 그리스도를 들음으로 그리스도에게 나아온다. 예수님은 지금도 "큰 일"을 행하신다. 세계 도처의 수많은 사람들에게 놀라운 변화를 주신다.

막 3:9. 예수께서 무리가 에워싸 미는 것을 피하기 위하여 작은 배를 대기하도록 제자들에게 명하셨으니.

예수님은 무리가 에워싸 미는 것을 피하기 위해 작은 배를 대기시키셨다. 에워싸 밀 때 복음 전하는 일이 방해를 받으시므로 피하신 것이다. 예수님은 사람들이 환영한다고 그냥 그 환영을 받지 않으시고 복음 전하는 일에 전념하셨다(마 14:22; 요 6:15-25). 전도자는 환영하는 군중 때문에 시간을 빼앗기지 말고 피해 조용히 기도하며 성경을 연구해야 한다. 그래야 다음에 또 복음을 힘 있게 전할 수 있다. 미국의 어느 전도자는 '하나님을 위한 아침'(Morning for God)이라는 슬로건을 내걸고 목회에 전념했다. 그는 아침 시간에 전화를 받거나 무슨 모임에 참석하지도 않고 기도와 독서에 전념했다.

막 3:10. 이는 많은 사람을 고치셨으므로 병으로 고생하는 자들이 예수를 만지고자 하여 몰려왔음이더라.

예수님께서 제자들로 하여금 바다에 작은 배를 대기하도록 명령하신(앞절) 이유는 "많은 사람을 고치셨으므로 병으로 고생하는 자들이 예수님을 만지고자 하여 몰려왔기" 때문이었다. 당시 병으로 고생하는 사람들은 예수님만 만지면 병이 낫는다는 믿음으로 예수님에게 몰려왔다. 본문의 "몰려왔음이더라"(ἐπι-πίπτειν)는 말은 현재시제로 '달려들다,' '마구 말다'는 뜻으로 사람들이 병을 고치기 위하여 예수님에게 마구 달려드는 것을 지칭하는 말이다. 당시 사람들은 염치불구하고 예수님에게 달려든 것 같다. 예수님은 그래서 그들과 일정 간격을 두시고 병을 고치셨다. 우리는 기적을 바라는 신앙보다 말씀을 믿는 신앙을 가져야 한다(마 8:8-13). 예수님의 말씀은 위대한 능력을 동반하여 사람을 고치신다(5:30).

막 3:11. 더러운 귀신들도 어느 때든지 예수를 보면 그 앞에 엎드려 부르짖어 이르되 당신은 하나님의 아들이니이다 하니.

마가는 "더러운 귀신들"에 대해서는 일반 병자들과 다르게 취급한다(1:23-24; 눅 4:41). 더러운 귀신들은 어느 때든지 예수님을 보면 그분 앞에 엎드려 부르짖기를 "당신은 하나님의 아들이니이다"라고 직고한다(1:1; 마 14:33). 사람들이 아직도 예수님을 모르는 때에 귀신들은 예수님이 "하나님의 아들"이심을 알았다(1:24; 마 8:29; 눅 4:41; 행 19:15). 하지만 귀신들은 하나님의 아들을 믿지 않아서 구원을 받지 못한다. 오늘 교회 안에도 역시 귀신들의 영향 아래에 있는 교인들이 있다. 그들은 사탄의 수하에서 하나님을 대적하고 교역자를 대적하며 성도들을 괴롭히면서 기쁨 없이, 소망 없이 살고 있다.

막 3:12. 예수께서 자기를 나타내지 말라고 많이 경고하시니라.

예수님은 귀신들을 향해서 "자기를 나타내지 말라고 많이 경고하신다"(1:25, 34; 마 12:16). 이유는, 1)예수님은 아직 자신을 드러내기를 원치 않으셨기 때문이다. 다시 말해 예수님은 귀신들이 고백하는 것처럼 분명히 하나님의 아들이시지만(1:1) 아직은 자신이 하나님의 아들이심을 드러낼 때가 아니어서 자기를 나타내지 말라고 하신 것이다. 2)예수님은 구원받은 성도들로부터 하나님의 아들이라고 고백을 받으시기를 원하시고 더러운 귀신들로부터 고백을 받으시기를 원치 않으신 것이다. 1:43주해 참조할 것.

VIII. 열두 제자를 택하시다   3:13-19

　　예수님께서 바다로 물러가셔서 복음을 전하시고 수많은 사람들을 고치신 다음 이제는 열두 제자들을 택하신다. 12제자를 택해서서 교육하신 것은 너무 중요한 사건이다. 예수님은 3년간 제자 교육에 힘쓰셨으며 죽고 부활 승천하신 후 오순절에 제자들을 통하여 교회를 창립하셨다.

막 3:13. 또 산에 오르사 자기가 원하는 자들을 부르시니 나아온지라.

　　예수님은 잘 알려진 그 산(본문에 "산"이란 말 앞에 관사가 있다)에 오르신다. 산에 오르신 이유는 기도하기 위해서였다(눅 6:12). 예수님은 모든 일을 하나님과의 대화를 통해서 이루신다(14:32). 예수님은 밤이 맞도록 하나님께 기도하신 다음 "자기가 원하는 자들"을 제자로 부르신다(마 10:1; 눅 6:12; 9:1). 부름 받는 사람들이 어떠냐가 중요한 것이 아니라 예수님께서 원하시는지가 중요했다. 예수님의 전적인 주권만이 작용한 것이다. 부름 받은 제자들은 지체 없이 즉각적으로 "나아왔다," 즉시 순종했다(1:18, 20; 2:14). 우리의 순종도 항상 즉각적이어야 한다.

막 3:14. 이에 열둘을 세우셨으니 이는 자기와 함께 있게 하시고 또 보내사 전도도 하며.

　　마가는 예수님께서 본 절과 다음 절(15절)에서 열두 제자를 세우신 목적을 말한다. "열둘"(δώδεκα)이란 숫자는 이스라엘 12족장과 또 12지파와 똑같은 숫자이다. 예수님은 이제 새 이스라엘을 마음에 두시고 12제자를 선택해서 이스라엘의 맥을 잇게 하신 것이다. 그런데 새 이스라엘(신약의 교회)은 유대인들뿐만 아니라 이방인들도 포함한다(마 8:10-12; 28:19; 막 12:9 16:15-16; 눅 4:25-27; 요 3:16; 10:16). 그리고 "세우셨으니"(ἐποίησεν)란 말은 '만드셨으니'란 뜻으로 예수님께서 열두 제자단을 창설하신 것을 뜻한다.

열둘을 세우신(만드신) 목적은 1)"자기와 함께 있게 하시기" 위함이었다.
곧 예수님으로부터 훈련을 받으며 예수님에게 봉사하도록 하기 위함이었다. 2)"보
내사 전도도 하기" 위해서였다. 그들은 보냄을 받아 복음을 전하도록 세움 받은
것이다. 그들은 먼저 이스라엘 땅으로 보냄을 받았으며(마 10:5-6), 그리고 모든
족속에게로 보냄을 받았다(마 28:19). 다시 말해 땅 끝까지 이르러 예수님의 복음을
전하도록 보냄을 받았다.

막 3:15. 귀신을 내쫓는 권능도 가지게 하려 하심이러라.

3)제자들을 세우신 세 번째의 목적은 "귀신을 내쫓는 권능도 있게 하기"
위함이었다. 예수님은 자신에게 있던 권능(1:26; 2:12; 3:10)을 제자들에게도 주셔서
사탄의 권세 아래에서 고난 받는 백성들을 구출하게 하셨다. 오늘 우리에게도
귀신을 제어하는 권능이 필요한데 기도로 가능하다.

막 3:16. 이 열둘을 세우셨으니 시몬에게는 베드로란 이름을 더하셨고.

본 절부터 19절까지 사도들의 명단이 나온다. 사도들의 명단은 이곳 이외에
마 10:2-4; 눅 6:14-16; 행 1:13에 나타난다. 베드로는 어느 곳에서든지 처음에
나타나고 가룟 유다는 마지막에 나타난다. 그리고 마태와 마가에서 다대오라는
이름으로 나타나는 제자는 누가와 사도행전에서는 셀롯 사람 시몬으로 바뀌어
나오고 마태와 마가에서 가나안 사람 시몬이 누가와 사도행전에서 야고보의 아들
유다로 바뀌어 나온다.

마가는 예수님께서 "열둘을 세우셨으니 시몬에게는 베드로란 이름을 더하
셨다"고 말한다(요 1:42). "베드로"(Πέτρον)라는 헬라어 이름은 '반석'이란 뜻인데
(요 1:42에서는 시몬에게 '게바'라는 아람어 이름을 더하셨는데 역시 '반석'이란
뜻이다) 그의 신앙이 반석같이 튼튼하다는 뜻이라기보다는 오순절 성령 강림

후 그를 교회 창설의 기초회원으로 삼으신다는 뜻이다(행 2:41; 4:5-22). 그는 오순절 이전에 많이 실수한 사도였다(마 14:28:-31; 마 26:35, 56; 26:69-75; 막 8:27; 33; 14:31, 50). 사람은 흔들린다. 그러나 성령님께 붙잡히면 흔들리지 않고 하나님 앞에 충성하게 된다.

막 3:17. 또 세베대의 아들 야고보와 야고보의 형제 요한이니 이 둘에게는 보아너게 곧 우레의 아들이란 이름을 더하셨으며.

　　　　예수님은 세베대의 아들 야고보와 요한에게는 "보아너게 곧 우레의 아들이란 이름을 더하셨다." 여기 "보아너게"(Βοανηργές)란 별명은 아람어인데 헬라어로는 "우레의 아들"이란 뜻이라고 마가는 해설한다. 이렇게 이 두 사람의 별명을 헬라어로 해설하는 이유는 이방 사람들을 위해서일 것이다. 예수님께서 이런 별명을 두 형제에게 붙여주신 이유는 분명하지 않다. 우선 두 형제에게 똑같은 별명을 붙여주신 것도 잘 이해가 되지 않거니와 또한 명예롭지 못한 별명들을 붙여주신 것도 잘 이해되지 않는다. 아마도 우리가 알지 못하는 어떤 특별한 뜻이 있는지도 모른다. 아무튼 모든 성경주석가들은 두 형제의 별명을 해석하기 위하여 막 9:38, 10:35-37; 눅 9:54을 댄다. 그 성구들을 참조하면 그들의 불같은 성격이 잘 나타나 있다. 가장 심한 경우는 눅 9:54에 나타난다. 형제는 자기들을 향해 불친절했던 사마리아의 어떤 마을 위로 불벼락이 떨어져 멸하기를 소원했다. 그러나 예수님은 그들을 만류하시고 그 동네를 통과 않고 다른 촌으로 돌아서 예루살렘에 올라가셨다. 지금도 온유하지 못하고 불같은 성격의 성도들에게 "우레의 아들" 혹은 "격정의 아들"이라는 별명을 붙일 수도 있을 것이다.

막 3:18. 또 안드레와 빌립과 바돌로매와 마태와 도마와 알패오의 아들 야고보와 및 다대오와 가나안인 시몬이며.

　　　　마가는 야고보 형제(앞 절) 다음으로 베드로의 형제 "안드레"를 소개한다.

안드레는 갈릴리 바닷가 벳새다 출신 어부이다(1:16-18; 마 4:18-20; 요 1:44). 그는 세례 요한의 제자였다가(요 1:35-40) 예수 그리스도를 만나 세례 요한의 말을 듣고 예수님을 따르게 된 제자이다(마 4:19-20). 안드레는 베드로보다 앞선 자였었다. 그런데 그 형제 베드로를 주님께 인도한 후 베드로가 오히려 항상 앞서는 제자가 되었는데도 시기심이나 불만을 표하지 않았다.

마가는 다음으로 "빌립"의 이름을 소개한다. 빌립은 베드로와 안드레 형제와 동향 사람이다(요 1:44-51; 12:21). 그는 나다나엘을 주님께 인도했다(요 1:45-46). 그는 계산에 밝고(요 6:5-7) 현실적인 사람이었다(요 14:7-12). 전승에 의하면 그는 히에라폴리스(Hierapolis)에서 순교했다고 한다.

다음으로 "바돌로매"가 소개된다. 이 이름은 히브리어 이름으로 '돌로매의 아들'이란 뜻이다. 바돌로매는 요한복음에 나타나는 나다나엘과 동일인으로 취급된다(요 1:45-46; 21:2). 교회의 전승에 따르면 그는 애굽, 인도, 아르메니아 등지에서 선교하다가 순교했다고 한다. 2:14-17절 주해를 참조할 것.

다음으로 마가는 "마태"를 소개한다. 본명은 레위이다(2:14). 마태복음 10:3에서 마태는 자기의 이름 앞에 '세리'라는 옛 직업 명칭을 붙인다. 그는 자기 자신이 용서받을 수 없는 죄인임을 숨김없이 고백한다. 그는 자신이 죄인임을 말하고 그가 쓴 복음서인 마태복음에서 예수님을 왕이시라고 증언한다. 우리는 사람들로 하여금 우리 자신들을 바라보지 못하게 하고 예수님을 바라보도록 해야 함을 마태에게서 배운다.

다음으로 마가는 "도마"를 소개한다. 도마는 히브리어 이름으로 '쌍둥이'라는 뜻인데(요 11:16) 그의 이름이 요한복음에서 종종 나타난다(요 14:5; 20:25-29). 그는 의심 많은 제자였으나 나중에는 유명한 신앙 고백을 했다(요 20:28). 교회의 전승에 의하면 그는 인도에 가서 복음을 전하다가 순교했다고 한다.

다음으로 마가는 "알패오의 아들 야고보"를 소개한다. 그는 세베대의 아들 야고보와 구별되는 제자인데, 때로는 '작은 야고보'라고 불리기도 한다(15:40; 마 27:56). 작은 야고보라고 불린 것은 일찍이 순교한 야고보(행 12:2)보다 나이가 적거나 체구가 작아서라는 추측도 있으나 확실히 알 수는 없다.

다음으로 마가는 "다대오"를 소개한다. 누가는 '야고보의 아들 유다'라고 소개하고(눅 6:16; 행 1:13) 요한은 '가룟인 아닌 유다'라고 소개한다(요 14:22). 다대오는 예수님께서 세상에 두각을 나타내셨으면 하는 소망을 피력하기도 했다(요 14:22). 다시 말해 세상에서 한번 각광을 받으셨으면 좋겠다고 생각한 것이다. 예수님의 제자들도 오순절에 성령을 충만히 받기 전에는 세속적인 면을 많이 보였다.

다음으로 마가는 "가나안인 시몬"을 소개한다. 누가는 "셀롯(열심 당원)이라 하는 시몬"(눅 6:15; 행 1:13)이라고 소개하면서 다대오 앞에 소개하고 있다. "가나안 인"(히브리어)이나 "셀롯"(헬라어)은 둘 다 '열심가,' '열광자'라는 뜻이다. 열심당원 이라는 별명이 붙은 것은 아마도 그가 과거에 예수님의 제자로 발탁되기 전에 열심당에 소속된 적이 있었기 때문이었을 것이다. 열심당은 유대를 점령하고 있던 로마를 폭력으로 대항하여 싸웠던 유대인들의 국수주의 집단이었다. 예수님은 그런 전력(前歷)이 있는 사람들도 하나님의 뜻에 의해 사도로 선택하셨다.

막 3:19. 또 가룟 유다니 이는 예수를 판자더라.

마가는 드디어 다른 사도들과 마찬가지로 맨 마지막에 "가룟 유다"를 소개하 면서 "예수를 판자"고 말한다. 유다라는 이름은 '찬송'이라는 뜻으로(창 29:35) 남북이 분단되었을 때는 남쪽 나라 '유다'의 이름이었다. 그러다가 가룟 유다 때문에 결국 악명의 대명사로 전락하고 말았다(마 26:14-16, 25, 47; 27:3; 막 14:10-11, 43-49; 눅 22:3, 47-48; 요 6:71; 12:4; 13:2, 26-29; 18:2-5). 가룟 유다는 사도들 중에서 유일하게 남방 사람이었다. 유다는 사단의 도구였기에(요 6:70-71)

물욕과 출세욕에서 벗어나지 못하고 결국 스승을 판 후 자살하는 유일한 사도가 되었다(마 27:5). 사탄의 도구로 사용된 유다의 후계자들은 지금도 교회 안에 여기저기 자리하고 있다. 한 사람이 사라지면 사탄은 또 후계자를 물색하여 교회의 교역자를 괴롭히고 성도들을 괴롭힌다. 예수님께서 재림하시는 날까지 유다의 후계자들은 지구상 교회에서 사라지지 않고 활동할 것이다. 예수님께서 어제나 오늘이나 영원토록 동일하신 것처럼(히 13:8) 사탄도 어제나 오늘이나 예수님께서 재림하실 때까지 동일하게 교회를 해칠 것이다.

IX. 예수님은 귀신의 왕보다 강한 분이시다 3:20-30

이 부분부터 5:43까지는 예수님의 2차 갈릴리 사역을 기록한다(1차 갈릴리 사역은 1:14-3:19에 기록되었다). 그러나 예수님께서 2차 갈릴리 사역을 시작하는 때부터 미쳤다는 소문이 유대 사회에 나돌았다(20-21절). 유대교권자들은 예수님에게 귀신의 왕이 들어갔다고 악선전했다(22-30절). 이 부분은 마 12:22-37; 눅 11:14-23과 병행한다.

막 3:20. 집에 들어가시니 무리가 다시 모이므로 식사할 겨를도 없는지라.
예수님께서 가버나움 "집에 들어가시니 무리가 다시 모이므로 식사할 겨를도 없었다." 너무나 많은 군중이 모여서 식사하실 겨를도 없었던 것이다(6:31; 눅 8:19, 45). 예전에는(2:4) 사람이 너무 많이 모여서 문 앞까지도 들어설 자리가 없었었는데 이번에는 예수님과 제자들이 식사할 시간을 얻을 수 없었다.

막 3:21. 예수의 친족들이 듣고 그를 붙들러 나오니 이는 그가 미쳤다 함일러라.
본문의 "친족들"(οἱ παρ' αὐτου)이란 문자적으로는 '예수님 편에 있는 사람들'이라는 뜻이지만 구체적으로는 '친족' 혹은 '가족'을 지칭한다. "친족들"이란 말에 대하여 혹자는 예수님의 '친구들'이라고 주장하기도 하나 "이 관용어는 70인역에서 흔히 보이는 것처럼 십중팔구 예수의 친족 혹은 가족을 의미한다."[10] 그리고 31절에 "예수의 어머니와 동생들"이란 말이 나오는 것을 보아 '친족' 혹은 '가족'을 의미하는 것으로 보아야 할 것이다. 예수님의 어머니와 동생들은 예수님에 관한 좋지 않은 소문을 듣고 그분을 붙들러 왔다. 여기 예수님을 붙들러 나온 사람들이 '친구들'이라고 주장하는 학자는 예수님의 어머니가 평소에 예수님에 대하여 항상 긍정적으로 생각한 것을 강조해서 예수님이 미쳤다고 생각했을 수 없었으리라 해석한다. 물론 예수님의 어머니가 예수님을 미쳤다고 본 것은 아니었다. 예수님의 어머니는 아들이 "미쳤다"는 소문을 들어서 붙들러 나온 것이다. 본문에 "그를 붙들러 나오니 이는 그가 미쳤다 함일러라"고 말한다(요 7:5; 10:20). 여기 "그가 미쳤다 함일러라"(ἔλεγον...ἐξέστη)는 문장은 어떤 특정한 주격이 없이 삼인칭 복수이다. 이는 여러 사람들이 그런 말을 하고 있었다는 뜻이다(They said that...). 악성 소문을 퍼뜨리기를 좋아하는 여러 사람들이 이런 말 저런 말로 예수님께서 제 정신이 아니라는 말들을 했다는 뜻인데, 이는 그들이 결국 예수님을 이해하지 못했음을 반증한다. 더욱이 당시 서기관과 바리새인들이 예수님에 대해 바알세불이 지폈다는 소문을 퍼뜨렸기 때문에(다음 절) 일반 사회에서도 예수님에 대해 악평하는 소문이 퍼진 것이다. 예수님의 어머니와 동생들은 가문의 체면을 생각하여 그분을 붙들어서 나사렛으로 함께 가기를 원했을 것이다. 세상 사람들은 예수님만 미쳤다고 하지 않고 믿는 사람들 또한 미쳤다고 한다. 베스도는 바울을 미쳤다고 했다(행 26:24). 우리는 세상에서 어떤 오해를 받아도 이상하게 생각하지 않아야 한다. 세상이 우리를 이해하지 못하기 때문이다. 세상은 성령의 일을 이해하지 못하고(고전 2:14) 우리가 하는 일들을 이해하지 못한다.

---

10) A. T. 로버트슨, *마태복음, 마가복음,* 신약원어 대해설, A. T. 로버트슨번역위원회 (서울: 요단출판사, 1984), p. 358.

막 3:22. 예루살렘에서 내려온 서기관들은 그가 바알세불이 지폈다 하며 또 귀신의 왕을 힘입어 귀신을 쫓아낸다 하니.

예루살렘에서 내려온("내려왔다"는 표현은 예루살렘이 수도이기 때문에 사람이 북쪽에 위치한 가버나움으로 올라가도 내려간다는 표현을 쓴다) 서기관들은 "그(예수)가 바알세불이 지폈다 하며 또 귀신의 왕을 힘입어 귀신을 쫓아낸다"고 말했다(마 9:34; 10:25; 눅 11:15; 요 7:20; 8:48, 52). 예루살렘에서 내려온 서기관들을 마태는 "바리새인들"이라고 말한다(마 12:24). 그러니까 그들은 바리새파의 서기관들이었다(2:16). 그들이 예루살렘에서 내려왔으니까 시골 가버나움에서 더 권위적이었다. 시골 사람들은 그들이 예수님께서 바알세불이 지폈다는 말을 그대로 믿은 것이다. 본문에 "바알세불이 지폈다"(Βεελζεβοὺλ ἔχει)는 말은 '예수님에게 바알세불이 들었다'는 뜻이다(3:22, 30; 요 8:48). "바알세불"이란 말은 바로 다음에 따라오는 말에 의하면 "귀신의 왕" 곧 '사탄'을 뜻한다. 예루살렘에서 내려온, 권위를 가진 서기관들은 예수님께서 "귀신의 왕을 힘입어 귀신을 쫓아낸다"고 말하고 소문을 퍼뜨렸다. 곧 '예수님은 그 안에 들어있는 사탄으로부터 힘을 얻어 다른 귀신들을 쫓아낸다'는 것이었다. 참으로 악의에 찬 선전이었다.

막 3:23. 예수께서 그들을 불러다가 비유로 말씀하시되 사탄이 어찌 사탄을 쫓아낼 수 있느냐.

본 절부터 26절까지 예수님은 바알세불, 곧 사탄이 들린 분이 아니라는 것을 세 가지 비유를 들어 해명하신다. 예수님은 "그들을 불러다가 비유[11]로 말씀하신다." 서기관들은 예수님께서 듣지 않으시는 곳에서 수군거렸지만 예수님은 서기관들을 불러다가 정정당당히 말씀하신다. 꿀릴 것이 없으셨다. 예수님은

---

11) "비유"란 한 가지 사실이나 물건을 설명하기 위하여 좀 더 설명하기 쉬운 사실이나 물건을 옆에 가져다 놓고 비교하여 설명하는 방법이다. 예수님은 자신이 사탄이 아니라는 것을 설명하기 위하여 여러 가지 사례를 들어 서기관들의 주장을 반박하신다.

"사탄이 어찌 사탄을 쫓아낼 수 있느냐"고 말씀한다(마 12:25). 곧 '예수님이 사탄의 힘을 빌려 귀신들을 쫓아낸다면 말도 안 된다'는 것이다. 사탄은 귀신들을 이용하면 이용했지 절대로 쫓아내지는 않기 때문이다. 서기관들은 말도 되지 않는 말을 하고 있었다.

막 3:24. 또 만일 나라가 스스로 분쟁하면 그 나라가 설 수 없고.

예수님이 사탄이 아니라는 것을 증명하는 첫째 비유는 "나라가 분쟁하면 그 나라가 설 수 없다"는 것이다. 아주 쉬운 비유이다. 자구상에 나라들이 분쟁하여 망한 경우가 얼마나 많은가. 한 나라의 왕이나 백성들이 서로 분쟁하면 망하는 것은 시간문제이다. 예수님이 사탄이라면 절대로 귀신들을 쫓아내지 않으셨을 것이다. 예수님은 하나님의 아들이셔서 귀신들을 쫓아내셨다.

막 3:25. 만일 집이 스스로 분쟁하면 그 집이 설 수 없고.

둘째 비유, 바로 앞 절과 똑 같은 내용의 비유이다. 곧 "집이 스스로 분쟁하면 그 집이 설 수 없다"는 것이다. 부부가 서로 분쟁한다든지 혹은 부모 자식 간에 싸우면 그 집이 제대로 서 있을 수 없다는 말씀이다. 오늘날 세상은 핵가족도 유지하지 못하고 마구 무너지고 있다. 한 사람 한 사람 알갱이가 되어가고 있다. 앞으로는 한 사람도 혼자 서지 못하고 자살하는 사람들이 많이 생길 것이다. 예수님이 사탄이라면 절대로 귀신들을 쫓아내지 않으셨을 것이다. 다시 말해 사탄은 결코 귀신들과는 분쟁하지 않는다. 예수님께서 하나님의 아들이시니 귀신들을 내쫓으신다.

막 3:26. 만일 사탄이 자기를 거슬러 일어나 분쟁하면 설 수 없고 망하느니라.

바로 앞 선 두 절(나라와 집 비유)의 결론으로 "사탄이 자기를 거슬러 일어나 분쟁하면 설 수 없고 망한다"고 하신다. '사탄의 집안에 내분이 생기면 설 수가 없다고 하신다. 귀신의 왕 사탄과 그 졸개들 간에 분쟁이 일어나면 사탄의 왕국이 그대로 서 있을 수가 없고 망한다는 것이다. 예수님이 바알세불이 지폈으면 귀신들을 쫓아내지 않으신다. 예수님은 사탄이 아니시고 하나님의 아들이시라 귀신들을 쫓아내신 것이다.

막 3:27. 사람이 먼저 강한 자를 결박하지 않고는 그 강한 자의 집에 들어가 세간을 강탈하지 못하리니 결박한 후에야 그 집을 강탈하리라.

예수님은 자신이 사탄이 아니고 사탄보다 더 강하신 분이심을 증언하신다. 그러므로 본 절은 예수님께서 사탄이 아니라고 주장하시는 세 번째(첫 번째 비유는 24절, 두 번째 비유는 25절에 있음)의 비유이다. 마 12:29은 수사학적인 의문문으로 되어 있다. 그리고 본 절은 눅 11:22-23과 병행한다. 이 비유는 이사야 49:24-25을 반영한다. 예수님의 비유의 요점은 어느 강도가 어느 집에 들어가서 그 집을 강탈하기 위해서는 강하게 대항하는 집 주인을 묶어 놓아야 한다는 것이다. 예수님은 사탄보다 더 강하시고 또 귀신들보다 더 강하신 분으로서 사탄이 소유하고 있는 택한 백성들을 그의 능력의 말씀으로 혹은 성령으로 빼앗아 오신다는 것이다. 예수님께서 더 강하신 분이라는 점에서 예수님은 사탄이 아니시다. 예수님은 그 동안 수없는 귀신들을 내쫓으셨다. 그는 사탄을 힘입어 사탄을 제어하고 또 귀신들을 쫓아내신 것이 아니라 자신의 고유한 권능으로 쫓아내셨다. 십자가의 피로써 사탄을 이기시고 부활과 승천으로 사탄과 그의 졸개들을 완전히 섬멸하셨다. 예수님은 사탄보다 더 강하신 분이시다. 그는 사탄의 손에 얽매어있는 사람들을 강탈하신다. 그의 능력으로 빼앗으신다.

막 3:28. 내가 진실로 너희에게 이르노니 사람의 모든 죄와 모든 모독하는 일은 사하심을 얻되.

예수님은 앞에서 자신이 바알세불(귀신의 왕)이 지피지 않았다는 것을 증명하신(22-27절) 다음, 이제 본 절과 다음 절(29절)에서 성령을 모독하는 자는 영원히 사함을 받지 못한다고 하신다. 예수님은 "내가 진실로 너희에게 이른다"고 엄숙하게 경고하신다. 공관복음에서는 "진실로"라는 말로 표현하시고 요한복음에는 "진실로 진실로"라는 말을 25회 말씀하신다. 이제 예수님은 바리새인의 서기관들에게 엄숙하게 심판을 선언하신다. 예수님은 본 절에서 사함을 받을 수 있는 죄를 말씀한다. "사람의 모든 죄와 모든 모독하는 일"은 사하심을 얻는다고 하신다 (마 12:31; 눅 12:10; 요일 5:16). 여기 "사람의"(τοῖς υἱοῖς τῶν ἀνθρώπων)란 말은 '사람들의 아들들의'라는 뜻이고 "모든 죄"(πάντα...τὰ ἁμαρτήματα)란 말은 '모든 죄악된 행위들'을 지칭한다. 그러므로 "사람의 모든 죄"는 '사람들이 짓는 모든 죄들'을 지칭하는 말이다. 사람이 그 어떤 죄를 지었어도 회개하면(1:15; 2:17; 6:12) 사하심을 얻는다.

그리고 "모든 모독하는 일"(αἱ βλασφημίαι ὅσα ἐὰν βλασφημήσωσιν)은 '사람을 향해 중상모략하고 하나님을 향하여 비방하는 모든 죄들'을 지칭한다(엡 4:31; 골 3:8; 딤전 6:4). 마 12:31; 눅 12:10을 참조할 것. 여기 "모독죄"는 바로 앞에 언급한 "모든 죄" 속에 포함되는 죄들이다. 이런 죄들을 지었어도 회개하면 모두 그리스도의 피로 씻음을 받는다. 베드로가 그리스도를 부인한 죄까지도 용서를 받고 바울이 교회를 박해한 죄도 용서를 받았다. 그러므로 사람이 짓는 모든 죄는 자복하면 용서를 받는다. 그리스도께서 그런 죄들을 용서하시러 이 땅에 오셨다.

막 3:29. 누구든지 성령을 모독하는 자는 영원히 사하심을 얻지 못하고 영원한 죄가 되느니라 하시니.

그러나 유독 누구든지 "성령을 모독하는 자는 영원히 사하심을 얻지 못한다." 서기관들은 예수님께서 성령을 힘입어 귀신들을 쫓아내시는데도 불구하고 사탄의 힘을 입어서 귀신을 쫓아낸다고 계속해서 주장했다. 이는 성령님을 모독하는 것이다. 따라서 성령모독죄는 사하심을 영원히 얻지 못한다. 다시 말해 서기관들은 예수님께서 바알세불 곧 사탄이 지펴서 귀신을 쫓아낸다고 했고 귀신의 왕을 힘입어 귀신을 쫓아낸다고 했는데 그것은 성령님을 모독하는 일이므로 영원히 용서를 받지 못한다. 아무리 흉악한 죄를 짓고 부끄러운 죄를 저질렀다고 해도 진심으로 회개하는 자에게는 소망이 있다(시 103:12; 사 1:18; 44:22; 55:6-7; 믹 7:18; 요일 1:9). 그러나 성령을 모독하는 자는 사하심을 영원히 얻지 못하고 영원한 죄를 짓는 것이다. "영원한 죄"란 말은 '영원히 사함을 받지 못하는 죄'를 지칭한다. 예수님을 향하여 귀신들렸다고 말하는 죄, 또 그렇게 선전하는 죄는 영원히 사함을 받지 못하기에 영원한 죄라고 말한다.

막 3:30. 이는 그들이 말하기를 더러운 귀신이 들렸다 함이러라.

서기관들이 영원히 사함을 받을 수 없는 이유는 "그들이 말하기를 더러운 귀신이 들렸다"고 말하기 때문이다. 곧 '서기관들이 말하기를 예수님에게 귀신(사탄의 졸개)이 들렸다고 말하기' 때문이다. 우리는 성령님께서 하시는 일에 대해서 주의해서 말해야 한다. 만일 성령님께서 하시는 일을 사탄이 하는 것으로 말한다면 그것은 큰 죄를 범하는 것이기 때문이다.

X. 누가 예수님의 참 가족인가   3:31-35

마가는 앞에서 예수님께서 귀신들렸다는 소문을 듣고 찾아온 가족들에 대해 언급하고(20-21절) 또 예루살렘에서부터 예수님의 행위를 관찰하도록 파견된 서기관들이 성령 모독죄를 지어 영원히 사함 받을 수 없음을 말한(22-30절) 다음 이제 누가 참으로 예수님의 가족인가를 예수님의 말씀을 들어 밝혀준다. 이 부분은 마 12:46-50; 눅 8:19-21과 병행한다.

막 3:31. 때에 예수의 어머니와 동생들이 와서 밖에 서서 사람을 보내어 예수를 부르니.

　　　　예수님의 어머니와 동생들이 예수님에 대하여 안 좋은 소문을 듣고 예수님을 붙들러 나사렛으로부터 온 후(21절) 이제 예수님께서 거하시는 집(20절)의 "밖에 서서 사람을 보내어 예수를 불렀다"(마 12:46; 눅 8:19). 그들이 '밖에 서서 사람을 보내어 예수님을 부른' 이유는 사람이 너무 많아서 접근하지 못하기 때문이었다(20절). 예수님은 가족들로부터도 이상한 취급을 받으셨다(요 7:5 참조).

막 3:32. 무리가 예수를 둘러앉았다가 여짜오되 보소서 당신의 어머니와 동생들과 누이들이 밖에서 찾나이다.

　　　　가버나움 집에 있었던 "무리가 예수를 둘러앉았다가" 밖에서부터 들려온 전갈을 받고 예수님에게 "보소서 당신의 어머니와 동생들과 누이들이 밖에서 찾나이다"라고 보고했다. 예수님은 가족의 부름을 받으시고 아무 대처를 하지 않으신다. 염려 말고 돌아가라든지 혹은 집안으로 들어오라든지 하는 그 무슨 말씀도 없으시고 다음 절들(33-35절)과 같이 말씀하신다. 그 이유는 10:28-30에 말씀하신대로 복음을 위하여 가족을 둘째로 놓는 것을 보여주신 것이다. 다시 말해 가족보다는 복음을 앞세우신다는 의중(意中)을 보이셨다. 예수님은 공생애에 들어가시기까지는 부모를 받들어 섬기셨지만(눅 2:51) 공생애에 들어오신 후로는 과거의 가족관계에 매이지 않으시고 온 우주적인 신령한 가족에 집착하신다.

막 3:33. 대답하시되 누가 내 어머니이며 동생들이냐 하시고.

　　　　무리의 전갈(메시지)을 받으시고 예수님은 대답하신다. 예수님은 "누가 내 어머니이며 동생들이냐"고 반문하신다. 참 가족이 누구인가를 설명하시기 위해 반문하신 것이다. 이제는 육신적인 가족이 중요한 것이 아니라 영적인 가족이 중요함을 말씀하신다. 우리도 이렇게 육신의 가족을 뛰어넘을 수는 없을까.

막 3:34. 둘러앉은 자들을 둘러보시며 이르시되 내 어머니와 내 동생들을 보라.

예수님은 먼저 "둘러앉은 자들을 둘러보셨다." 곧 '둘러앉은 자들을 획 한번 둘러보신 것'이다. 5절에서는 오른 손 마른 사람을 고치시려고 하셨을 때 예수님을 엿보고 있던 바리새들의 마음의 완악함을 탄식하사 노하심으로 그들을 둘러보셨는데 여기서는 미소(微笑)로 둘러보셨다(Bruce). 예수님은 그 집에 빼곡히 들어찬 사람들을 둘러보시고 "내 어머니와 내 동생들을 보라"고 하신다. 이제는 옛날과는 다르게 육신의 가족이 아니라 예수님의 뜻을 따라 예수님을 따르는 사람들이 바로 예수님의 가족이라는 것이다. 예수님은 지금도 그를 신앙하는 사람들을 향하여 "내 어머니와 동생들을 보라"고 하신다. 우리는 그 동생들이다.

막 3:35. 누구든지 하나님의 뜻대로 행하는 자가 내 형제요 자매요 어머니이니라.

"누구든지," 곧 '남녀와 동서고금과 인종을 불문하고 그 누구든지' "하나님의 뜻대로 행하는 자가 내 형제요 자매"라고 하신다. "예수님의 어머니와 동생들"(31절)은 세상에 떠돌아다니는 풍문을 듣고 혹시 예수님의 정신이 어떻게 된 것은 아닌가 하는 의심을 품고 나사렛으로부터 그 먼 거리를 달려왔으니 예수님께서 기뻐하셨을 이유가 없었다. 그들은 아직 하나님의 뜻대로 행하는 자들은 아니었다. 그들이 훗날 예수님께서 승천하시고 나서 한 자리에 앉아 오로지 기도에 전념할 때(행 1:14)까지는 예수님을 기쁘시게 하지는 못했다. 아무튼 지금 예수님의 어머니와 동생들은 하나님의 뜻대로 행하지 못하고 있었다. 그러나 예수님은 "누구든지"라는 말로부터 그 가족을 제외시키지는 않으신다. "누구든지" 하나님의 뜻대로 움직이는 사람들, 곧 예수님을 영접하고 또 모든 것을 버리고 예수님의 제자들처럼 예수님을 따르는 사람들, 그리고 예수님께 헌신하는 사람들은 모두 예수님의 형제요 자매요 어머니라는 것이다.

사실 그 당시에 가버나움 집에 예수님을 둘러앉아있던 제자들이나 일반 사람들은 믿음이 독실했던 것은 아니었다. 그들은 훗날 예수님을 버리고 대부분 도망간 사람들이다. 그러나 그 당시 그들은 하나님의 뜻대로 행하고 있었다. 예수님을 환영하고 있었으며 예수님의 말씀을 듣고 있었다. 그래서 그들은 예수님의 영적인 가족이 되었다. 우리는 하나님의 뜻을 행하는 사람들이어야 한다. 하나님의 뜻을 행하기 위해서 하나님의 뜻이 기록된 성경을 끊임없이 읽고 공부해야 한다. 그리고 기도하여 그 뜻을 깨달아야 하고 그 뜻을 실행할 수 있는 힘을 얻기 위해 기도해야 한다. 중요한 것은 우리가 심히 연약한 사람들임을 고백하고 주님을 전적으로 의지해야 한다는 점이다.

제 4 장

하나님 나라를 밝혀주는 여러 가지 비유들과
바다를 잔잔케 하신 이적

XI. 하나님 나라를 설명해주는 여러 가지 비유들   4:1-34

　　　예수님은 앞에서 자신이 귀신의 왕보다 강한 분이심을 밝히시고(3:20-30)
예수님의 참 가족이 누구인지를 가르쳐 주신(3:31-35) 다음 이제는 여러 가지 비유들
을 사용하여 하나님 나라를 설명하신다(1-34절). 먼저 씨 뿌리는 비유로 하나님
나라를 설명하시고(1-20절), 등불과 등경을 가지고 하나님 나라를 설명하시며(21-25
절), 씨가 성장하는 원리를 가지고 하나님의 나라를 설명하시고(26-29절), 겨자씨가
크는 원리를 가지고 하나님 나라를 설명하신다(30-32절). 마지막으로, 비유를 들어
하나님의 나라를 설명하시는 이유를 말씀하신다(33-34절).

1. 씨 뿌리는 비유로 하나님 나라를 설명하시다   4:1-20

　　　예수님께서 씨 뿌리는 비유를 가지고 하나님의 나라를 설명하신 것을 공관복
음서 기자들은 빠짐없이 자기들의 복음서에 기록하고 있다(마 13:1-9, 18-23; 눅
8:4-15). 마가는 먼저 비유 자체를 기록하고(1-9절) 다음으로 제자들의 요청에
의해 예수님께서 해설하신 것을 기록한다(10-20절).

막 4:1. 예수께서 다시 바닷가에서 가르치시니 큰 무리가 모여들거늘 예수께서 바다에 떠 있는 배에 올라앉으시고 온 무리는 바닷가 육지에 있더라.

예수님은 다시 바닷가에 나가서서 가르치신다(마 13:1). 예수님은 앞에서도 바닷가에서 가르치신 적이 있었다(2:13; 3:7). 예수님은 어떤 특정한 곳에서 복음을 전하지 않으시고 장소를 바꾸어 교육하신다. 예수님께서 이적을 행하시기만 기대하는 사람들이 있지만 예수님은 "가르치시는" 일에 주력하신다. 그런데 가시는 곳마다 "큰 무리가 모여 들었다." 하나님께서 모이게 하셨기 때문이다. 하나님께서는 오늘도 역시 복음을 가진 전도자의 주위에 사람이 모여들도록 하신다.

그런데 예수님의 주위에 사람이 너무 많이 모여들어서(1:21-22; 2:2; 3:7-9) "예수께서 다시 바다에 떠 있는 배에 올라앉으시고 온 무리는 바닷가 육지에 있게" 하신다. 예수님을 만지고자 하는 사람들 때문에 복음 증거에 지장이 있어서 사람들과 얼마간 거리를 두고 복음증거 하시려 하셨다(3:9).

막 4:2. 이에 예수께서 여러 가지를 비유로 가르치시니 그 가르치시는 중에 그들에게 이르시되.

예수님은 "여러 가지," 곧 '하나님 나라의 여러 가지 특성'을 비유를 가지고 계속해서 가르치셨다. 예수님은 현재 자구상에 존재하고 있는 하나님 나라 공동체, 다시 말해 교회공동체의 여러 가지 특성을 가르치실 때 비유를 사용하여 가르치셨다. 여기 "가르치시니"(ἐδίδασκεν)라는 말은 미완료과거 시제로 계속해서 교육하셨다는 뜻이다. 예수님께서 "가르치시는 중에"(ἐν τῇ διδαχῇ) 그들에게 몇 가지를 마가는 소개한다(12:38). 곧 예수님께서 가르치시는 것을 마가가 다 말하지 못하고 '그 가르치시는 가운데서' 몇 개를 독자들에게 소개한다는 것이다. 마가는 그 비유들 중에서 제일 먼저 씨 뿌리는 비유를 소개한다.

막 4:3. 들으라 씨를 뿌리는 자가 뿌리러 나가서.

예수님은 바닷가에 서 있는 청중들을 향하여 "들으라"고 하신다. '귀 기울여 들으라,' '깨달으라'는 뜻이다. 참으로 중요한 것을 말하려는데 잘 들으라는 뜻이다. 예수님은 "씨를 뿌리는 자가 뿌리러 나가서" 씨를 뿌리는데 네 종류의 토질에 떨어져 그 결과가 다른 것을 보시고 이 비유를 말씀하신다. 예수님의 말씀을 듣는 사람들도 이렇게 네 종류가 있다는 것이다. 그 중에 세 종류의 사람들은 말씀을 들어도 결실이 없고 다만 한 종류의 사람만 말씀을 듣고 열매를 맺는다고 하신다.

막 4:4. 뿌릴 새 더러는 길 가에 떨어지매 새들이 와서 먹어 버렸고.

씨를 흩어 뿌릴 때 어떤 씨들이 "길 가," 곧 '밭과 밭 사이에 사람이 자주 다녀서 단단해진 길 가'에 떨어지는 경우 그 씨는 땅에 묻히지 못해서 결국은 새들이 와서 먹어버린다고 하신다. 이런 경우 씨가 문제가 아니라 토질이 문제가 되어 그렇게 씨만 없어진다는 말씀이다. 단단한 교권주의자들(3:5)의 마음에 하나님의 말씀이 떨어지는 경우엔 그들의 심령 속에 박히지 않아서 열매를 맺지 못한다. 예수님의 말씀을 듣던 청중들 중에는 유대교권주의자들이 있었는데 그들의 심령 속에 말씀이 들어가지 않아서 결국 열매를 맺지 못하였다. 이런 사람들은 오늘의 교회 안에도 많이 있다.

막 4:5-6. 더러는 흙이 얕은 돌밭에 떨어지매 흙이 깊지 아니하므로 곧 싹이 나오나 해가 돋은 후에 타서 뿌리가 없으므로 말랐고.

두 번째의 경우는 약간 토질이 나은 경우이다. 씨가 "흙이 얕은 돌밭에 떨어지게" 되면 싹은 나오지만 "흙이 깊지 아니하므로 곧 싹이 나오나 해가 돋은 후에 타서 뿌리가 없으므로 마르게" 된다는 것이다. 흙이 깊지 아니한 흙은 그 흙 밑에 바위가 있어서(눅 8:6) 흙이 따뜻하므로 씨가 빨리 나오지만 습기가 없어서 싹이 자라지 못하고 금방 시들어 죽어버린다. 예수님의 복음을 듣는 청중들 중에도 그 말씀을 기쁨으로 받고 신앙생활을 기쁨으로 시작하는 것 같지만 조만간 약간의 어려움만 닥쳐도 곧 예배 참석을 거부하며 말씀듣기를 싫어하고 싸늘하게 돌아서는 사람들이 있다. 이런 사람들의 신앙을 소위 양은냄비 신앙이라고 한다.

막 4:7. 더러는 가시떨기에 떨어지매 가시가 자라 기운을 막으므로 결실하지 못하였고.

세 번째의 경우는 두 번째의 밭보다는 토질 자체로는 더 나은 밭이다. 문제는 가시떨기 밑에 떨어졌기 때문에 싹이 무성하게 자라지 못한다. 식물의 싹과 가시는 양립하지 못한다. "가시가 자라 기운을 막으므로 결실하지 못하게" 된다. 가시가 자라서 싹을 질식시키므로 열매를 맺지 못하게 되는 것이다. 가시를 제거하기 전에는 소망이 없다. 심령 속에 있는 가시들 때문에 신앙생활에 열매가 없고, 승리하지 못하는 사람들이 교회에 참으로 많다.

막 4:8. 더러는 좋은 땅에 떨어지매 자라 무성하여 결실하였으니 삼십배나 육십배나 백배가 되었느니라 하시고.

씨가 드디어 좋은 땅에 떨어지는 경우를 본다. 이런 경우는 그 씨가 나고 자라서 무성하여 결실한다(요 15:5; 골 1:6). 다시 말해 열매를 맺는다. 그런데 여기서는 열매를 얼마나 맺느냐는 차이가 있을 뿐이다. 30배도 맺고 60배도 맺고 혹은 100배도 맺는다. 좋은 땅의 경우 땅이 단단하지도 않고, 흙도 깊고, 가시떨기도 없어서 씨가 잘 나고 잘 자라며 열매를 잘 맺는다. 교회 안에 마음도 완악하지도 않고 심지도 깊으며 마음속에 모든 가시들을 제거하면서 열심히 신앙생활을 해서 말씀의 아홉 가지 열매(성령의 아홉 가지 열매는 말씀이 맺는 열매와 똑 같은 것이다)를 맺는 성도들이 많이 있다. 이들은 거듭난 성도들이고 또한 주님을 열심히 따르는 성도들이다.

막 4:9. 또 이르시되 들을 귀 있는 자는 들으라 하시니라.

예수님은 씨가 네 종류의 땅에 떨어져 각각 토질의 차이에 따라 결과가 달라진 것을 말씀하신 다음에 또 "들을 귀 있는 자는 들으라"고 하신다(마 11:15; 13:9, 43; 막 4:9, 23; 눅 14:35). '신령한 귀를 가진 사람은 들으라'는 것이다. 신령한 귀를 가지지 못한 사람들은 들어도 깨닫지 못한다(12절).

막 4:10. 예수께서 홀로 계실 때에 함께 한 사람들이 열 두 제자로 더불어 그 비유들에 대하여 물으니.

예수님은 사람들의 요청을 받으시고 본 절부터 20절까지 비유를 해설하신다. 갈릴리 바닷가의 많은 사람이 물러가고 "예수께서 홀로 계실 때에 함께 한 사람들이 열 두 제자로 더불어 그 비유들을 물었기" 때문이었다(마 13:10; 눅 8:9). 여기 "함께 한 사람들"(3:34)은 예수님의 제자들은 아니었으나 예수님을 가깝게 따르는 사람들이었다. 그들은 예수님의 제자들과 함께 예수님께서 말씀하신 비유의 자세한 뜻을 여쭈었다. 우리는 진리를 모를 때 예수님께 여쭈어야 한다. 혹시 개인이나 가정, 교회의 문제가 이상하게 돌아갈 때 그 이유를 물으면 예수님께서 깨달음을 주신다.

막 4:11. 이르시되 하나님 나라의 비밀을 너희에게는 주었으나 외인에게는 모든 것을 비유로 하나니.

예수님은 먼저 본 절과 다음 절에서 비유로 말씀하신 이유를 설명하신다. 이유는 "외인" 때문에 비유로 말씀하신다는 것이다. 다시 말해 '일반 군중'들에게는 "모든 것을 비유로" 말씀하신다는 것이다.

예수님은 본 절에서 청중을 두 그룹으로 나누신다. 하나는 "너희"(예수님과 함께 한 사람들+예수님의 제자들)이고 다른 하나는 "외인"이다. 예수님은 "하나님 나라의 비밀"을 "너희"에게는 주었으나 "외인"에게는 모든 것을 비유로 말씀하신다.

여기 "비밀"이란 말은 '감추어 있었던 것을 하나님께서 들추어내어 보이시는 것'을 뜻한다. 하나님 나라의 비밀은 감추어 있었는데 성도들을 위해서 하나님께서 드러내신다. 다시 말해 지구상에 존재하는 교회공동체의 비밀(특성)은 원래 아무도 몰랐는데 하나님께서 제자들과 성도들을 위하여 하나하나 드러내신다. 씨 뿌리는 비유, 자라나는 씨 비유, 겨자씨 비유도 원래 비밀이었는데 제자들과 성도들에게는 밝히 드러내시고 일반 군중들(불신자들)에게는 비유로 말씀하신다(고전 5:12; 골 4:5; 살전 4:12; 딤전 3:7).

막 4:12. 이는 그들로 보기는 보아도 알지 못하며 듣기는 들어도 깨닫지 못하게 하여 돌이켜 죄 사함을 얻지 못하게 하려 함이니라 하시고.

예수님은 일반 군중들에게 모든 것을 비유로 말씀하시는 이유를 여기 진술하신다. 비유로 말씀하시는 이유는 일반 군중(완악한 유대인들)들이 "보기는 보아도 알지 못하며 듣기는 들어도 깨닫지 못하게 하여 돌이켜 죄 사함을 얻지 못하게 하기" 위해서라고 하신다(사 6:9; 마 13:14; 눅 8:10; 요 12:40; 행 28:26; 롬 11:8). 마가는 예수님께서 이사야 6:9-10의 말씀을 자유롭게 인용하신 것을 기록하고 있다. 마태가 가장 충실하게 기록했고 누가는 한결 자유롭게 인용했다. 예수님은 완악한 군중들로 하여금 보기는 보아도 알지 못하도록, 듣기는 들어도 깨닫지 못하게, 회개하여 죄 사함을 얻지 못하도록 비유로 말씀하신다고 하신다. 너무 악해서 어차피 망할 사람들은 그냥 망해야 한다는 뜻이다. 바리새인들이나 서기관들은 이제 더 권면도 받지 않는 사람들이니 하나님의 주권으로 그들은 망해야 한다는 것이다. 그들은 무슨 진리를 들어보았자 소망이 없다. 그래서 예수님은 비유로 말씀하신다고 하신다. 오늘도 그리스도의 사랑의 복음을 배척하고 하나님을 향하여 주먹질하며 교회의 문을 닫아버리는 정권이나 사람들은 아무 소망이 없어서 그들의 귀에는 성경의 모든 것이 알 수 없는 소리일 뿐이다. 성도들에게는 분명한 진리도 그들에게는 캄캄한 소리로 들릴 뿐이다. 하나님은 복 주실 자에게 복을 주시고 어차피 망할 자는 그냥 망하게 하신다.

막 4:13. 또 이르시되 너희가 이 비유를 알지 못할진대 어떻게 모든 비유를 알겠느냐.

　　　　예수님과 함께 한 사람들과 예수님의 제자들이(10절) 비유의 뜻을 물은 것을 두고 예수님은 "너희가 이 비유를 알지 못할진대 어떻게 모든 비유를 알겠느냐"고 반문하신다. 곧 '너희가 이 씨 뿌리는 비유를 깨닫지 못한다면 어떻게 다른 모든 비유들을 알겠느냐'고 하신다. 우리는 성령을 스승으로 모시고 모든 비유들과 성경에 기록되어 있는 모든 진리를 깨달을 수 있어야 한다.

막 4:14. 뿌리는 자는 말씀을 뿌리는 것이라.

　　　　씨를 뿌리는 자는 그리스도이시며 또한 그리스도의 복음을 전하는 전도자들이다(마 13:19). 그들은 다른 것을 뿌리는 것이 아니라 말씀을 뿌린다. 전도자는 말씀을 교회 공동체에 뿌리며 일반 사회에 뿌리며 거리의 사람들에게 뿌리고 외국에 나가서도 뿌린다. 그런데 그 말씀을 들은 사람들의 마음 토질은 네 종류이다.

막 4:15. 말씀이 길 가에 뿌려졌다는 것은 이들을 가리킴이니 곧 말씀을 들었을 때에 사탄이 즉시 와서 그들에게 뿌려진 말씀을 빼앗는 것이요.

　　　　예수님은 함께 한 사람들과 제자들의 질문을 받고 첫 번째로 말씀하신 길가와 같은 밭에 씨가 떨어진 경우를 해설하신다. 곧 "말씀이 길 가에 뿌려졌다는 것은 이들을 가리킨다"고 말씀하신다. 해설 내용은 '세상의 여러 가지 일로 말미암아 마음이 너무 단단하여 말씀을 들어도 그 말씀이 심령 속에 들어가지 아니하므로 사탄이 그 사실을 알고 즉시 와서 그들의 귓전에 울렸던 말씀을 빼앗는다'는 것이다. 예수님 당시의 교권주의자들은 자기들의 전통과 교리 때문에 예수님의 복음에 대해서는 거부감을 가지고 있었고 따라서 무관심했다. 오늘날 대부분의 사람들도 이런 무서운 불감증에 걸려있다. 도덕 불감증, 안전 불감증, 악한 사상에 대한 불감증 등 무서운 불감증에 사로잡혀 있다. 그저 행복해지려는 욕망, 죽도록 즐겨보려는 욕망밖에 없다. 이들의 심령 속에는 하나님의 말씀이 자리 잡을 공간이 없다. 우리는 각종 불감증을 주님께 고백하여 그리스도의 말씀에 예민한 반응을 보여야 한다.

막 4:16-17. 또 이와 같이 돌밭에 뿌려졌다는 것은 이들을 가리킴이니 곧 말씀을 들을 때에 즉시 기쁨으로 받으나 그 속에 뿌리가 없어 잠깐 견디다가 말씀으로 인하여 환난이나 박해가 일어나는 때에는 곧 넘어지는 자요.

예수님께서 열거하신 두 번째의 밭, 곧 "돌밭"에 뿌려졌다는 것은 말씀을 들을 때 즉시 기쁨으로 받기는 하나 그 속에 뿌리가 없어서 잠깐 견디다가 말씀 때문에 일어나는 환난이나 박해가 닥쳐올 때에는 곧 넘어지는 사람이라고 하신다. 교회 공동체 안에는 인내력이 부족한 사람들이 많이 있다. 그들은 말씀을 들을 때는 즉시 큰 신앙인이나 된 것처럼 기쁨을 가지기도 하고, 또는 훌륭한 신앙인이 된 것처럼 갑자기 순교라도 할 것같이 행동하지만, 말씀 때문에 닥쳐오는 환난이나 박해가 닥쳐올 때에는 그것들을 참지 못하고 금방 넘어지고 만다. 교회 출석을 거부하고 말씀을 읽고 기도하는 삶을 청산한다. 이런 사람들은 단시간 내에 모든 것을 버리고 만다.

막 4:18-19. 또 어떤 이는 가시떨기에 뿌려진 자니 이들은 말씀을 듣기는 듣되 세상의 염려와 재물의 유혹과 기타 욕심이 들어와 말씀을 막아 결실하지 못하게 되는 자요.

예수님께서 열거하신 세 번째의 농토는 가시떨기가 있는 농토인데 가시떨기 에 뿌려진 자라는 말씀은 말씀을 듣고 싹이 나며 어느 정도 자라기도 하지만 "세상의 염려와 재물의 유혹과 기타 욕심이 들어와 말씀을 막아 결실하지 못하게 되는 자'라고 하신다(딤전 6:9, 17). 곧 '심령 속에 세상의 염려와 재물의 유혹과 기타 욕심이 들어와서 말씀이 자라는 것을 막아 결실하지 못하게 되는 자'라는 것이다. 누가는 여기 "기타 욕심"이란 말 대신에 "향락"이라고 말한다(눅 8:14). 가난한 사람들은 주로 염려가 많고, 부자들은 재물에 대한 유혹에 시달리고, 또 죽도록 즐기기를 좋아하는 사람들은 향락이 그들을 주관하고 있어서 신앙이 자라나지 않는다. 그들은 언제나 그렇듯이 말씀의 열매가 없다. 다시 말해 성령의 열매를 맺지 못한다. 그런 사람들은 쓸어졌다 일어나기를 반복하고, 교회에 출석했다가 또 한동안 결석하기를 반복한다. 그들은 교회의 교역자들에게 항상 큰 짐이 된다. 그런 성도들은 많은 기도를 드려 심령 속에 있는 각종 쓴 뿌리들을 빼내야 한다.

막 4:20. 좋은 땅에 뿌려졌다는 것은 곧 말씀을 듣고 받아 삼십 배나 육십 배나 백 배의 결실을 하는 자니라.

　　예수님은 드디어 네 번째의 토양에 씨가 뿌려진 사람을 언급하신다. 그 사람들은 "말씀을 듣고 받아 삼십 배나 육십 배나 백 배의 결실을 하는 자"고 하신다. 곧 그 마음이 완악하지도 않고 인내심도 있고 또 마음속에 자리 잡고 있는 모든 잡것들을 청소한 사람들이 말씀을 듣고 잘 받아서 열매를 맺는 자라는 것이다. 이런 사람들은 항상 묵은 땅을 기경하는 사람들이다(호 10:12). 이런 사람들이 말씀의 열매를 맺되 서로 차이가 있는 이유는 성화의 정도에 따라 열매의 정도가 달라지기 때문이다. 성화하는 일에 힘쓰고, 말씀을 더욱 사모하고, 성령 충만을 힘쓸 때 성령께서는 열매에 차이를 주신다(딤후 2:20-21). 100배 이상의 열매를 맺게 하시기도 한다.

2. 등불과 등경 비유로 설명하시다   4:21-25

　　씨 뿌리는 비유로 천국의 비밀을 말씀하신(1-20절) 예수님은 이제 등불과
등경 비유로 교회 공동체가 빛을 발해야 한다고 말씀하신다. 교회 공동체는 가려져
있어서는 안 되고 세상에서 빛을 발해야 한다는 것이다. 이 비유(21-25절)는 두
가지 비유(21-23절, 24-25절)가 한데 어우러져 있다. 누가복음은 이 부분과 거의
동일한 형식을 이루고 있으며(눅 8:16-18), 마태복음은 주로 산상수훈 속에 이
부분의 말씀들을 포함하고 있다. 곧 21절은 마 5:15에 있고, 24절은 마 7:2에
있으며, 25절은 마 25:29에 있다.

**막 4:21. 또 그들에게 이르시되 사람이 등불을 가져오는 것은 말 아래에나
평상 아래에 두려 함이나 등경 위에 두려 함이 아니냐.**

　　예수님은 "사람이 등불을 가져오는 것은 말 아래에나 평상 아래에 두려
함이냐"고 반문하신다(마 5:15; 눅 8:16; 11:33). 대답은 아니라는 것이다. 여기
"말"($\tau\grave{o}\nu$ μόδιον)이란 '곡물의 양을 되는 도량형 기구'를 말하고 "평상"($\tau\grave{\eta}\nu$ κλίνην)은
'침상' 혹은 '침대'를 뜻한다. 사람이 등불(ὁ λύχνος)을 가져오는 목적은 말 아래나
침대 아래에 두어서 가리려는 것이 아니라는 말씀이다. 오히려 등경($\tau\grave{\eta}\nu$ λυχνίαν-등
잔을 올려놓는 받침대)위에 두려고 등불을 가져오는 것이다.[12] 곧 주위를 훤히
비추려고 등불을 가져오듯이 복음을 믿는 사람들은 널리 비추어야 한다는 것이다.
우리는 복음을 그 어떤 일로든지 가리어서는 안 된다. 말씀이 우리에게 들어와서
열매를 맺듯이(앞 절) 우리가 복음을 받았으면 반드시 주위에 비추어야 하고 선행으로
나타나야 한다. 우리 중에 혹시 말씀의 빛을 가리는 사람이 있는가. 복음의 빛을

---

12) 여기 신기한 것은 "등불(등잔)," "말," "평상," "등경" 등은 모두 관사를 가지고 있다는 것이
　　다. 이것은 아마도 유대 나라에서 기구들이 각 집에 하나씩 밖에 없다는 것을 암시하는
　　듯하다.

가리는 사람이 있는가. 빛은 등경 위에 있어야 한다. 우리는 그리스도를 전파해야 하고 복음을 전해야 한다(행 20:24; 롬 15:19; 골 1:23).

막 4:22. 드러내려 하지 않고는 숨긴 것이 없고 나타내려 하지 않고는 감추인 것이 없느니라.

본 절 초두에는 이유접속사(γάρ)가 있다. 그래서 본 절은 앞 절이 주장하는 내용, 곧 등불을 등경 위에 두어야 할 이유를 밝혀준다. 복음을 받은 사람들이 주위를 밝혀야 할 이유는 다름 아니라 "드러내려 하지 않고는 숨긴 것이 없고 나타내려 하지 않고는 감추인 것이 없기" 때문이다(마 10:26; 눅 12:2). 병행구절인 눅 8:17을 보면 "숨은 것이 장차 드러나지 아니할 것이 없고 감추인 것이 장차 알려지고 나타나지 않을 것이 없느니라"고 되어 있다. 숨은 것이나 감추인 것은 반드시 드러나고 나타나게 마련이다(마 12:36; 13:43; 16:27; 눅 8:17; 12:2; 롬 2:6; 골 3:3-4; 계 2:23; 20:12-13). 복음은 반드시 등경 위에서 비추게 되어 있다. 복음을 받은 사람들은 복음을 드러내고 복음의 주체이신 그리스도를 드러내야 한다.

막 4:23. 들을 귀 있는 자는 들으라.

예수님은 복음을 널리 전파하라는 말씀을 하시고는(21-22절) 이제 "들을 귀 있는 자는 들으라"고 제자들을 향하여 각성을 촉구하신다(9절; 마 11:15). 예수님은 일반 청중들에게 이미 잘 들으라고 촉구하셨다(3절, 9절). 예수님은 지금도 하나님 우편에서 전도자들을 향하여 복음을 전파하라는 권고의 말씀을 잘 들으라고 말씀하신다. 복음 전파를 게을리 해서는 안 된다.

막 4:24. 또 이르시되 너희가 무엇을 듣는가 스스로 삼가라 너희의 헤아리는 그 헤아림으로 너희가 헤아림을 받을 것이요 더 받으리니.

예수님은 "들을 귀 있는 자는 들으라"고 심각하게 부탁하시고(앞 절) 이제 본 절에서는 "무엇을 듣는가 스스로 삼가라"고 하신다. 다시 말해 '지금 무슨 말씀을 듣고 있는가를 스스로 조심하라'는 것이다. 여기 "삼가라"(막 13:33; 눅 8:18)는 말씀은 '조심하라,' 혹은 '경성하라'는 뜻이다. 제자들은 지금 예수님으로부터 구원의 복음을 널리 전파하라는 말씀을 들었는데 그 말씀을 조심해서 들어야 한다고 하신다.

예수님은 얼마나 조심해서 듣느냐에 따라 그만큼 받는다고 하신다. 곧 "너희의 헤아리는 그 헤아림으로 너희가 헤아림을 받을 것이며 더 받을 것"이라고 하신다(마 7:2; 눅 6:38). 이 말씀은 '너희가 조심해서 복음을 전하는 대로 복을 받을 것이라'는 말이다(마 7:2; 눅 6:38 참조). 그들은 '등불을 등경 위에 두어야 한다는 말씀'(21절)과 '복음을 드러내라는 말씀'(22절)을 들었으니 더욱 조심해서 부지런히 전해야 한다고 하신다.

그리고 잘 전파하면 "더 받는다"고 하신다(마 6:33). 성경에 더 받은 경우가 많이 기록되어 있다(창 24:13-14, 18-20, 42-46; 왕상 3:9-15; 막 5:21-24, 43; 눅 24:33-48). 하나님은 선물 위에 선물을 주시고 은총 위에 은총을 주시고(요 1:16) 복 위에 복을 주신다. 하나님은 그의 은혜의 풍성함을 따라 넉넉하게 주신다(엡 1:7). 전도자들은 자신을 숨기고 그리스도를 등경 위에 놓아야 하고 만천하에 드러내야 할 것이다. 말씀 연구에 몰두하며 더욱 기도에 전념하여 전하면(행 6:4) 더 큰 은혜를 받는다.

막 4:25. 있는 자는 받을 것이요 없는 자는 그 있는 것까지도 빼앗기리라.

복음 전파에 열심을 내어 은혜와 복을 이미 받은 자가 더욱 열심을 내면 더 큰 은혜와 복을 받을 것이지만 그렇지 않고 게으른 전도자는 지금 가지고 있는 은혜조차 빼앗길 것이라는 말씀이다(마 13:12; 25:29; 눅 8:18; 19:26). 우리는 우리의 은혜가 줄어들지 않도록 부지런히 나누어주어야 할 것이다.

3. 씨가 자라나는 비유로 설명하시다 4:26-29

하나님의 나라 곧 교회공동체는 반드시 성장한다는 것을 비유로 설명하신다. 예수님은 씨가 자라는 사실을 가지고 교회 공동체는 계속 성장하여 큰 결실을 맺는다고 하신다. 이 비유는 마가만의 독특한 기사이다.

막 4:26. 또 이르시되 하나님의 나라는 사람이 씨를 땅에 뿌림과 같으니.
예수님은 "하나님의 나라는 사람이 씨를 땅에 뿌림과 같다"고 하신다(마 13:24). 곧 '지상에 존재하는 교회공동체(개인 포함)는 사람이 땅에 씨를 뿌림과 같이 처음엔 작은 단체에 불과하다'는 말씀이다. 신자 개인도 역시 그렇다. 그러나 하나님의 말씀이 성도 개인과 교회 공동체에 뿌려졌을 때 그 씨에 힘이 있어 싹이 나고 자라난다. 말씀의 위력을 알 수 있다.

막 4:27. 그가 밤낮 자고 깨고 하는 중에 씨가 나서 자라되 어떻게 그리 되는지를 알지 못하느니라.
"그가," 곧 '바로 앞 절(26절)에 기록된 씨를 뿌린 사람'이 "밤낮 자고 깨고 하는 중에 씨가 나서 자라되 어떻게 그리 되는지를 알지 못한다"고 하신다. 곧 '전도자가 일상생활을 하는 중에 말씀의 씨가 나서 자라는데 어떻게 나고 또 어떻게 자라는지를 알지 못한다'는 것이다. 자라게 하시는 분은 하나님이시다(고전 3:6). 우리가 부지런히 뿌려놓으면 하나님은 자라나게 하신다.

막 4:28. 땅이 스스로 열매를 맺되 처음에는 싹이요 다음에는 이삭이요 그 다음에는 이삭에 충실한 곡식이라.

예수님은 사람이 알지 못하는 중에 씨가 나서 자란다고 하셨는데(앞 절) 본 절에서는 "땅이 스스로 열매를 맺는다"고 하신다. 여기 "스스로"란 말은 '자동적으로' 혹은 '사람의 도움을 떠나서'란 뜻이다. 하나님은 땅이 사람의 도움 없이 열매를 맺도록 법칙을 내셨다. 수분도 주시고 공기도 주시며 햇빛도 주시고 각종 영양소를 주셔서 자라나게 하시고 열매를 맺게 하셨다. 베드로를 가둔 옥문이 저절로 열렸듯이(행 12:10) 하나님은 땅에서 씨가 나고 자라며 열매를 맺게 하시는 법칙을 내셨다.

씨가 나서 자라는 단계는 "처음에는 싹이요 다음에는 이삭이요 그 다음에는 이삭에 충실한 곡식"으로 발전한다고 하신다. 그처럼 복음을 들은 사람은 제일 첫 단계로 중생의 단계를 거치고 다음으로 믿음이 점진적으로 성장하며 그 다음으로는 점과 흠이 없는 신자가 된다. 전도자가 교인들을 훈련하고 돌아보며 격려하는 일은 하나님께서 하시는 일의 일부분에 지나지 않는다. 모든 일은 하나님께서 하신다. 하나님 나라의 확장은 사람의 힘에 의해 되는 것이 아니다. 전적으로 하나님께서 하신다. 교회 성장학이란 하나님께서 교회를 성장시켜 나가시는 과정을 추적하는 학문이다. 교회 성장학이라는 학문 자체를 연구하여 우리가 교회를 성장시킬 수는 없다.

막 4:29. 열매가 익으면 곧 낫을 대나니 이는 추수 때가 이르렀음이니라.

예수님은 "열매가 익으면 곧 낫을 댄다"고 하신다(계 14:15). 여기 "익으면"(παραδοι)이란 말은 제 2부정과거 가정법으로 "...때마다"(ὅταν)라는 말과 함께 사용되어 '열매가 익을 때마다' 혹은 '열매를 딸 수 있을 때마다'라는 뜻으로 개인적인 종말과 우주적인 종말을 뜻한다. 개인적으로 신앙이 완숙하면 하나님께서 천국으로 데려가신다는 뜻이고 또 우주적인 교회공동체에 믿을 사람이 다 차면 하나님께서 세상의 끝을 맺으신다는 뜻이다. 또 "낫을 댄다"(ἀποστέλλει τὸ δρέπανον)는 말은 '낫을 보낸다'는 뜻으로 개인을 (데려 가실만한 때가 되면) 데려가신다는 뜻이고 또 우주적인 교회 공동체를 천국으로 데려가신다는 뜻이다.

　　농부가 낫을 대는 이유는 "추수 때가 이르렀기" 때문이다(욜 3:13 참조). 어떤 농부라도 열매가 익으면 지체하지 않고 낫을 대어 추수한다. 마찬가지로 성도의 신앙이 완숙해지면 하나님께서 데려가시고 교회 공동체가 믿을 사람으로 충만하면 하나님께서 교회를 천국으로 데려가신다는 말씀이다. 전도자의 사명은 씨를 뿌리는 것이다. 성장하는 것은 하나님께 온전히 맡기고.

4. 겨자씨가 자라나는 비유로 설명하시다 4:30-32

　　예수님께서는 앞에서 씨가 성장하는 비유로 하나님 나라의 성장을 설명하시고(26-29절) 이제 겨자씨가 자라는 것으로 하나님 나라의 확장을 설명하신다(30-32절). 이 부분은 마 13:31-32; 눅 13:18-19과 병행한다. 이 두 비유의 차이점은, 앞에 나온 '씨가 자라는 비유'가 성도 개개인과 교회의 은혜가 점진적으로 성장함을 보여 준다면, '겨자씨 비유'는 교회 공동체의 시작과 끝이 큰 차이가 있음을 보여준다. 교회 공동체는 너무 미미하게 시작했다. 그러나 지금 교회 공동체는 20억이 넘는 교인들로 구성되어 있다. 앞으로 더 클 것이다.

막 4:30. 또 이르시되 우리가 하나님의 나라를 어떻게 비교하며 또 무슨 비유로 나타낼까.

　　예수님은 제자들에게 "우리가 하나님의 나라를 어떻게 비교하며 또 무슨 비유로 나타낼까" 하고 말씀하신다(마 13:31; 눅 13:18). 하나님의 나라, 곧 우주적인 교회 공동체의 시작과 끝을 설명하는데 필요한 비유로 무엇이 적당한지를 예수님께서 생각하신다. 예수님께서 정말 무엇을 몰라서 이렇게 말씀하신 것이 아니라 사람들을 이해시키기 위해서 어떤 비유가 좋을까 고려하신다는 뜻이다.

막 4:31. 겨자씨 한 알과 같으니 땅에 심길 때에는 땅 위의 모든 씨보다 작은 것이로되.

예수님은 하나님 나라를 "겨자씨 한 알과 같다"고 하신다. 우주적인 교회 공동체의 시작과 끝을 설명하는데 있어서 제일 좋은 비유로는 "겨자씨 한 알"이 제일 좋다고 하신다. 겨자씨야말로 "땅에 심길 때에는 땅 위의 모든 씨보다 작은 것이라"고 하신다. 그러나 그 씨가 성장한 후에는 모든 풀보다 더 크게 되기 때문에 교회 성장을 설명하는데 좋다는 것이다. 초대 교회가 시작할 때 그 회원 수는 너무 적었다. 제자들을 포함하여 120명 정도였다(행 1:15).

막 4:32. 심긴 후에는 자라서 모든 풀보다 커지며 큰 가지를 내나니 공중의 새들이 그 그늘에 깃들일 만큼 되느니라.

땅에 심겨진 후에는 싹이 나고 자라서 "모든 풀보다 커지며 큰 가지를 내나니 공중의 새들이 그 그늘에 깃들일 만큼 된다"고 하신다. 풀보다 커져서 나중에는 나무가 된다는 말씀이다(마 13:32). 겨자는 팔레스타인에서 자라는데, 다 자란 것은 3m(10feet) 내지 4.5m(15feet)가 된다. 개교회도 처음에는 적게 시작하지만 나중에는 수많은 사람들이 모여서 예배하는 교회가 되는 것을 볼 수 있지 않은가.

겨자가 자라면 나중에는 큰 나무가 되고 큰 가지를 내어 "공중의 새들이 그 그늘에 깃들일 만큼 된다." 교회가 성장하면 수많은 사람들(수많은 인종의 교인들, 수많은 교파의 성도들)이 그 교회 공동체 안에서 예배하고 하나님을 찬양한다. 우리는 말씀의 씨를 사람들의 가슴에 심는 일에 전념해야 할 것이다. 그러면 하나님께서 놀랍게 키워주신다.

5. 예수님은 비유를 사용하여 가르치시다 4:33-34

예수님은 하나님 나라의 특성을 설명하기 위하여 이런저런 비유를 사용하서

서 설명하신다(1-32절). 그리고 마가는 결론적으로 예수님이 교육방법으로 비유를
사용하신다고 말한다.

막 4:33. 예수께서 이러한 많은 비유로 그들이 알아들을 수 있는 대로 말씀을 가르치시되.

예수님은 많은 비유를 사용하셔서 "그들이 알아들을 수 있는 대로 말씀을
가르치셨다"고 한다(마 13:34). 곧 '그들이 알아들을 수 있는 능력을 따라서 말씀을
가르치셨다'고 한다. 다시 말해 예수님은 그들이 알아듣는 정도를 헤아리며 비유로
메시지를 전하신 것이다. 비록 그들이 다 이해는 하지 못했어도 비유를 가지고
교육하는 것은 좋은 교육 방법이었다. 비유법을 사용하는 것은 오늘날에도 좋은
교육법으로 알려져 있다.

막 4:34. 비유가 아니면 말씀하지 아니하시고 다만 혼자 계실 때에 그 제자들에게 모든 것을 해석하시더라.

예수님은 하나님 나라의 특성을 설명하실 때 "비유가 아니면 말씀하지
아니하셨다"고 하신다. 다시 말해 교회의 특성을 말씀하실 때 꼭 비유를 사용하여
교육하셨다는 것이다. 예수님은 다른 것을 교육하실 때는 다른 직접적인 어법도
사용하셨다. 예를 들면 산상보훈을 말씀하실 때는 비유를 사용하시지 않고 말씀하
신 것도 많이 있었다. 그러나 현재적인 하나님 나라에 대해서 교육하실 때는
비유를 사용하여 가르치셨다.

그러시다가 "다만 혼자 계실 때에 그 제자들에게 모든 것을 해석하셨다."
예수님께서 혼자 계실 때에 제자들에게는 모든 비유를 더 깊게 해설하셨다는
뜻이다. 제자들도 잘 이해하지 못해서 계속 설명해 주셨다. 여기 "해석하시더라"(ἐ-
πέλυεν)는 말은 미완료 과거시제로 '계속해서 해석하셨다'는 뜻이다. 예수님은

제자들의 훈련을 위하여 예수님의 교훈의 말씀을 해석하시고 또 해석하셔서 깨닫게 하셨다. 교육은 반복하는 것이 효과적이다.

XII. 예수님의 신성을 보여주는 여러 가지 이적들 4:35-5:43

많은 비유를 사용하셔서 하나님의 나라의 특성을 가르치신(1-32절) 예수님은 이제 예수님께서 하나님의 아들이라는 것을 보여주시기 위하여 여러 가지 이적들을 행하신다(4:35-5:43). 그러나 예수님은 이적을 행하시되 먼저 가르치신 다음에 하신다.

1. 풍랑 이는 바다를 잔잔하게 하시다 4:35-41

예수님은 제일 먼저 갈릴리 풍랑을 잔잔케 하시는 이적을 행하신다(35-41절). 이 부분은 마 8:23-27; 눅 8:22-25와 병행한다.

막 4:35. 그날 저물 때에 제자들에게 이르시되 우리가 저편으로 건너가자 하시니.

예수님은 "그날 저물 때에," 곧 바닷가에서 많은 군중에게 씨 뿌리는 비유를 말씀하시고(1-20절), 개인적으로 다른 비유들을 말씀하시던 날 저물 때에 "제자들에게 이르시되 우리가 저편으로 건너가자 하신다"(마 8:18, 23; 눅 8:22). 그날은 일과를 마감하고 휴식을 취해도 되셨는데 그러지 않으시고 제자들의 훈련을 위하여 저편으로 건너가자고 하신 것이다. 갈릴리 바다를 건너가자고 하신 이유는, 제자들에게 갈릴리 바다에서 풍랑을 만났을 때 인간의 무력함과 그리스도의 위대하심을 알려주시기 위함이었다. 예수님은 제자들을 갈릴리 바다에서 훈련하시려고 풍랑이 이는 갈릴리 바다로 초대하셨다. 예수님은 지금도 우리를 풍랑 이는 세상으로 초대하셔서 우리의 무력함과 그리스도의 위대하심을 보이신다.

막 4:36. 그들이 무리를 떠나 예수를 배에 계신 그대로 모시고 가매 다른 배들도 함께 하더니.

제자들이 무리를 떠나 배를 저어 서쪽의 해변을 떠나 동편 거라사인의 지방(5:1)으로 가고자 이미 무리를 피하여 배에 오르신 예수님을 그대로 모시고 떠난다. 그런데 예수님께서 타신 배만 떠난 것이 아니라 "다른 배들도 함께 했다." 예수님의 이적을 보고 은혜를 체험하게 하시려는 하나님의 섭리이다. 하나님은 은혜를 받은 자에게 은혜를 더 주신다.

막 4:37. 큰 광풍이 일어나며 물결이 배에 부딪혀 들어와 배에 가득하게 되었더라.

갈릴리 바다는 지형 때문에 때때로 큰 광풍이 일어나곤 하는데 예수님은 큰 광풍이 일어나는 것을 이용해서서 제자들을 훈련하실 좋은 기회를 포착하신다. 큰 광풍이 일어나므로(마태는 '바다에 큰 놀이 일어나'라고 말한다-마 8:24) 결국 물결이 배에 부딪히고 또 그 물결이 배에 들어와 배에 물이 가득하게 된다. 여기 "부딪혀"(ἐπέβαλλεν)라는 말은 미완료과거시제로 '계속해서 부딪히고 있었다'는 뜻이다. 오늘 우리 개인과 가정 그리고 교회에도 때때로 풍랑이 몰려와서 금방이라도 삼킬 듯 하는 위험을 실감하기도 한다. 이는 우리 믿음의 훈련을 위해서 좋은 기회이다.

막 4:38. 예수께서는 고물에서 베개를 베고 주무시더니 제자들이 깨우며 이르되 선생님이여 우리가 죽게 된 것을 돌보지 아니하시나이까 하니.

이 어렵고 무서운 풍랑을 만나자 확연히 다른 두 가지 모습이 눈에 띤다. 하나는 "예수께서는 고물에서 베개를 베고 주무시고" 계신 모습이다. 우리는 고물 (배의 뒤쪽)에서 베개(고물의 일부인 나무를 베개로 사용하신 것)를 베고 주무시는 예수님의 모습을 닮아야 한다. 다시 말해 어떤 어려움이 닥쳐와도 마음에 안식과 평안을 가져야 한다. 우리는 마음의 안정을 잃지 말고 안식과 평안을 가지고 살아야 한다. 예수님은 그 위험의 순간을 하나님께 맡기고 주무신 것이다.

또 하나의 다른 모습은 제자들이 예수님을 깨우며 "선생님이여 우리가 죽게 된 것을 돌보지 아니하시나이까"라고 울부짖는 모습이다. 제자들은 주무시는 예수님을 향하여 우리가 죽게 된 것을 돌보아 주시라고 울부짖는다. 그들은 갈릴리 바다에서 잔뼈가 굵은 사람들이었지만 큰 풍랑을 만나자 자신들의 무력함을 실토하게 되었다. 예수님은 바로 이런 고백을 듣기를 소원하신다. 우리는 하루빨리 우리의 무력함을 고백해야 한다. 우리의 무지와 무력함, 그리고 악의에 찬 심령과 진실치 못함과 음란함과 교만함 등 모든 것을 하루빨리 고백해야 한다. 하루빨리 우리는 부서져야 한다. "우리가 죽게 되었나이다"라고 백기를 들어야 한다.

막 4:39. 예수께서 깨어 바람을 꾸짖으시며 바다더러 이르시되 잠잠하라 고요하라 하시니 바람이 그치고 아주 잔잔하여지더라.

예수님은 제자들의 외침 때문에 잠에서 깨신 후에 두 가지를 하신다. 하나는 "바람을 꾸짖으시며...잠잠하라"고 하신다. 여기 "꾸짖으셨다"(ἐπετίμησεν)는 말은 부정(단순)과거 시제로 '단 한번 꾸짖으신 것'을 지칭하는 말이다. 그리고 "잠잠하라"(σιώπα)는 말은 현재명령형으로 '계속해서 잠잠하라'는 뜻이다. 예수님은 단 한번 바람을 향하여 꾸짖으시며 잠잠하라고 하셨는데 바람이 그쳐서 계속 잠잠하게 되었다. 예수님은 무생물을 향해서도 꾸짖으시는 분이다. 예수님은 귀신을 향하여 꾸짖기도 하시고(1:25), 사람의 열병을 향하여 꾸짖기도 하시며(눅 4:39), 바람을 향하여 꾸짖기도 하신다. 예수님은 모든 경우에 예수님 자신이 우주의 창조주이시며 통치자이심을 보여주신다. 예수님은 오늘도 우리 개개인의 심령과 가정과 교회, 나라와 민족을 얼마든지 잠잠하게 하실 수 있으시다. 예수님께서 한번 개입하시면 가능하다.

또 하나는 바다더러 "고요하라"고 명령하신다. 바람이 그쳤다고 해도 바다는 얼른 잔잔해지지 않으므로 "고요하라"고 명령하신다. "고요하라"(πεφίμωσο)는 말은 현재완료 명령형으로 '고요한 채 그냥 그대로 있으라'는 뜻이다. 예수님께서 고요하라고 명령하시자 바다가 "아주 잔잔하여 졌다." 예수님의 명령 한마디에 세상의 소란과 난리는 순식간에 멈출 수 있고 교회의 분쟁이나 이웃과의 싸움도 해결될 수 있다.

막 4:40. 이에 제자들에게 이르시되 어찌하여 이렇게 무서워하느냐 너희가 어찌 믿음이 없느냐 하시니.

예수님은 먼저 바람을 멈추시고 또 바다를 잔잔케 하신 다음 제자들을 꾸짖으신다. 마태는 이 순서를 뒤바꾸어 기록하고 있다. 다시 말해 먼저 제자들을 꾸짖으시고 다음 바람과 바다를 꾸짖어 잔잔케 하셨다(마 8:26). 예수님은 제자들을 향하여 "어찌하여 이렇게 무서워하느냐 너희가 어찌 믿음이 없느냐"고 하신다. '어찌하여 이렇게 생명이라도 잃을 것처럼 무서워하느냐'고 꾸짖으신 것이다. 무서워한 것이 당연한 것이 아니라 무서워해서는 안 된다는 말씀이다. 무서워한 것은 믿음이 없기 때문에 일어난 현상이다. 그래서 예수님은 "어찌 믿음이 없느냐"고 말씀하신다. 불교인들은 모든 것을 마음의 문제라고 말하나 예수님은 우리에게 믿음이 있느냐 없느냐로 따지신다. 우리는 예수님을 믿는 믿음을 강화해야 한다.

막 4:41. 그들이 심히 두려워하여 서로 말하되 그가 누구이기에 바람과 바다도 순종하는가 하였더라.

제자들은 예수님을 심히 두려워하여 서로 말하기를 "그가 누구이기에 바람과 바다도 순종하는가"하고 말한다. 제자들은 풍랑을 두려워했었는데 이제는 예수님을 두려워한다. 그들이 먼저 예수님을 두려워했더라면 풍랑을 두려워하지 않았을 것이다. 오늘 우리도 역시 예수님을 경외한다면 세상의 아무 것도 두려워하지 않게 된다. 제자들은 예수님을 두려워하여 예수님이 도대체 누구이시기에 바람과 바다도 순종하는가하고 놀란다(마 8:27). 이제 제자들은 예수님께서 하나님이심을 깨닫기 시작한다(시 89:9; 107:25-30). 예수님은 오늘날 나타나는 이상기온이나 태풍, 홍수도 피하게 하실 수 있으시다.

제 5 장

거라사의 광인, 야이로의 딸, 혈루증 여인을 고치시다

2. 거라사의 광인(狂人)을 고치시다   5:1-20

　　　마가는 예수님의 신성을 보여주는 여러 가지 이적들(4:35-5:43)을 말하는 중에 예수님께서 풍랑 이는 바다를 잔잔하게 하신 이적을 말한(4:35-41) 다음 이제 예수님께서 거라사의 광인을 고쳐주신 이적을 말한다. 거라사의 광인을 고쳐주신 이 이적은 공관복음서에 다 기록되어 있다(마 8:28-34; 눅 8:26-36). 그 중에도 본서가 가장 박진감 있게 표현되었다.

　　1) 예수님이 한 사람의 광인을 고치시러 거라사에 가시다   5:1-2
막 5:1. 예수께서 바다 건너편 거라사인의 지방에 이르러.
　　　예수님은 한 사람의 귀신 들린 자를 고치시러 "바다 건너편 거라사인의 지방에 이르신다"(마 8:28; 눅 8:26). 예수님은 귀신에게 사로잡혀 고생하는 한 사람을 그냥 지나치지 않으신다. "바다 건너편"이란 말은 갈릴리 바다 건너편을 지칭하는 말이다. 그 지방 이름은 "거라사인의 지방"(τὴν χώραν τῶν Γερασηνῶν)이다. 마태에는 "가다라 지방"(τὴν χώραν τῶν Γαδαρηνῶν)이라고 되어 있다. 이 지방은 갈릴리 바다 동남 편에 흩어져 있는 데가볼리(10개의 도시라는 뜻, 10개 도시: 다메섹, 히포, 디온, 아빌라, 가다라, 가나다, 스구도볼리, 벨라, 거라사,

빌라델비아) 지방에 속해 있다. 예수님은 이 지방에 일할 것이 있는 줄 아시고 가셔서 광인을 고치신다. 그리고 그 광인으로 하여금 전도자가 되게 하신다. 예수님 은 지금도 귀신 때문에 고생하는 사람을 찾아오신다.

막 5:2. 배에서 나오시매 곧 더러운 귀신들린 사람이 무덤 사이에서 나와 예수를 만나니라.

예수님께서 배에서 나오시자마자 "곧 더러운 귀신들린 사람이 무덤 사이에 서 나와 예수를 만난다." 마가는 박진감 넘치는 필치로 예수님께서 그 지방에 도착하시자 "곧" 그 귀신들린 사람이 무덤 사이에서 나와 예수님을 만났다고 말한다.

마가와 누가는 귀신들린 사람이 "하나" 라고 말하나 마태는 "둘"이라고 한다. 마태는 두 사람 다 기록한 것이고 마가와 누가는 두 사람 중에 더 사나운 한 사람을 기록한 것이다(Augustine, Calvin 등 많은 주해학자들). 여기서 특기할 것은 예수님께서 도착하시자마자 귀신들린 사람이 무덤 사이에서 예수님께로 나온 것이다. 귀신 들린 사람이 예수님을 보고 도망하지 못하고 나아온 것은 귀신들이 예수님으로부터 도망할 곳이 없음을 알기 때문이었다. 오늘도 귀신들린 사람은 예수님 앞에서 꼼짝하지 못한다. 그리고 예수님을 믿는 사람들 앞에서도 꼼짝하지 못하고 손을 든다.

2) 광인의 비참 상을 묘사하다   5:3-5
막 5:3. 그 사람은 무덤 사이에 거처하는데 이제는 아무도 그를 쇠사슬로도 맬 수 없게 되었으니.

본 절부터 5절까지에 걸쳐 마가는 귀신들의 사나움을 묘사한다. 첫째, "그 사람은 무덤 사이에 거처하고" 있다. 귀신은 사람을 정상인의 대열에서 이탈하게 하여 무덤들이 있는 곳으로 가게 하여 음산한 무덤들 사이에 살게 한다. 오늘도 귀신들은 사람을 사회의 음침한 곳으로 몰아간다. 둘째, 귀신은 사람을 심히 난폭하게 만든다. 사람들은 아무도 그 귀신들린 사람을 "쇠사슬로도 맬 수 없게 되었다." 오늘도 귀신들은 사람들 속에 들어가 사람들을 심히 사납게 만든다.

막 5:4. 이는 여러 번 고랑과 쇠사슬에 매였어도 쇠사슬을 끊고 고랑을 깨뜨렸음이러라 그리하여 아무도 그를 제어할 힘이 없는지라.

본 절은 "이제는 아무도 그를 쇠사슬로도 맬 수 없게 된"(앞 절) 이유를 설명한다. 그 이유는 "여러 번 고랑과 쇠사슬에 매였어도 쇠사슬을 끊고 고랑을 깨뜨렸기" 때문이다. 곧 '쇠사슬을 끊어버리고 또 고랑을 깨뜨린 것이 한두 번이 아니었기' 때문이다. 여기 "고랑"(fetters)이란 말은 '족쇄'를 의미한다. 귀신의 힘은 가공할만하다. 그리하여 사람들은 "아무도 그를 제어할 힘이 없었다." 사람에게는 귀신 하나도 통제할 힘이 없는데 군대 귀신을 어떻게 제어할 수 있겠는가. 그러나 우리에게는 군대 귀신을 말씀 한마디로 제어하시는 그리스도께서 계시다. 그분을 우리가 모시고 있음이 얼마나 다행스러운 일인지 모른다.

막 5:5. 밤낮 무덤 사이에서나 산에서나 늘 소리 지르며 돌로 자기의 몸을 해치고 있었더라.

셋째(둘째는 3절에 있음), 귀신들은 시도 때도 없이("밤낮"), 그리고 장소에 관계없이("무덤 사이에서나 산에서나"), 그리고 항상("늘") "소리를 지른다." 그들이 지르는 소리는 사람의 소리가 아니라 이상한 소리이다. 지금도 수많은 귀신들은 우리 사회의 이곳저곳에서 이상한 소리를 지르고 있다. 그래서 우리는 그 사람들 때문에 골이 아프다. 넷째, 귀신들은 귀신들린 사람으로 하여금 자학하게 한다. 귀신들린 사람은 "자기의 몸을 해치고 있었다." 귀신들린 사람들은 항상 자학하며 산다. 가정을 파괴하며 사회를 파괴한다. 아무리 교육을 많이 받아도 귀신들린 사람들의 행동은 보통 사람들의 행동과는 다르다. 다섯째, 귀신들린 사람은 옷을 입지 않는다. 15절에 보면 옷을 입지 않았던 것이 발견된다(눅 8:27 참조). 오늘도 옷을 입지 않고 자꾸 벗기를 원하는 사람들이 있다. 특히 젊은 여성들 중에 많이 있다. 이것은 귀신들의 역사이다. 벗는 것은 결코 예술이 아니다.

3) 광인(귀신들)이 예수님에게 간구하다 5:6-13

막 5:6. 그가 멀리서 예수를 보고 달려와 절하며.

본 절부터 8절까지에 걸쳐 귀신의 특징을 기록한다. 첫째, 귀신은 멀리서도 예수님을 얼른 알아본다. 그들은 영적인 지식이 사람보다 뛰어나다. 그러나 예수님의 대속의 피를 믿지 않는다. 다시 말해 예수님을 구주로 믿지 않는다. 오늘도 학문적으로는 예수님을 연구하지만 그분을 자신의 하나님으로 믿지 않는 사람들이 있다. 그들은 귀신 수준에 머물러 있는 셈이다.

그리고 둘째, 귀신은 예수님을 보자 즉시 "달려와 절한다." 귀신은 예수님을 본 후 도망하지 못하고 오히려 예수님 앞으로 달려와서 절한다. 귀신은 예수님 앞에서 꼼짝 못하고 두 손 들어 굴복했다. 세상에 있는 귀신들을 제어하기 위해 우리도 그리스도의 이름을 가져야 한다.

막 5:7. 큰 소리로 부르짖어 이르되 지극히 높으신 하나님의 아들 예수여 나와 당신이 무슨 상관이 있나이까 원하건대 하나님 앞에 맹세하고 나를 괴롭히지 마옵소서 하니.

셋째(둘째는 6절에 있음), 군대 귀신 중에 한 귀신이 여러 귀신들을 대변하여 "큰 소리로 부르짖어 말한다." 귀신은 사람 속에 들어있으면서 큰 소리로 말한다 (1:23). 귀신은 오늘도 우리 사회에서 큰 소리를 지른다. 그래서 사람들은 그 큰 소리에 귀를 기울이기도 한다. 넷째, 예수님의 신성을 얼른 알아본다. 귀신들 중 한 대변자는 "지극히 높으신 하나님의 아들 예수여"라고 예수님을 부른다.

예수님의 제자들은 아직도 예수님이 어떤 분인 줄 모르고 있었지만 귀신은 예수님이 하나님의 아들인 줄 알고 부른다. 예수님은 지극히 높으신 하나님의 아들이시다(창 14:18-19; 눅 1:32, 35; 눅 8:28; 히 7:1). 다섯째, 귀신은 예수님의 간섭을 원하지 않는다. 귀신은 말하기를 "나와 당신이 무슨 상관이 있나이까"라고 말한다(삿 11:12; 왕상 17:18; 대하 35:21). 곧 '나의 일에 관여하지 말라'는 뜻이다. 우리 성도들은 예수님의 간섭을 원하지만 귀신은 예수님의 간섭을 절대로 원하지 않는다. 그래서 귀신은 "하나님 앞에 맹세하고 나를 괴롭히지 마옵소서"라고 간청한다. 귀신은 예수님이 자기들을 괴롭히는 분인 줄 알았다. 다시 말해 지옥에 던져 넣는 분으로 알았다. 여기 "하나님 앞에 맹세하고"란 말은 '하나님의 능력을 의지하고 간청하오니(adjure)'라는 뜻이다. 귀신은 이제 죽을 지경이 되어 하나님의 권위에 의지하고 예수님께 간청한다. 귀신도 무저갱을 두려워하고 이런 간청을 하는데 현대인들은 지옥이 있는 줄도 모르고 방탕하며 살아가고 있다.

막 5:8. 이는 예수께서 이미 그에게 이르시기를 더러운 귀신아 그 사람에게서 나오라 하셨음이라.

귀신이 예수님을 향하여 "나를 괴롭히지 마옵소서"(앞 절)라고 말한 이유는 "예수께서 이미 그에게 이르시기를 더러운 귀신아 그 사람에게서 나오라 하셨기" 때문이다. 예수님께서 배에서 내리실 때 예수님은 벌써 귀신을 향하여 "그 사람에게서 나오라"고 명령하셨다. 귀신들이 아무리 많아도 예수님의 명령 한마디에 꼼짝 못한다. 그래서 그들은 예수님의 명령 앞에 쩔쩔 매면서 예수님께 무저갱으로 보내지 말아달라고 간청했다. 예수님은 그 능력으로 지금도 우주를 통치하시며 우리의 머리로서 우리를 주장하시고 복을 주신다.

막 5:9. 이에 물으시되 네 이름이 무엇이냐 이르되 내 이름은 군대니 우리가

많음이니이다 하고.

예수님은 귀신의 요청(7절)을 묵살하시고 "네 이름이 무엇이냐"고 물으신다. 왜 예수님께서 귀신에게 네 이름이 무엇이냐고 물으셨는지를 두고 혹자는 귀신의 이름을 명백히 아는 것이 그를 제어하는데 필요했기 때문이라고 주장하나 잘못된 주해라 생각한다. 이유는 예수님께서 귀신의 이름을 알던 모르던 상관없이 자신의 능력으로 귀신을 제어하는 것쯤은 문제도 되지 않기 때문이다. 여기에서 물으신 이유는, 그 광인으로 하여금 그 자신의 비참 상을 깨닫게 하고 그 비참에서 구원하셔서 그리스도의 위대하심을 알게 하시려는 의도였다.

그 귀신들은 예수님 앞에서 꼼짝 못하고 자기의 이름을 댄다. 곧 "내 이름은 군대니 우리가 많음이니이다"라고 직고한다. "군대"(λεγιὼν)란 말은 라틴어에서 유래한 말이며 '군단'을 뜻한다. 한 군단은 6,000명으로 구성되는데 그 광인에게 6,000의 귀신이 들렸다는 뜻은 아니고 그저 무수한 귀신이 들렸다는 뜻으로 보아야 할 것이다. 그리고 "우리가 많음이니이다"라는 말은, 누가에 의하면, 귀신이 말한 것이 아니라 누가의 설명임을 알 수 있다.

여기서 한 가지 살필 것은 귀신들에게도 "이름"이 있다는 점이다. 다시 말해 귀신도 그 어떤 특질을 소유하고 있다. "군대"라는 이름을 가진 귀신은 잔인하고 파괴적인 특질을 가지고 있는데 비해 어떤 귀신은 사람에게 들어가서 말을 하지 못하게 하며(마 9:32; 막 9:17) 혹은 허리를 펴지 못하게 한다. 그것은 그 귀신의 특질에 의한 것으로 보인다(눅 13:11).

막 5:10. 자기를 그 지방에서 내보내지 마시기를 간구하더니.

귀신은 "자기를 그 지방에서 내보내지 마시기를" 바란다. 누가는 그 귀신들이 "무저갱으로 들어가게 하지 마시기를" 구했다고 말한다. 그 지방에서 내보내는 것이나 무저갱으로 들어가는 것은 동일한 것으로 보인다. 무저갱은 장차 사탄이 갇힐 곳이다(계 9:1; 20:3). 귀신은 지금 무저갱에 갇히기를 소원하지 않고 사람 속에서 안주하기를 소원한다. 사람의 마음속은 그들에게는 천국인 셈이다.

막 5:11. 마침 거기 돼지의 큰 떼가 산 곁에서 먹고 있는지라.

귀신들이 자기들을 "그 지방에서 내보내지 마시기를 간구할 때"(앞 절) "마침 거기 돼지의 큰 떼가 산 곁에서 먹고 있었다." 대략 2,000마리의 떼가 산 곁에서 먹고 있었다(13절). 본문에 "마침"(δὲ)이란 '일이 잘 맞아 떨어진 것'을 뜻하는 말이다. 귀신들이 예수님께 그 지방에서 떠나지 않게 해주십사고 요청했을 때 마침 그 근처에 있었던 돼지 떼에게라도 들어가게 해달라고 요청했다는 것이다. 다시 말해 일이 잘 풀리고 있다는 뜻이다.

막 5:12-13. 이에 간구하여 이르되 우리를 돼지에게로 보내어 들어가게 하소서 하니 허락하신대 더러운 귀신들이 나와서 돼지에게로 들어가매 거의 이천 마리 되는 떼가 바다를 향하여 비탈로 내리달아 바다에서 몰사하거늘.

귀신들은 "우리를 돼지에게로 보내어 들어가게 하소서"라고 간구한다. 그런 데 예수님께서 귀신들의 요청을 "허락하신다." 이 허락은 사회적으로 엄청난 문제를 일으킬만하다. 남의 재산에 엄청난 손해를 끼치는 허락이 아닌가. 그런데도 예수님은 그 돼지 떼들 속으로 들어가도록 허락하셨다. 그래서 "더러운 귀신들이 나와서 돼지에게로 들어가매 거의 이천 마리 되는 떼가 바다를 향하여 비탈로 내리달아 바다에서 몰사했다." 예수님은 왜 돼지들이 바다에 빠지게 허락하셨을까. 이에 대한 대답은 첫째, 예수님은 한 사람의 생명이 온 천하보다(돼지 2,000마리 보다) 더 귀하다는 것을 보여주시기 위해서였을 것이다. 한 영혼이 천하보다 귀하다는 것을 보여주시기 위해서 예수님께서 돼지들을 죽이신 것으로 보인다. 둘째, 예수님 께서 돼지의 주인이라는 것을 보여주시기 위해서였을 것이다. 예수님은 온 우주의 창조주이시며 통치자시고 지금도 온 우주의 주인이심을 보여주고 계신다. 예수님은 자신이 모든 것을 주장하시는 분이심을 훗날의 모든 사람들도 믿기 원하신다.

4) 거라사 사람들이 예수님에게 떠나시기를 간구하다 5:14-17
막 5:14. 치던 자들이 도망하여 읍내와 여러 마을에 말하니 사람들이 어떻게 되었는지를 보러 와서.

돼지를 치던 사람들은 돼지들이 순식간에 바다로 들어가서 몰사하는 꼴을 보고 혼이 나서 "도망하여 읍내와 여러 마을에 말한다." 거라사에 말했고 여러 마을로 돌아다니며 사건의 전말을 전했다. 돼지를 치던 사람은 자기들이 돼지를 죽인 것이 아니라 예수님께서 죽이셨음을 알리기 위해서 돼지 주인과 여러 사람들에게 말한 것이다. 그랬더니 "사람들이 어떻게 되었는지를 보러 온다." 이런 사건에 대해서 듣고 와보지 않을 사람이 몇 사람이나 될까. 사람들이 너도나도 앞 다투어 그 현장에 도착해서 보았다.

막 5:15. 예수께 이르러 그 귀신 들렸던 자 곧 군대 귀신 지폈던 자가 옷을 입고 정신이 온전하여 앉은 것을 보고 두려워하더라.

소문을 듣고 달려온 사람들이 예수님이 계신 곳에 이르러 돼지가 없어진 것을 확인하고 또 "그 귀신 들렸던 자 곧 군대 귀신 지폈던 자가 옷을 입고 정신이 온전하여 앉은 것을 보았다." 군대 귀신이 들렸던 사람이 옷을 입었다는 사실, 그리고 정신이 온전하여 앉아 있는 것을 본 것이다. 그래서 그들은 그리스도를 "두려워"하였다. 아마도 그들은 예수님을 자기들까지도 해칠 수 있는 분으로 느꼈을 것이다.

막 5:16-17. 이에 귀신 들렸던 자가 당한 것과 돼지의 일을 본 자들이 그들에게 알리매 그들이 예수께 그 지방에서 떠나시기를 간구하더라.

친히 사건을 목격했던 사람들이 두 가지, 곧 귀신들렸던 자가 당한 것과 돼지가 바다에 들어가 몰사한 사실을 그들(소문을 듣고 달려온 사람들)에게 알렸을 때 소문을 듣고 달려온 사람들이 "예수께 그 지방에서 떠나시기를 간구한다"(마 8:34; 행 16:39). 예수님께서 앞으로 또 무슨 일을 일으키실지 몰라서 그분께 그 지방에서 떠나시기를 간구했다. 그들은 무한한 능력의 소유자를 자기들의 구주로 믿는 대신 그 지방에서 떠나시기를 간구했다. 참으로 불행한 사람들이었다. 오늘도 이런저런 이유로 예수님을 거부하는 사람들이 많다. 참으로 불행한 사람들이다. 예수님은 지금도 자기를 원치 않는 사람들로부터 떠나신다.

5) 귀신들렸던 사람의 간구에 답하시다   5:18-20

막 5:18. 예수께서 배에 오르실 때에 귀신 들렸던 사람이 함께 있기를 간구하였으나.

예수님께서 그 지방 사람들의 요청대로(17절) 그 지방을 떠나시기 위하여 "배에 오르실 때에 귀신 들렸던 사람이 함께 있기를 간구하였다"(눅 8:38). 그 지방 사람들과는 달리 그 귀신들렸던 사람은 바른 판단을 한다. 함께 있기를 간구한 것이다. 은혜를 체험한 사람들은 예수님을 따르고 동행하기를 바라는 법이다.

막 5:19. 허락하지 아니하시고 그에게 이르시되 집으로 돌아가 주께서 네게 어떻게 큰 일을 행하사 너를 불쌍히 여기신 것을 네 가족에게 알리라 하시니.

예수님은 함께 있기를 간구한 광인의 소원을 허락하지 아니하시고 그에게 말씀하시를 "집으로 돌아가라"고 하신다. 오랫동안 떠나 있던 가족 품으로 돌아가라고 하신다. 예수님은 때로 우리의 간구를 허락하지 아니하시는 때가 있다. 허락하지 않으시는 것이 더 옳기 때문이다.

예수님은 광인의 간곡한 간구를 허락하지 않으시면서 "주께서 네게 어떻게 큰 일을 행하사 너를 불쌍히 여기신 것을 네 가족에게 알리라 하신다." 곧 '예수님께서 자신을 귀신들로부터 구원하신 사실과 불쌍히 여기신 것을 가족에게 알리라'고 하신다. 전도는 먼저 가정으로부터 시작해야 한다. 그리고 점점 지경을 넓혀야 한다(행 1:8). 그리고 예수님에게 반감을 가지고 있던 사람들에게도 전해야 한다. 예수님은 그 광인이었던 사람을 데가볼리 지방의 선교사로 임명하고 떠나셨다. 우리는 각자 우리 지역의 전도자 신분으로 살아야 한다.

여기서 한 가지 주의할 점은, 예수님께서 자신이 베푼 이적의 은총을 받은 사람들에게 아무 말도 하지 말라고 함구령을 내리신 많은 사례들과 달리 이 광인에게는 오히려 자신이 행한 사건을 전하라고 권했다는 것이다. 이로 인해 의아하게 생각할 수도 있다. 그러나 예수님께서 이적을 행하신 다음 함구령을 내린 지역은 요단강 서편이었고 이 광인의 경우는 요단강 동편이었다. 요단강 서편에서는 이적을 행하신 다음 많은 사람들이 몰려들어 예수님께서 복음을 전하시는 일에 많은 방해와 지장을 줄 것이므로 함구령을 내리신 것이고(1:25, 44; 3:12; 5:43; 7:36; 8:26) 거라사 지역의 경우에는 예수님을 전혀 알지 못하여 사람들이 몰려들 가능성이 없으므로 예수님 자신이 하신 일을 전하라고 한 것이다.

막 5:20. 그가 가서 예수께서 자기에게 어떻게 큰 일 행하셨는지를 데가볼리에 전파하니 모든 사람이 놀랍게 여기더라.

광인이었던 사람은 예수님의 명령을 따라서 집으로 "가서 예수께서 자기에게 어떻게 큰 일 행하셨는지를 데가볼리에 전파한다." 19절에서는 예수님께서 말씀하시기를 "주께서 네게 어떻게 큰 일을 행하신" 것을 전하라고 하셨는데 그 전도자는 "예수께서 자기에게 어떻게 큰 일을 행하셨는지를 데가볼리에 전파했다"고 말한다. 자기를 고친 분이 바로 예수님이심을 사람들에게 구체적으로 전한 것이다. 또 누가복음에 보면 예수님께서는 그 광인이었던 사람에게 자기를 하나님으로 알리셨다(눅 8:38-39). 광인이었던 사람은 예수님을 하나님으로, 그리고 자신의 주님으로 알았다.

그가 이제 전도자로 활동하며 데가볼리(10개의 도시라는 뜻)에 그리스도께서 하신 일을 전파했을 때 "모든 사람이 놀랍게 여기게" 되었다. 한 사람이 중요하다. 한 사람만 크게 은혜를 받아도 10도시를 뒤집어 놓을 수 있다.

3. 야이로의 딸과 혈루증 여인을 고치시다   5:21-43

거라사 지방의 광인을 고치셔서 전도자로 삼으신(1-20절) 예수님은 다시 갈릴리 서편으로 돌아오셔서 야이로의 딸과 혈루증 여인을 고치시므로 그의 신성을 드러내신다(21-43절). 이 부분은 공관복음에 다 기록되어 있는데(마 9:18-26; 눅 8:40-56), 본서가 가장 자세하게 취급하고 있다. 이 부분에는 예수님께서 야이로의 초대를 받으신 일(21-24절), 야이로의 집으로 가시는 도중에 혈루증 여인을 고치신 일(25-34절)과 또 야이로의 죽은 딸을 살리신 일이 기록되어 있다(35-43절).

1) 예수님께서 야이로의 초대를 받으시다   5:21-24
막 5:21. 예수께서 배를 타시고 다시 맞은편으로 건너가시니 큰 무리가 그에게로 모이거늘 이에 바닷가에 계시더니.

예수님께서 제자들과 함께 배를 타시고 갈릴리 바다를 건너 "다시 맞은편으로 건너가신다"(마 9:1; 눅 8:40). 곧 '가버나움으로 건너가신 것이다'(마 9:1). 건너가시자 "큰 무리가 그에게로 모여든다." 말씀도 듣고 이적을 보려는 많은 사람들이 모여들었다. 예수님은 아직 바닷가에 계셨다. 집에 들어가실 겨를도 없이 예수님께서 하실 일이 기다리고 있었다.

막 5:22. 회당장 중의 하나인 야이로라 하는 이가 와서 예수를 보고 발 아래

엎드리어.

예수님께서 가버나움 쪽의 갈릴리 바닷가에 계실 때 수많은 군중 사이를 뚫고 "회당장 중의 하나인 야이로라 하는 이가 와서 예수를 보고 발 아래 엎드린다"(마 9:18; 눅 8:41). 곧 '회당장의 지위를 가진 사람들 중의 한 사람인 야이로라고 하는 사람이 예수님을 봐옵고 그 발 아래 엎드려 경배한 것이다.' 회당장은 회당을 관리하는 사람을 지칭한다. 한 회당에는 3사람의 회당장이 있었는데 야이로는 그 중의 한 사람이었다. 회당장은 재판을 포함하여 회당의 중요한 임무(예배 주관, 기도할 사람 선발하는 일, 성경을 낭독할 사람 선발하는 일)를 수행하였다. 회당장 야이로는 그래도 지위가 있었던 사람이었는데 그는 아무 지위도 없는 예수님을 뵙고 엎드리어 절을 했다. 곧 겸손한 마음으로 예수님을 경배한 것이다. 야이로는 자기의 딸이 병들어 죽어갈 때에 자기의 지위도 생각할 마음의 여지가 없었다. 우리가 위급한 상황을 만나 자존심을 버리고 예수님을 찾는다는 것은 복된 일이다. 야이로는 훗날 예수님의 제자가 되었을 것이고 그의 딸도 훗날 그리스도를 섬기고 따르는 사람이 되었을 것이다. 얼마나 복된 일인가.

막 5:23. 간곡히 구하여 이르되 내 어린 딸이 죽게 되었사오니 오셔서 그 위에 손을 얹으사 그로 구원을 받아 살게 하소서 하거늘.

야이로는 "간곡히 구한다"($\pi\alpha\rho\alpha\kappa\alpha\lambda\epsilon\hat{\iota}...\pi o\lambda\lambda\grave{\alpha}$). 곧 '간절하게 예수님께 구했다.' 간절하게 기도하는 것은 응답받는데 필요하다(눅 18:1-8). 야이로는 "내 어린 딸이 죽게 되었사오니 오셔서 그 위에 손을 얹으사 그로 구원을 받아 살게 하소서"라고 기도한다. "내 어린 딸"이라고 말하는 것을 보아 그는 그의 딸을 극진히 사랑하고 있었음을 알 수 있다. "죽게 되었다"($\dot{\epsilon}\sigma\chi\acute{\alpha}\tau\omega\varsigma\ \ddot{\epsilon}\chi\epsilon\iota$)는 말은 '마지막을 가진다,' '끝을 가진다'는 뜻이다. 이제 끝나게 되었다는 뜻이다. 그러므로 오셔서 자기 딸의 위에 손을 얹으사 그녀가 구원받아 살게 해달라고 애원한다.

야이로는 자기 딸이 예수님께서 손을 얹어 기도하기만 하면 살 줄 믿었다. 우리는 모든 소망을 주님께 아뢰어야 한다.

막 5:24. 이에 그와 함께 가실 새 큰 무리가 따라가며 에워싸 밀더라.

　　　　예수님은 야이로의 간절한 요구를 뿌리치지 않으시고 아무 말씀 없이 따라 가신다. 그런데 그 때 큰 무리가 따라가며 에워싸 밀고 있었다. 여기 예수님께서 야이로와 함께 "가실새"(ἀπῆλθεν)라는 말은 부정(단순)과거 시제로 '열심히 가시고 계신 것'을 뜻하고 무리가 "따라가며"(ἠκολούθει)란 말은 미완료시제로 '계속적으로 따라가며' 에워싸 밀었다는 것이다. 예수님의 자세와 무리들의 태도는 근본적으로 달랐다. 예수님은 야이로의 딸에게 관심이 있으셨으나 무리의 관심은 바로 자신들의 문제만을 생각하고 따라오며 밀은 것이다.

2) 혈루증 여인을 고치시다　5:25-34

　　　　야이로의 집으로 가시는 도중에 생겨난 돌발적인 이적이다. 마태는 이 사건을 기록하는데 세 절(9:20-22), 누가는 아홉 절(8:40-48)을 할애한 반면 마가는 열 절(5:25-34)을 쓴다. 마가가 제일 상세하다.

막 5:25. 열 두 해를 혈루증으로 앓아온 한 여자가 있어.

　　　　"열 두 해"라는 세월은 병을 앓는 사람에게는 참으로 긴 세월이었다(마 9:20). 야이로의 딸이 세상에 나서 12년간 성장한 기간과 맞먹는 기간이었다. 하루만 혈루증으로 고생해도 끔찍한데 12년의 세월을 이 병으로 고생했다는 것은 본인에게는 참으로 길고 긴 세월이었다. 그러나 오늘 우리들에게는 그리스도의 위대하심을 참으로 맛보는 또 하나의 사건이 아닐 수 없다. 순식간에 고치셨으니 말이다. 혈루증을 앓다가 나은 여인은 훗날 주님을 위하여 은혜의 삶을 살았을 것이다.

혈루증은 몸에서 피가 흐르는 병인데 부정하다 치부되어 이 병에 걸린 자는 성전에 들어가지 못했으며(레 15:15-30) 다른 사람들과의 교제도 금지되었고 그를 만지는 사람까지도 부정하게 만들었다. 치료받은 그녀는 이제부터 고독과 슬픔의 삶을 끝내고 주님을 모신 환희의 삶을 살았을 것이다.

막 5:26. 많은 의사에게 많은 괴로움을 받았고 가진 것도 다 허비하였으되 아무 효험이 없고 도리어 더 중하여졌던 차에.

본 절은 혈루증을 앓던 여인이 고생한 것을 모아놓았다. 첫째, "많은 의사에게 많은 괴로움을 받았다." 의사였던 누가는 차마 "많은 의사에게 많은 괴로움을 받았다"고 쓰지는 않고 그저 "아무에게도 고침을 받지 못하던 여자"라고만 기록한다(눅 8:43). 그래도 내용에는 차이가 없다. 몇 명의 의사들인지는 모르지만 12년간 여러 의사들을 찾아다녔어도 고침 받지 못하고 많은 괴로움을 받았다. 유대의 랍비들은 의사들을 악질적인 인간들로 평했는데 "가장 훌륭한 의사는 게헨나(지옥)에 가기에 가장 적합하다."고까지 말했다. 둘째, "가진 것도 다 허비하였으되 아무 효험이 없었다." 그녀는 병이 나기 전엔 그래도 무엇인가를 가지고 있었다. 그 후 12년 동안 병 치료에 모든 것을 탕진했다. 하지만 병세는 호전되지 않았다. 셋째, "도리어 더 중하여졌다." 피가 더 흐른 것을 뜻한다. 그 여인은 절망뿐이었다. 그리스도를 만난 사람마다 그분을 만나기 전에 더욱 절망을 경험하는 것과 같다. 우리는 하루 빨리 세상의 재물이나 세상에 둔 소망(과학 포함)에 절망해야 한다. 나인성 과부는 과부가 될 때까지만 해도 절망하지 않았다. 그러나 그 과부의 외아들이 죽을 때 아주 절망하고 그리스도를 만났다(눅 7:11-15). 일찍이 세상에 대한 소망을 끊는다는 것은 참으로 중요하다.

막 5:27. 예수의 소문을 듣고 무리 가운데 끼어 뒤로 와서 그의 옷에 손을 대니.

혈루증을 앓던 여인은 "예수의 소문을 듣는다." 곧 '예수님께서 병을 고치신다는 소문을 들은 것'이다. 그 여인은 소문을 듣자 곧 반응하기 시작한다. 우선 그 여인의 마음속에 믿음이 싹텄기에(다음 절) 반응하기 시작한 것이다. 오늘도 예수님이 인류의 구주라는 소문이 세상에 널리 퍼졌지만 반응하는 사람이 있고 전혀 무반응인 사람이 있다. 사람은 세상에 절망한 만큼 반응하기 마련이다. 심각하게 절망하면 그리스도를 가까이 하고, 세상에 무슨 소망이 있는 듯 착각하고 살면 그리스도에게 가까이 하지 않는다. 누구든지 절망의 척도만큼 그리스도를 의지한다.

그리고 그 여인은 "무리 가운데 끼어 뒤로 와서 그의 옷에 손을 댄다." 그 여인은 자기가 혈루증 환자라는 사실을 깊이 인식하여 예수님 앞에 떳떳하게 나타나지 못하고 무리 가운데 끼어 남몰래 예수님의 뒤로 온 것이다. 그리하여 밀고 밀리는 틈 속에서 예수님의 옷에 손을 댄다. 마태와 누가는 그 여인이 예수님의 "옷 가"를 만졌다고 기록한다. 옷 술을 만졌다는 뜻이다. 우리는 그리스도에게만 소망이 있음을 알고 접근할 때 구원을 받는다.

막 5:28. 이는 내가 그의 옷에만 손을 대어도 구원을 받으리라 생각함일러라.

혈루증을 앓던 여인이 예수님의 옷에 손을 댄 것이(앞 절) 미신이 아니라는 것을 본 절이 밝힌다. 예수님의 "옷에만 손을 대어도 구원을 받으리라 생각했기" 때문에 그녀의 행위는 미신이 아니라 믿음이었다. 여기서 중요한 것은 그녀의 믿음이었다. 특히 그녀는 계속해서 "구원을 받으리라 생각했다." 여기 "생각함일러라"(ἔλεγεν)는 말은 미완료시제로 '계속해서 말하곤 했다'는 뜻으로 마음으로 말하고 또 말하고 또 말했다는 것이다(마 9:21). 이것이 바로 그녀의 믿음이었다.

그녀의 절망이 심했기에 그녀의 믿음도 절대적이었다. 우리는 세상을 포기하고 그리스도 신앙을 택해야 한다.

막 5:29. 이에 그의 혈루 근원이 곧 마르매 병이 나은 줄을 몸에 깨달으니라.

　　예수님의 옷에 손을 대자마자(앞 절) "그의 혈루 근원이 곧 말랐다." '흐르던 피가 즉시 멈춘 것'이다. 누가는 "혈루증이 즉시 그쳤더라"고 말한다(눅 8:44). 점진적으로 치료되는 것이 아니라 단숨에 완벽하게 치료된 것을 뜻한다. 동시에 그녀는 "병이 나은 줄을 몸에 깨달았다." 예수님의 완벽한 치료를 여자는 즉시 깨달았다. 예수님께서 능력으로 치료하셨기에 몸에 즉시 깨달아졌다.

막 5:30. 예수께서 그 능력이 자기에게서 나간 줄을 곧 스스로 아시고 무리 가운데서 돌이켜 말씀하시되 누가 내 옷에 손을 대었느냐 하시니.

　　혈루증을 앓던 여인이 예수님의 옷에 손을 대자 예수님은 "그 능력이 나간 줄을 곧 아셨다"(눅 6:19; 8:46). 수많은 사람이 밀고 밀리는 틈에서 예수님의 옷에 손을 댄 사람이 한 둘이 아니었는데 그 때는 예수님의 능력이 나가지 않았으나 그 여자가 믿음을 가지고 댔을 때 예수님의 능력이 나간 것이었다. 예수님은 그 여인이 믿음으로 옷에 손을 댄 사실을 아셨다. 여기 "아시고"(ἐπιγνοὺς)라는 말은 부정(단순)과거 분사로 '확실히 알았다,' '확실한 지식에 도달했다'는 뜻이다. 예수님은 내면에서 예수님의 능력이 나간 것을 아시고 누가 자신의 옷에 손을 대었는지도 아셨다. 예수님은 전지하신 분이시다.

　　예수님은 누가 무슨 목적으로 예수님의 옷에 손을 대었는지 다 아시면서도 "무리 가운데서 돌이켜 말씀하시되 누가 내 옷에 손을 대었느냐'고 물으신다. 전지하신 분이 몰라서 물으신 것이 아니라 구원을 받은 자는 반드시 고백하고 감사해야 했기에 물으신 것이다. 예수님은 그녀에게 감사와 찬양의 기회를 주시기

원하셨다. 열 사람의 나병환자 중에 한 사람만 예수님께 돌아와서 감사하고 영광을 돌렸고 아홉 사람은 각기 자기 길로 가버렸을 때 예수님은 "그 아홉은 어디 있느냐'고 물으셨다(눅 17:17). 우리는 각자 받은 은혜를 인하여 그리스도께 영광을 돌려야 한다.

막 5:31. 제자들이 여짜오되 무리가 에워싸 미는 것을 보시며 누가 내게 손을 대었느냐 물으시나이까 하되.

제자들은 혈루증을 앓던 여인이 믿음으로 예수님의 옷에 손을 댄 사실을 예수님이 즉각적으로 아셨다는 사실을 전혀 모르고 예수님께 무리가 예수님 주위에서 예수님을 미는 것을 보시면서 누가 예수님 옷에 손을 대었음을 물으시냐고 예수님께 반문한다. 그들은 자기들의 수준에서 예수님께 말씀을 드린 것이다. 예수님은 이미 모든 것을 알고 계셨는데 제자들은 예수님의 전지하심을 알 리 없었다. 우리는 함부로 예수님께 반문하거나 항의하면 안 된다.

막 5:32. 예수께서 이 일 행한 여자를 보려고 둘러보시니.

예수님은 제자들의 항의에도(앞 절) 불구하고 믿음으로 예수님의 옷에 손을 댄 "여자를 보려고 둘러보신다." 여기 "둘러보시니"(περιεβλέπετο)란 말은 미완료 시제로서 '계속 둘러보시고 계셨음'을 뜻한다. 아마도 그 여자가 얼른 나타나지 않아서 그렇게 자꾸 둘러 보셨을 것이다. 예수님께 영광을 돌려야 할 사람들이 얼른 나타나지 않을 때 예수님은 계속 둘러보신다.

막 5:33. 여자가 자기에게 이루어진 일을 알고 두려워하여 떨며 와서 그 앞에 엎드려 모든 사실을 여쭈니.

그 여자는 예수님의 둘러보심에 어쩔 수가 없었다. "여자가 자기에게 이루어진 일을 알고 두려워하여 떨며 왔다." 그 여자는 자기가 나은 사실을 알고 숨길 수 없었다. 예수님께 고백하지 않을 수 없었다. 그러나 여자는 "두려워했다." 여자가 남자의 옷에 손을 댔다는 것, 또 혈루증을 앓는 중에 예수님에게 접근해서 옷에 손을 댔다는 것 등을 생각하며 온몸이 떨렸다. 하지만 그 여자는 예수님 "앞에 엎드려 모든 사실을 여쭈었다." 26-29절에 기록된 모든 사실을 아뢰었다. 우리는 우리에게 이루어진 모든 사실을 그리스도에게 아뢰어야 한다. 받은 은혜를 모두 고해야 한다.

막 5:34. 예수께서 이르시되 딸아 네 믿음이 너를 구원하였으니 평안히 가라 네 병에서 놓여 건강할지어다.

벌벌 떨며 고백한 여인에게 예수님은 "딸아 네 믿음이 너를 구원하였다"고 선언하신다(10:52; 마 9:22; 눅 7:50; 17:19; 18:42; 행 14:9). 이 여인은 이런 선언을 들을 줄 꿈에도 기대하지 못했는데 얼마나 감격했을까. 예수님은 여자의 믿음이 구원의 도구가 되었다고 하신다. 여기 "구원하였다"(σέσωκέν)는 말은 현재완료시제로 '벌써 구원했다'는, 영육을 구원하였다는 뜻이다. 그 여자는 혈루증을 고치러 왔다가 영혼까지 구원받았다. 우리의 구원도 그리스도를 믿음으로 되는 것이다.

예수님은 이 여인의 믿음이 여인의 영육을 구원한 사실을 선언하신 후 "평안히 가라 네 병에서 놓여 건강할지어다"라고 말씀하신다. "평안히 가라"(ύπαγε είς είρήνην)는 말은 '평안 속으로 들어가라'는, 평안을 가지고 일생을 살라는 뜻이다. 그리고 예수님은 "네 병에서 놓여 건강할지어다"라고 선언하신다. 예수님은 병으로 고생하던 이 여인에게 다시 한번 그녀의 병이 나았음을 선언하신다. 여인은 믿음으로 세 가지를 얻었다. 영혼의 구원, 심령의 평안, 육체의 건강이 그것이다. 얻을 것을 다 얻은 셈이다. 그녀가 건강을 얻었으니 그리스도로부터 능력을 얻어 부지런히 일을 하여 경제적으로도 다시 여유를 얻었을 것이다. "가진 것도 다 허비하여"(26절) 바닥 생활을 할 수밖에 없었던 가난한 삶을 분명 금방

면했을 것이다.

3) 야이로의 죽은 딸을 살리시다 5:35-43

예수님은 야이로의 집으로 가시던 도중 혈루증을 앓던 여인 때문에 시간을 쓰셨다. 이렇게 시간을 쓰시는 중에 야이로는 속이 탔을 것이다. 그러나 예수님은 서두르지 않으신다. 늦게 도착하거나 빨리 도착하거나 사람을 살리실 것이기 때문에 서두르지 않으신다. 예수님은 야이로의 딸을 죽은 가운데서 곧 살리셨고 나인성 과부의 외아들은 시체가 묘지로 한참 가고 있는 중에 살리셨으며(눅 7:11-17), 베다니 마을의 나사로는 죽은 지 나흘 만에 다시 살리셨다(요 11:1-53).

막 5:35. 아직 예수께서 말씀하실 때에 회당장의 집에서 사람들이 와서 회당장에게 이르되 당신의 딸이 죽었나이다 어찌하여 선생을 더 괴롭게 하나이까.

예수님께서 혈루증에서 놓인 여인과 아직 말씀하시는 중에 야이로의 집에서 사람들이 와서 야이로의 딸이 죽었음을 야이로에게 보고한다. 그들은 야이로에게 "당신의 딸이 죽었나이다 어찌하여 선생을 더 괴롭게 하나이까"라고 말한다(눅 8:49). 사람들은 사람이 죽으면 끝나는 줄로 안다. 그래서 이제는 예수님을 더 필요로 하지 않으니 집으로 모시지 말라고 한다. 그들은 아마도 야이로의 부인으로부터 이제는 끝난 일이니 예수님을 모실 필요가 없다는 전갈을 받고 왔을 것이다. 그들(야이로의 부인 포함)은 예수님께 대한 예의는 갖추고 있었으나 믿음은 없었다. 우리는 어떤 형편을 만나든지 예수님에게 졸라야 한다(눅 18:1-8). 끈질기게 간구해야 한다.

막 5:36. 예수께서 그 하는 말을 곁에서 들으시고 회당장에게 이르시되 두려워하지 말고 믿기만 하라 하시고.

예수님은 야이로의 집으로부터 온 사람들이 하는 이야기를 곁에서 들으셨다. 그런데 여기 "들으시고"(παρακούσας)란 말은 '잘못 듣다,' '듣지 못하다,' '무시하다,' '유의하지 않다'라는 뜻이다(마 18:17; 눅 8:50). 예수님은 그들의 말을 듣고 일을 처리하시는 분이 아니셨기 때문에 아예 무시하시고 "회당장에게 이르시되 두려워하지 말고 믿기만 하라"고 촉구하신다. 회당장은 그들의 말을 듣자 두려워하기 시작했다. 열두 살 먹은 딸이 죽었다니 기가 막히고 두려웠을 것이다. 예수님은 두려워하는 회당장에게 두려워하지 않는 비결을 말씀하셨는데 그것은 예수님을 믿는 것이라고 하신다. 예수님의 능력을 믿는 것이라는 것이다. 믿고 기도할 때에 두려움은 있을 수 없다. 믿음의 사람들은 항상 어려움을 당했을 때 믿어 승리했다. 아브라함도 그랬고(창 22:12), 모세도 그랬으며(출 14:10f), 다윗도 그랬고(삼상 17:44-47), 여호사밧도 그랬다(대하 20:1-2, 12). 우리도 두려워하지 말고 믿고 기도하여 해결 받고 평안을 가져야 한다.

막 5:37. 베드로와 야고보와 야고보의 형제 요한 외에 아무도 따라옴을 허락하지 아니하시고.

예수님은 야이로의 집에 가실 때 다른 제자들이 따라옴을 허락하지 아니하시고 세 제자, 곧 베드로, 야고보, 요한과만 동행하신다. 예수님은 이 때만 아니라 변화산에 가실 때와(9:2), 겟세마네 동산에서도(14:33) 세 제자와만 동행하셨다. 그 이유는 아마도 다른 제자들의 믿음이 연약하여 예수님께서 하시는 일을 이해하기 힘들어서라고 말하는 것이 제일 설득력 있어 보인다. 우리는 예수님께서 세 제자만 동행하신 참 뜻을 알 수가 없다.

막 5:38. 회당장의 집에 함께 가사 떠드는 것과 사람들이 울며 심히 통곡함을 보시고.

예수님께서 세 제자와 함께 회당장의 집에 도착하셨을 때 "떠드는 것과 사람들이 울며 심히 통곡함을 보신다." 세 가지 현상을 보신 것이다. 첫째, "떠드는 것"을 보셨다. 아마도 피리 부는 자들이 떠든 것을 지칭할 것이다(마 9:23). 둘째, "사람들이 우는 것"을 보셨다. "사람들이 운" 것은 아마도 고용되어 울어주는 여자들의 울음소리였을 것이다(대하 35:25; 렘 9:17-18). 셋째, "심히 통곡한 것"은 가족의 통곡 소리였을 것이다. 세 종류의 소리가 뒤엉켜 온 집안이 소란했다. 사람들은 사람이 죽으면 울기밖에 못한다. 끝났다고 생각하기 때문이다. 무슨 소망을 갖지 못한다. 예수님께서 계시지 않은 곳에는 깜깜함 뿐이다.

막 5:39-40a. 들어가서 그들에게 이르시되 너희가 어찌하여 떠들며 우느냐 이 아이가 죽은 것이 아니라 잔다 하시니 그들이 비웃더라.

예수님께서 그 집에 들어서시자 그들에게 이르시되 "너희가 어찌하여 떠들며 우느냐 이 아이가 죽은 것이 아니라 잔다"고 하신다(요 11:11). 두 가지 점에서 세상 사람들과는 완전히 다른 말씀을 하신다. 첫째, 사람들이 떠들며 우는 것을 정상으로 여기지 않으시고 "너희가 어찌하여 떠들며 우느냐"고 책망하신다. 둘째, 죽은 것을 죽은 것이라 표현하지 않으시고 "이 아이가 죽은 것이 아니라 잔다"고 하신다. 참으로 너무 엉뚱한 말씀이시다. 그러나 누가 진정 엉뚱한가. 세상 사람들이 다. 예수님의 눈으로 보기에는 그리스도 안에서는 죽은 것도 잠자는 것이다. 예수님은 나사로 죽었을 때에도 그가 잠들었다고 표현하셨다(요 11:11). 성도가 죽으면 잠자는 것이다(고전 15:18, 52; 살전 4:13).

예수님의 말씀을 들은 사람들은 "비웃는다"(마 9:24; 눅 8:52-53). 그들은 예수님의 말씀을 전혀 이해할 수 없었기 때문이다. 그들이 비웃었기에 그 아이가 죽었던 것이 확실하고 또 살아난 것이 확실히 증명되었다. 지금도 세상 사람들은 예수님을 비웃고 또 기독교인들을 비웃는다. 기독교인들이 내세를 믿고 그리스도의 영광을 위하여 삶을 비웃는다. 세상 재미도 보지 못하고 교회 생활을 하며 헌금을

하는 모든 것을 보고 비웃는다. 그것은 예수님을 이해하지 못하고 기독교의 진리를
이해하지 못해서 그런 것이다. 그러나 그런 사람들이 비웃다가 믿게 되면 자신들의
과거 잘못을 철저히 인정하고 기독교의 진리에 대해 다른 누구보다 더 큰 목소리로
증언하기도 한다.

**막 5:40b. 예수께서 그들을 다 내어보내신 후에 아이의 부모와 또 자기와
함께 한 자들을 데리시고 아이 있는 곳에 들어가사.**

　　　　예수님은 비웃던 사람들을 다 밖으로 내어보내신다. 다른 제자들도 못
들어오게 하신 형편이니 비웃던 사람들을 그냥 그 방에 두실 이유는 없으시다.
예수님은 "아이의 부모와 또 자기와 함께 한 자들을 데리시고 아이 있는 곳에
들어가신다"(행 9:40). 예수님과 세 제자, 그리고 아이의 부모, 도합 여섯 명이
그 방에 들어갔다. 진리는 많은 사람이 보았기에 증언되는 것이 아니라 몇 사람이라
도 진지하게 관찰하고 또 성령님이 함께 하실 때에 증언되는 것이다.

**막 5:41. 그 아이의 손을 잡고 이르시되 달리다굼 하시니 번역하면 곧 내가
네게 이르노니 소녀야 일어나라 하심이라.**

　　　　예수님은 그 아이의 손을 잡고 "달리다굼" 하신다. 곧 "내가 네게 이르노니
소녀야 일어나라" 하신다. "달리다굼"(이 말씀은 아람어이다)이란 말씀 속에는
놀라운 능력이 동반해서 그 아이는 그 말씀의 내용("소녀야 일어나라"라는 말의
내용)대로 일어났다(5:30). 예수님의 말씀에는 항상 능력이 동반하여 그 내용에
걸 맞는 기적이 일어났다. 오늘 우리가 가지고 있는 성경 말씀은 놀라운 능력을
가지고 있음을 알아야 한다. 어떤 사람은 그 말씀 속에서 능력을 받는데 어떤
사람은 그 말씀을 읽고 연구하고 묵상하면서도 그것을 체험하지 못한다. 우리는
세상 모든 것에 소망을 끊은 채 그 말씀을 대해야 한다.

막 5:42. 소녀가 곧 일어나서 걸으니 나이가 열두 살이라 사람들이 곧 크게 놀라고 놀라거늘.

　　예수님께서 "달리다굼"이라고 명령하셨을 때(앞 절) "소녀가 곧 일어났다." 두 번 명령할 필요도 없이 단 한 번의 명령에 일어났다. 어머니가 자는 아이 깨울 때는 몇 번이나 소리를 질러야 하는데 어머니가 자는 아이 깨우기보다 더 쉬웠다. 여기 "일어나서"(ἀνέστη)란 말은 부정(단순)과거 시제로 '단숨에 일어난 사실'을 지칭한다. 그리고 그 아이는 "걸어다녔다." "걸어다녔다"(περιεπάτει)는 말은 미완료 과거 시제로 방안을 이리저리 '계속해서 걸어 다닌 것을 가리킨다. 소녀는 예수님의 명령을 듣고 즉시 일어나서 방안 이곳저곳을 계속해서 돌아다닌 것이다.

　　그런데 마가는 곧 "나이가 열두 살이라"는 말씀을 덧붙인다. 이유는 아마도 23절에 "내 어린 딸"이라고 말했고 또 "아이"(39절, 40-41절), "소녀"(41절)라고 묘사했기 때문에 마가는 이제 그렇게 어린 아이는 아니고 12살이나 된 발랄한 소녀라는 것을 알리기 위해서 12살이라고 밝혔을 것이다. 이 아이가 여기저기 돌아다니는 것을 보고 "사람들이 곧 크게 놀라고 놀랐다." 조금 전만 해도 시체로 누워있던 소녀 아이가 벌떡 일어나서 돌아다니니 사람들이 대경실색, 혼비백산했을 것이다. 예수님께서 행하시는 일은 우리의 기준으로 보면 그저 놀랄 일의 연속이다.

막 5:43. 예수께서 이 일을 아무도 알지 못하게 하라고 그들을 많이 경계하시고 이에 소녀에게 먹을 것을 주라 하시니라.

　　대경실색, 혼비백산한 사람들을 향하여 예수님은 "이 일을 아무도 알지 못하게 하라고 그들을 많이 경계하신다"(3:12; 마 8:4; 9:30; 12:16; 17:9; 눅 5:14). 이유는 주님께서 이 땅에 오신 목적이 이적을 행하러 오신 것이 아니라 복음을 전하러 오셨기 때문이다. 이런 소문이 퍼지면 사람들이 많이 예수님 주위로 몰려들어서 복음을 전하는데 지장을 받기 때문에 예수님은 그들에게 함구령을 내리신다

(1:44; 3:12). 그러나 이번에도 역시 예수님의 함구령이 지켜지지 않았다. 목격자들이 가만히 입을 다물고 있지 않았다. 더욱이 소녀가 동네방네 돌아다니면서 자기가 살아난 것을 증언하였기 때문이다. 마태는 "그 소문이 온 땅에 퍼지더라"고 덧붙이고 있다.

예수님은 살아난 소녀에게 "먹을 것을 주라"고 하신다. 무슨 이유인가. 이유는 여러 주해학자들이 지적하는 것처럼 병에 걸려 고생하는 동안 먹지 못했기 때문이다. 그리고 소녀의 부모는 살아난 아이가 먹어야 한다는 것을 잊어버리고 살아난 사실에만 정신을 팔다가 먹을 것을 주지 않았기 때문이었을 것이다. 엄청난 이적을 행하시는 예수님은 조그마한 일에도 신경을 써주시는, 사랑의 주님이시다. 대소사를 챙기시는 분이시다.

제 6 장

예수님에 대한 핍박은 고조되고
예수님의 사역은 더 확장되다

XIII. 고향을 찾으셨다가 배척받으시다   6:1-6a

예수님께서는 자신의 신성을 보여주는 여러 가지 이적을 행하신(4:35-5:43) 다음 이제 고향을 찾아 복음을 전하시다가 고향 사람들의 배척을 받으신다(1-6a). 그들은 예수님의 지혜와 권능은 인정하면서도(2절) 예수님의 비천한 직업과 낮은 신분 때문에 그리스도를 배척한다(3절). 그래서 예수님은 소수의 병자만을 고치시고 다시 고향을 떠나신다. 이 부분은 마 13:53-58; 눅 4:16-30과 병행한다.

막 6:1. 예수께서 거기를 떠나사 고향으로 가시니 제자들도 따르니라.

예수님은 가버나움을 떠나 고향 나사렛으로 가신다(32km 정도의 거리, 마 13:54; 눅 4:16). 고향으로 가신 이유는, 1)자신이 사시던 고향을 무시하시지 않으신다는 뜻으로 가신 것이다. 2)고향 사람이라고 해서 예수님을 영접하고 믿는 것이 아니었음을 후세에 보여주셔서 다른 지역 사람들, 다른 민족들, 그리고 다른 나라 사람들로 하여금 더욱 열심을 내서 예수님을 믿도록 하기 위해서였을 것이다. 예수님께서 고향으로 가실 때 제자들도 동행했다.

막 6:2. 안식일이 되어 회당에서 가르치시니 많은 사람이 듣고 놀라 이르되

이 사람이 어디서 이런 것을 얻었느냐 이 사람이 받은 지혜와 그 손으로 이루어지는 이런 권능이 어찌됨이냐.

예수님은 안식일을 맞이하여 "회당에서 가르치신다." 회당에서 시중드는 자가 예수님께 이사야서의 두루마리를 드리자 예수님은 이사야 61:1-2을 본문으로 정하시고 설교하셨다(눅 4:17f). 이렇게 안식일에 회당에서 가르치시는 것은 예수님의 규례였다(1:21). 그리고 훗날 바울도 역시 그랬다(행 13:14-16; 17:1-2). 예수님께서 가르치시는 중 고향의 많은 사람들이 듣고 놀란다(요 6:42). 그들은 예수님께서 보인 지혜와 권능에 놀란 것이다. 그들은 예수님의 지혜를 보면서 예수님이 그 누구로부터 "받은 지혜"로 생각했다. 그러나 예수님의 지혜는 누구로부터 받은 지혜가 아니라 예수님 자신의 지혜이다. 고향 사람들은 예수님의 "그 손으로 이루어지는 권능"을 보고 놀랐는데, 예수님께서 보이신 권능은 나사렛에서 행하신 이적만이 아니라 이전에 행하신 수많은 이적을 모두 지칭한다. 그들은 예수님께서 행하신 이적에 대해 여러 경로로 들어 이미 알고 있었을 것이다.

막 6:3. 이 사람이 마리아의 아들 목수가 아니냐 야고보와 요셉과 유다와 시몬의 형제가 아니냐 그 누이들이 우리와 함께 여기 있지 아니하냐 하고 예수를 배척한지라.

함께 살았던 고향 사람들은 예수님의 지혜와 그 손으로 이루어지는 권능을 보고 그분을 존경하거나 가까이 하지 않고 도리어 경멸한다. 그들은 예수님을 향해 "이 사람이 마리아의 아들 목수가 아니냐"고 한다. "목수"로 일하던 사람이 가벼나움으로 이사(移徙) 갔다가 얼마 만에 돌아와서 가르친다고 하는데 그래봤자 "목수가 아니냐"라고 하면서 배척한 것이다. 그들은 또 예수님이 "야고보와 요셉과 유다와 시몬의 형제가 아니냐 그 누이들이 우리와 함께 여기 있지 아니하냐"고도 하였다(마 12:46; 갈 1:19).[13] 예수님께서 나사렛 회당에서 가르치실 때 예수님의 동생들은 아직 믿지도 않은 무명한 사람들이었고 또한 그 누이들도 이름 없는

촌 여자들이었으니 자기들보다 나은 점이 없다고 판단하여 예수님을 배척한 것이다. 결국 예수님을 잘 알기 때문에 경멸한 것이다. 오늘도 잘 알면 경멸한다. 잘 아는 처녀 총각을 배우자로 삼으려 하지 않고 잘 아는 사람을 자기 교회의 목사로 청빙하지 않는다. 이는 부패한 인간들의 무지한 행동이다. 나사렛 사람들이 예수님을 "마리아의 아들"이라고만 말한 것을 보면 그 때 요셉은 벌써 별세했던 것으로 보인다.

막 6:4. 예수께서 그들에게 이르시되 선지자가 자기 고향과 자기 친척과 자기 집 외에서는 존경을 받지 못함이 없느니라 하시며.

배척을 받으신 예수님은 고향 사람들에게 "선지자가 자기 고향과 자기 친척과 자기 집 외에서는 존경을 받지 못함이 없느니라"고 말씀하신다(마 13:57; 요 4:44). 곧 '선지자가 어느 곳에서든지 존경을 받을 수는 있으나 그러나 자기 고향에서는 그 선지자를 잘 안다는 선입견 때문에 결코 존경을 받을 수 없다'고 하신다. 예수님은 사실 고향 사람들에게서 존경을 받아야 마땅하신 분이다(신 18:15, 18; 마 21:11; 눅 24:19; 요 9:17; 행 3:22; 7:37). 그러나 그들은 아직 예수님을 믿지 않았기에(요 7:5) 예수님을 존경하지 않았다. 존경은 예수님을 믿는데서 나온다. 다시 말해 예수님을 주님으로 믿으면 존경하게 된다. 예수님은 반드시 존경 받으셔야 하는 분이시다(마 21:11; 눅 24:19; 요 9:17; 행 3:22).

막 6:5. 거기서는 아무 권능도 행하실 수 없어 다만 소수의 병자에게 안수하여 고치실뿐이었고.

---

13) 야고보는 훗날 예수님을 믿었고(행 1:14) 복음을 전하는 사역자가 되었으며(행 12:17; 21:18) 또 예루살렘 총회의 의장으로 수고했다(행 15:13-21). 그리고 야고보는 야고보서를 기록하기도 했다(약 1:1). 그리고 유다는 유다서의 저자이다(유 1:1). 그리고 나머지 두 형제와 예수님의 누이들에 대해서는 전혀 알려진 바가 없으며 다만 훗날 예수님을 믿은 것을 성경이 전하고 있을 뿐이다(행 1:14).

고향 사람들이 예수님을 배척한 결과 예수님은 고향에서는 "아무 권능도 행하실 수 없어 다만 소수의 병자에게 안수하여 고치실뿐이었다"(9:23; 창 19:22; 32:25; 마 13:58). 예수님께 능력이 없어서가 아니라 고향 사람들의 불신 때문에 권능(병 고치심)을 행하시지 않으신 것이다(마 13:58). 다만 몇 사람의 병자들에게는 안수하여 고치셨다. 여기 몇 사람은 예수님께서 이적을 행하시는 것을 거부하지 않는 자들이다. 결국 나사렛 사람들 대부분은 죄를 사함 받지도, 질병을 고침 받지도 못한 채 살아야 했다. 오늘도 예수님은 믿지 않는 사람들에게는 주실 것을 주지 못하시고 그냥 돌아서신다.

막 6:6a. 그들이 믿지 않음을 이상히 여기셨더라.

믿어야 할 사람들이 믿지 않고 있다는 사실에 대해 예수님은 이상히 "여기셨다"(사 59:16). "이상히 여기셨더라"(ἐθαύμαζεν)는 말은 미완료 시제로 '계속해서 이상하게 여기신 것을 지칭한다. 예수님은 그들이 믿지 않는 것을 이상히 여기시고 또 이상히 여기셨다. 정작 믿어야 할 사람들이 믿지 않을 때 계속해서 이상하게 여기신다.

예수님은 백부장의 놀라운 믿음을 만나 이상하게 여기셨다. 믿을 것 같지 않은 로마 사람이요 군대 장교가 예수님을 믿되 그것도 예수님의 말씀의 전능을 제대로 믿는 것을 보시고 기이하게 여기셨다(마 8:10; 눅 7:9). 참 놀랍게 여기신 것이다.

나사렛 사람들이 믿지 않을 것을 예수님께서 모를 리가 없으셨을 것이다. 하지만 이렇게 말씀하신 이유는 다른 사람들은 몰라도 그들만은 반드시 믿어야 했음을 말씀하신 것이며 또 그들의 신앙의 책임을 강조하신 말씀으로 보아야 할 것이다.

XIV. 열두 제자를 부르셔서 파송하시다 6:6b-13

예수님은 나사렛에서 배척을 받으신 후에 전도하시는 것을 중단하시지 않고 오히려 제자들을 파송하셔서 더 발전시켜 나가신다. 예수님은 첫 제자들을 부르셨고(1:16-20) 열 두 제자들을 세우셔서(3:13-19) 훈련시키셨으며 이제는 파송하신다. 이 부분은 마 9:35-10:14; 눅 9:1-6과 병행한다.

막 6:6b. 이에 모든 촌에 두루 다니시며 가르치시더라.

예수님은 나사렛 사람들의 배척을 받으신 다음 다시 가버나움으로 돌아가신 것이 아니라 "모든 촌에 두루 다니시며 가르치셨다"(마 9:35; 눅 13:22). 예수님께서 이 땅에 오신 목적이 바로 전도였기 때문에 한 곳에서의 배척 때문에 전도를 중단하지 아니하시고 계속해서 가르치신다.

막 6:7. 열 두 제자를 부르사 둘씩 둘씩 보내시며 더러운 귀신을 제어하는 권능을 주시고.

예수님은 제자들을 파송하실 때 "둘씩 둘씩 보내신다." 둘은 증인의 숫자이다(신 19:15; 눅 10:1; 행 13:2; 15:27, 39, 40; 19:22). 둘씩 보내신 이유는, 1)복음을 신실하게 증언하도록 하기 위해서였다. 한 사람이 증언하면 왜곡되게 증언할 수도 있는 것 아닌가. 2)복음을 듣는 편에게도 신뢰감을 주게 하기 위해서였다. 3)서로 돕게 하기 위해서였다. 혼자이면 어려움을 당할 때 도울 자가 없어 곤란하나 둘이 다니면 서로 돕고 격려할 수 있다.

예수님은 그들을 보내시면서 "귀신을 제어하는 권능을 주신다"(마 10:1; 눅 9:1). 곧 '병 고치는 권능을 주신 것'을 뜻한다. 복음을 전하는데 있어서 사람을 더 많이 불러 모아 전하도록 병 고치는 권능을 주신 것이다.

막 6:8-9. 명하시되 여행을 위하여 지팡이 외에는 양식이나 배낭이나 전대의 돈이나 아무 것도 가지지 말며 신만 신고 두 벌 옷도 입지 말라 하시고.

예수님은 제자들에게 더러운 귀신을 쫓아내는 권능을 주신(앞 절) 다음 전도 여행을 하는데 필요한 세 가지의 주의 사항을 말씀하신다. 첫째, "여행을 위하여 지팡이 외에는 양식이나 배낭이나 전대의 돈이나 아무 것도 가지지 말라"는 것이다. 여행자에게 필요한 "지팡이"만 가지고 "양식"(눅 9:3)이나 "배낭"(여행용 가방), "전대의 돈"(주머니들 속에 돈)이나 다른 아무 것도 가지지 말라는 것이다. 그저 "신"(sandals-신의 복수)만 신고 "두벌 옷"(갈아입을 옷들)도 입지 말라고 하신다(행 12:8). 이렇게 규제하신 이유는 전적으로 하나님만 의지하고 전도해야 한다는 뜻이다. 전적으로 하나님만 의지하면 하나님께서 전도를 받는 사람들로부터 공급받게 하신다(요삼 1:5 참조). 오늘날의 전도자들도 역시 여러 일에 신경 쓰지 말고 오직 하나님만 바라보고 전도해야 한다.

그런데 문제는, 마가는 "지팡이"와 "신발들"을 가지고 가야 하는 것으로 기록했고, 마태(마 10:9-10)는 둘 다 가지고 가지 말아야 하는 것으로 기록했으며, 누가(눅 9:3)는 신발들에 대해서는 언급을 하지 않고 지팡이에 대해서는 가지고 가지 말아야 한다고 기록했다는 점이다. 그러면 이 차이를 어떻게 설명해야 할 것인가. 아마도 마태는 여분의 지팡이와 여분의 신 한 켤레를 가지고 가지 말라는 것으로 기록했고, 누가도 여분의 지팡이를 가지고 가지 말라는 것으로 기록했으리라 추정할 수 있을 것이다(윌럼 헨드릭슨).

막 6:10. 또 이르시되 어디서든지 누구의 집에 들어가거든 그곳을 떠나기까지 거기 유하라.

둘째(첫 번째 주의사항은 8-9절에 있음), "어디서든지 누구의 집에 들어가거든 그곳을 떠나기까지 거기 유하라"고 하신다(마 10:11; 눅 9:4; 10:7-8). 이 집저 집 옮기지 말라고 하신다. 어떤 집에 들어간 경우 그 집에서 제공하는 대접에 만족하고 그곳을 중심하고 전도하다가 다른 지역으로 떠나가기까지 그 집에 머물라는 것이다(마 10:10-11; 눅 9:4 참조). 더 좋은 대접을 바라보고 이곳저곳 기웃거리는 것은 전도자에게 그 때나 오늘이나 합당하지 않은 태도이다.

막 6:11. 어느 곳에서든지 너희를 영접하지 아니하고 너희 말을 듣지도 아니하 거든 거기서 나갈 때에 발아래 먼지를 떨어버려 그들에게 증거를 삼으라 하시니.

셋째(둘째는 10절에 있음), 사람들이 제자들을 영접하지 않으면(마 10:14; 눅 10:10) 제자들이 "거기서 나갈 때에 발아래 먼지를 떨어버려 그들에게 증거를 삼으라"고 하신다(행 13:51; 18:6). 전도자를 배척한 집은 이방인처럼 여겨야 한다는 의미로 발아래 먼지를 떨어버리라고 하신다. 유대인들은 외국에서 여행을 마치고 성지로 돌아올 때 그 국경에서 그들의 신과 옷에 묻은 이방의 먼지를 말끔히 떨어버려야 했다. 전도자들을 환영하지 않고 배척하는 집이나 지방은 이방처럼 여겨야 한다는 뜻으로 발아래의 먼지를 떨어버려서 하나님의 진노가 임하리라고 공공연히 선포해야 한다는 것이다. 바울과 바나바가 비시디아 안디옥에서 이 말씀을 글자 그대로 이행했다(행 13:50-51). 전도자들을 배척한다는 것은 무서운 일이다. 전도자의 발아래의 먼지를 뒤집어 쓸 일이고, 동시에 하나님의 노여움을 살 일이다.

막 6:12. 제자들이 나가서 회개하라 전파하고.

제자들은 예수님의 주의사항을 들은 다음 나가서 "회개하라 전파했다." "회개하라"(μετανοῶσιν)는 말은 '마음의 변화를 시도하라' 혹은 '회전하라'는 말이 다. 회개하라는 말은 참회하라는 뜻도 있지만 근본적으로는 그리스도를 향하여 회전하라(U-turn)는 뜻이다. 그리스도를 등지고 가던 사람이 180도 돌아서 그리스도를 향하여 가는 것을 뜻한다. 제자들은 나가서 사람들에게 그리스도를 향하여 돌아서라고 외쳤다.

막 6:13. 많은 귀신을 쫓아내며 많은 병자에게 기름을 발라 고치더라.

제자들이 해야 할 일은 "회개하라"고 전파하는 일이었다. 거기에 부수적으로 "많은 귀신을 쫓아내며 많은 병자에게 기름을 발라 고쳤다"(약 5:14). 여기 "쫓아냈다"(ἐξέβαλλον)는 말은 미완료과거 시제로 '계속해서 귀신을 쫓아냈다'는 뜻이고, "기름을 바르다"(ἤλειφον)는 동사도 역시 미완료과거 시제로 '계속해서 기름을 발랐다는 것'을 뜻한다. 그리고 "고치더라"(ἐθεράπευον)는 말도 역시 미완료과거 시제로 '계속해서 고쳤다'는 뜻이다. 제자들은 계속해서 귀신을 쫓아냈으며 또한 계속해서 기름을 바르며 병자를 고쳤다.

그런데 여기 "기름을 발라"란 말이 참으로 기름을 바른 것을 지칭하는가 아니면 다른 뜻을 내포하고 있는가. 혹자들은 여기 기름 바른 것을 두고 실제로 기름의 효용을 생각해서 기름을 바른 것이라고 주장하나 성령님의 임재를 상징하는 것으로 보아야 할 것이다. 이유는, 1)사도들이 병을 고치는 능력과 귀신을 쫓아내는 능력을 가지고 있었으니 기름을 발라서 그것의 효과를 기대하지는 않았을 것이다. 그러므로 기름을 바른 것은 성령님의 임재를 상징하는 것으로 보아야 한다(슥 4:1-6; 마 25:2-4; 계 1:4, 12). 사도들은 성령님이 병을 고친다는 것을 보여주기 위해서 기름을 바른 것으로 보인다. 2)복음서의 병행구절을 보면 마태나 누가는 기름을 발라 병을 고친 것에 대해 언급하고 있지 않다(마 9:35-10:14; 눅 9:1-6). 그러므로 마가도 감람유로 병을 고친 것을 말하는 것이 아니라 성령님이 병을 고치신다는 것을 보여주기 위하여 기름을 바른 것으로 보아야 할 것이다.

XV. 세례 요한이 죽다 6:14-29

예수님의 갈릴리 전도가 놀랍게 진행되었을 뿐 아니라 제자들도 파송을
받아 사람들에게 회개하라고 전파했을 때 예수님에 대한 소문이 파다하여 헤롯에게
까지 들리게 되었다. 그러나 헤롯은 예수님에 대한 소문을 듣자 자기가 죽인
세례 요한이 환생(還生)한 줄 알고 두려워한다(14-16절). 그리고 마가는 헤롯이
세례 요한을 죽이게 된 내력을 진술한다(17-29절). 이 부분은 예수님께서 제자들을
파송한 일(7-13절)과 돌아온 일(30-31절) 사이에 끼인 삽화형식의 이야기로서
여러 가지 의미를 제공한다. 이 부분은 마 14:1-12; 눅 9:7-9과 병행한다.

1. 헤롯 안디바스는 세례 요한이 다시 살아난 줄 알고 두려워한다
   6:14-16

**막 6:14. 이에 예수의 이름이 드러난지라 헤롯왕이 듣고 이르되 이는 세례
요한이 죽은 자 가운데서 살아났도다 그러므로 이런 능력이 그 속에서 일어나느
니라 하고.**

예수님의 이름이 드러나자 헤롯왕이 예수님에 대해 듣게 된다. 예수님께서
여러 가지 이적을 행하고 계셨으므로(무수한 병자들을 고치시고, 죽은 사람을
살리시며, 바다의 풍랑을 잔잔하게 하시고, 귀신을 추방하는 일을 하셨으므로)
그분의 이름이 멀리 헤롯왕에게까지 전해진 것이다. 여기 헤롯왕은 헤롯 대왕(마
2:1-19; 눅 1:5)을 말하는 것이 아니라 헤롯 안디바스(A. D. 4-39, 갈릴리와 베레아를
통치한 분봉왕이었다)를 지칭한다.

그런데 헤롯 안디바스가 듣고 엉뚱한 추측을 한다. 헤롯은 엉뚱하게도
"이는 세례 요한이 죽은 자 가운데서 살아났도다 그러므로 이런 능력이 그 속에서
일어나느니라"고 말한다(마 14:1-2; 눅 9:7). 헤롯은 예수님께서 이적을 행하신다는

소문을 듣고 세례 요한이 죽은 자 가운데서 살아난 줄로 믿었다. 그는 과거에 세례 요한을 죽인 죄의식에 사로 잡혀 세례 요한이 이렇게 얼른 회생한 줄 상상하였다. 사실 세례 요한이 예수님처럼 능력을 행사하지 않았는데도 헤롯은 세례 요한의 말과 그의 삶에서 그 어떤 신비한 능력이 있는 줄로 믿었다. 심한 죄의식에 사로잡힌 사람들은 항상 착각 속에서 살기 마련이다.

막 6:15. 어떤 이는 그가 엘리야라 하고 또 어떤 이는 그가 선지자니 옛 선지자 중의 하나와 같다 하되.

　　　　헤롯 안디바스는 예수님의 소문을 듣고 엉뚱하게도 세례 요한이 다시 살아난 줄 알았으나 다른 사람들은 "그가 엘리야라 하고 또 어떤 이는 그가 선지자니 옛 선지자 중의 하나와 같다"고 말했다(8:28; 마 16:14). 그 때 당시의 세상 사람들은 예수님을 구약의 선지자급으로 생각했다. 오늘날의 무슬림들과 여호와의 증인들도 예수님을 선지자로 알고 있다. 그들은 예수님을 하나님으로, 인류의 구주로 믿지 못하고 있다.

막 6:16. 헤롯은 듣고 이르되 내가 목 벤 요한 그가 살아났다 하더라.

　　　　헤롯은 예수님의 소문을 듣고 말하기를 "내가 목 벤 요한 그가 살아났다"고 말한다(마 14:2). 헤롯은 자기가 목을 벤 헤롯이 다시 살아났다고 하며 심히 두려워한다. 그렇지 않아도 우유부단하고 겁이 많은 사람이었으므로 그리스도의 소식을 듣고 세례 요한이 다시 살아난 것으로 알아서 심히 불안한 삶을 살아가고 있었다.

2. 헤롯 안디바스가 세례 요한을 죽이게 된 내력　6:17-29

　　　　마가는 먼저 헤롯이 세례 요한을 옥에 가둔 일을 말하고(17-20절), 다음 세례 요한을 죽이게 된 동기를 말한다(21-29절).

1) 세례 요한을 옥에 가두게 된 동기(17-20절)

막 6:17-18. 전에 헤롯이 자기가 동생 빌립의 아내 헤로디아에게 장가 든 고로 이 여자를 위하여 사람을 보내어 요한을 잡아 옥에 가두었으니 이는 요한이 헤롯에게 말하되 동생의 아내를 취한 것이 옳지 않다 하였음이라.

세례 요한은 당시 갈릴리와 베뢰아 지방을 다스리던 통치자 헤롯이 동생의 아내를 취한 비리(非理)를 책망하다가 옥에 갇혔다. 마가는 "전에 헤롯이 자기가 동생 빌립의 아내 헤로디아에게 장가들었다"고 말한다. 곧 '헤롯이 동생 빌립의 아내 헤로디아에게 장가들었다'는 것이다. "동생 빌립"은 헤롯의 이복동생이었다. 헤롯 대왕의 한 다른 아내로 말미암아 태어난 아들이었다. 그런데 이복동생 빌립의 "아내 헤로디아" 역시 헤롯의 혈통이었다. 헤로디아는 헤롯 대왕이 다른 아내로 말미암아 낳은 아들 아리스토보르의 딸이었다. 그러니까 헤로디아는 빌립에게 질녀가 되는 셈이었다. 질녀였던 헤로디아는 삼촌 빌립과 결혼하여 살다가 다른 삼촌인 헤롯에게 버젓이 시집을 간 것이다.

세례 요한은 헤롯이 자기의 부인, 곧 아레다 왕의 딸과 이혼하고 이복동생 빌립의 아내와 결혼한 것을 두고 계속해서 말했다. 여기 "말하되"(ἔλεγεν)란 말은 미완료과거 시제로 '계속해서 말했다'는 뜻이다. 세례 요한이 헤롯에게 "동생의 아내를 취한 것이 옳지 않다"(레 18:16; 20:21)고 계속해서 책망하였으므로 헤로디아의 마음을 사게 되어 결국 헤롯이 자기 부인 헤로디아의 마음을 얻으려고 사람을 보내어 세례 요한을 잡아 옥에 가둔 것이다. 세례 요한이 갇혔던 옥은 유대의 역사가 요세푸스에 의하면 베뢰아의 남단, 사해 동편에 위치한 요새 마케루스(Macherus) 산성의 옥이었다고 한다. 요한은 옳지 않은 일을 옳지 않다고 계속해서 책망하다가 결국 옥에 갇힌 것이다. 하나님의 종들은 시대의 비리를 책망할 수 있어야 한다. 시대의 불의한 정치가나 기업가, 혹은 사회의 지도자들이 잘못할 때 책망할 수 있어야 한다.

막 6:19. 헤로디아가 요한을 원수로 여겨 죽이고자 하였으되 하지 못한 것은.

헤로디아는 자기가 잘못한 것은 생각하지 아니하고 잘못했다고 책망하는 세례 요한을 원수로 여겨 죽이고자 하였다. 세례 요한이 헤롯을 책망했으나 그 책망은 역시 부인 헤로디아에게도 큰 부담이 아닐 수 없었다. 헤로디아의 마음이 편치 않았다. 그래서 그를 원수로 여겨 늘 죽이고자 하였다. 그러나 죽이지 못한 이유가 다음 절에 나온다. 헤로디아의 불행은 하나님의 종의 말을 달갑게 듣지 않고 원수로 여겼다는 것이다. 오늘도 하나님의 종들을 원수로 여기는 것은 참으로 불행 중 불행이다. 하나님의 진노를 살 일이다.

막 6:20. 헤롯이 요한을 의롭고 거룩한 사람으로 알고 두려워하여 보호하며 또 그의 말을 들을 때에 크게 번민을 하면서도 달갑게 들음이러라.

헤로디아가 세례 요한을 죽이지 못한 것(앞 절)은 헤롯이 그를 두려워하여 보호했기 때문이다. 헤롯은 우유부단하여 자기의 아내의 요청을 받고 요한을 옥에 가두기는 하였으나 "요한을 의롭고 거룩한 사람으로 알고 두려워하여 보호하며 또 그의 말을 들을 때에 크게 번민을 하면서도 달갑게 들었다"(마 14:5). 헤롯이 세례 요한을 "의롭다"고 안 것은 요한이 사람관계에 있어서 흠이 없어 보였기 때문일 것이고 "거룩하다"고 안 것은 깨끗하게 사는 것을 보고 한 말이었을 것이다. 성도는 세상의 불신자들로부터 최소한 "의롭고 거룩한 사람"으로 여김을 받아야 할 것이다. 헤롯은 자기가 잘못한 것을 감히 책망하는 세례 요한을 "두려워하여 보호했다." 여기 "보호했다"(συνετήρει)는 말은 미완료과거 시제로 헤로디아가 죽이려고 하는 것을 '계속해서 막고 보호해 준 것'을 뜻한다. 헤로디아는 계속해서 죽이려 했고 헤롯은 계속해서 요한을 보호하고 있었다.

헤롯은 세례 요한을 보호하면서 가끔 불러 말을 들었다. 혹시 세례 요한이 과거에 헤롯을 향하여 책망한 말을 취소해 주지 않을까하여 가끔 불러서 말을 들었을 것이다. 그러나 그 때마다 요한은 여전히 헤롯에게 동생의 아내를 취한 것은 옳지 않은 일이라고 책망했다. 헤롯은 그래도 요한의 책망을 들을 때에 크게 번민을 느끼면서도 달게 들었다. 그래서 헤롯은 번민 속에서 살아가고 있었다.

2) 세례 요한을 죽이게 된 동기 6:21-29

헤롯이 세례 요한을 옥에 가두었다 하더라도 얼마든지 석방할 수 있었다. 하지만 그를 결국 죽이게 된 경위는, 새로 아내를 삼은 헤로디아의 세례 요한에 대한 미움이 컸기 때문이다. 헤로디아가 세례 요한을 계속 미워하던 중 헤롯의 생일잔치 날에 잔치에서 헤로디아의 딸이 춤을 추어 헤롯의 마음을 기쁘게 한다. 술에 취한 헤롯이 이에 대한 보답으로 의붓딸의 소원 하나를 이루어주기로 맹세하는 데 그녀는 엄마의 소원인 세례 요한의 목 베임을 원한다. 결국 헤롯은 의붓딸의 요청을 받아들여 세례 요한의 목을 벤다.

막 6:21. 마침 기회가 좋은 날이 왔으니 곧 헤롯이 자기 생일에 대신들과 천부장들과 갈릴리의 귀인들로 더불어 잔치할 새.

세례 요한이 정치가의 가문을 통하여 목 베임을 받을 때가 왔다. 마가는 "마침 기회가 좋은 날이 왔다"고 말한다(마 14:6). 여기 기회 좋은 날이란 헤로디아 편으로 보아서 기회가 좋은, 아주 절호의 날이다. 이제는 죽일 기회가 왔다. "곧 헤롯이 자기 생일에 대신들과 천부장들과 갈릴리의 귀인들로 더불어 잔치하는" 날이 되었다(창 40:20). 헤롯의 생일을 맞이하여 세 부류의 사람들이 초대를 받았다. "대신들"은 헤롯을 도와서 지역을 다스리는 관리들이었고 "천부장들"은 군대의 높은 장교급 군인들이었고 "갈릴리의 귀인들"은 헤롯의 친구들이었다. 그들을 초청하여 한참 잔치를 버리는 그 날이야말로 절호의 기회가 아닌가.

막 6:22. 헤로디아의 딸이 친히 들어와 춤을 추어 헤롯과 및 그와 함께 앉은 자들을 기쁘게 한지라 왕이 그 소녀에게 이르되 무엇이든지 네가 원하는 것을 내게 구하라 내가 주리라 하고.

잔치가 무르익어갈 무렵 헤로디아의 딸 살로메(Salome, Antiquities, XVIII. 136)가 반라(半裸)의 모습으로 들어와서 춤을 추어 헤롯과 및 그와 함께 앉아서 술에 취한 자들을 기쁘게 했다. 헤롯왕은 의붓딸 살로메에게 취중에 정신없는 말을 하였다. "무엇이든지 네가 원하는 것을 내게 구하라 내가 주리라." 반나체(半裸體)의 의붓딸 소녀(17세 정도)가 춤을 출 때 의붓아버지 헤롯만 아니라 거기에 모였던 초대 손님들도 넋을 잃고 쳐다보고 있었다. 이 때 헤롯은 영원히 잊을 수 없는 실수를 한다. 술에 취한다는 것은 참으로 위험한 일이다.

막 6:23. 또 맹세하기를 무엇이든지 네가 내게 구하면 내 나라의 절반까지라도 주리라 하거늘.

헤롯은 맹세까지 하면서 "무엇이든지 네가 내게 구하면 내 나라의 절반까지라도 주리라"고 말한다. 사실 헤롯 자신은 분봉왕이었으므로 자기 영토가 없었다. 그러므로 이 말은 그저 무엇이든지 원하는 대로 해주겠다는 상투적인 표현이다(왕상 13:8; 에 5:3, 6; 7:2). 사람은 취중에 말한 맹세라도 맹세한 것은 반드시 지켜야 했다(민 5:21-22). 헤롯은 자기가 한 맹세의 덫에 걸리고 말았다.

막 6:24. 그가 나가서 그 어머니에게 말하되 내가 무엇을 구하리이까 그 어머니가 이르되 세례 요한의 머리를 구하라 하니.

헤로디아의 딸 살로메는 자기 자신이 얼른 요구할 것을 말하지 않고 밖으로 나가서 그 어머니 헤로디아에게 무엇을 구할까하고 문의한다. 그 어머니 헤로디아는 이 좋은 기회를 놓칠 수 없었다. 그래서 "세례 요한의 머리를 구하라"고 말해준다. 그 딸에 그 어머니였다. 똑같은 악녀들이었다. 어떤 이는 헤로디아가 세례 요한의 머리를 구한 일은 있을 수 없는 일이라고 하여 이 부분을 하나님의 말씀이 아니라고 주장하기도 한다. 그러나 이 부분도 엄연히 하나님의 말씀이다. 비록 헤로디아가 악마 같은 짓을 했더라도 그 악마 같은 짓을 기록한 마가의 기록 자체는 성령의 감동으로 기록한 것이므로 그의 기록은 하나님의 말씀임에 틀림없다. 세상에는 사람이 아닌 사람도 종종 있다. 오늘 우리는 그런 사람을 가끔 목격한다.

막 6:25. 그가 곧 왕에게 급히 들어가 구하여 이르되 세례 요한의 머리를 소반에 얹어 곧 내게 주기를 원하옵나이다 하니.

헤로디아의 딸은 그 어머니에게서 세례 요한의 머리를 구하라는 명령을 받고 "곧 왕에게 급히 들어가 구하여 이르되 세례 요한의 머리를 소반에 얹어 곧 내게 주기를 원하옵나이다"라고 말한다. "곧" "급히" 들어간 것이다. 혹시 헤롯왕이 맹세한 것을 번복할까 염려하여 시간을 재촉하여 들어갔다. 그리고 그 어머니의 말을 그대로 전했다. "요한의 머리를 소반에 얹어 곧 내게 주소서." 여기 "소반"은 '큰 접시'를 지칭하는 말이다. 큰 접시는 음식만 담으라고 만들어졌으나 사람의 목을 잘라 머리도 얹었던 일이 있었다.

막 6:26. 왕이 심히 근심하나 자기가 맹세한 것과 그 앉은 자들로 인하여 그를 거절할 수 없는지라.

헤롯왕은 잠시 흥에 겨웠었으나 술에서 깬 다음 심히 근심하게 되었다. 그가 근심하지 않을 수 없었던 것은 그 자신이 세례 요한을 의롭고 거룩한 사람으로 알아서 늘 보호했는데 헤로디아의 계략에 빠져들었다는 생각이 났기 때문이다. 또 백성들이 세례 요한을 옳은 사람으로 알고 있는데 그를 죽인다면 큰 재앙이 자기에게 미치지 않을까 염려하여 근심하였다(마 14:9). 하지만 그는 자기가 맹세한 올무에 걸려 헤어 나올 수 없었다. 그는 한번만 딸에게 맹세한 것이 아니라 여러 번 맹세했다. 여기 "맹세한 것"(τοὺς ὅρκους)이란 말이 복수로 되어 있어서 여러 차례 맹세한 것을 드러낸다. 그리고 생일잔치에 초대받아서 거기 함께 앉았던 사람들 모두가 헤롯의 맹세를 들었으므로 자기 체면을 세우기 위해서도 딸의 요구를 거절할 수 없었다. 이제 실행만 남게 되었다.

막 6:27. 왕이 곧 시위병 하나를 보내어 요한의 머리를 가져오라 명하니 그 사람이 나가 옥에서 요한을 목 베어.

이제 헤롯 왕은 시위병 하나를 보내어 세례 요한의 목을 베어 머리를 가져오라고 명령한다. 그 시위병은 헤롯의 명령을 수행하여 "옥에서 요한을 목 베어" 왔다. 문맥을 보아 헤롯은 세례 요한이 갇혀있던 곳(마카에루스, Machaerus)에서 가까이 있었던 것으로 보인다.

막 6:28. 그 머리를 소반에 얹어다가 소녀에게 주니 소녀가 이것을 그 어머니에게 주니라.

시위병은 가까이 있는 요한의 옥에 들어가서 목을 베고 그 머리를 큰 접시에 얹어다가 소녀 살로메에게 주니 소녀가 요한의 머리를 담은 소반을 받아서 그 어머니 헤로디아에게 주어 결국 그녀의 소원은 성취되었다. 이제 세례 요한을 죽이고 싶어 하던 헤로디아의 살의(殺意)는 드디어 이루어지고 말았다. 마음에 품은 모든 죄를 일찍 자복하지 않으면 언젠가는 그 일을 저지르고 마는 법이다. 예쁜 옷을 입고 아름답게 춤을 추던 소녀는 이제 피가 흐르는 요한의 머리를 들고 다니는 악역을 감당하고 있었다. 아무리 어린 소녀라도 잘못된 어른의 충고를 따라서 영원히 씻을 수 없는 죄를 짓고 말았다. 헤롯의 어리석은 살인이여, 그리고 모녀의 살의에 찬 독심(毒心)이여, 그대들 세 사람은 지금 어디서 무슨 고통을 당하고 있는가. 유대의 역사가 조세푸스는 이들이 훗날 비참하게 되었다고 전한다. 그러나 현세에서만 아니라 내세에서 어떤 고통을 받을 것이냐 하는 것이 문제이다. 내세에서 그들의 처지가 너무 불을 보듯 환하다.

막 6:29. 요한의 제자들이 듣고 와서 시체를 가져다가 장사하니라.

요한이 옥에서 목을 베인 후 그의 제자들이 그 소식을 듣고 와서 시체를 가져다가 장사한다. 그들은 옥에 갇혀 있던 요한과 자주 연락을 취하고 있다가(마 11:2) 그가 죽었다는 소식을 듣고 찾아와서 그의 시신을 가져다가 장사한다. 세례 요한의 제자들은 요한의 시신을 장사한 다음 예수님께 보고한다(마 14:12). 그런데 마 14:13에 보면 예수님은 그들의 보고를 받으신 후 아무 말씀도 않으시고 "배를 타고 떠나사 빈들에 가셨다"고 기록하고 있다. 왜 한 말씀도 하지 않으셨을가. 왜 한 마디의 조의(弔意)도 표하지 않으셨을가. 그것은 요한의 죽음이 너무 복되기 때문이었다. 그는 겸손의 삶을 살다가 순교하였다. 그보다 더 복된 죽음이 어디 있을가. 예수님은 은혜를 많이 받았음에도 불구하고 그리스도를 배신한 사람들을 향하여 비참한 최후가 기다린다고 말씀하시며(마 11:20-24) 가룟 유다를 향하여는 "차라리 세상에 나지 않았더라면 제게 좋을 뻔하였느니라"고 안타까움을 표시하셨으나(마 26:24) 세례 요한의 복된 죽음에 대하여는 한 말씀도 하지 않으셨다. 이유는 예수님의 심판 날에 세례 요한이 큰 칭찬을 들으며 상급을 받을 사람이기 때문이다. 예수님은 사람의 미래를 훤히 보시는 분이다.

XVI. 5병 2어로 5,000명을 먹이시다 6:30-44

마가는 예수님께서 열두 제자를 파송하신(7-13절) 다음 그들이 전도하고 돌아와 예수님께 보고를 드리기 전에 세례 요한의 죽음을 삽화적으로 소개한다 (14-29절). 그리고 그들이 돌아와서 예수님께 보고를 드렸음을 기록한다(30-31절). 그런 후 예수님께서 제자들과 함께 벳새다로 가서 5병 2어로 5,000명 이상의 군중에게 먹이신 사건을 기록한다(32-44절). 5병 2어 기사는 사복음서에 모두 기록된 유일한 사건이다(마 14:13-21; 눅 9:10-17; 요 6:1-14). 5병 2어의 이적은 예수님의 수난을 1년 앞둔 유월절에 이루어졌고(요 6:4) 장소는 벳새다 광야였다(눅 9:10).

막 6:30. 사도들이 예수께 모여 자기들의 행한 것과 가르친 것을 낱낱이 고하니.

　　사도들은 예수님으로부터 파송을 받아 활동하다가(7-13절) 이제 "예수께 모여 자기들의 행한 것과 가르친 것을 낱낱이 고한다"(눅 9:10). 여기 "사도"란 말은 '심부름을 위해 보냄을 받은 자'란 뜻이다. 그들은 그들이 행한 이적과 가르친 것을 하나하나 모두 보고한다. 그들은 흥분 속에서 그들의 사역을 낱낱이 보고한다. 심부름꾼들이 사령관에게 모든 것을 보고하는 것은 당연한 일이다. 오늘도 우리가 행하는 일을 그리스도께서 아시는 것은 당연하다.

막 6:31. 이르시되 너희는 따로 한적한 곳에 가서 잠깐 쉬어라 하시니 이는 오고 가는 사람이 많아 음식 먹을 겨를도 없음이라.

　　선교보고를 들으신(앞 절) 예수님은 12사도에게 "너희는 따로 한적한 곳에 가서 잠깐 쉬어라"고 하신다(마 14:13). 전도여행에서 수고하고 돌아온 일꾼들을 위로하시는 말씀이다. 교회의 사역자들에게나 국외에 나가 선교하는 선교사들에게 위로의 휴식 시간을 주는 것은 당연한 일이다. 어느 목사는 60세가 넘어 별세하면서 "휴식도 주님의 일인 줄 몰랐다"고 말했다. 전도자는 향락을 피해야 하나 휴식은 취해야 한다.

　　예수님께서 12제자들에게 "한적한 곳"을 지정하신 이유는 "오고 가는 사람이 많아 음식 먹을 겨를도 없었기" 때문이었다(3:20). 날이면 날마다 무수한 사람들을 만나고 격무에 시달리며 식사도 제대로 하지 않으면 얼마 안가서 마음 밭이 황폐해진다. 사람에게는 한적한 곳에서의 쉼과 기도가 필요하다. 예수님은 사람의 육신의 필요를 아셨고 또 영혼의 쉼이 필요함을 아셨다.

막 6:32. 이에 배를 타고 따로 한적한 곳에 갈 새.

제자들은 예수님의 권고를 따라 "배를 타고 따로 한적한 곳"을 향해 간다(마 14:13). 여기 "한적한 곳"은 갈릴리 바다의 동편 벳새다 광야였다(눅 9:10). 전도자는 반드시 한적한 곳을 찾아야 한다. 그것도 자주 찾아야 한다. 그리고 마음의 휴식을 취하고 오랫동안 기도를 드려야 한다. 사람은 부패해서 오래 기도를 드려야 간절해진다.

막 6:33. 그들이 가는 것을 보고 많은 사람이 그들인 줄 안지라 모든 고을로부터 도보로 그 곳에 달려와 그들보다 먼저 갔더라.

12사도가 예수님을 모시고 배를 타고 갈릴리 바다의 동편을 향하여 가는 것을 본 많은 사람들이 예수님의 제자들인 줄 알고 "모든 고을로부터 도보로 그 곳에 달려와 그들보다 먼저 갔다." 그들은 여러 고을로부터 걸어서 그곳 벳새다로 달려와 예수님의 제자들보다 먼저 도착했는데 아마도 요단강 상류 쪽의 얕은 곳의 물을 건너 먼저 벳새다에 도착했을 것이다. 열심 있는 사람들은 옛날이나 지금이나 억척스럽다. 은혜를 받기 위해서는 먼 거리도 문제 삼지 않고 걷는 것도 문제가 되지 않았다. 군중들 때문에 예수님께서 제자들을 쉬게 하려는 계획은 수포로 돌아갔다.

막 6:34. 예수께서 나오사 큰 무리를 보시고 그 목자 없는 양 같음으로 인하여 불쌍히 여기사 이에 여러 가지로 가르치시더라.

예수님은 배에서 나오셔서 큰 무리를 보시고 "그 목자 없는 양 같음으로 인하여 불쌍히 여기사 이에 여러 가지로 가르치신다"(마 9:36; 14:14). 그들을 보시고 제자들을 쉬게 하실 계획이 깨져버렸을지라도 불평하지 않으시고 오히려 그들을 불쌍히 여기신다. 그들이 목자 없는 양들이라는 것을 생각하시고 불쌍히 여기신 것이다. 바리새인들이나 서기관들은 도둑들이었다. 그리고 각 곳에 흩어져 있는 회당의 회당장들도 참 진리를 가르치는 사람들이 아니었다. 예수님은 목자 없이 방황하는 무리들을 보시고 불쌍히 여기신 것이다. 병에 걸려 고생하는 사람들 뿐만 아니라 하나님의 진리의 말씀을 가르침 받지 못하고 하나님의 음성을 듣지 못하는 사람들은 불쌍한 사람들이다. 예수님은 그들을 가르치시고 또 병자들을 고쳐주셨다(마 14:14; 눅 9:11).

막 6:35-36. 때가 저물어 가매 제자들이 예수께 나아와 여짜오되 이곳은 빈들이요 날도 저물어가니 무리를 보내어 두루 촌과 마을로 가서 무엇을 사 먹게 하옵소서.

　　　　예수님은 군중들의 불쌍한 처지를 보시고 때가 저물도록 가르치시며 또 병을 고치셨다. 제자들이 예수님께 나아와 말씀드리기를 "이곳은 빈들이요 날도 저물어가니 무리를 보내어 두루 촌과 마을로 가서 무엇을 사 먹게 하옵소서"라고 제안했다(마 14:15; 눅 9:12). 제자들은 먼저 이곳이 빈들이라는 사실을 상기시켜 드렸고 또 날도 저물어가고 있는 것을 말씀드렸다. 그리고 이곳에서는 자기들도 어쩔 수 없으니 무리를 해산시키셔서 여러 곳으로 흩어져 무엇을 사먹도록 조처를 취하시라고 말씀을 드린다. 지극히 사무적인 발상에서 나온 말이다.

막 6:37. 대답하여 이르시되 너희가 먹을 것을 주라 하시니 여짜오되 우리가 가서 이백 데나리온의 떡을 사다 먹이리이까.

　　　　제자들의 제안(앞 절)에 대하여 예수님은 뜻밖에도 "너희가 먹을 것을 주라"고 하신다. 예수님은 다른 사람들이 아니라 바로 "너희들이"(ὑμεῖς-강세를 나타내기 위해 주어가 나타나 있다) 주라고 하신다. 곧 '너희가 먹을 것을 마련하여 주라'는 것이다. 예수님은 제자들로 하여금 그들의 완전 무능을 깨닫게 하시고 자신을 의지하게 하시기 위해 이렇게 말씀하신 것으로 보인다. 예수님은 결단코 제자들에게 있음직한 200데나리온의 돈(하반 절)으로 먹을 것을 마련하여 주라고 하신 것은 아니었다. 만약 그랬다면 실제로 제자들로 하여금 200데나리온의 떡을 사다가 먹이게 하셨을 것이다. 그런데 예수님께서 오병이어로 떡을 만들어 먹이신 것을 보면 결코 돈으로 사다가 먹이라는 뜻은 아니었다.

예수님의 도전적인 명령에 제자들은 "우리가 가서 이백 데나리온의 떡을 사다 먹이리이까"라고 여쭙는다(민 11:13, 22; 왕하 4:43). 한 데나리온은 노동자 한 사람의 하루 품삯이었는데 200데나리온의 돈은 5,000명이 넘는 군중을 먹이기에는 많이 부족한 액수였다. 이런 대답은 제자들 중 빌립의 계산에 의한 것이었다. 예수님은 제자들이 어떻게 나올 것을 다 아시고 시험하기 위하여 이 질문을 하셨는데(요 6:6) 빌립은 계산에 빠른 사람이라 이 액수를 계산하여 말씀드렸다. 예수님은 우리에게 엄청난 것을 기대하시지 않는다. 우리는 그저 그리스도만 의지하면 된다.

막 6:38. 이르시되 너희에게 떡 몇 개나 있는지 가서 보라 하시니 알아보고 이르되 떡 다섯 개와 물고기 두 마리가 있더이다 하거늘.

예수님은 제자들이 어떻게 할 것을 아시고(요 6:6) 말씀하시기를 "너희에게 떡 몇 개나 있는지 가서 보라" 하신다. 예수님은 사람들에게 있는 작은 것을 원하신다. 4,000명을 먹이실 때에도 7병 2어를 가지고 이적을 베푸셨다.

제자들은 예수님의 명령에 따라 조사한 후 "떡 다섯 개와 물고기 두 마리가 있더이다"라고 말씀드린다(이것은 어린 아이의 식사였다. 마 14:17; 눅 9:13; 요 6:9). 예수님은 그것을 받으신다. 작은 우리들을 가지고 크게 쓰시며 또 우리의 작은 것을 가지고 큰일을 이루신다. 우리는 우리 자신과 우리의 것을 아낌없이 바쳐야 한다.

막 6:39-40. 제자들에게 명하사 그 모든 사람으로 떼를 지어 푸른 잔디 위에

앉게 하시니 떼로 백 명씩 또는 오십 명씩 앉은지라.

예수님은 제자들에게 명령하셔서 5,000명 이상의 사람들로 하여금 "떼를 지어 푸른 잔디 위에 앉게 하신다." 식사를 나누어 주기 위해 "떼들"(companies)을 짓도록 하셨다. 그러므로 5,000명 이상의 사람들을 나누되 어떤 때는 100명 혹은 어떤 때는 50명씩 하여 대략 70떼 이상이 되게 했다. 비록 광야였지만 "푸른 잔디 위에" 식사대열로 앉은 모습은 장관이었다. 그들은 그 잔디 위에서 배불리 먹었다.

막 6:41. 예수께서 떡 다섯 개와 물고기 두 마리를 가지사 하늘을 우러러 축사하시고 떡을 떼어 제자들에게 주어 사람들에게 나누어 주게 하시고 또 물고기 두 마리도 모든 사람에게 나누시매.

예수님은 먼저 "떡 다섯 개와 물고기 두 마리를 가지사 하늘을 우러러 축사하신다"(삼상 9:13; 마 26:26). 비록 어린 아이들의 작은 식사 한 끼를 가지시고라도 하늘을 우러러(시 25:15; 121:1; 123:1-2; 141:8; 145:15; 요 11:41; 17:1; 딤전 2:8) 축사하셨다. "축사하시고"란 말은 '찬송하셨다'(blessed)는 뜻이다. 먹을 것을 주신 하나님께 감사드린 것이다. 우리는 하나님께서 주신 것이 비록 조그마한 것일지라도 감사해야 한다. 조그마한 것을 5,000배 이상으로 늘릴 수 있으신 예수님은 아무 것도 아닌, 정말 적은 것을 놓고 하늘을 우러러 하나님께 찬양하고 감사하셨다.

감사하신 다음 예수님은 "떡을 떼어 제자들에게 주신다." 여기 "떼어"(κα-τέκλασεν)라는 말은 부정(단순)과거 시제로 '확실하게 떼었다,' '분명히 떼었다'는 뜻이다. 예수님은 떡을 분명히 떼어서 제자들에게 주셨다. 그리고 "주어"(ἐδίδου)라는 말은 미완료 시제로 '계속해서 주신 것'을 지칭한다. 예수님은 제자들이 입에 넣고 먹을 만한 크기로 떡을 떼어 제자들에게 계속해서 주셨다. 그리고 제자들로 하여금 "사람들에게 나누어 주게 하시고 또 물고기 두 마리도 모든 사람에게 나누신다." 12제자들은 70떼(company) 이상의 떼들을 돌면서 분배했다. 아마도 제자마다 자기가 맡은 몇 개의 떼들을 상대하고 떡과 물고기를 돌렸을 것이다. 70떼 정도라면 한 제자가 6떼 정도를 책임졌을 것이다. 결국은 예수님께서 말씀하신 "너희가 먹을 것을 주어라"는 말씀이 그대로 실현된 것이다. 전도자는 성도들에게 영의 양식을 나누어줄 때에도 내 것을 주려는 어리석음을 버리고 예수님으로부터 받아서 분배해야 한다.

막 6:42. 다 배불리 먹고.

5,000명 이상 되는 군중이 배부르게 먹었다. 더 먹을 수가 없어서 음식을 남겼다(다음 절). 이는 그리스도를 따르는 성도들이 영적으로도 풍요로울 수 있음을, 주님을 가까이 하고 따르면 무슨 일을 하든지 넉넉하게 될 수 있음을 보여주는 이적이다.

막 6:43. 남은 떡 조각과 물고기를 열 두 바구니에 차게 거두었으며.

먹고 남은 떡 조각과 물고기가 열 두 "바구니들"(κοφίνων-basketσ)에 가득 찼다. 예수님은 넉넉히 주시는 분이다. 다윗은 하나님으로부터 많이 받았는데도 밧세바와 간음하다가 책망을 듣고 벌을 받았다. 하나님은 "네 주인의 집을 네게 주고 네 주인의 처들을 네 품에 두고 이스라엘과 유다 족속을 네게 맡겼느니라. 만일 그것이 부족하였을 것 같으면 내가 네게 이것저것을 더 주었으리라"고 하셨다 (삼하 12:8). 충분히 주셨다는 것이다. 본문의 "바구니들"은 7병 2어로 4,000명을 먹이고 남았을 때에 남은 음식을 담았던 "광주리들"(8:8-σπυρίδας)보다는 작은 그릇들이다. 이 때 예수님은 제자들에게 "남은 조각을 거두고 버리는 것이 없게 하라"고 하신다(요 6:12). 엄청난 것을 주시는 예수님은 작은 것도 소중하게 여기라고 명하신다. 우리가 큰 은혜를 받아 누릴 때에도 작은 것을 소홀히 다루지 않아야 한다.

막 6:44. 떡을 먹은 남자는 오천 명이었더라.

자그마치 떡을 먹은 남자만 5,000명이었다. 마태는 여자와 아이들도 있었다고 전한다(마 14:21). 그러니까 떡을 먹은 사람은 5,000명이 훨씬 넘는다. 지금 지구상에 인구가 아무리 증가한다 해도 그리스도의 통치만 따르면 양식이 부족할 염려는 없다(마 6:33). 그러나 반면에 아무리 인구가 감소한다고 해도 그리스도가 다스리시지 않으면 양식이 없어 굶주리게 될 것이다.

XVII. 예수님께서 바다 위를 걸으시다 6:45-52

5병 2어로 5,000명에게 떡을 먹이신 다음에 예수님께서 바다 위를 걸으신 사건은 누가복음을 제외하고 다른 복음에 모두 기록되어 있다(마 14:22-33; 요 6:16-21). 이 이적은 그리스도께서 하나님이심을 보여주는 또 하나의 이적이다.

막 6:45. 예수께서 즉시 제자들을 재촉하사 자기가 무리를 보내는 동안에 배 타고 앞서 건너편 벳새다로 가게 하시고.

예수님은 5병 2어의 이적을 베푸신 다음에 즉시 두 가지 일을 처리하신다. 하나는 "제자들을 재촉하사...배 타고 먼저 건너편 벳새다로 가게 하신" 일(마 14:22; 요 6:17)과 또 하나는 "무리를 보내신" 일이다. 예수님께서 이렇게 제자들을 재촉하시듯 배를 타고 앞서 건너편 벳새다로 보내신 이유는, 1)예수님께서 하나님과 은밀한 중에 교제의 시간을 가지시기 위함이었고(다음 절), 2)예수님을 자신들의 왕으로 삼으려는 무리들(요 6:15)과 제자들을 격리시키려는 의도에서였다. 예수님은 걸어서 그곳까지 따라온 무리들(33절)을 흩어지게 하시므로 제자들과 떼어 놓으신다. 5병 2어로 5,000명 이상에게 음식을 먹이신 놀라운 이적에 참여했던 무리들은 예수님을 임금 삼아서 로마 정권의 압제로부터 해방 받으려고 했다(요 6:15). 예수님께서는 그런 혁명을 원하지 않으셨다. 유대민족이 외국의 압제로부터 해방 받는 것을 원하시지만 그보다 먼저 자신이 사람들의 죄를 담당하여 십자가에서 죽기를 소원하신다. 그리고 사람들이 예수님 자신을 믿어 죄 사함 받고 범사가 잘 되기를 소원하신다. 예수님은 십자가에서 죽는 일이 더 시급하셨으므로 그 혁명운동을 조기에 차단하셨다. 오늘 우리가 그리스도를 믿기만 하면 모든 것으로부터 자유함을 얻는다(요 8:32).

본문에 "재촉하사"(ἠνάγκασεν)란 말은 '강요하다,' '강권하다'라는 뜻이다. 예수님은 제자들을 강권하여 바다 건너편으로 보내신다. 무리들과 어울리면 예수님을 왕으로 모시려는 움직임이 더욱 심해지리라 생각하여 급하게 제자들을 보내신다. 본문에는 예수님께서 제자들을 재촉하셔서 "벳새다"라는 곳으로 보내셨다고 하였는데 그 곳은 어디인가. 5병 2어로 5,000명 이상에게 떡을 먹이신 곳이 바로 벳새다였는데(눅 9:10) 예수님께서 제자들을 보내신 이곳 벳새다는 또 어디인가. 우리는 갈릴리 바닷가에 두 곳의 "벳새다"('물고기 집'이라는 뜻)가 있었으리라 생각해도 좋다. 갈릴리 바다에 물고기가 많았으므로 '물고기 집'이라는 뜻을 가진 동네가 갈릴리 바다 동서(東西)에 두 개가 있는 것으로 보인다. 제자들이 향한 벳새다는 갈릴리 바다의 서편에 위치한 곳으로 가버나움의 남쪽에 자리 잡은 게네사렛 평원이었을 것이다(막 6:53; 요 6:17, William Hendriksen).

막 6:46. 무리를 작별하신 후에 기도하러 산으로 가시니라.

예수님은 무리를 불쌍히 여기셔서(34절) 그들 가까이서 이적을 행하셨지만 기도하시기 위하여 무리와 작별하신 후에 산으로 가신다. 예수님은 하나님과 영적으로 교제하시기를 즐기신다. 누가복음에는 예수님께서 하나님과 영적 교제를 가진 것을 많이 기록하고 있다(눅 3:21; 5:16; 6:12; 9:18, 28; 11:1; 22:41, 44). 그래서 누가복음을 기도복음이라고도 한다.

막 6:47. 저물매 배는 바다 가운데 있고 예수께서는 홀로 뭍에 계시다가.

마가는 날이 저문 때에 생겨난 일 두 가지를 묘사한다. 하나는 제자들이 타고 떠난 "배는 바다 가운데 있다"는 것과 또 하나는 "예수께서는 홀로 뭍에 계셨다"는 것이다(마 14:23; 요 6:16-17). 다시 말해 제자들은 바다 가운데, 그리고 예수님은 산에 계셨다. 그리고 때는 많이 저문 때였다. 이유는 군중에게 떡을 먹이실 때가 저물어갈 때였기 때문이다(35절).

막 6:48. 바람이 거스르므로 제자들이 힘겹게 노 젓는 것을 보시고 밤 사경쯤에 바다 위로 걸어서 그들에게 오사 지나가려고 하시매.

제자들이 바다 가운데 있을 때 "바람이 거스르고" 있었다. 마 14:24에는 "배가 이미 육지에서 수 리나 떠나서 바람이 거스르므로 물결로 말미암아 고난을 당하더라"고 말한다. 그런데 "제자들이 힘겹게 노 저어가고 있었다." 예수님께서 계시지 않는 곳에는 힘겨움이 있다. 그리스도께서 함께하시지 않으면 매사에 힘이 많이 든다. 예수님은 제자들이 힘겹게 노 젓는 것을 "보시고 밤 사경쯤에 바다 위로 걸어서 그들에게 오신다." 예수님은 제자들이 괴로움 당하는 것을 보셨듯이 오늘날 성도들의 힘겨움도 보신다.

예수님은 '밤 사경,' 곧 '새벽 3시-6시경'까지 주무시지 않고 기도하시다가 제자들이 힘겹게 노 젓는 것을 보시고 바다 위로 걸어서 그들에게 오신다. 여기 "바다 위로 걸으셨다"는 말은 예수님이 자연을 초월하시는 분임을 뜻한다. 혹자는 예수님께서 '바다 위로 걸어서'라는 말을 '해변을 걸으신 것'으로 해석하나 문맥을 잘못 관찰한 것으로 보인다. 이유는, 같은 사건을 다루는 마태복음에는 베드로가 예수님을 향하여 "주여 만일 주시어든 나를 명하사 물위로 오라 하소서"라고 간청했을 때 예수님께서 "오라"고 하셨고 이에 베드로가 "배에서 내려 물 위로 걸어서 예수께로 가되 바람을 보고 무서워 빠져갔다"(마 14:28-30)고 기록하고 있다. 만일 예수님께서 해변을 걸으셨다면 베드로 역시 해변을 걸었을 텐데 해변을 걸으면서 해변에 빠져서 구원을 요청했겠는가? 논리가 맞지 않는 말이다. 예수님께서 분명히 바다 위로 걸으셨음은 의심의 여지가 없다.

예수님께서 바다 위로 걸으셨다는 것과 베드로가 또 바다 위로 걸었다는 것은 우리에게 무엇을 보여주는가. 그것은 그리스도 안에서 성도들도 역시 초월적인 삶을 영위할 수 있음을 의미한다. 이 말은 성도들이 바다를 걷거나 자연을 거스른다는 것이 아니라 성도들이 영적으로 초월적인 삶을 살 수 있다는 말이다. 그것은 성도들이 땅의 것을 생각하지 말고 위엣 것을 찾으며 사는 것이다(골 3:2-3). 다시 말해 성도들은 땅의 것, 곧 "음란과 부정과 사욕과 악한 정욕과 탐심" 같은 것을 죽이고(골 3:5) "긍휼과 자비와 겸손과 온유와 오래 참음을 옷 입는" 삶을 살아가는 것이다(골 3:12-17). 곧 성도가 땅의 지체를 죽이고 성도다운 삶을 사는 것이 초월적인 삶을 사는 것이다. 성도들은 그리스도 안에서 성도다운 초월적인 삶을 살 수 있다. 우리는 이 초월적인 삶을 사모해야 한다.

예수님은 바다 위로 걸어오셔서 그냥 "지나가려고 하셨다"(눅 24:28). 제자들이 도움을 요청하지 않았다면 그냥 지나가려고 하셨다. 다시 말해 예수님은 자신에 대한 제자들의 환영을 기대하셨다. 만일 그들이 자신에게 도움을 요청하지 않았다면 그냥 지나치셨을 것이다. 예수님께서 부활하신 후 엠마오로 가는 길에서 두 사람과 때가 저물도록 대화를 나누시다가 두 사람이 강권하여 자기들과 함께 유하시기를 요청하였을 때 예수님은 그들과 함께 그들이 유하는 곳으로 들어가셨다(눅 24:29). 우리는 모든 일에 예수님의 간섭과 도움을 요청해야 한다. 예수님께서 우리를 도우려고 하셨을지라도 우리가 그분의 도움을 요청하지 않으면 예수님은 도우심을 연기하신다. 하나님의 선택을 받은 사람이라 할지라도 구원을 호소하지 않으면 계속해서 다음으로 연기하신다. 그러시다가 우리가 구원을 호소하지 않으면 안 되는 험난한 환경을 우리에게 만들어주시고 그로 인해 우리가 그분께 구원을 요청하게 하신다. 우리는 예수님께 망설임 없이 구원을 호소해야 한다.

막 6:49-50a. 제자들이 그가 바다 위로 걸어오심을 보고 유령인가 하여 소리 지르니 그들이 다 예수를 보고 놀람이라.

제자들은 예수님께서 바다 위로 걸어오시는 것을 보고 "유령"(φάντασμα), 곧 '허깨비,' '실체가 없는 것'으로 착각하고 "예수를 보고 놀라서" 소리 지른다. 예수님을 유령으로 착각하고 놀란 것이다. 다시 말해 제자들은 예수님을 실체가 없는 환상으로 보고 대경실색했다. 사람들은 때로 영안이 어두워 은혜를 은혜로 알지 못하고 당황한다. 은혜 받을 좋은 기회가 왔을 때에도 망하게 된 줄로 착각하고 놀랜다.

막 6:50b. 이에 예수께서 곧 그들에게 말씀하여 이르시되 안심하라 내니 두려워 하지 말라 하시고.

제자들이 소리 지르고 놀라는 것을 보시고 예수님께서는 "안심하라 내니 두려워하지 말라"고 하신다. 여기 "안심하라"(θαρσεῖτε)는 말은 현재명령형으로 '계속해서 용기를 가져라,' '계속해서 담대하라,' '계속해서 기운을 내라'는 뜻으로 제자들에게 용기를 북돋우시는 말씀이시다(마 9:2, 22; 14:27; 요 16:33; 행 23:11). 예수님은 오늘도 하나님 우편에서 우리들을 향하여 항상 담대하라고 명령하신다. 우리는 예수님만 바라보고 항상 담대해야 한다. 그리고 예수님은 '내니'라고 말씀하신다. "내니"(ἐγώ εἰμι)란 말은 '나다'라는 뜻으로 '너희들이 잘 알고 있는 너희의 주 나 예수이다'라는 뜻이다. 여기 "내니"(It is I)란 말은 현재시제로 되어 있어 영원히 존재하는 "나"라는 뜻이다(요 8:58).

예수님은 자신의 정체를 제자들에게 알려주신 다음에 "두려워하지 말라"(μη φοβεἰσθε)고 말씀하신다. '두려움을 멈추라'는 뜻이다. 제자들은 바다 위로 걸어오신 초월적인 예수님을 보았으므로 두려움을 버려야 했다. 예수님이심을 알았는데 계속해서 두려워해서는 안 되기 때문이다. 만일 세상 사람들이 두려워하는 상황이 우리에게 닥쳐도 두려워해선 안 된다. 세상 사람들은 예수님을 모시지 못했으니 두려워하지만 우리는 바다 위로 걸어오신 예수님을 모셨으므로 하나도 두려워할 필요가 없다.

막 6:51. 배에 올라 그들에게 가시니 바람이 그치는지라 제자들이 마음에 심히 놀라니.

예수님께서 제자들에게 걸어가서서 배 안으로 들어가셨을 때 "바람이 그쳤다." 이렇게 바람이 그친 것은 예수님께서 자연을 주장하심을 보여준다. 오늘도 예수님께서 우리 가정에 들어오실 때 가정의 풍파가 그치며, 교회를 주장하실 때 교회의 어려움이 해결된다. 그래서 "제자들이 마음에 심히 놀랐다." 제자들은 예수님의 이적을 접하고 '경이로움에 사로잡혔다.' 이들이 놀란 것을 두고 마태는 "배에 있는 사람들이 예수께 절하며 이르되 진실로 하나님의 아들이로소이다"라고 경탄했다고 전한다.

막 6:52. 이는 그들이 그 떡 떼시던 일을 깨닫지 못하고 도리어 그 마음이 둔하여졌음이러라.

예수님의 제자들이 놀란 것은 바람이 그쳤기 때문이지만(앞 절) 영적으로는 "그들이 그 떡 떼시던 일을 깨닫지 못했기" 때문이다(8:17). 그들이 예수님께서 떡 떼시던 일을 깨달았다면 그처럼 놀라지는 않았을 것이다. 그들은 예수님께서 5병 2어를 가지고 5,000명 이상이나 되는 군중을 먹이신 이적을 보면서 예수님이야말로 만백성을 먹이시는 능력의 하나님이심을 깨닫고 믿음에 굳게 서야 했는데 그 사실을 깨닫지 못했기에 바람이 극적으로 멈춘 사실 앞에서 심히 놀랐다. 예수님의 이적을 보고 깨닫지 못하면 다른 이적을 보고도 계속 놀라게 마련이다. 우리는 예수님의 위대함을 깨달아야 한다.

제자들이 예수님의 떡 떼시던 일을 깨닫지 못한 것, 다시 말해 그들이 예수님께서 5병 2어로 5,000명 이상의 군중을 먹이신 것을 깨닫지 못한 것은 "그 마음이 둔하여졌기" 때문이었다(3:5; 16:14). 곧 '영안이 밝지 못했기' 때문이었다. "마음"이란 인간의 중심이고 인간 행동의 근원이며 지정의(知情意)의 중심이다. 마음이 성령에 의하여 밝아지지 않으면 예수님의 이적의 의미를 깨닫지 못한다. 5병 2어의 의미만이 아니라 모든 이적의 의미를 깨닫지 못한다. 성령님이 스승 되지 않으시면 우리의 마음은 둔하여 모든 점에서 어두울 수밖에 없다. 인생은 영적 사실 앞에서 둔하다. 과학자들도 정치가들도 경제인들도 모두 영적인 사실 앞에서 둔하다. 다시 말해 깜깜하다. 성령의 조명을 받지 않으면 모두 깜깜할 뿐이다.

XVIII. 게네사렛에서 병을 고치시다 6:53-56

갈릴리 바다의 동쪽 벳새다에서 게네사렛으로 돌아오신 예수님은 돌아오시자마자 많은 병자들을 고쳐주신다. 이 부분은 마 14:34-36과 병행한다. 마가가 보다 상세하게 기록한다.

막 6:53. 건너가 게네사렛 땅에 이르러 대고.

예수님은 제자들과 함께 배로 갈릴리 바다를 "건너가 게네사렛 땅에 이르러 댔다"(마 14:34). "게네사렛"은 가버나움 남쪽에 위치한 비옥한 평원으로 인구가 조밀했다. "게네사렛의 길이는 갈릴리 바다(소위 게네사렛 호수, 눅 5:1)를 따라 약 3마일(5km), 폭은 그 해변으로부터 1.5마일(2.4km)에 달한다. 예수님은 원래 제자들과 함께 가버나움으로 가시려 하였으나(요 6:17, 24-25), 게네사렛 땅에서 하셔야 할 일이 많아(54-55절) 이곳에 오셔서 많은 사람들을 고치셨다(윌럼 헨드릭슨).

막 6:54-55. 배에서 내리니 사람들이 곧 예수이신 줄을 알고 그 온 지방으로 달려 돌아다니며 예수께서 어디 계시다는 말을 듣는 대로 병든 자를 침상째로 메고 나아오니.

배에서 내리자마자 사람들이 곧 예수님이신 줄 알아보고 "그 온 지방으로 달려 돌아다니며 예수께서 어디 계시다는 말을 듣는 대로 병든 자를 침상 째로 메고 나아왔다." 예수님께서 게네사렛 땅에 도착하신 줄 알아본 사람들이 그 지역의 온 땅으로 돌아다니며 널리 광고하여 병자들로 하여금 예수님께로 모이게 했고 또 걷지 못하는 병자들을 침상 째로 예수님께로 메고 나왔다. 우리는 사람들이 예수님을 믿도록 널리 광고해야 한다.

막 6:56. 아무 데나 예수께서 들어가시는 지방이나 도시나 마을에서 병자를 시장에 두고 예수께 그의 옷 가에라도 손을 대게 하시기를 간구하니 손을 대는 자는 다 성함을 얻으니라.

사람들은 병자들을 예수님께서 들어가시는 지방의 시장, 도시의 시장, 마을의 시장(광장)에 두었다. 예수님께서 어느 지방의 시장으로 가시면 사람들은 그 지방의 병자들을 바로 그 시장에 모이게 했으며 보호자로 하여금 침상 째 데리고 오게 했다. 도시의 시장과 마을의 시장에서도 마찬가지 였다. 그리고 사람들은 예수님께 그분의 옷 가에라도 손을 댈 수 있도록 간청했다. 그런데 기쁘게도 "손을 대는 병자마다 다 성함을 얻었다"(5:30). 여기 "시장"이란 '사람들이 많이 모이는 곳, 상품을 거래하는 곳, 고용인을 채용하는 광장'이었다. 사람들은 병자들에게 예수님의 옷 가를 믿음으로 만지라고 말해서 병자들마다 예수님의 옷에 손을 대었는데 대는 사람마다 다 성함을 얻었다. 병자들은 확실한 믿음이 없어도 사람들이 전해주는 대로 예수님의 옷 가를 만지기만 하면 나을 것이라는 믿음으로 예수님의 옷 가를 만졌고 구원을 받았다(5:27-28; 마 9:20; 행 19:12).

예수님은 어느 시장에 가시든지 먼저 사람들에게 복음을 전파하셨다. 마가는 이 부분에서 예수님의 복음 전파에 대하여 침묵했으나 다른 복음서에서 일관되게 나타나는 대로 예수님은 먼저 복음을 전하신 다음 사람들을 고치셨다. 예수님은 마가가 활동하던 시대에는 이곳, 저곳으로 다니셨지만 지금은 성령으로 어디든지 계신다(롬 8:9-10). 우리는 지금 어디에 있든지 예수님께 나아와 병을 고침 받을 수 있고 문제를 해결 받을 수 있다.

제 7 장

결례문제로 논쟁하신 일과 두 사람을 고쳐 주신 일

XIX. 결례문제로 바리새인들과 논쟁하시다   7:1-23

     예수님은 게네사렛에서 병자들을 고치신(6:53-56; 마 14:34-36) 다음 가버나움으로 가신 것으로 보인다(17절; 요 6:17, 24-25, 59). 그리고 가버나움에서 유대의 교권주의자들과 결례문제로 논쟁하신다(1-23절). 거기서 교권주의자들의 간교한 질문에 답하신 다음 이곳을 떠나 이방 땅으로 가신다(24절). 예수님은 율법이 아니라 믿음으로 의롭다 함을 얻는다는 바울 신학의 근간을 마련해주신다.

     교권주의자들은 예수님의 제자들이 밥 먹을 때 손을 씻지 않은 것을 문제 삼아 예수님께 시비를 걸었고 예수님은 구약의 말씀으로 답하신다(1-8절). 그리고 바리새인들과 서기관들의 정결법은 도리어 율법에 저촉됨을 지적하시고(9-13절) 정말 부정한 것이 어떤 것임을 결론적으로 말씀하신다(14-23절). 이 부분은 마 15:1-20과 병행한다.

막 7:1. 바리새인들과 또 서기관 중 몇이 예루살렘에서 와서 예수께 모여들었다가.
     바리새인들과 서기관 중 몇 사람은 예수님의 높아가는 명성에 불안을 느껴 멀리 예루살렘으로부터 파견 받아 온다(마 15:1). 이들이 온 목적은 예수님의 흠을 잡아 고발하고 죽이려는 것이었다. 바리새인들은 분리주의자들이었으며 자기들은 항상 의롭다고 믿었던 유대인들이었다(눅 18:11). 그리고 서기관들은 율법

전문가들로서 율법(구약성경)을 보관하고 연구, 해석했으며 백성들에게 가르쳤다. 여기 "서기관 중 몇"이란 말은 서기관들 중에서 아주 탁월한 사람이 뽑혀온 것을 암시한다.

막 7:2. 그의 제자 중 몇 사람이 부정한 손 곧 씻지 아니한 손으로 떡 먹는 것을 보았더라.

바리새인들과 서기관 중 몇이 예루살렘에서 와서(앞 절) 제일 처음 관찰한 것은 "그의 제자 중 몇 사람이 부정한 손 곧 씻지 아니한 손으로 떡 먹는 것을 본 것이었다." 곧 '씻지 아니한 손으로 밥을 먹는 장면을 포착한 것'이다. 사실 그들이 더 오래 관찰했더라면 아마도 예수님의 제자들 모두가 손을 씻지 않고 밥 먹는 것을 관찰할 수 있었을 것이며 예수님조차도 그러신 것을 발견할 수 있었을 것이다. 바리새인들과 서기관들은 참으로 장로들이 만들어 놓은 전통에 사로잡혀 헤어나오지 못한 사람들이었다. 오늘도 잘못된 자기 생각에 사로잡혀 교회에서 다른 사람들을 잡는 사람들이 있지 아니한가. 그들은 성경을 더 많이 배워야 한다.

막 7:3-4. (바리새인들과 모든 유대인들은 장로들의 전통을 지키어 손을 잘 씻지 않고서는 음식을 먹지 아니하며 또 시장에서 돌아 와서도 물을 뿌리지 않고서는 먹지 아니하며 그 외에도 여러 가지를 지키어 오는 것이 있으니 잔과 주발과 놋그릇을 씻음이러라).

마가가 3-4절을 괄호로 묶어 놓은 것은 유대인들의 전통과 관례에 대해 생소함을 느끼는 이방인들을 위해 이해를 도우려고 설명구를 써놓고 묶어 놓은 것이다. 본문의 "바리새인들과 모든 유대인들"은 서로 약간 다른 색깔을 가진 사람들이다. 바리새인들은 소위 분리주의자들로서 의로운 삶을 살려고 나선 사람들이고(2:16 주해를 참조할 것), "모든 유대인들"은 '대부분의 유대인들'이란 뜻으로 일반 유대인들을 지칭한다.

두 부류의 사람들(바리새인들과 일반 유대인들)은 "장로들의 전통을 지키어 손을 잘 씻지 않고서는 음식을 먹지 아니했다." 두 부류의 사람들은 유명한 랍비들이 만들어놓은 전통을 지켜서 손을 씻고서야 식사를 했다. "전통"이란 '오래 전 유명한 랍비들이 만들어 놓은 규례들을 후대의 서기관들이 받아 내려온 것'을 뜻한다. 이렇게 전수되어 내려온 규례들은 그 시대의 서기관들이 보관했고 그 시대 사람들에게 가르쳤다. 바리새인들이나 대개의 유대인들은 오래 전부터 전수되어 내려온 수많은 사소한 규례들을 지켜야 구원을 받는 줄로 알고 거기에 집착했다. 그들은 그 규례들이 성경의 권위와 똑같은 것으로 알고 준수하였다. 식사를 하기 전에 손을 씻지 않으면 구원에서 탈락하는 줄 알고 자기들만 아니라 온 국민이 지키기를 소원해서 예수님에게까지 시비를 걸었다. 본문에 "손을 잘 씻는다"는 말은 아마도 '물을 손목까지 부은 다음 한번 씻고 또 물을 손목 위에까지 붓고 흘러내리게 해서 다시 한 번 씻는 것을 뜻할 것'이다.[14] 그러므로 "손을 잘 씻는다"는 말은, 바리새인들과 유대인들이 손을 씻지 않으면 식사를 아예 하지 않음을 강조하는 말이다..

두 부류의 사람들은 "또 시장에서 돌아 와서도 물을 뿌리지 않고서는 먹지 아니했다." 시장에서 돌아온 경우 평소 때보다 더욱 식사 전에 엄격하게 씻었다는 뜻이다. 이유는 시장에서는 여러 사람을 만나고 혹은 이방인이나 여러 종류의 부정한 사람을 만나게 되니 정결예식에 더욱 힘썼다는 뜻이다. "물을 뿌린다"($\beta\alpha\pi$-$\tau\acute{\iota}\sigma\omega\nu\tau\alpha\iota$)는 말은 '목욕을 하다,' '물속에 몸을 담그다'는 뜻으로 글자대로 해석하면 유대인들이 시장에서 돌아와서 전신을 물에 담그고 목욕을 했다는 뜻이다. 그러나 유대인들이 먹기 전에 목욕을 했다는 표현이 성경 다른 곳에는 없으므로 더욱 철저히 손을 씻었다는 뜻으로 보아야 할 것이다.

---

14) 윌렴 헨드릭슨, p. 395. *The Babylonian Talmud* (Seder Tohoroth, London, 1948, 9. 552).

두 부류의 사람들은 "잔과 주발과 놋그릇을 씻었다." 바리새인들이나 유대인들은 식사하기 전에 손만 씻는 것이 아니라 그릇들도 씻었다. 탈무드(Talmud)에 의하면 유대인들이 사용하는 식기들은 이방인들로부터 구입하였기 때문에 필연적으로 깨끗하게 씻을 수밖에 없었다. 유대인들의 미쉬나(mishna)를 보면 그릇을 정결케 하는 의식에 대해 30개 이상의 조항이 있다(Ralph Earle). 바리새인들과 대개의 유대인들이 이렇게까지 철저하게 정결예식을 행했으니 예수님의 제자들이 씻지 않은 손으로 식사를 하는 것을 목격하고 질겁했을 것은 뻔한 일이다. 그들은 조상 때부터 내려온 전통을 받기는 했으나 그 전통은 잘못된 전통이었다. 아무튼 무엇이든지 잘못 배우는 것은 불행한 일이다.

막 7:5. 이에 바리새인들과 서기관들이 예수께 묻되 어찌하여 당신의 제자들은 장로들의 전통을 준행하지 아니하고 부정한 손으로 떡을 먹나이까.

바리새인들과 서기관들은 말로는 예수님의 제자들이 장로들의 전통을 지키지 않고 부정한 손으로 떡을 먹느냐고 따졌지만 실제로는 예수님에게 화살을 쏜 것이다(마 15:2). 예수님에게 노골적으로 공격하기가 쉽지 않아서 우선 제자들을 문제 삼고 시비를 걸었다. 사람들은 이런 식으로 예수님을 공격해 들어갔다.

막 7:6-7. 이르시되 이사야가 너희 외식하는 자에 대하여 잘 예언하였도다 기록하였으되 이 백성이 입술로는 나를 존경하되 마음은 내게서 멀도다 사람의 계명으로 교훈을 삼아 가르치니 나를 헛되이 경배하는도다 하였느니라.

예수님은 시비를 걸어오는 바리새인들과 서기관들을 향하여 이사야 29:13을 인용하셔서 그들의 외식은 벌써 주전 700년 전에 선지자 이사야가 예언했다고 하신다. 이사야는 바리새인들과 서기관들이 외식할 것을 오래전에 예언해 놓았다. 이사야는 "이 백성이 입술로는 나를 존경하되 마음은 내게서 멀도다 사람의 계명으로 교훈을 삼아 가르치니 나를 헛되이 경배하는도다"라고 예언했다(마 15:8).

이사야는 당시 사람들의 형편을 보고 말했는데 그 말씀이 예언이 된 것이다. "외식"이란 '겉과 속이 다른 위선자'를 지칭하는데 그들의 입술과 마음이 달랐다. 그들은 입술로는 하나님을 존경하되 마음은 하나님으로부터 멀었다.

그들은 랍비들이 만들어 놓은 전통을 가지고 사람 앞에서는 잘 믿는 것처럼 말했으나 하나님의 계명은 헌신짝처럼 버렸다. 그들은 말로만 믿었고 마음은 하나님을 멀리 했다. 우리의 마음은 하나님의 말씀에만 집착해야 한다. 중요한 것은 마음이다(요 4:24). 우리는 마음으로 믿고 마음으로 경배해야 한다.

막 7:8. 너희가 하나님의 계명은 버리고 사람의 전통을 지키느니라.

바리새인들과 서기관들은 하나님의 계명은 버리고 대신 사람들(랍비들)이 만들어놓은 자질구레한 규례들(이것들이 대대로 전해내려 왔기에 전통이라 부른다)을 지키고 있었다. 우리는 성경의 권위를 세워야 한다. 교회에서 만든 규칙, 노회나 지방회에서 만든 규칙들, 총회에서 만든 규약들은 성경이 아님을 알아야 한다. 이런 규칙들과 규약들은 그것이 과연 옳은 것인지 성경의 조명을 받아야 한다. 소위 규칙준수주의자들은 때로 교회와 노회, 총회에 큰 해독을 주는 경우가 있다.

막 7:9. 또 이르시되 너희가 너희 전통을 지키려고 하나님의 계명을 잘 저버리는도다.

바리새인들과 서기관들은 오래 전부터 전해져 내려온 전통을 지키기 위해 하나님의 계명을 쉽게 저버렸다. 잘 믿는 척하고 무엇을 만들어 지키다가 오히려 제대로 믿지 않는 결과를 가져왔다. 우리는 그 무엇이나 하나님 말씀 위에 놓아서는 안 된다.

막 7:10. 모세는 네 부모를 공경하라 하고 또 아버지나 어머니를 모욕하는

자는 죽임을 당하리라 하였거늘.

"모세"가 기록한 "네 부모를 공경하라 하고 또 아버지나 어머니를 모욕하는 자는 죽임을 당하리라"는 말씀은 사람의 말이 아니고 바로 하나님의 말씀이다(13절). 상반 절 "네 부모를 공경하라"(출 20:12; 신 5:16; 마 15:4)는 적극적으로 부모 공경을 권장한 말씀이고(신 5:6; 잠 1:8; 6:20-22), 하반 절 "아버지나 어머니를 모욕하는 자는 죽임을 당하리라"(출 21:17)는 것은 소극적으로 부모 공경을 권장한 말씀이다(레 20:9).

"공경한다"는 것은 마음으로 사랑하고 존경하는 것을 뜻하며 순종 이상의 것이다. 자식들이 자신을 위한 이기적인 생각으로나 억지로 혹은 노예처럼 순종하는 것보다는 마음으로 공경하는 것이 훨씬 더 값지다. 오늘날엔 부모를 공경하지 않을 뿐 아니라 저주하고 심지어 죽이는 자식들이 많이 생겨나고 있다. 이런 사람들은 국가기관으로부터 처벌을 받아야 한다.

막 7:11. 너희는 이르되 사람이 아버지에게나 어머니에게나 말하기를 내가 드려 유익하게 할 것이 고르반 곧 하나님께 드림이 되었다고 하기만 하면 그만이라 하고.

바리새인들과 서기관들이 가지고 있는 전통 중에서 "아버지에게나 어머니에게나 말하기를 내가 드려 유익하게 할 것이 고르반 곧 하나님께 드림이 되었다"고 말하기만 하면 부모 공경은 하지 않아도 된다는 규정이 있었다. "고르반"(κορβᾶν)이란 말은 히브리어로 '헌물'(獻物), '제물'(祭物)이란 뜻인데, 부모를 공경하는데 써야 할 물질을 하나님께 헌물로 드린다고 말만 하면 부모 공경이 면제되었다(마 15:5; 23:18). 그런 식으로 말만 해놓고 나중에는 그 제물을 가지고 하나님께 드리지도 않고 결국 자식들이 써 버리는 사례까지 있었다. 이것이야말로 부모 공경을 피하는 묘책의 하나가 아닐 수 없다.

막 7:12. 제 아버지나 어머니에게 다시 아무 것도 하여 드리기를 허락하지 아니하여.

기독교의 효(孝)는 아버지에게나 어머니에게 무엇을 해 드려야 하는 것인데, 유대인들의 전통은 그 반대로 부모에게 드릴 것을 하나님께 드린다고 말만 하면 부모 공경은 면제 될 수 있다는 것이었다. 고르반 신앙이야 말로 참으로 흉악한 전통이다.

막 7:13. 너희가 전한 전통으로 하나님의 말씀을 폐하며 또 이 같은 일을 많이 행하느니라 하시고.

유대인들은 조상 랍비들로부터 전통을 받아서 그 전통을 지킨다고 하나님의 말씀(모세가 받은 제 5계명)을 폐지할 뿐 아니라 그와 비슷한 일들을 많이 실행했다. 바리새인들이나 서기관들은 부모 공경에 있어서 철저히 외식을 하였다. 다시 말해 하나님 공경이 부모 공경보다 앞서므로 하나님을 공경하기 위하여 부모 공경을 안 해도 된다고 말하는 것은 철저히 입에 붙은 말뿐이었다. 그들의 입술은 숯불로 철저하게 지져야 했다.

막 7:14-16. 무리를 다시 불러 이르시되 너희는 다 내 말을 듣고 깨달으라. 무엇이든지 밖에서 사람에게로 들어가는 것이 능히 사람을 더럽게 하지 못하되 사람 안에서 나오는 것이 사람을 더럽게 하는 것이니라 하시고.

예수님은 바리새인들과 서기관들의 질문을 받으시기(1-5절) 전에 유대인들과 말씀하셨는데 종교지도자들이 와서 왜 식사할 때에 손을 씻지 않느냐고 시비를 거는 바람에 무리와의 대화가 중단되었다가 이제 다시 무리를 불러 말씀하신다. 그리고 예수님은 무리에게 "너희는 내 말을 듣고 깨달으라"고 권고하신다(마 11:15; 15:10). 깨달아야 예수님의 말씀을 잊어버리지 않게 되고 또 다른 말씀을 들을 때에 당황하지 않고 듣게 된다는 것이다.

바리새인들과 서기관들은 식사할 때 손을 씻지 않고 먹으면 사람이 더러워진 다고 주장했는데 예수님은 반대로 사람의 마음에서 나오는 것들((21-22절)이 사람 을 더럽게 하는 것이라고 말씀하신다. 현대의 과학은 더러운 음식물이 암을 일으키 고 각종 질병을 유발한다고 말하는데 그것은 위생학적 측면에서 말한 것이고, 참으로 사람을 더럽히는 것은 사람 안에서 나오는 많은 죄들이 영적으로 또는 도덕적으로 사람을 더럽힌다. 오늘 현대인들은 마음속에서 나오는 무수한 죄들 속에 파묻혀 살고 있다고 해도 과언이 아니다.

막 7:17. 무리를 떠나 집으로 들어가시니 제자들이 그 비유를 묻자온대.

예수님은 무리와 말씀하시다가 끝내시고 무리를 떠나 집으로(2:1; 3:20) 들어가신다. 이제는 예수님과 제자들만 남았다. 그 때 베드로(마 15:15)가 제자들을 대표하여 예수님께 "그 비유를 물었다." 15-16절의 내용이 비유라고 생각한 것이다. 제자들은 이렇게 조용한 시간에 예수님께 질문했다.

막 7:18-19a. 예수께서 이르시되 너희도 이렇게 깨달음이 없느냐 무엇이든지 밖에서 들어가는 것이 능히 사람을 더럽게 하지 못함을 알지 못하느냐 이는 마음으로 들어가지 아니하고 배로 들어가 뒤로 나감이라.

예수님은 일반 유대인들과는 달리 제자들만은 자신의 말씀(15-16절)을 깨달을 줄 아셨다. 그러나 그들이 이 문제를 가지고 질문하는 것을 보시고 "너희도 이렇게 깨달음이 없느냐"고 의아해 하시면서 물으신다. 진리에 대하여 깨달음이 없음은 비정상이라는 말씀이다. 우리는 우리의 스승 성령님을 모시고 모든 것을 깨달아야 한다(요 14:17, 26).

예수님은 제자들의 질문에 대하여 답하신다. "무엇이든지 밖에서 들어가는 것이 능히 사람을 더럽게 하지 못함을 알지 못하느냐"고 말씀하시면서 제자들의 질문에 답하신다(요 14:9 참조). 곧 '무엇이든지 밖에서 안으로 들어가는 음식물이 사람을 윤리적으로 그리고 도덕적으로 더럽게 하지 않는다'는 말씀이다. 다시 말해 그 어떤 음식물이든지 위장으로 들어가서 장(腸)을 통과하여 뒤로 나가니까 마음으로 들어가서 마음을 더럽히는 일은 없다는 뜻이다.

막 7:19b. 이러므로 모든 음식물을 깨끗하다 하시니라.

마가는 예수님의 대답(18-19a)에 대해 해설을 단다. 곧 "이러므로 모든 음식물을 깨끗하다"고 예수님께서 말씀하셨다고 설명한다(행 10:15). 모든 음식물은 사람의 마음을 더럽히지 않는다는 점에서 깨끗하다. 예수님은 구약 레위기에 규정해 놓은 부정한 음식물(레 11장)이 사람을 더 이상 더럽히는 음식물이 아니라고 선언하신다(롬 14:13-17). 오늘 신약 시대의 성도들은 돼지고기도 사람을 윤리적으로 더럽히는 고기가 아닌 줄 알고 먹게 되었다.

막 7:20. 또 이르시되 사람에게서 나오는 그것이 사람을 더럽게 하느니라.

예수님은 "사람에게서 나오는 그것이 사람을 더럽게" 한다고 하신다. 사람의 마음으로부터 나오는 것들(21-22절)이 사람을 더럽게 만든다는 뜻이다. "만물보다 거짓되고 심히 부패한 것은 마음"(렘 17:9)이므로 마음으로부터 나오는 것들은 더러운 것이며 또 사람을 더럽게 만든다. 밖으로부터 안으로 들어가는 음식이 문제가 아니라 사람 안에서 나오는 것들이 사람을 온통 더럽힌다.

막 7:21. 속에서 곧 사람의 마음에서 나오는 것은 악한 생각 곧 음란과 도둑질과 살인과.

예수님은 "속"과 "사람의 마음"을 동일한 것으로 말씀하신다. 사람의 마음은 지·정·의의 중심이며, 사람의 중심이다. 사람의 중심인 마음에서 "악한 생각"이 나온다고 하신다(창 6:5; 8:21; 마 15:19). 여기 "악한 생각"(οἱ διαλογισμοὶ οἱ κακοι)이란 말은 '도덕적으로 악한 생각들' 혹은 '도덕적으로 악한 고려들'(consid-erations)이란 뜻으로 다음에 나오는 12가지의 죄악을 총괄하는 낱말이다. 12가지의 죄악은 모두 악한 행동들(음란, 도둑질, 살인, 간음, 탐욕, 악독)과 악한 충동들(속임, 음탕, 질투, 비방, 교만, 우매함)로 분류된다. 우리의 마음에서 나오는 것들은 사실은 이 보다 더 많다. 그러나 마가는 12가지의 죄악을 열거하고 있고 마태는 6가지(살인, 간음, 음란, 도둑질, 거짓 증언, 비방)의 죄악을 열거한다.

"음란"이란 모든 불법적인 성행위를 지칭한다(마 5:32; 19:9; 요 8:41; 행 15:20, 29; 21:25). 모든 불법적인 성행위는 자기의 성욕을 만족시키기 위해 저지르는 행위들이다. 성추행도 역시 자기의 성욕을 만족시키기 위해 저지르는 것이다.

"도둑질"은 자기의 유익을 위하여 남의 것을 훔치는 행위를 지칭한다(엡 4:28; 딛 2:9-10; 몬 1:18-20). 십일조를 드리지 않는 것도 도둑질이고(말 3:8) 세금을 내지 않는 것도 도둑질이다(롬 13:6-7). 우리는 먹을 것과 입을 것이 있은즉 족한 줄로 알고 남이나 나라의 것을 도둑질하지 않아야 한다(딤전 6:8).

"살인"이란 자기의 안위와 평안을 위하여 남을 제거하는 것을 뜻한다. 제거하는 방법으로는 남을 죽여 없애는 것과 또 자기의 눈앞에 띄지 않게 하는 것이 있다. 혹은 그 정도까지 실현할 수 없는 경우에는 미워하기라도 한다. 미워하는 것도 살인이라고 예수님께서 말씀하신다(마 5:21-25).

막 7:22. 간음과 탐욕과 악독과 속임과 음탕과 질투와 비방과 교만과 우매함이니.
"간음"이란 결혼한 사람이 배우자가 아닌 다른 사람과 성관계를 가지는 것을 뜻한다. 결혼한 남자가 다른 여자와 성관계를 가지는 것만 아니라 결혼한 여자가 다른 남자와 성관계를 가지는 것도 포함한다. 이렇게 실제적으로 남의 남자, 혹은 남의 아내와 성관계를 가지는 것만 아니라 남의 여자를 보고 음욕을 품는 것이나 남의 남자를 보고 음욕을 품는 것도 간음이라고 예수님은 말씀하신다

(마 5:28). 오늘날엔 자기의 아내나 남편만 두고 사는 사람을 두고 바보라고 말한다고 한다. 간음이 판을 치고 있다는 말이다. 우리는 하나님의 뜻이 거룩함임을 명심해야 한다(살전 4:1-8).

"탐욕"이란 필요 이상으로 가지려는 욕망을 지칭한다. 탐욕도 역시 이기적인 생각에서 나온 것이다(삼상 8:11-17). 하나님은 우리가 필요한 만큼 모든 것을 주신다. 예수님을 주시고 성령님을 주시고 또한 일용할 양식을 주시고 그 외에 필요한 것을 다 주신다. 우리는 필요한 것을 받고 감사하게 살면서 탐욕을 가지지 말아야 한다. 탐심은 우상숭배라고 성경은 말씀한다(골 3:5).

"악독"(πονηρίαι)이란 '사람의 마음속에 있는 사악함이 그 어떤 환경을 만나 밖으로 표출되는 것들을 지칭한다. 사람들은 자기 방어를 위하여 다른 존재들을 해롭게 하고 공격하기도 한다.

"속임"이란 말을 마태는 "거짓 증거"라고 표현한다. 사람은 자기의 유익을 위하여 남을 속이려 든다. 남을 속이는 일이 자기의 유익이 되지 않는 줄 모르고 어리석게도 항상 속이려 한다. 우리나라에 남을 속이는 사람들이 너무 많다는 것은 불행한 일이다. 속이는 일은 인간사에서 너무 흔한 일인데(요 1:47; 벧전 3:10) 우리는 양심을 따라 살아야 한다(행 23:1).

"음탕"(ἀσέλγεια)이란 '호색하는 것' 혹은 '무절제한 충동'을 지칭하는 것으로 자기의 성적인 본능을 통제하지 않고 노출시키는 성범죄를 뜻한다. 사람이 성령으로 충만하지 않으면 음탕하게 된다.

"질투"(ὀφθαλμὸς πονηρός)란 글자대로 번역하면 '악한 눈'이라고 번역된다(마 20:15). 사람은 자기보다 더 나은 사람을 질투한다. 더 나은 사람을 보면서 그렇게 되게 하신 하나님께 감사하면 자기도 잘 되련만 오히려 자기의 힘으로 누르려고 시도한다. 자기의 힘으로 누르려고 시도하는 일에 있어서 제일 손쉬운 방법이 질투이다. 우리는 질투하는 마음을 버리고 하나님께 기도하여 우리들도 복을 받아야 한다.

"비방"이란 자기가 높아지려고 남을 욕하고 중상하고 깎아내리는 것을 뜻한다. 이 말은 원래 하나님을 모독하는 것을 뜻하는 말이었으나 본 절에서는 사람 상대로 사용되었다. 우리는 사람을 깎아내리지 말고 오히려 존경하고 높여주어야 한다. 그럴 때 우리 자신들에게도 복이 돌아온다.

"교만"이란 자기가 높아지려고 하는 마음, 자신을 다른 사람 위에 올려놓는 심리이다. 성경은 다른 사람을 나보다 낫게 여기라고 우리에게 말씀한다(빌 2:3). 예수님은 제자들에게 겸손할 것을 여러 번 권고하셨다(마 20:28; 막 10:45; 눅 22:27; 요 13:14-15).

"우매함"은 '생각이 없거나 모자람,' '분별없음'을 뜻한다. 사람은 이기심을 그대로 드러내는 어리석은 존재이다. 사람은 우매해서 위에 말한 모든 죄들을 저지른다. 사람은 우매하면서도 자기가 우매한 줄 모른다.

막 7:23. 이 모든 악한 것이 다 속에서 나와서 사람을 더럽게 하느니라.

예수님은 위에서 나열한 12가지, 곧 모든 악한 것이 "다 속에서 나와서 사람을 더럽게 한다"고 말씀하신다. 그런 것들이 하나하나 나올 때마다 사람은 더러워진다. 게다가 한꺼번에 나올 때는 인격의 파산선고를 해야 할 정도가 된다. 앞부분에 열거한 6가지(복수)의 죄악들을 범할 때 우리는 죄인들이 되는 것이며, 뒷부분에 열거한 6가지(단수)의 죄악이 마음속에 있어도 우리는 죄인들이다. 이 모든 죄들은 우리를 무참히 더럽힌다.

그런데 이 12가지 아니면 그 이상이던지, 모든 악한 것들은 인간의 원죄로부터 나온다. 다시 말해 인간의 이기적인 욕구로부터 나온다.15) 우리는 자기(이기적

---

15) 인간의 원죄가 무엇이냐를 두고 크게 두 가지 견해가 있다. 혹자는 교만이라고 하고 혹자는 이기심이라고 말한다. 이 두 견해 중에 이기심(이기적인 욕심)이라고 보는 견해가 더 옳을 것이다. 우리는 창 3:5에서 최초로 인간의 이기심을 발견한다. 뱀이 여자에게 "너희가 그것(선악과)을 먹는 날에는 너희 눈이 밝아 하나님과 같이 되어 선악을 알 줄을 하나

인 욕구)를 부인하고 자기 십자가를 지고 예수님을 따라야 한다.

XX. 수로보니게 여인의 딸을 고치시다 7:24-30

　　주석가들은 예수님의 이 부분 사역을 은둔사역과 베뢰아 사역(7:24-10:52)의 시작이라 부른다. 은둔 사역은 7:24-9:50까지 계속된다(베뢰아 사역은 10:1-50). 은둔 사역 중에 이 부분의 이방 사역(24-30절)은 마 15:21-28과 병행한다.

막 7:24. 예수께서 일어나사 거기를 떠나 두로 지방으로 가서 한 집에 들어가 아무도 모르게 하시려하나 숨길 수 없더라.

　　예수님은 일어나서서 "거기," 즉 '가버나움'을 떠나 북방 두로 지방으로 가신다(마 15:21). 예수님은 전에 갈릴리의 서쪽을 두 번이나 떠나신 일이 있었는데 그 때마다 동편을 향해 떠나셨다. 첫 번째는 동편 거라사에 가서서 귀신들린 사람을 고쳐주셨고(4:35-5:20), 또 한번은 오병이어의 이적을 베풀어주셨다 (6:30-44). 그런데 이번에는 북쪽 두로 지방으로 가신다. 두로 지방은 현재 레바논에 해당하는 곳이다.

　　예수님은 두로 지방으로 들어가서서 "한 집에 들어가 아무도 모르게 하시려하나 숨길 수 없으셨다." 예수님은 한 집에 들어가서서 제자들과 함께 있으시면서 교육을 시키려 하셨는데 결국은 수로보니게 여인 때문에 숨길 수 없으셨다. 수로보

님이 아심이니라"고 유혹했을 때 여자는 하나님과 같이 되어 보고 싶은 이기심에서 결국은 선악과를 자기도 먹고 남편도 먹게 했다(3:6). 이때에 하나님의 명령(3:3), 곧 먹지 말라는 명령을 거스른 교만이 나타났는데 그것은 이기심(욕심)을 실현하기 위해서 교만이 나타난 것으로 보인다. 또한 우리는 어린 아이들에게서 인간의 원죄가 무엇인지를 관찰할 수가 있다. 2-3세 된 어린 아이들에게서 제일 처음으로 나타나는 나쁜 심리는 이기심이다. 아이들은 자기만을 알아달라고 하며 자기 욕심만 부린다. 그러다가 나이가 들면 이기적인 욕구를 채우기 위해서 음란죄, 도둑질, 살인, 간음, 탐욕, 악독 등 무수한 죄를 저지른다. 성경에 기록되어 있는 50여 가지의 죄는 모두 인간의 이기적인 욕심을 채우기 위해서 저지르는 죄악들이다.

니게 여인은 숨어서 제자들의 교육에 전념하시려는 예수님을 기어코 찾아내고야 말았다. 잠 8:17에 하나님은 "나를 찾는 자가 나를 만날 것이니라"고 하신다. 예수님은 이 땅에 우리를 찾아오셨다. 우리도 또 예수님을 찾아야 한다.

막 7:25. 이에 더러운 귀신 들린 어린 딸을 둔 한 여자가 예수의 소문을 듣고 곧 와서 그 발아래 엎드리니.

"더러운 귀신"이란 말은 귀신이 더럽다는 뜻이다(1:23, 26-27; 3:11, 20; 5:2, 8; 6:7). 결코 깨끗한 귀신이 있음을 암시하는 말은 아니다. 더러운 귀신들린 어린 딸을 둔 한 여자는 예수님의 소문을 듣고 나와서 예수님의 발 앞에 엎드린다. 예수님의 "소문"을 듣는다는 것은 중요하다. 사람으로부터 사람에게 전해져서 들려오는 소문을 듣고 어린 딸을 둔 여자는 곧 예수님께 나아왔다. 우리는 예수님의 소문을 들은 지 오래다. 매일 예수님의 말씀을 들으며(롬 10:17) 매일 예수님께 나와야 한다.

마태복음에 보면 이 여인은 예수님의 발 앞에 엎드리기 전에 자기 딸에게서 귀신을 쫓아내주시도록 예수님의 뒤에서 계속해서 소리를 지르고 있었다(마 15:22). 성경은 우리의 간구가 그리스도께 들려질 때까지 계속되어야 한다고 말씀한다(눅 18:1).

막 7:26. 그 여자는 헬라인이요 수로보니게 족속이라 자기 딸에게서 귀신 쫓아내 주시기를 간구하거늘.

마가는 그 여자의 정체를 밝힌다. 마가는 이방인들을 위해서 복음을 기술하기 때문에 그 여자의 정체를 밝힐 때 이방인이라고 소상히 밝힌다. 그 여자는 "헬라인이요 수로보니게 족속이었다." 유대인들은 이방인을 보통 헬라인으로 불렀기에(행 18:4; 롬 3:9; 10:12) 이 "가나안 여자"(마 15:22)를 헬라인이라고 부른다. "수로보니게 족속"이란 '수리아 지방의 보니게(뵈니게) 족속'이란 뜻이다. "뵈니게"

란 말 앞에 "수로"(수리아)란 말을 붙인 이유는 북 아프리카의 리비아 지방의 보니게(뵈니게)와 구별하기 위한 것으로 보인다. 수로보니게 족속 여자는 "자기 딸에게서 귀신 쫓아내 주시기를 간구했다." 이 여자는 예수님의 뒤에서 계속해서 소리를 지르면서 예수님께 자기 딸에게서 귀신 쫓아내 주시기를 간구했다(마 15:22-23).

막 7:27. 예수께서 이르시되 자녀로 먼저 배불리 먹게 할지니 자녀의 떡을 취하여 개들에게 던짐이 마땅치 아니하니라.

마태에 의하면 예수님께서 본 절을 말씀하시기 전에 여자의 간구를 들으시고 "한 말씀도 대답지 아니하신" 시간이 있었다(마 15:23). 예수님의 침묵 시간이 얼마나 길었는지는 알 수 없었으나 예수님은 이 여자의 믿음을 시험하기 위하여 한 말씀도 대답하지 않으셨다. "말씀"(요 1:1)이 말씀하지 않으신 것이다.

그리고 마태에 의하면 예수님께서 본 절을 말씀하시기 전에 민족을 차별하는 말씀을 하셨다. "나는 이스라엘 집의 잃어버린 양 외에는 다른 데로 보내심을 받지 아니하였노라"는 말씀을 하셨다(마 15:24). 예수님은 이스라엘 사람들과 이방민족을 차별하셨다. 예수님께서 차별하시는 말씀을 두고 혹자는 예수님께서 십자가를 지시기 전이기 때문에 구약시대처럼 유대민족과 이방민족을 차별하셨다고 주장하나 예수님의 차별은 그 여자의 믿음을 시험하신 것으로 보아야 한다. 만약에 십자가를 지시기 전 민족을 차별해야 한다면 끝까지 차별하여 그 여자에게 은혜를 베풀지 않으셨을 것이며 또한 예수님께서 데가볼리 지방에도 가시지 않으셨어야 했을 것이다. 예수님은 사람의 믿음을 시험하신다(요 6:6).

예수님은 여자의 끈질긴 간구를 들으시고 "자녀로 먼저 배불리 먹게 할지니 자녀의 떡을 취하여 개들에게 던짐이 마땅치 아니하니라"고 대꾸하신다. 참으로 심각한 시험을 하신 것이다. 이스라엘 사람들을 "자녀"로 취급하시고 이방민족을

"개"로 취급하셨다. 그리고 이스라엘 사람들은 "떡을 배불리 먹어야 하고" 이방민족은 이스라엘 사람들이 받아야 하는 은총을 주실 수 없다고 하신다. 예수님은 수로보니게 족속의 여자를 심하게 시험하신 것이다.

막 7:28. 여자가 대답하여 이르되 주여 옳소이다마는 상 아래 개들도 아이들이 먹던 부스러기를 먹나이다.

　　　가나안 여자는 만고에 빛나는 말을 남기고 갔다. "주여 옳소이다마는 상 아래 개들도 아이들이 먹던 부스러기를 먹나이다." 이 여자는 주님의 말씀이 옳다고 말씀드리면서 그러나 상아래 개들도 아이들이 먹던 부스러기를 먹는 것처럼 이방인 개들에게도 은총을 주시라고 간구한다. 이 여자는 주님께서 말씀하신 내용에 대해서 조금도 섭섭하게 생각하지 않는다. 보통 사람 같으면 주님께서 "자녀의 떡을 취하여 개들에게 던짐이 마땅치 아니하니라"는 말씀을 하셨을 때 섭섭하게 생각하든가 아니면 발걸음을 돌리든가 했을 가능성이 있었는데 이 여자는 주님께서 하신 말씀이 옳다고 시인하면서 계속해서 간구했다.

　　　우리는 주님께서 우리 개인이나 가정, 혹은 교회에 그 어떤 시험을 하시더라도 모두 옳은 것으로 알고 감사해야 한다. 한 가지라도 불평하지 말아야 하고 불만족하게 생각하지 말아야 한다. 이 여자가 예수님께서 시험하시는 말씀에 불평하거나 혹은 불만족한 표현을 조금이라도 했더라면 이 여인은 주님으로부터 칭찬을 듣지 못했을 것이며(29절; 마 15:28) 또 소원도 이루어지지 않았을 것이다(29절; 마 15:28). 우리는 주님께서 시험하실 때 불평하지 않을 뿐 아니라 한걸음 더 나아가 자신을 낮추고("개"처럼 여기고) 기도해야 한다. 우리가 "개"가 아니고 엄연히 하나님의 자녀들이지만(롬 8:15) 우리는 죄인 중에 괴수가 된 심정으로(딤전 1:15) 자신을 낮추고 간구해야 한다. 그러면 큰 은혜를 받는다.

막 7:29. 예수께서 이르시되 이 말을 하였으니 돌아가라 귀신이 네 딸에게서 나갔느니라 하시매.

예수님은 이 여자가 "이 말," 곧 '주여 옳소이다마는 상 아래 개들도 아이들이 먹던 부스러기를 먹나이다'(28절)라는 말을 하였으니 집으로 돌아가라고 하신다. 예수님은 그 여자에게서 주님에 대한 놀라운 겸손과 믿음을 보셨다. 마태에 의하면 주님은 "여자야 네 믿음이 크도다. 네 소원대로 되리라"고 하신다. 이 여자는 겸손과 더불어 큰 믿음을 소유하고 있었다. 겸손과 믿음은 항상 동행한다. 믿음이 큰 사람마다 겸손했다(마 8:5-12; 요 3:22-30).

예수님은 이 여자의 믿음에 감탄하시고 여자에게 "돌아가라 귀신이 네 딸에게서 나갔느니라"고 하신다. 여자의 믿음을 보시고 예수님은 멀리서 말씀으로 귀신을 쫓아내셨다. 예수님은 멀리서도 얼마든지 말씀 한마디로 사람을 고치신다 (마 8:5-12; 요 4:46-53).

막 7:30. 여자가 집에 돌아가 본즉 아이가 침상에 누웠고 귀신이 나갔더라.

그 여자는 부지런히 집으로 돌아갔다. 그런데 아이가 침상에 누웠고 귀신이 나간 것을 확인할 수 있었다. 본문에 "나갔더라"(ἐξεληλυθός)는 말은 완료형 시제로 '이미 나갔고 지금도 나간 채 있다'는 뜻이다. 이제 이 여자는 온전해진 자기의 딸과 함께 주님을 믿으며 살게 되었다. 우리가 주님을 만난다면 모든 것이 달라진 상태에서 살게 된다.

XXI. 귀먹고 말 더듬는 사람을 고치시다 7:31-37

예수님은 두로를 떠나셔서 이방 땅을 통과하신 후 다시 갈릴리 바닷가에 도착하셔서 귀먹고 말 더듬는 병자를 고치신다. 이 부분은 마 15:29-31과 내용적으로는 병행하나 마태는 예수님께서 여러 병자들을 고치신 것을 말한다. 그러나 마가는 유독 귀먹고 말 더듬는 자를 고치신 기사만 자세하게 전한다. 그러므로 꼭 병행하는지는 확인할 수 없다. 예수님은 이 사역을 시작으로 갈릴리에서 몇 가지 일을 행하신다. 7병 2어의 이적을 행하시고(8:1-10), 바리새인들이 표적을 요구했을 때 거절하시며(8:11-13), 두 부류(바리새인들, 헤롯)의 교훈을 삼갈 것을 말씀하신 다음(8:14-21), 맹인을 고치신다(8:22-26).

막 7:31. 예수께서 다시 두로 지방에서 나와 시돈을 지나고 데가볼리 지방을 통과하여 갈릴리 호수에 이르시매.

예수님은 두로 지방에서 아무도 모르게 하시면서(24절) 제자들 훈련을 시키려고 하셨으나 수로보니게 족속 여자에게 발각되셔서 귀신들린 딸을 고쳐주신 후 얼마나 더 오래 두로 지방에 계셨는지 알 수는 없으나 "다시 두로 지방에서 나와 시돈을 지나고 데가볼리 지방을 통과하여 갈릴리 호수에 이르셨다"(마 15:29). 예수님께서 두로 지방에서 나와 북향하여 시돈을 지나고 동남쪽으로 내려오셔서 데가볼리를 통과하신 다음 갈릴리 바닷가로 오셨다. 예수님께서 제자들과 함께 그 지역들을 통과하시면서 무슨 사역을 하셨는지 기록되지 않았지만 예수님께서 말씀하셨듯이(1:38) 여기저기서 전도하시고 또 특별히 제자들 교육에 열중하셨을 것은 분명하다.

막 7:32. 사람들이 귀먹고 말 더듬는 자를 데리고 예수께 나아와 안수하여 주시기를 간구하거늘.

갈릴리 바닷가에 도착하신 후 다시 예전처럼 사람들은 "귀먹고 말 더듬는 자를 데리고 예수께 나아와 안수하여 주시기를 간구한다"(마 9:32; 눅 11:14). 사람들은 예수님의 치유의 이적을 듣고 이런 고질적인 환자를 데려 온 것이다(마 15:30). 사람들은 예수님의 능력을 믿기는 믿었으나 아직 말씀으로 고치시는 권능은 믿지 못하여 손을 얹어 고쳐주시기를 구할 뿐이었다. 우리는 그리스도께서 그의 말씀으로 모든 역사를 이루시는 줄 믿어야 한다.

막 7:33. 예수께서 그 사람을 따로 데리고 무리를 떠나사 손가락을 그의 양 귀에 넣고 침을 뱉어 그의 혀에 손을 대시며.

예수님은 사람들로부터 그 환자를 고쳐달라는 부탁을 받으시고 첫째, "그 사람을 따로 데리고 무리를 떠나셨다." 예수님께서 그 사람을 무리로부터 따로 데리고 떠나가신 것은 아마도 그 사람의 마음에 평안한 마음을 가지게 하시려는 의도였을 것이며 또 그 사람으로 하여금 예수님에게만 마음을 집중하게 하시려고 그러셨을 것이다. 사람은 그리스도와 함께 있기 위해서는 조용한 곳이 필요하다. 둘째, "손가락을 그의 양 귀에 넣으셨다." 예수님의 두 손가락을 그 환자의 양쪽 귀에 넣으셨다. 안수하신 것이다. 이제 귀들을 열어 듣게 하시겠다는 뜻이었다(다음 절의 "에바다"를 참조할 것). 예수님은 그 환자로 하여금 예수님께서 그 귀들을 여셨다는 것을 알기를 원하셨다. 셋째, "침을 뱉어 그의 혀에 손을 대셨다"(8:23; 요 9:6). 예수님은 침을 손에 뱉으시고 환자의 혀에 손을 대셨다. 다시 말해 침 뱉으신 손을 환자의 혀에 대신 것이다. 침을 뱉으신 것은 환자를 고치는 권능이 예수님 안에서 나온다는 것을 알려주시기 위함일 것이다. 예수님께서 어떤 방법으로 환자를 고치시든지 모든 권능은 예수님에게서 나온다는 것을 보여주신 사례이다(막 8:23; 요 9:6).

막 7:34. 하늘을 우러러 탄식하시며 그에게 이르시되 에바다 하시니 이는 열리라는 뜻이라.

넷째, "하늘을 우러러 탄식하셨다"(6:41; 요 11:41; 17:1). 예수님께서 하늘을 우러러 탄식하신 것은 귀먹고 말 더듬는 환자를 향한 동정심의 발로이다. 예수님은 그 환자를 불쌍히 여기셔서 탄식하셨다. 사람들을 불쌍히 여기셨다(막 1:41; 6:34;

요 11:33, 38). 다섯째, "그에게 이르시되 에바다 하셨다." 예수님은 아람어로 "에바다"라고 명령하신다. 그리고 마가는 이방인들을 위해서 "에바다"라는 말이 "열리라"는 뜻이라고 번역한다. 예수님은 그 사람의 귀와 입과 영과 모든 닫힌 곳이 열리라고 명령하신 것이다. 우리도 우리의 닫힌 부분들이 열리기를 소원해야 하며 또 그렇게 되기를 기도해야 한다. 주님이시여, 우리의 모든 답답한 부분들을 모두 열어주소서.

막 7:35. 그의 귀가 열리고 혀가 맺힌 것이 곧 풀려 말이 분명하여졌더라.

예수님의 "에바다"라는 명령에(앞 절) "귀가 열리고 혀가 맺힌 것이 곧 풀려 말이 분명하여졌다." 두 귀가 열려서 들리게 되었고 또 혀가 맺혀서 말을 더듬던 사람의 혀가 곧 풀려서 말이 분명하여졌다(사 35:5-6; 마 11:5). 이제는 웬만하면 못 듣거나 못할 말이 없었다. 아무리 바르게 말을 하려해도 잘 돌아가지 않던 혀가 제대로 작동하여 분명히 말을 할 수 있었다. 오늘 우리는 우리의 영적인 귀가 더욱 열리기를(계 2:7, 11, 17, 29; 3:6, 13, 22), 둔한 혀가 분명히 잘 돌아가기를 기도해야 한다. 그래서 손색없는 전도자들이 되어야 한다.

막 7:36. 예수께서 그들에게 경고하사 아무에게라도 이르지 말라 하시되 경고하실수록 그들이 더욱 널리 전파하니.

예수님은 귀먹고 말 더듬는 사람을 고치신 다음 그 사람을 데리고 온 사람들에게(32절) 아무에게도 이르지 말라고 경고하신다. 병 고치신 사실을 선전하지 말라고 경고하신(1:44; 3:12; 5:43) 이유는, 사람들이 병 고침 받으려는 열심만 품을 것과 이 일로 인하여 유대 교권자들이 예수님에게 더욱 적대 감정을 품을 것이기 때문이다. 하지만 사람들은 더욱 널리 소문을 퍼뜨렸다. 그들은 복음 자체보다는 이적에 더 큰 관심이 있었다.

막 7:37. 사람들이 심히 놀라 이르되 그가 모든 것을 잘 하였도다 못 듣는 사람도 듣게 하고 말 못하는 사람도 말하게 한다 하니라.

　　　소문을 들은 군중들은 심히 놀라서 말하기를 "그가 모든 것을 잘 하였도다 못 듣는 사람도 듣게 하고 말 못하는 사람도 말하게 하신다"고 하며 웅성댔다. 군중들은 귀먹고 말 더듬는 사람의 치유만 염두에 두고 예수님을 칭찬한 것이 아니었기에 "그(예수)가 모든 것을 잘 하였다"고 말한다. 한두 가지가 아니라 모든 점에서 잘 하였다고 칭찬한 것이다. 사실 예수님은 못 고친 병자가 없으셨다. "못 듣는 사람도 듣게 하고 말 못하는 사람도 말하게 하셨다"는 것이며 이 이상으로 더 많은 이적을 행하셨음을 포함하는 말이다. 예수님에 대하여 악한 감정이 없는 일반 대중은 아무 편견 없이 예수님을 찬양했다. 사람은 악한 편견만 없으면 바로 판단할 수 있다.

제 8 장

7병 2어의 이적과 표적논쟁 및
두 부류의 누룩에 대한 경계와
맹인 치유 및 베드로의 신앙고백

XXII. 7병 2어로 4,000명을 먹이시다 8:1-10

예수님께서 갈릴리로 돌아오신 후 행하신 두 번째 이적이다. 5병 2어로 5,000명 이상을 먹이신 사건은 4복음에 모두 기록되었으나 7병 2어의 이적은 마태복음과 본서에만 기록되어 있다. 두 사건을 동일한 사건이라고 주장하는 사람들도 있으나 다른 점이 있음을 잊어서는 안 된다.

막 8:1a. 그 무렵에 또 큰 무리가 있어 먹을 것이 없는지라.

"그 무렵에"(ἐν ἐκείναις ταῖς ἡμέραις)란 말은 '그 날들에'란 뜻으로 바로 앞에 있었던 일(귀 먹고 말 더듬는 사람을 고치신 이적)이 발생했던 때로부터 가까운 때를 지칭한다. 그러므로 예수님은 지금 데가볼리 지방의 갈릴리 바닷가 (7:31절)의 광야(4절) 어느 곳에 계신 것이 확실하다. 그런데 마가는 그 광야에 "또 큰 무리가 있었다"고 말한다. 지난번 5병 2어의 이적을 베푸셨던 때(6:30-44)와 똑같이 또 큰 무리가 있었다는 뜻이다. 그런데 그들에게는 "먹을 것이 없었다." 하지만 예수님께서 함께 계시니 먹을 것이 없음은 문제가 되지 않았다. 오늘도 예수님을 모시고 사는 사람들에게 먹을 것쯤은 문제가 되지 않는다. 이유는 예수님께서 일용할 양식을 주시기 때문이다(마 6:11).

막 8:1b-2. 예수께서 제자들을 불러 이르시되 내가 무리를 불쌍히 여기노라 그들이 나와 함께 있은 지 이미 사흘이 지났으나 먹을 것이 없도다.

예수님은 먹을 것이 없는 군중들(1절)을 위해 일하기 시작하신다. "제자들을 불러 이르시되 내가 무리를 불쌍히 여기노라"고 하신다(마 15:32). 예수님께서 사람들의 음식문제를 해결하심에 있어 제자들을 불러 말씀하시는 이유는, 제자들도 사람들을 불쌍히 여기는 훈련을 받아야 하기 때문이다. 앞으로 목양을 하려면 사람들을 끔찍이 동정하는 것도 배워야 하기 때문에 제자들을 부르신 것이다. 우리가 예수님을 믿는 사람들이라면 역시 다른 사람들을 불쌍히 여기는 마음을 품어야 한다.

예수님은 영·육간 비참한 사람들을 보시고 항상 불쌍히 여기신다(마 9:27; 15:22; 17:15; 20:30; 막 6:34; 9:22; 10:47; 눅 7:13; 18:13, 38). 사람들은 다른 사람들을 불쌍히 여긴다고 해도 그저 쌀 한두 말 퍼주거나 돈을 조금 던져주는 것으로 끝낸다. 그러나 예수님께서 인생을 불쌍히 여기시는 정도는 사람들을 대신하여 죽으시는 정도이다. 예수님은 여기서 구체적으로 그들을 불쌍히 여기시는 이유를 말씀하신다. 곧 "그들이 나와 함께 있은 지 이미 사흘이 지났으나 먹을 것이 없다"는 것이었다. 그들이 예수님과 함께 3일이나 있었던 이유는 아마도 예수님께서 행하시는 이적에 완전히 마음을 빼앗겼던 탓일 것이다. 그들은 예수님에게 매혹되어 집으로 돌아갈 생각을 하지 않았다. 그래서 그들이 가지고 왔던 양식도 다 떨어졌다. 오늘 우리에게 먹을 것이 떨어진다고 해도 예수님을 믿는 믿음만 떨어지지 않으면 문제가 없다. 이유는 예수님께서 해결해주시기 때문이다.

막 8:3. 만일 내가 그들을 굶겨 집으로 보내면 길에서 기진하리라 그 중에는

멀리서 온 사람들도 있느니라.

예수님께서 그들을 불쌍히 여기시는 이유는 "만일 내가 그들을 굶겨 집으로 보내면 길에서 기진할 것"이기 때문이다. "그 중에는 멀리서 온 사람들도 있다"고 하신다. 굶긴 채 그들을 집으로 보내면 길에서 기진할(faint) 것과 멀리서 온 사람이 있는 것도 다 아셨다. 그 중에는 아마도 멀리 두로와 시돈 지방에서 온 사람도 있었을 것이다. 이유는 예수님께서 수로보니게 여인의 딸을 고치셨기 때문이다. 아무튼 예수님은 우리의 형편을 샅샅이 아신다(계 2:7, 11, 17, 29; 3:6, 13, 22).

막 8:4. 제자들이 대답하되 이 광야 어디서 떡을 얻어 이 사람들로 배부르게 할 수 있으리이까.

예수님께서 군중을 "굶겨 집으로 보내지" 못하겠다고 하시는 말씀(앞 절)을 듣고 제자들은 예수님께 "이 광야 어디서 떡을 얻어 이 사람들로 배부르게 할 수 있으리이까"라고 대답한다. 예수님께서 5병 2어로 5,000이상을 먹이실 때는 그래도 촌과 마을이 있어서 음식을 사서 먹을 수는 있었으나(6:36) 이번에는 사 먹을 곳도 없는 황량한 광야였기에 제자들은 예수님께서 지난번처럼(막 6:34-44) 이적으로 군중들에게 공급하실 수 있으신 것을 전혀 믿지 못했다. 혹자는 제자들이 지난번의 이적을 기억하지 못하는 것을 두고 예수님께서 이적으로 음식을 먹이신 것은 두 번이 아니라 단 한 번만 있었기 때문이라고 말한다. 그러나 예수님은 분명히 두 번 있었던 일로 말씀하신다(19-21절). 제자들이 이렇게 당황했던 이유는 주위 환경이 더욱 막막했기 때문일 것이다. 우리는 사방이 막혀도 위에서부터 내려오는 길은 막히지 않는 것을 알고 주님만 바라보아야 한다.

막 8:5. 예수께서 물으시되 너희에게 떡 몇 개나 있느냐 이르되 일곱이로소이다 하거늘.

예수님은 이적을 베푸시기 전에 "너희에게 떡 몇 개나 있느냐"고 물으신다

(마 15:34). 이렇게 물으시는 이유는 하나님께서 만들어놓으신 물질을 귀하게 여기신다는 뜻이다. 예수님은 그런 뜻으로 포도주를 만드실 때에도 하나님께서 만들어 놓으신 물을 사용하셨고(요 2:1-11) 5병 2어의 이적을 베푸실 때에도 보리떡 5개와 물고기 2마리를 찾으셨다(요 6:1-14). 예수님은 지금도 하나님께서 만드신 물질을 귀중히 여기신다. 우리는 그것을 바쳐야 한다. 우리 자신을 바쳐야 하고 또 우리의 물질을 바쳐야 한다.

제자들은 떡 "일곱 개"가 있다고 대답한다. 5병 2어를 바친 때보다는 2개가 더 많다. 제자들은 예수님께 떡 일곱 개를 바쳤다. 그리고 작은 생선 두어 마리도 바쳤다(7절). 예수님 당시 사람들이 도시락을 쌀 때 가장 선호하는 반찬은 생선이었던 것으로 보인다. 5병 2어를 바칠 때도 2어(魚)는 "물고기 두 마리"였다(6:38).

막 8:6. 예수께서 무리를 명하여 땅에 앉게 하시고 떡 일곱 개를 가지사 축사하시고 떼어 제자들에게 주어 나누어 주게 하시니 제자들이 무리에게 나누어 주더라.
예수님은 무리를 명하여 식사 대열로 "땅"에 앉게 하신다. 지난번 5병 2어로 5,000명 이상을 먹이실 때는 "푸른 잔디"(6:39) 위에 앉게 하셨는데 이번의 환경은 더 열악한 환경이었다. 그리고 예수님은 "떡 일곱 개를 가지사 축사하시고 떼어 제자들에게 주어 나누어 주게 하신다." "축사하신다"(εὐχαριστήσας)는 말은 부정(단순) 과거 분사형으로 '참으로 감사하셨다'는 뜻이다(롬 14:6; 고전 10:30; 딤전 4:3-4). 예수님은 그 작은 것을 손에 받아들으시고 사람으로부터 받은 것으로 여기지 않으시고 하나님께서 주신 것으로 아셔서 하나님께 참으로 감사하신다. 우리 주위의 모든 것은 다 하나님의 것이다. 작은 것을 가지고도 우리는 참으로 감사해야 한다.

예수님은 감사하신 다음 떡을 "떼셨다." "떼셨다"(ἔκλασεν)는 말은 부정과거 시제로 '분명히 떼셨다'는 뜻으로 7개의 떡으로부터 떼신 것을 뜻한다. 그러니까

7개의 떡의 질(質)과 똑같은 떡을 떼셨다는 말이다. 예수님은 떡을 떼신 다음 "제자들에게 주어 나누어 주게 하시니 제자들이 무리에게 나누어 주었다." 제자들의 역할은 나누어주는 것이었다. 사도들이 영의 양식을 나누어주는 것처럼 오늘 교역자들도 계속해서 영의 양식을 성도들에게 나누어주어야 한다. 그런데 오늘 우리는 하나님의 말씀을 나누어주는 대신에 심리학, 인간학, 철학, 사회학을 나누어 주고 있지는 않은지 성찰해야 할 것이다.

막 8:7. 또 작은 생선 두어 마리가 있는지라 이에 축복하시고 명하사 이것도 나누어 주게 하시니.

또 작은 생선 두어 마리를 나누어주는 과정도 떡을 떼어 나누어주는 과정과 똑 같다. 생선을 나누어주시기 전에도 역시 "축복하셨다"(6:41; 마 14:19). "축복하셨다"(εὐλογήσας)는 말은 '찬양하셨다,' '감사하셨다'는 뜻이다. 이 낱말은 6절의 "축사하셨다"(εὐχαριστήσας)는 말과 동의어로 사용될 수 있는 말이다. 예수님은 생선 두어 마리를 앞에 두시고 하나님께 감사하시고 제자들로 하여금 나누어 주게 하셨다.

막 8:8. 배불리 먹고 남은 조각 일곱 광주리를 거두었으며.

4,000명 이상의 군중들은 "배불리 먹었다." '만족하게 먹은 것'이다. 이는 누구든지 예수님 앞으로 나올 때 영·육간 만족할 수 있음을 보여주는 이적이다. 배불리 먹은 후 제자들은 "남은 조각 일곱 광주리를 거두었다." 예수님의 이적에는 넉넉함이 있음을 뜻한다. 병 치유에 있어서도 완전하게 고치셔서 회복기간이 필요 없었다. 예수님께서 이적을 베푸실 때 남게 하신 것은 계산 착오가 아니라 항상 여유를 주신다는 뜻이다.

남은 조각을 거둔 "광주리"(σπυρίδας)는 '둥글게 짠 바구니'를 지칭한다(행

9:25). 이 그릇은 바울을 다메섹 성에서 달아 내릴 때 사용되었던 것인데 예수님께서 5병 2어의 이적을 베푸셨을 때 남은 떡을 담았던 바구니에 비하면 크다.

막 8:9. 사람은 약 사천 명이었더라 예수께서 그들을 흩어 보내시고.

먹은 "사람은 약 4,000명이었다." 마태에 의하면 "먹은 자는 여자와 아이 외에 사천 명이었더라"(마 15:38)고 밝힌다. 그러므로 먹은 사람은 4,000을 훨씬 웃도는 숫자였다. 그 많은 사람들이 예수님 한 분의 역사로 말미암아 배불리 먹었다. 예수님은 자기 한 사람의 희생으로 말미암아 온 인류가 속죄를 받고도 남음이 있을 것을 보여주신다. 예수님은 모든 사람으로 하여금 충분하게 먹게 하신 다음 그들을 흩어 집으로 보내셨다. 그들은 길에서 기진하지 않고 멀리까지 잘 갈 수 있었다.

막 8:10. 곧 제자들과 함께 배에 오르사 달마누다 지방으로 가시니라.

예수님은 제자들을 흩어 보내신 다음 "곧 제자들과 함께 배에 오르사 달마누다 지방으로 가셨다"(마 15:39). 마가는 예수님께서 "달마누다 지방"으로 가셨다고 말하고 마태는 "마가단 지경"으로 가셨다고 진술한다. 달마누다 지방은 갈릴리 바다 남서쪽에 위치한 것은 확실하나 마가단 지경이 똑 같은 곳을 가리키는지 아니면 약간 다른 곳을 가리키는지 확실히 알 수는 없다(윌렴 헨드릭슨). 두 곳은 갈릴리 바다 서편임은 확실하나 정확하게 알 수는 없다. 아마도 똑같은 지방을 지칭하는 것으로 보이며, 성경에 이곳들이 더 나타나지 않는 것을 보면 작은 고장들로 생각된다(Lenski).

XXIII. 바리새인들이 예수님께 하늘 표적을 구하다 8:11-13

예수님께서 제자들과 함께 갈릴리 바다의 서편 달마누다에 도착하셨을 때 바리새인들과 헤롯 당원(15절), 서기관들(마 16:1)이 나와서 예수님이 메시야가 아니라는 것을 증명하기 위하여 여러가지 것들을 시도하다가 하늘로부터 오는 표적을 예수님께 구한다. 마 12:38-42; 16:1-4; 눅 11:29-32; 12:54-56 참조. 예수님은 그들의 요구를 받고 묵살하신다.

막 8:11. 바리새인들이 나와서 예수를 힐난하며 그를 시험하여 하늘로부터 오는 표적을 구하거늘.

　　　　예수님께서 갈릴리 바다의 서편 달마누다 지방으로 가셨을 때 바리새인들 (헤롯 당원-15절과 서기관들-마 16:1-포함)이 예수님께 나와서 "예수를 힐난하며 그를 시험하여 하늘로부터 오는 표적을 구한다"(마 12:38; 16:1; 요 6:30). 예수님을 "힐난했다"는 말은 예수님과 '논쟁했다,' 예수님을 '공격했다'(9:14, 16)는 뜻이다. 그들은 예수님과 언쟁을 하면서 예수님을 "시험하여 하늘로부터 오는 표적을 구했다." 예수님께서 지금까지 행한 표적은 땅에 속한 것이지 결코 하늘로부터 직접 내려오는 표적이 아니니 예수님을 메시야로 인정할 수 없다는 것이었다. 그래서 이제는 진짜 하늘로부터 오는 표적을 한번 보여 달라고 예수님을 시험했다. 이들은 심지어 5병 2어의 이적이나 7병 2어의 이적도 땅에서 된 일로 간주하고 모세의 하늘 만나보다 못한 것으로 여겼다. 그래서 하늘로부터 직접 내려오는 그 어떤 이적을 구했다. 그러면 예수님이 하나님의 아들 메시야로 믿겠다고 한다. 그러나 그들은 예수님을 믿을 마음은 없었고 어떻게 해서든지 예수님이 메시야가 아님을 증명하려고 애썼다.

막 8:12. 예수께서 마음속으로 깊이 탄식하시며 이르시되 어찌하여 이 세대가 표적을 구하느냐 내가 진실로 너희에게 이르노니 이 세대에 표적을 주지 아니하리라 하시고.

　　　　예수님은 바리새인들과 헤롯 당원들, 바리새인들의 시험을 접하시고 "마음

속으로 깊이 탄식하신다." 그들 마음의 완악함, 교만함, 불신, 모욕적인 태도를
접하시고 깊이 탄식하신다. 예수님은 오늘 우리의 불신과 오만함을 보시고도
깊이 탄식하지 않으실까.

예수님은 그들의 태도를 보시고 말씀하시기를 "어찌하여 이 세대가 표적을
구하느냐"고 하신다. 표적은 이미 충분하게 주었다는 뜻이다. 마가복음만 보아도
예수님은 중풍병자를 고치셨고(2:1-12), 손 마른 사람을 고치셨으며(3:1-6), 바다의
풍랑을 잔잔케 하셨고(4:35-41), 야이로의 딸을 살리시고, 12년 동안 혈루증을
앓던 여인을 고치셨으며(5:21-43), 5병 2어로 5,000명 이상을 먹이셨고(6:30-44),
바다 위로 걸으셨으며(6:45-52), 수로보니게 여인의 딸을 고치셨고(7:24-30), 귀먹
고 말 더듬는 자를 고치셨으며(7:31-37), 7병 2어로 4,000명 이상에게 먹이셨다
(8:1-10). 더 구할 필요가 없다고 하신다.

그래서 예수님은 "내가 진실로 너희에게 이르노니 이 세대에 표적을 주지
아니하리라"(εἰ δοθήσεται τῇ γενεᾷ ταύτῃ σημεῖον)고 하신다. 이 문장의 헬라어
를 직역하면 '만일 이 세대에 표적이 주어진다면...'이라고 번역된다. 이 문장에는
히브리식 생략법이 적용되었으므로 개역개정판은 이 문장을 번역하는 중에 뜻을
보완해 놓았다. 이 문장을 살펴보면, 예수님은 이전에 주신 표적의 진정성을 의심하
는 세대에게 또 주어보았자 마찬가지로 중요하게 여기지 않는다고 하신다. 여기
"이 세대"란 말은 '악하고 음란한 세대'를 지칭하는 말로(마 12:39; 16:4) 바리새인들
이나 헤롯 당원들, 그리고 서기관들은 세상을 사랑하는 음란한 세대라는 뜻이다.
예수님은 표적을 표적으로 받아들이지 않는 유대인들에게 더 이상 표적을 주시지
않겠다고 하신다. 이유는 더 주어도 마찬가지이기 때문이다.

막 8:13. 그들을 떠나 다시 배에 올라 건너편으로 가시니라.

예수님은 달마누다 지방에서 만난 "그들을 떠나신다." '그냥 논쟁하기만

좋아하고 예수님을 시험하며 또 표적을 보고도 불신하는 사람들을 떠나신다.'
오늘도 예수님은 끝까지 불신하는 사람들을 그냥 떠나신다. 그 당시 남겨진 사람들
은 불행에 처해졌다. 예수님은 그들을 떠나 "다시 배에 올라 건너편으로 가신다."
곧 갈릴리 바다의 동북 편 벳새다로 가신 것이다.

XXIV. 바리새인들과 헤롯의 누룩을 주의하라고 하시다 8:14-21

달마누다에서 만난 바리새인들과 헤롯 당원, 그리고 서기관들의 불신앙적인
표적 요구를 거절하시고 갈릴리 동북 편 벳새다로 가시면서 두 부류(바리새인들과
헤롯 당원들)의 교훈을 삼가라고 하신다. 마 16:5-12와 병행한다.

**막 8:14. 제자들이 떡 가져오기를 잊었으매 배에 떡 한 개 밖에 그들에게
없더라.**

"제자들이 떡 가져오기를 잊은" 것을 보면 예수님께서 달마누다 지방을
떠나시면서 급하게 떠난 것같이 보인다(마 16:5). 아니면 예수님과 바리새인들,
헤롯 당원들, 서기관들 사이에 있었던 논쟁 때문에 떡을 준비하지 못했을 것이다.
제자들이 떡 가져오기를 잊어서 결국은 "배에 떡 한 개 밖에 그들에게 없었다."
한 개의 떡은 12제자들에게는 너무 적은 분량이었다. 더욱이 예수님도 함께하시는
데 떡 한 개밖에 없다니 제자들은 걱정되었다.

**막 8:15. 예수께서 경고하여 이르시되 삼가 바리새인들의 누룩과 헤롯의 누룩을
주의하라 하시니.**

예수님은 제자들에게 경고하신다. "삼가 바리새인들의 누룩과 헤롯의 누룩
을 주의하라"(마 16:6; 눅 12:1). 제자들이 예수님의 이 경고의 말씀을 들었을
때 자기들에게 떡이 없어서 예수님께서 이런 경고의 말씀을 하신 것으로 여겼다.

예수님의 경고의 내용은 두 부류의 "누룩을 주의하라"는 경고였다. "누룩"이란 '죄'를 상징하는 물질이다. 누룩은 급하게 부푸는 물질이기 때문에 죄가 퍼지는 것을 설명해주기에 좋은 물질이다. "바리새인들의 누룩"이란 '바리새인들의 죄'란 뜻인데 구체적으로 '바리새인들의 외식'을 뜻한다. 바리새인들은 랍비들이 만들어 놓은 전통을 지키면서 하나님의 말씀을 지키지 않았다. 바리새인들의 신앙은 온통 형식에 치우쳤다. 그리고 "헤롯의 누룩"이란 헤롯 당원들의 세속주의를 지칭한다(막 6:17-29). 그들은 믿지 않았으니 세상에 치우칠 수밖에 없었다(사도 개인들도 역시 세속에 속해있었던 점은 헤롯 당원들과 마찬가지였다). 신앙인은 이 양극단을 주의해야 한다. 겉모양만 믿는 것 같고 속에는 믿음이 없는, 텅 빈 신앙과 또 세상을 따라가는 세속주의는 위험한 것이다. 오늘 교회 안에는 형식만 차리는 정통주의와 세속주의, 곧 물량주의가 판을 치고 있다고 해도 과언이 아닐 것이다. 우리는 그런 죄들을 주의해야 한다(마 15:12; 19:3-10; 막 7:17-23; 10:2-12, 35-45).

막 8:16. 제자들이 서로 수군거리기를 이는 우리에게 떡이 없음이로다 하거늘.
　　　　　제자들은 예수님의 말씀(앞 절)을 듣고 "서로 수군거렸다." '서로 계속해서 수군거렸다'는 뜻이다. 예수님의 말씀은 바리새인들의 외식주의와 헤롯의 세속주의를 주의하라는 뜻이었는데 제자들은 자기들에게 "떡이 없기" 때문에 그런 주의를 주시는 것으로 알고 계속해서 수군거렸다(마 16:7). 제자들은 자신들에게 떡이 없어도 바리새인들이나 헤롯 당원들로부터 떡을 받거나 혹은 떡을 사지 말라는 말씀으로 엉뚱하게 알고 수군거렸다. 누룩과 떡은 다 같이 먹는 것이므로 예수님께서 누룩을 말씀하실 때 떡을 생각한 것이다. 하지만 제자들은 자기들이 떡을 준비하지 못한 죄의식 때문에 엉뚱하게 알아들었다.

막 8:17. 예수께서 아시고 이르시되 너희가 어찌 떡이 없음으로 수군거리느냐

아직도 알지 못하며 깨닫지 못하느냐 너희 마음이 둔하냐.

예수님은 제자들이 예수님의 말씀을 듣고 걱정하여 수군수군하는 줄 아시고 "너희가 어찌 떡이 없음으로 수군거리느냐"고 가볍게 책망하신다. "아직도 알지 못하며 깨닫지 못하느냐 너희 마음이 둔하냐"고 말씀하신다(6:52). 예수님은 제자들에게 떡 한 개를 가지고도 12명의 제자들에게 풍성하게 먹일 수 있는 줄을 "알지 못하느냐"고 하신다. 그리고 예수님은 과거에 5병 2어를 가지고 5,000명 이상에게 먹을 것을 공급하셨고 또 7병 2어를 가지고 4,000명 이상에게 먹을 것을 주신 것을 보고도 예수님께서 메시야로서 공급해주심을 "깨닫지 못하느냐"고 책망하신다. 우리는 예수님께서 행하신 모든 표적을 보고 예수님이 창조주, 통치주시며 우리의 구주이심을 깨달아야 한다. 제자들이 이렇게 알지 못하고 깨닫지 못했던 것은 그들의 마음이 둔해졌기 때문이었다. 그들은 이미 중생한 사람들이었지만(마 16:16; 요 3:3-5) 마음이 죄 때문에 둔해진 것이다. 사람이 계속해서 성화에 힘쓰지 않으면(요 13:10; 요일 1:9) 마음이 둔하여져서 이미 깨달았던 진리에 대해서도 예민하지 못하고 둔해진다.

막 8:18. 너희가 눈이 있어도 보지 못하며 귀가 있어도 듣지 못하느냐 또 기억하지 못하느냐.

눈이 있어도 5병 2어 표적(7병 2어 표적도)의 그 깊은 의미를 보지 못하며, 귀가 있어도 예수님의 말씀의 신령한 뜻을 듣지 못하느냐고 책망하신다. "또 기억하지 못하느냐"고 책망하신다. 이미 지나간 날의 모든 표적을 보면서도 잊어버린 채 지내느냐는 책망이다. 사람이 이렇게 되는 이유는 성화에 힘쓰지 않으므로 마음이 둔해져서 그런 것이다. 우리는 항상 죄를 고백하는 중에 마음을 깨끗하게 하여 예수님의 말씀과 이적의 뜻을 깨닫고 또 기억해야 한다.

막 8:19-21. 내가 떡 다섯 개를 오천 명에게 떼어 줄 때에 조각 몇 바구니를 거두었더냐 이르되 열 둘이니이다 또 일곱 개를 사천 명에게 떼어 줄 때에 조각 몇 광주리를 거두었더냐 이르되 일곱이니이다 이르시되 아직도 깨닫지 못하느냐 하시니라.

예수님은 과거에 행하셨던 두 가지 표적, 곧 5병 2어의 표적을 행하셨을 때 "몇 바구니를 거두었더냐"고 물으시고 또 7병 2어의 표적을 행하셨을 때 "조각 몇 광주리를 거두었더냐"고 물으시면서 대답을 유도하신다. 제자들은 "열 둘이니이다"(6:43; 마 14:20; 눅 9:17; 요 6:13), 그리고 "일곱이니이다"라고 대답한다(8절; 마 15:37). 제자들의 대답을 들으시고 예수님은 제자들에게 "아직도 깨닫지 못하느냐"고 물으시며(17절; 6:52) 이제는 깨달아야 한다고 하신다. 이제는 예수님께서 하나님이심과 놀라운 공급자이심을 믿어야 한다고 하신다. 우리는 예수님이 우리의 육신을 위한 공급자이시고 또 우리의 영혼을 위한 공급자이심을 믿어야 한다. 예수님은 배 안에 있는 떡 한 개를 가지고도 충분히 제자들을 먹이실 수 있음을 제자들이 깨달아야 한다고 독촉하신다. 그럼에도 우리들은 아직도 무엇을 먹을까 염려하고 있으니 예수님께서 얼마나 답답하시랴. 참으로 안타까운 일이다.

XXV. 벳새다의 소경을 고치시다   8:22-26

달마누다를 떠나 벳새다에 도착하신 예수님은 사람들이 데리고 온 맹인 한 사람을 고치신다. 그런데 이번에는 그 맹인을 고치실 때 단번에 고치시지 않고 두 번 안수하여 고치신다. 마태에는 두 사람의 맹인을 고치신 기사(마 9:27-31; 20:29-30)가 있으나, 본서의 이 기사는 독특한 것으로 보인다.

막 8:22. 벳새다에 이르매 사람들이 맹인 한 사람을 데리고 예수께 나아와 손 대시기를 구하거늘.

예수님께서 갈릴리 바다 북동 쪽 벳새다(Bethsaida Julias)에 도착하셨을 때 사람들이 맹인 한 사람을 데리고 와서 안수해주시기를 구한다. 맹인은 벳새다 사람은 아니었던 것으로 보인다(26절). 당시 사람들은 예수님께서 자신들의 몸에 손을 대어 고치시는 것을 제일 소원하였다. 그들은 예수님께서 말씀 한마디로 고치시는 것에 대해서는 아직 생소해했다. 예수님은 그 어떤 방식으로 고치시든지 그의 권능으로 고치신다.

막 8:23. 예수께서 맹인의 손을 붙드시고 마을 밖으로 데리고 나가사 눈에 침을 뱉으시며 그에게 안수하시고 무엇이 보이느냐 물으시니.

예수님은 이 맹인을 치유하시는데 있어 3단계를 취하신다. 하나는 "맹인의 손을 붙드시고 마을 밖으로 데리고 나가신다." 귀 먹은 사람을 고치실 때와 같이 (7:33) 조용한 곳으로 가신다. 이유는 그 사람의 마음에 평안한 마음을 가지게 하시려는 의도였을 것이며 또 그 사람으로 하여금 예수님에게만 마음을 집중하게 하시려고 그러셨을 것이다. 우리들이 그리스도와 함께 있기 위해서는 조용한 곳이 필요하다. 둘째, "눈에 침을 뱉으신다"(7:31-37과 비교). 눈이 문제이니 눈에 침을 뱉으신다. 예수님은 모든 권능은 예수님 속에서 나온다는 것을 알리시기 위해서 침을 뱉으셨다. 셋째, 예수님은 "그에게 안수하신다." 그에게 두 손을 대신 것이다. 이제 예수님이 무엇을 하신다는 뜻으로 그렇게 하셨다. 앞이 보이지 않는 사람이니 몸으로 느끼도록 이렇게 두 손을 그에게 대신 것이다.

예수님은 병자마다 일률적으로 대하시지 않고 다르게 대하신다. 예수님은 오늘도 우리들을 대하실 때 일률적으로 대하시지 않고 각자 다르게 대하시며 은혜를 주신다. 어떤 사람에게는 평소에 은혜 주시고 어떤 사람에게는 금식 기도할 때, 또 어떤 사람의 경우에는 하나님의 말씀을 읽을 때 은혜를 주신다.

그리고 예수님은 "무엇이 보이느냐"고 물어보신다. 예수님은 그에게 한

단계 한 단계 전진해 나가시면서 나아지기를 소원하셨다(윌렴 헨드릭슨). 안수하시
고는 이제 눈이 보이리라고 생각하시고 물어보신 것 같다.

막 8:24. 쳐다보며 이르되 사람들이 보이나이다 나무 같은 것들이 걸어가는 것을 보나이다 하거늘.

예수님께서 "무엇이 보이느냐"고 질문을 하셨을 때(앞 절) 맹인은 "쳐다보았
다." 자기도 모르는 중에 눈을 떠서 본 것이다. 그리고 그는 "사람들이 보이나이다
나무 같은 것들이 걸어가는 것을 보나이다"라고 대답한다. '사람이 보이기는 보이는
데 꼭 나무 같은 것들이 걸어가는 같이 보인다'는 뜻이다. 사람들이 보이기는
보이는데 어른거린다는 뜻이다. 걸어가는 것을 보니 나무는 아니고 분명 사람인
것은 틀림없다 것이다. 이 사람은 나면서부터 맹인은 아니었던 것 같다. 맹인이
되기 전에 사람들과 나무들을 보았던 것을 기억하고 비슷한 것들이 보인다고
말한다.

막 8:25. 이에 그 눈에 다시 안수하시매 그가 주목하여 보더니 나아서 모든 것을 밝히 보는지라.

예수님은 다시 안수하신다. 예수님께서 이적을 행하실 때 다른 사람들의
경우에는 한번만 안수하시거나 혹은 말씀으로 고치셨는데 이 맹인을 위해서는
두 번 안수하셨다. 그 이유에 대해서 복음서에 아무 언급이 없다. 그러나 얼마든지
추론으로 그 이유를 알 수가 있다. 그것은 예수님의 능력에 문제가 있어서가
아니라 그 환자의 믿음에 문제가 있었다. 예수님은 창조주이시고 통치주이시며
죽은 사람도 살리시는 분이시니 그분의 권능이 부족했던 것은 아니었다. 결국
그 사람의 믿음에 문제가 있었다. 그는 사람들의 손에 의하여 부축 받아 온 사람으로
별 큰 믿음이 없이 끌려오다시피 한 사람이었다. 믿음이 있는 경우는 예수님의
옷 가에만 손을 대어도 나았다(5:30). 믿음이 없었던 나사렛 사람들은 거의 병에서

놓이지 못했다.

예수님께서 다시 안수 하셨을 때 맹인은 "주목하여 보았다." 여기 "보더 니"(διέβλεψεν)란 말은 부정(단순)과거 시제로 '뚫어지게 직시했다'는 뜻이다. 맹인은 이제 희미하게 보이는 것이 아니라 밝히 볼 수 있었다. 아주 "나아서 모든 것을 밝히 보게 되었다." 여기 "밝히 보는지라"(ἐνέβλεπεν)는 말은 미완료 시제로 '계속해서 보았다'는 뜻이다. 이제 그 환자는 더 이상 환자가 아니다. 보통 사람들과 같이 시력이 완전히 회복되었다.

막 8:26. 예수께서 그 사람을 집으로 보내시며 이르시되 마을에는 들어가지 말라 하시니라.

예수님은 다른 사람을 고치셨을 때와 마찬가지로(1:44; 7:36) 그 사람을 집으로 보내시며 이르시기를 마을에는 들어가지 말고 집으로 가라고 하신다. 공연히 떠들지 말라는 말씀이다(5:43; 마 8:4). 공연히 떠들면 예수님께서 복음을 전하시는 일에 방해가 되니 조용히 집으로 돌아가라고 하신 것이다. 예수님은 하나님의 나라를 전파하며 자신이 누구이심을 알리러 오신 것이고 십자가에 죽으시 러 오신 것이지 이적을 행해서 사람들을 흥분시키고 혁명을 일으키러 오신 것이 아니기 때문에 고침 받은 사람들에게 조용히 처신하라고 하신다.

XXVI. 베드로가 신앙을 고백하다 8:27-30

벳새다에서 맹인을 고치신(22-26절) 다음 예수님은 제자들과 함께 북방 지역 빌립보 가이사랴 여러 마을로 나가신다. 예수님은 길에서 제자들에게 세상 사람들이 자신을 어떻게 보는지 물으신 다음 베드로로부터 신앙 고백을 받으신다. 이 부분은 마 16:13-20; 눅 9:18-21과 병행한다. 그 중에 마태복음이 가장 상세하게 전한다.

막 8:27. 예수와 제자들이 빌립보 가이사랴 여러 마을로 나가실새 길에서 제자들에게 물어 이르시되 사람들이 나를 누구라고 하느냐.

　　예수님은 갈릴리 동북 쪽 벳새다에서 맹인을 고치신 다음 제자들과 함께 북방 지역 빌립보 가이사랴[16] 지방으로 나가신다. 예수님은 길에서 제자들에게 세상 사람들의 예수 관(觀)을 물으신다(마 16:13; 눅 9:18). 예수님을 어떤 분으로 생각하고 믿느냐고 물으신 것이다. 지금도 예수님을 어떤 분으로 믿느냐 하는 것만큼 중요한 것은 없다.

막 8:28. 제자들이 여짜와 이르되 세례 요한이라 하고 더러는 엘리야 더러는 선지자 중의 하나라 하나이다.

　　제자들은 예수님께 세상 사람들의 예수 관(觀)을 말씀드린다. 제자들은 세상 사람들이 "세례 요한이라 하고 더러는 엘리야, 더러는 선지자 중의 하나라"고 한다고 말씀드린다(마 14:2). 여기에 열거한 순서는 아마도 세상 사람들이 말하는 순서일 것이다. 예수님을 보고 세상 사람들은 "세례 요한"이 환생했다고 말했다. 아마도 설교 내용에 비슷한 점이 있어서 그렇게 생각했을 것이다(마 3:2; 14:2). 또 헤롯 안디바스도 예수님을 두고 세례 요한이 환생한 것으로 여겼다(6:16). 세상 사람들은 세례 요한이라고 말하는 사람들 다음으로 "엘리야"라고 말하는 사람들이 많았던 것 같다(왕하 1:10). 그리고 또 간혹 약간의 사람들은 "예레미야(마 16:14)나 선지자중의 하나"라고 말한다고 보고했다. 물론 예수님을 향해 아주 안 좋게 말하는 사람들도 있긴 했으나 긍정적으로 말하는 사람들의 말만 전해드린 것이다. 세상 사람들의 예수 관은 그때나 지금이나 정확하지 않은 것이 특징이다. 요즘도 예수님을 선지자로 보는 회교도들과 여호와의 증인들이 있다. 그리고

---

16) 빌립보 가이사랴는 벳새다에서 북쪽으로 대략 40km 지점에 위치하고 있다. 빌립보 가이사랴는 대 헤롯의 아들 빌립이 디베료 가이사(Tiberius Caesar)를 기념하여 세운 도시로 대 헤롯이 로마 황제 가이사 아구스도(Augustus Caesar)를 기념하여 세운 "가이사랴"라는 도시와 구별하기 위하여 명명한 이름이다.

더 많은 사람들은 예수님을 세계 4대 성인중의 하나로 치부하는 사람들도 많이 있다. 성령으로 아니하고는 예수님을 주님이라고 말하지 못한다(고전 12:3). 성령님을 받아야 정확하게 알 수가 있다.

막 8:29. 또 물으시되 너희는 나를 누구라 하느냐 베드로가 대답하여 이르되 주는 그리스도시니이다 하매.

세상의 다른 사람들이야 어떻든 예수님의 제자들이 예수님을 어떻게 보느냐 하는 것은 대단히 중요했다. 그래서 예수님은 제자들에게 "너희는 나를 누구라 하느냐"고 물으신다. 여기 "너희"(ὑμεῖς)란 말이 강조되어 있다. 다른 사람들은 그렇다 치고 "너희들은" 나를 누구라 하느냐는 것이다. 다행히도 베드로는 제자들을 대표하여 "주는 그리스도시니이다"(Σὺ εἶ ὁ Χριστός)라고 정확하게 고백한다(마 16:6; 요 6:69; 11:27). "그리스도"(ὁ Χριστός)란 말은 '유일하신 그리스도'라는 뜻으로, 히브리어의 '메시야'를 헬라어로 번역한 말이며 '구주'란 뜻이다. 예수님은 모든 점에서 우리를 위한 구주이시다. 영혼을 구원하시는 분이고 육신의 질병과 어려움을 해결해주시는 분이며 사회적인 환난에서 구해주시는 구주시다. 오늘 우리가 예수 그리스도만 붙잡으면 모든 것을 붙잡은 것이다. 다른 것들이 더 이상 필요가 없다. 그 분이 모든 은혜를 주시고, 모든 것을 공급하시며, 모든 갈증을 해결해 주시고, 세상의 복잡한 모든 문제들을 해결해주신다.

그런데 마 16:17-19에 보면 베드로가 제자들을 대표하여 신앙 고백을 했을 때 예수님은 신앙 고백을 한 베드로를 향하여 칭찬도 하시고 또 복의 약속도 주신다. 첫째, "네가 복이 있다"고 하시고(마 16:17a), 둘째, 예수님이 그리스도인 줄 알게 하신 이는 하나님이라고 하시며(마 16:17b) 셋째, 베드로의 신앙 고백 위에 교회를 세우시겠다고 하시고(마 16:18), 마지막으로, 베드로에게 천국 열쇠를 주시겠다고 하신다(마 16:19). 예수님을 그리스도로 아는 것은 천상천하의 모든 것을 얻은 것이다.

막 8:30. 이에 자기의 일을 아무에게도 말하지 말라 경고하시고.

    예수님은 "자기의 일," 곧 '자기가 그리스도라는 사실을 아무에게도 말하지 말라고 제자들과 또 가까이 따르는 무리(34절)에게 경고하신다(마 16:20). 만약에 당장 세상 사람들에게 예수님이 그리스도라고 널리 알린다면 예수님은 제자들에게 충분히 훈련을 시키시기 못한 채 유대 교권주의자들에게 잡혀서 일찍이 죽을 것이므로 광포하지 말라고 부탁하신다. 예수님은 제자들을 더 훈련시켜야 할 필요가 있었다. 메시야라는 사실을 자신이 죽어야 할 때가 되기 전에 널리 알릴 필요는 없었다. 제자들이 예수님을 그리스도라고 믿고 또 고백하는 것은 반드시 필요했으나 아직 세상에 널리 알릴 시간은 되지 않았다(전 3:1-8).

XXVII. 예수님께서 첫 번째로 그의 수난을 예고하시다 8:31-33

    예수님의 제자들이 신앙 고백(27-30절)을 한 다음 예수님은 제자들에게 이제 한 단계 더 높은 차원의 비밀을 알려주신다. 곧 예수님께서 죽으시고 부활하시겠다고 하신다. 누구든지 예수님이 구주라는 것을 믿은 다음에라야 그의 죽음과 부활의 비밀을 깨달을 수 있음을 보여주는 말씀이다. 이 부분은 마 16:21-23; 눅 9:22와 병행한다.

막 8:31. 인자가 많은 고난을 받고 장로들과 대제사장들과 서기관들에게 버린바 되어 죽임을 당하고 사흘 만에 살아나야 할 것을 비로소 그들에게 가르치시되.

    예수님은 제자들과 무리(34절)에게 예수님이 그리스도이심을 아무에게도 말하지 말라고 부탁하신(앞 절) 다음, 예수님 자신이 고난을 받으실 것과 부활하실 일을 처음으로 가르치신다(마 16:21; 17:22; 눅 9:22).

예수님은 자신을 "인자"라고 부르신다. 이 "인자"라는 칭호는 다른 사람들이 예수님을 부르는 칭호가 아니라 예수님 자신이 자신을 부르는 자칭호(自稱號)로서 고난을 받으시는 메시야를 지칭하는 말이다(2:10, 28; 8:31, 38; 9:9, 12, 31; 10:33, 45, 13:26; 14:21, 21, 41, 62). 예수님은 앞으로 자신이 "많은 고난을 받을 것"이라고 가르치신다. 십자가에서 죽으실 때까지 수많은 고난을 겪으실 것이라는 뜻이다. 여기 말씀하신 고난이라는 말씀은 겟세마네에서 피와 땀을 흘리시면서 기도하실 것과 또한 로마 군인에 의해 잡혀서 대제사장들에 의해 재판을 받으시면서 많은 모욕을 당하실 것을 지칭하신 말씀인 듯하다. 이유는 곧이어 산헤드린 공회로부터 버림을 당하는 일과 십자가 죽음을 따로 말씀하셨기 때문이다. 그분의 고난은 우리를 대신한 고난이다. 그분는 하늘 영광을 버리시고 우리를 대신하여 고난을 받으러 오셨다.

예수님은 "장로들과 대제사장들과 서기관들에게 버린바 되실 것"을 예언하신다. 여기 세 종류의 직분자들은 산헤드린 공의회의 구성원들을 지칭한다. 예수님은 유대 최고 법정으로부터 비참히 버림을 당하셨다. 그는 우리를 대신하여 그렇게 될 것을 미리 내다보시고 제자들을 교육하셨다.

예수님은 십자가에서 "죽임을 당하실 것"을 예언하신다. 로마 나라에서 가장 흉악한 죄인들에게 가하는 최고의 형벌인 십자가형을 당하실 것을 미리 제자들에게 가르쳐 주신다. 베드로 사도는 이 말씀만 듣고 죽으시면 안 된다고 예수님을 말리다가 예수님으로부터 크게 책망을 들었다. 예수님은 우리를 대신하여 죽으실 것을 제자들에게 미리 알려주셨다.

예수님은 "사흘 만에 살아나야 할 것을 비로소 그들에게 가르치신다." 수난주간 금요일 오후 3시에 죽어서 하루를 무덤 속에서 지내시고 주일 새벽에 살아나실 것을 미리 제자들에게 가르쳐주신다. 그가 우리를 대신하여 벌을 다 받으셨다는 것을 알리시기 위하여 다시 살아나셔야 하는데 그것까지 미리 알려 주신다. 그의 부활은 우리의 죄를 다 해결하셨다는 것을 보여주신 것이며 또 우리의 부활의 근거가 되었다.

예수님은 자신의 고난과 부활을 "비로소 그들에게 가르치셨다." 처음으로 가르치신 것이다. 가끔 자신의 고난을 말씀하셨지만(2:20) 이렇게 드러내놓고 말씀하신 것은 이번이 처음이었다. 그분은 앞으로 더 자신이 받을 고난과 부활을 가르치실 것이다(9:31; 10:32-34). 예수님은 우리를 대신하여 죽으실 것과 우리의 부활을 위하여 다시 사실 것을 이렇게 미리 말씀해주셨다. 할렐루야.

막 8:32. 드러내놓고 이 말씀을 하시니 베드로가 예수를 붙들고 항변하매.

예수님은 그의 십자가의 죽음을 드러내놓고 제자들과 무리가 듣는데서 공공연하게 하셨다. 이제는 은밀히 하실 때가 아니라 드러내놓고 죽음에 대해 말씀하셨다. 여기 "말씀을 하시니"(τὸν λόγον ἐλάλει)란 말은 미완료 시제로 '계속해서 말씀하셨다'는 뜻이다. 예수님은 십자가 죽음을 한번만 말씀하신 것이 아니라 제자들이 알아들을 때까지 계속하셨다. 이유는 자신이 죽으러 오셨기 때문이다. 그래서 베드로는 예수님을 "붙들고" 항변했다. "붙들고"(προσλαβόμενος)란 말은 '붙들다,' '제지하다'란 뜻으로, 베드로가 예수님을 제지한 것을 의미한다. "항변하다"(ἐπιτιμᾶω)는 말은 '책망하다,' '경계하다,' '비난하다'란 뜻으로, 베드로는 예수님에게 책망하듯 만류했다. 오늘 우리는 주님의 뜻만을 좇아야 한다. 결코 내 생각을 주장하거나 앞세워서는 안 된다. 그것은 사탄의 유혹을 받은 것이다.

막 8:33. 예수께서 돌이키사 제자들을 보시며 베드로를 꾸짖어 이르시되 사탄아 내 뒤로 물러가라 네가 하나님의 일을 생각하지 아니하고 도리어 사람의 일을 생각하는도다 하시고.

베드로가 항변하는 것을 보시고(앞 절) 예수님은 "돌이키사 제자들을 보시며 베드로를 꾸짖어 이르신다." 가시던 길을 멈추고 몸을 돌이키셔서 제자들을 보시며 베드로를 꾸짖으신다. 예수님께서 베드로를 꾸짖으신 것은 베드로 개인에게만 적용되는 것이 아니라 제자들에게도 경고하시는 뜻이 담겨있다. 그래서는 절대 안 된다고 다른 제자들도 생각했기 때문에 그들에게 꾸중을 하신다는 뜻으로 제자들을 보시고 베드로를 꾸짖으셨다. 예수님은 베드로를 향하여 "사탄아 내 뒤로 물러가라 네가 하나님의 일을 생각하지 아니하고 도리어 사람의 일을 생각하는 도다"라고 엄하게 꾸짖으신다. 이 말씀은 베드로가 사탄이라는 뜻은 아니다. 베드로가 사탄의 유혹을 받고 있다는 뜻으로 '사탄아 내 뒤로 물러가라'고 하신 것이다. 예수님은 사역을 시작하실 때 세 가지 시험을 받으셨는데 사탄의 마지막 시험을 받으시면서 "사탄아 내 뒤로 물러가라"고 하셨다(마 4:10).

　　베드로는 사탄의 유혹을 받아 하나님의 일을 생각하지 아니하고 사람의 일만을 생각하였다. 곧 그는 예수님께서 대속의 십자가를 지셔야 한다는 하나님의 뜻을 생각하지 아니하고 그분을 붙들어놓고 지상정부를 세워서 자기들도 한 자리 하고 싶다는 인간적인 생각으로 가득 차 있었다. 우리는 하나님의 일과 사람의 일을 잘 구별할 줄 알아야 한다. 인간적이고 인정적인 생각도 때로는 훈훈함을 주지만 하나님의 소원, 하나님의 뜻을 생각할 줄 알아야 한다. 우리는 한 가지 무서운 사실을 발견한다. 베드로가 예수님이 누구라고 하는 신앙고백을 잘해서 큰 칭찬을 들었지만 금방 그는 사탄의 유혹을 받아 예수님으로부터 꾸짖음을 당한 사실에서 우리도 신앙의 걸음을 잘 걸어가다가 언제 갑자기 사탄의 유혹을 받아 예수님으로부터 책망을 들을지 모른다는 사실이다. 우리는 성령님으로 충만한 중에 살아서 사탄의 유혹을 물리쳐야 할 것이다.

XXVII. 예수님을 따르려는 자가 가져야 할 각오 8:34-9:1

　　베드로의 엄청난 실수를 책망하신(앞 절) 예수님은 자신을 따르려는 자가 가져야 할 각오를 말씀하신다. 이 부분은 마 16:24-28; 눅 9:23-27과 병행한다.

막 8:34. 무리와 제자들을 불러 이르시되 누구든지 나를 따라 오려거든 자기를 부인하고 자기 십자가를 지고 나를 따를 것이나라.

　　　　베드로의 실수를 엄중하게 책망하신 예수님(앞 절)은 제자들만 아니라 무리를 불러 예수님을 따르려는 자가 가져야 할 각오를 말씀하신다. 예수님은 "누구든지 나를 따라 오려거든 자기를 부인하고 자기 십자가를 지고 나를 따를 것이라"고 하신다(마 10:38; 16:24; 눅 9:23; 14:27). 곧 '제자들만 아니라 누구든지 예수님의 제자가 되어 따르려면 첫째, 자기를 부인해야 한다'고 하신다. "자기를 부인한다"는 말은 문맥으로 보아 '자기 생각, 자기 주장, 자기 고집 등을 부인해야 한다'는 뜻이다. 베드로는 자기가 잘되어 보려는 생각, 주장, 고집을 부인하지 못하고 예수님의 십자가의 길을 만류했다. 자기 생각, 자기 주장, 자기 고집 등은 이기심에서 나오는 것들이다. 우리가 그리스도를 따르려면 우리의 원죄인 이기심을 부인해야 한다. 이기심은 모든 죄의 원초적인 것이다. 성경에 나오는 50여 가지의 죄는 자기만을 위하려는 이기심에서 나오는 것들이다. 우리는 우리만을 위하려는 이기심을 거부해야 예수님을 따를 수 있다는 것을 알고 철저히 자기를 위하려는 욕심을 거부해야 한다. 베드로는 자기의 앞길과 출세를 생각하여 예수님의 십자가 행을 만류했다. 불교에서는 명상으로 인간의 욕심을 거부하려고 하나 기독교는 그리스도로부터 힘을 얻어 자기의 욕심을 거부한다. 우리는 우리의 힘으로 인간의 이기심(자기 주장, 자기 고집, 각종 죄 등)을 거부할 수 없다. 그러므로 그리스도로부터 힘을 얻어야 거부할 수 있다. 다시 말해 성령님의 힘으로 거부해야 한다.

　　　　둘째, '자기 십자가를 져야 한다'고 하신다. 믿는 자가 일단 자기의 이기심을 거부했다고 해서 다 된 것이 아니다. 둘째 단계로 "자기 십자가를 지고" 예수님을 따라야 한다. "자기 십자가를 진다"는 말은 그리스도의 제자가 되어 그리스도를 따라가면서 닥쳐지는 모든 수욕(수모)을 져야 한다는 말이고 또 그리스도를 전하는 중에 생겨지는 모든 고난을 피하지 말고 져야 한다는 말이다. 성도는 수욕과 고난을 피해서는 안 된다. 사도들은 그리스도의 제자로서 당하는 모든 부끄러움을 기뻐했다. 행 5:41에 "사도들은 그 이름(예수님)을 위하여 능욕 받는 일에 합당한 자로 여기심을 기뻐했다"고 전한다. 성도는 수모뿐만 아니라 그리스도를 전하기 위해 받는 모든 고난을 피하지 말고 등에 져야 한다. 바울은 그리스도를 전하기 위해서 받는 괴로움을 하나라도 더 당하려 하였고 자기 앞으로 끌어당겨서(골 1:24), 엄청난 고난을 받았다(고후 11:23b-28). 그리고 베드로 사도 당시의 성도들은 고난을 받으라고 권고를 받았다(벧전 4:1-6). 우리가 각종 수모를 견디며, 고난을 피하지 말고 당하기 위해서는 그리스도를 바라보아야 한다. 그리스도께서 주시는 힘을 받아야 하고, 그리스도께서 주실 영광을 바라보아야 참을 수 있다. 그리스도께서 주시는 힘만 받으면 못할 것이 없다.

막 8:35. 누구든지 제 목숨을 구원하고자 하면 잃을 것이요 누구든지 나와 복음을 위하여 자기 목숨을 잃으면 구원하리라.

본 절 초두에 "왜냐하면"(γάρ)이라는 이유 접속사가 있다(한글판에는 없음). 이유 접속사가 이끄는 본 절은 앞 절에서 말한 내용의 이유를 설명한다. 다시 말해 예수님께서 누구든지 "자기를 부인하고 자기 십자가를 지고 나(예수님)를 따르라"(앞 절)고 하셨는데 왜 예수님을 따라야 하는지를 본 절이 설명한다(요 12:25). 왜 따라야 하는가. 그것은 "누구든지 제 목숨을 구원하고자 하면 잃을 것이기" 때문이고, "누구든지 나와 복음을 위하여 자기 목숨을 잃으면 구원하기" 때문이다.

"누구든지(동서고금 막론하고 누구든지, 남녀불문 누구든지, 지위고하 누구든지, 빈부귀천 누구든지) 제 목숨을 구원하고자 하면 잃는다." 예수님을 따르지 않고 제 목숨을 귀하게 여겨 자기가 자기를 구원하고자 하면 반드시 잃게 된다. 자기의 육적인 생명, 영혼, 자아를 자기가 구원하고자 하면 아주 실패로 끝난다. 그리스도를 따르지 않고 스스로가 자신의 행복과 명예를 추구하면 모든 것이 허무로 끝나게 마련이다.

그러나 "누구든지 나(예수님)와 복음(1:1, 15; 10:29)을 위하여 자기 목숨을 잃으면 구원한다." 세상의 누구든지 예수님과 복음을 따르기 위하여 자기의 목숨(모든 것)을 둘째로 놓고 예수님을 따르면 영적인 생명도 얻고 복도 얻으며 기쁨도 얻는다. 마 10:37에서 예수님은 "아버지나 어머니를 나보다 더 사랑하는 자는 내게 합당하지 아니하고 아들이나 딸을 나보다 더 사랑하는 자도 내게 합당하지 아니하다"고 하신다. 누구든지 가족보다 예수님을 더 귀하게 여기며 일상생활에서 예수님을 따르면 결국은 영적인 생명도 얻으며 육신적인 복도 얻게 된다. 그리고 자기가 둘째로 생각했던 가족도 더 복되게 된다. 우리는 귀한 것들을 얻기 위하여 그리스도를 따라야 한다(마 10:39; 눅 9:24).

막 8:36-37. 사람이 만일 온 천하를 얻고도 자기 목숨을 잃으면 무엇이 유익하리요 사람이 무엇을 주고 자기 목숨을 바꾸겠느냐.

예수님은 이 부분에서 35절 상반 절의 내용을 바꾸어 말씀하신다. 곧 "누구든지 제 목숨을 구원하고자 하면 잃을 것이라"(35절 상반절)는 말씀을 다른 말씀으로 표현하신다. 사람이 만일 예수님을 따르지 않고 온 천하를 얻었다고 하자. 자기가 원하는 모든 보화와 재물, 권세와 세상적인 행복을 얻었다고 하자. 그러나 그는 예수님을 믿지 않았고 따르지 않았기에 결국은 목숨(영원한 생명)을 잃게 된다. 그러면 무엇이 유익한가. 세상 모든 것이 아무 의미가 없게 된다. 세상의 그 어떤 것을 아무리 많이 가졌어도 육신의 건강과 생명을 잃으면 아무 의미가 없는데 하물며 영원한 생명을 잃으면 더더욱 무슨 의미가 있겠는가. 그 어떤 의미도 없다.

우리가 영원한 생명을 잃는다면 "무엇을 주고 자기 목숨을 바꾸겠는가." 사람이
무엇을 주고 자기의 영원한 생명을 보상 받을 수 있겠는가. 결코 자기의 영원한
생명을 보상 받을 수 없다. 그저 잃어버린 상태로 있을 뿐이다. 한마디로 비참뿐이다.

**막 8:38. 누구든지 이 음란하고 죄 많은 세대에서 나와 내 말을 부끄러워하면
인자도 아버지의 영광으로 거룩한 천사들과 함께 올 때에 그 사람을 부끄러워하
리라.**

예수님은 계속해서 "누구든지"라는 언어를 사용하신다(34-35절; 마 10:33;
눅 9:26; 12:9). 사실 그 어떤 예외도 없이 "누구든지"이다. 그 누구든지 "이 음란하고
죄 많은 세대에서 나와 내 말을 부끄러워하면 인자도 아버지의 영광으로 거룩한
천사들과 함께 올 때에 그 사람을 부끄러워하리라"고 말씀한다(롬 1:16; 딤후
1:8; 2:12). 한마디로 우리가 이 세상에서 예수님과 복음을 부끄럽게 생각하고
거부하면 예수님께서 재림하실 때 바로 그 사람을 부끄럽게 생각하시고 버리실
것이라는 말씀이다.

예수님은 이 세상을 "음란하고 죄 많은 세대"라고 칭하신다. "음란하다"는
말은 하나님을 버리고 세상을 좇는다는 뜻에서이다(약 4:4). 하나님을 버리고
세상을 좇는 것은 음란 중에 가장 큰 음란이다(렘 3:8; 13:27; 31:32; 겔 16:32,
35; 마 12:39; 16:4). 세상 사람들은 음란하여 결국은 죄를 무수히 짓는다. 지금
세상은 하나님을 떠났고 죄를 무수하게 짓는 음란하고 죄 많은 세대이다. 예수님
당시의 바리새인들과 서기관들은 예수님을 배척하고 세상의 영광을 좋아했기에
음란했고 죄 많은 세대였다. 그런 세대는 자연히 예수님과 그분의 말씀(35절에는
복음이란 말로 표현되어 있음)을 부끄러워하여 거부하게 되어 있다. 그들은 예수님
을 멀리하고 산다. 오늘도 예수님을 믿는 것을 부끄럽게 생각하는 사상이 세상에
팽배해 있다.

그런 사람들에 대해서 예수님은 "인자도 아버지의 영광으로 거룩한 천사들과 함께 올 때에 그 사람을 부끄러워하리라"고 말씀한다. 예수님은 하나님의 우편에 계속 계시지 않고 거룩한 천사들과 함께 재림하실 터인데 그 때에 그런 사람을 구원하기를 부끄럽게 여기시고 멸망으로 떨어뜨리실 것이다. 오늘날 반 기독 세력들이 예수님과 그분을 신앙하는 것을 징그럽게 생각하며 그리스도인들을 멸망시켜야 할 대상으로 삼고 있지 않은가. 얼마나 불행한 세대인가. 우리는 그들을 구원해야 한다.

막 9:1. 또 그들에게 이르시되 내가 진실로 너희에게 이르노니 여기 서 있는 사람 중에는 죽기 전에 하나님의 나라가 권능으로 임하는 것을 볼 자들도 있느니라 하시니라.

본 절 초두의 등위접속사 "또"(καὶ)란 말은 본 절이 앞 절(8:38)과 대등한 위치에 있음을 보여준다. 그리고 본 절과 똑같은 내용(예수님의 변형되심)을 기록한 마태복음 16:28과 누가복음 9:27도 역시 바로 앞선 내용(재림)과 밀접하게 붙어져 있다. 예수님은 바로 앞(8:38)에서 그의 재림을 말씀하셨고 본 절은 그의 영광의 시작을 알리신다.

예수님은 "내가 진실로 너희에게 이른다"고 하산다. 다시 말해 앞으로 말씀하실 내용은 참으로 엄숙한 메시지라는 뜻이다. 그 메시지는 "여기 서 있는 사람 중에는 죽기 전에 하나님의 나라가 권능으로 임하는 것을 볼 자들도 있다"는 것이다(마 16:28; 눅 9:27). 죽기 전에, 다시 말해 늙어서 죽거나 아니면 늙기 전에 순교하거나 어쨌든 죽기 전에 하나님의 나라가 권능으로 임하는 것을 볼 자들이 있으리라는 말씀이다. 그렇다면 "하나님의 나라가 권능으로 임하는 것"(마 24:30; 25:31; 눅 22:18)은 그리스도의 재림을 지칭하지는 않는다. 이유는 그들은 재림 전에 모두 죽어야 하기 때문이다. 그렇다면 예수님의 재림 이전에 하나님의 나라가 권능 있게 임하는 사건은, 1)세 제자가 본 변화산의 예수님의 변형 사건이라는 해석, 2)예수님의 부활이라는 해석, 3)오순절에 있었던 성령님의 강림이라는 해석, 4)오순절 성령강림 이후 복음의 폭발적 확산을 지칭한다는 해석들이 있다.

그 중에 예수님의 변형사건은 앞으로 하나님의 나라가 권능으로 임하는 것을 미리 보여주는 하나의 예표라고 볼 수 있다. 변형 사건은 너무 중요한 사건이기는 하지만(벧후 1:16-18) 아무래도 짧은 시간에 이루어지고 사라졌기에 하나님의 통치가 계속해서 임했다고 말하기는 어려울 것으로 보이고 하나의 예표라고 보는 것이 더 나을 것이다. 그러므로 본 절이 말하는 하나님 나라, 곧 하나님의 통치가 권능으로 임했던 사건은 역사적으로 예수님의 부활로부터 시작하여 성령님의 강림으로 임한 하나님의 계속적인 통치를 지칭하는 것으로 봄이 좋을 것이다. 예수님의 부활과 성령 강림 이후 복음의 놀라운 폭발적인 확장은 하나의 연결된 사건으로서 제자들이 죽기 전에 보았던 하나님의 통치이다. 오순절 성령강림 이후 복음을 통한 하나님의 통치는 놀랍게 퍼져나갔고 예루살렘과 유다와 사마리아와 땅 끝으로 퍼져나갔다. 제자들 중에서 야고보는 많은 사건을 보지는 못했다. 이유는 그가 일찍이 순교했기 때문이었다(행 12:2). 그러나 다른 제자들은 성령님의 놀라운 역사로 복음이 놀랍게 확장되어 가는 것을 볼 수 있었다.

제 9 장

변형사건과 아이 치유 및
수난 예고와 각종 범죄에 대한 경고

XXVIII. 예수님께서 변형되시다   9:2-29

　　예수님께서 그의 수난을 예고하시고(8:27-33), 또 그리스도를 따르는 자가
십자가를 지고 따라야 할 것을 말씀하신(8:34-9:1) 다음 예수님은 기도하시러
변화산에 올라가셔서(눅 9:28) 기도하시는 중에(눅 9:29) 변형되신다(2-8절).
그리고 하산(下山)하시면서 엘리야에 관해 말씀해주시며(9-13절), 하산하신 다음
에는 간질병 걸린 아이를 고치신다(14-29절).

1. 예수님께서 변형되시다   9:2-8

　　예수님은 제자들에게 십자가를 질 것을 권고하시고 또 앞으로 부활하실
것을 예언하신(8:27-9:1) 다음 이제는 십자가를 지고 잘 따르도록 힘을 주시고
앞으로 자신이 부활하실 것을 보여주시기 위하여 변모의 모습을 보여주신다(2-8
절). 이 부분은 마 17:1-8: 눅 9:28-36과 병행한다.

**막 9:2. 엿새 후에 예수께서 베드로와 야고보와 요한을 데리시고 따로 높은
산에 올라가셨더니 그들 앞에서 변형되사.**

　　예수님은 바로 앞 절의 메시지를 말씀하신 "6일 후에" 높은 산에 올라가셔서 변형되셨다. 누가는 이 사건이 8일쯤 지나서 있었다고 진술한다. 그러니까 만 6일이 지난, 8일째에 된 일로 보인다.

　　만 6일이 되었을 때 예수님은 "베드로와 야고보와 요한을 데리시고 따로 높은 산에 올라가셨다"(마 17:1; 눅 9:28). 세 제자를 데리고 특별훈련을 시키신 것은 이번이 처음이 아니었다. 야이로의 딸을 살리실 때(5:37), 겟세마네 동산에서 기도하실 때(14:33)에도 역시 세 제자만 특별 취급하셨다. 예수님은 12제자 중에서 3제자를 특별 취급하셔서 앞으로 특별히 사용하시려고 하신다. 야고보는 일찍이 순교시키셨고(행 12:2), 베드로는 수제자로 사용하시며 훗날 베드로 전, 후서를 쓰게 하셨다. 그리고 예수님은 요한으로 하여금 오래도록 살게 하셔서 복음을 전하게 하셨을 뿐 아니라 요한복음과 요한 일, 이, 삼서, 그리고 계시록을 기록하게 하셨다. 예수님은 오늘도 사역자들을 특별 훈련시키신다. 중병에 걸리게도 하시고 특별히 큰 환난을 만나게 하셔서 크게 사용하신다. 크게 쓰임 받는 사역자들은 특수 훈련을 받은 사람들이다.

　　예수님은 세 제자를 데리시고 "높은 산에 올라가셨다." 그냥 많은 사람들이 왕래하는 평지가 아니라 높은 산에 올라가신 이유는 변형되시는데 좋은 환경을 택하신 것으로 보인다. 예수님은 새벽기도를 하실 때 한적한 곳을 택하여 기도하셨고(1:35), 제자들을 훈련시키실 때도 한적한 곳을 택하셨으며(6:32), 또 특별히 십자가를 앞에 놓으시고 혼자 따로 기도하셨다(14:35). 성도들을 훈련하거나 개인적으로 기도하는 일을 위해서 환경이 중요하다는 것을 알 수 있다.

　　여기 "높은 산"은 다볼산(갈릴리 바다의 서남쪽 17km지점에 있음, 해발 600m)이라는 주장도 있으나 헐몬산으로 보는 것이 더 자연스럽다(다볼산 위에는 당시에 로마 군대의 요새가 있었다-Ralph Eerle). 이유는 예수님께서 제자들과 함께 빌립보 가이사랴 지방에 계셨으므로 그 곳에서 그리 멀지 않은 헬몬산으로 올라가셨을 가능성이 더 큰 것으로 보인다. 그리고 또 하나의 이유로는 다볼산(해발 600m)보다는 헬몬산(해발 2,850m)이 더 높기 때문에 문맥에 더 맞는 듯하다. 헬몬산은 빌립보 가이사랴 인근에서 가장 높은 산이다(James D. Stevens).

　　예수님은 세 제자와 함께 높은 산에 올라가셔서 "그들 앞에서 변형되셨다." 여기 "변형되사"(μετεμορφώθη)란 말은 부정(단순)과거 수동태로 '변형되었다,' '변화되었다'는 뜻으로, 다른 형태로 변한다는 것을 지칭하는 전문용어이다(롬 12:2; 벧후 1:16-18). 다시 말해 본질적인 변화를 뜻하는 말로 예수님께서 영화되셨다(glorified)는 뜻이다. 산에서 변형된 모습을 보여주시므로 예수님께서는 제자들을 격려하셨고 또 부활하신 후에 그들이 본 것을 실제로 진술하게 하신다. 베드로는 예수님의 영화된 모습을 보고 재림의 모습이라고 진술한다(벧후 3:18). 예수님은 앞으로 영화된 모습으로 재림하실 것이다. 우리는 그리스도 안에서 지금 우리의 심령에 변화를 체험해야 한다(롬 12:2).

막 9:3. 그 옷이 광채가 나며 세상에서 빨래하는 자가 그렇게 희게 할 수 없을 만큼 매우 희어졌더라.

　　마가는 "옷이 광채가 났다"고 묘사하고, 마태는 "옷이 빛과 같이 희어졌더라"고 진술하며(단 7:9; 마 28:3), 누가는 그 옷이 "희어져 광채가 나더라"고 표현한다. 마가는 예수님의 옷이 광채가 났다고 하면서 세상의 세탁업자가 도저히 감당할 수 없을 정도로 희게 변했다고 말한다. 그러니까 예수님의 옷이 초자연적으로 희어지게 된 것을 지칭한다. 마가는 예수님의 얼굴에 대해서는 언급을 하지 않는다. 마태에 의하면 "그 얼굴이 해같이 빛났다"(마 17:2)고 전한다. 마가는 함축적으로 표현하는 성향 때문에 간단하게 기록한 것으로 보인다.

막 9:4. 이에 엘리야가 모세와 함께 그들에게 나타나 예수로 더불어 말씀하거늘.

예수님의 변모가 이루어진 후 구약의 선지자 엘리야가 하나님으로부터 율법을 받은 모세와 함께 세 제자에게 나타난다. 엘리야는 선지자의 대표로, 그리고 모세는 율법의 대표로, 곧 구약 전체의 대표로 신약의 대표 세 제자에게 나타난 것이다. 그들은 세 제자에게 나타나 예수님으로 더불어 말씀하신다. 눅 9:31에 구약의 두 사람이 "영광 중에 나타나서 장차 예수께서 예루살렘에서 별세하실 것을 말씀했다"고 전한다. 엘리야 선지자는 예수님께서 초림하시고 고난 받으실 것을 예언한대로 이제 실제 십자가가 임박했음을 말씀했고, 율법의 대표 모세는 율법이 지시하는(pointing out) 예수님이 곧 십자가에 달리실 것을 말씀했다. 그들은 구약의 총 요점(要點), 곧 예수님께서 십자가에 못 박히실 것을 말씀하고 떠났다. 우리는 신구약의 총 요점은 예수님이고, 예수님의 사역 중 가장 중요한 것은 십자가라는 사실을 알고 세상에 전파해야 할 것이다. 예수님을 전할 때 그리고 그의 십자가 대속을 전할 때 성령님은 기뻐하시고 역사하신다.

막 9:5. 베드로가 예수께 고하되 랍비여 우리가 여기 있는 것이 좋사오니 우리가 초막 셋을 짓되 하나는 주를 위하여, 하나는 모세를 위하여, 하나는 엘리야를 위하여 하사이다 하니.

당시 아직도 충동적이었던 베드로(성령 충만에 이르기 전의 베드로)는 예수님께 고하기를 "랍비여[17] 우리가 여기 있는 것이 좋사오니 우리가 초막 셋을 짓되 하나는 주를 위하여, 하나는 모세를 위하여, 하나는 엘리야를 위하여 하겠습니다"라고 말씀한다. 베드로는 최소한 두 가지의 큰 실수를 한다. 하나는, 자기들만 그 산상에서 오래오래 있겠다는 발상을 했다. 그것은 잘못된 발상이었다("우리가 여기 있는 것이 좋사오니"). 산 아래로 내려가서 주님의 복음을 전해야 했다. 또 하나는, 예수님

---

17) 마가복음에서는 베드로가 예수님을 "랍비"라고 부르고, 마태복음에서는 "주"라고 하며(17:4) 누가복음에서도 역시 "주"라고 부르고 있다(9:33). 이 세 용어는 분명히 동의어로서 주님이라는 뜻으로 보아야 한다.

을 선지자와 동급으로 대우했다는 것이다. 이런 실수는 이슬람교도들이 하는 것과 맞먹는 실수로 볼 수 있다(Ralph Earle). 아무튼 베드로는 예수님의 변모에 너무 정신이 없어서 무슨 말을 할지 몰라 엉겁결에 아무 것이나 말해버린 것이다. 베드로는 산상에서 졸다가 이런 실수를 했는데(눅 9:32) 훗날 자신의 실수를 주위 사람들에게 숨김없이 말했다. 그래서 통역자 마가도 베드로로부터 전해 듣고 복음서에 기록하기에 이르렀다. 실수를 솔직하게 털어놓는데 베드로의 남다른 위대함이 보인다. 베드로가 여기서 바르게 한 것이 있는데 그것은 예수님을 제일 먼저 언급하고 다음 모세, 그리고 그 다음 엘리야를 언급한 것이다.

막 9:6. 이는 그들이 몹시 무서워하므로 그가 무슨 말을 할지 알지 못함이더라.

　　세 제자는 높은 산에서 "곤하여 졸다가 깨어"(눅 9:32) 예수님의 변화(영화)된 모습을 보고 "몹시 무서워했으므로" 베드로가 갑작스러운 환경에서 "무슨 말을 할지 알지 못했기" 때문에 앞 절과 같은 실언(失言)을 했다. 마가는 베드로가 전해준 실수담을 듣고 베드로가 실수하게 된 경위를 설명한다. 오늘 우리도 성도가 황홀한 경지에만 있기를 바라는 것은 큰 실수라는 것을 알 수 있다. 우리는 그리스도로부터 힘을 얻어 십자가를 지고 그분을 따라야 한다.

막 9:7. 마침 구름이 와서 그들을 덮으며 구름 속에서 소리가 나되 이는 내 사랑하는 아들이니 너희는 그의 말을 들으라 하는지라.

　　"마침 구름이 와서 그들을 덮는다." "구름"은 하나님의 임재를 상징한다(출 13:21; 14:19; 33:9; 레 16:2; 민 9:15-23; 왕상 8:10; 시 78:14; 99:7; 사 4:5; 겔 10:3; 막 13:26; 14:62; 행 1:9; 살전 4:17). 하나님 자신께서 그들을 덮으신 것이다. 그들을 덮은 구름 속에서 두 마디 소리가 들린다. 하나는 "이는 내 사랑하는 아들이다"는 소리였고, 다른 하나는 "너희는 그의 말을 들으라" 였다. 이 두 소리는 베드로가 엉겁결에 내뱉은 실언에 대해서 하나님께서 시정해주시는 뜻에서 들려주셨을 것이다. 베드로는 예수님을 구약의 인물과 동등한 것으로 말했으나 하나님은 예수님을 하나님의 아들이라고 말씀하시며 또한 예수님의 말씀을 들어야 한다고 하산다. "이는 내 사랑하는 아들이니"란 말은 예수님의 공생애 중에 가끔 들려왔던 소리이다. 예수님께서 세례 받으실 때 들렸고(1:11), 수난 주간에 들렸다(요 12:28). 예수님은 구약 성경에 나오는 인물들과 다른 분이시다. 그는 하나님의 아들이시다. 그러므로 우리는 그리스도의 말씀을 청종해야 한다. 우리는 그의 말씀을 듣고 우리의 십자가를 지고 따라야 한다(8:34-38).

막 9:8. 문득 둘러보니 아무도 보이지 아니하고 오직 예수와 자기들뿐이었더라.

하나님께서 보내신 구름도, 하늘에서 온 방문객들도 없어지고 "문득 둘러보니 아무도 보이지 아니하고 오직 예수와 자기들뿐이었다." 구름도 예수님의 위대하심을 증거하고 사라졌고 하늘에서 온 방문객들도 예수님께서 십자가에서 별세하실 것을 말씀하고 떠나갔으며 오직 예수님과 자기들 세 제자들뿐이었다. 세상 모든 것은 그리스도만 증거하고 떠나야 함을 보여준 좋은 실화였다. 세례 요한도 그리스도만 전하고 그분만 높이다가 떠나갔다. 오늘 우리도 우리의 음성이나 업적을 남길 것이 아니라 예수님의 위대하심만을 드러내고 사라져야 한다. 우리가 세상에서 100년 혹은 1,000년을 살아도 "오직 예수"만 전하고 높여야 한다.

2. 하산(下山)하시면서 엘리야에 관해 말씀해주시다   9:9-13

변형되신 후(2-8) 산에서 내려오시면서 엘리야에 대하여 제자들에게 교훈하신다(9-13절). 이 부분은 마 17:9-13과 병행한다.

막 9:9. 그들이 산에서 내려 올 때에 예수께서 경고하시되 인자가 죽은 자 가운데서 살아날 때까지는 본 것을 아무에게도 이르지 말라 하시니.

예수님은 그들과 함께 산에서 내려오신다. 제자들은 계속해서 그 산에서 있고 싶어 했으나 예수님은 그들의 생각을 만류하시고 그들을 이끌고 내려오신다. 산 아래에서 할 일이 많기 때문이었다. 우리도 산 위의 시간을 가진 다음 산 아래로 내려와야 한다. 산에서 기도만 하고 있어서는 안 된다.

예수님은 산에서 내려오실 때에 경고하신다. 곧 "인자가 죽은 자 가운데서 살아날 때까지는 본 것을 아무에게도 이르지 말라"고 하신다(마 17:9). 예수님께서 십자가에서 죽으시고 부활하실 때까지는 산 위에서 본 것들을 아무에게도 말하지 말라는 내용이다. 제자들이 산에서 본 신비한 일들(예수님의 변형되심, 구름이 덮은 일, 모세와 엘리야가 나타난 일)은 예수님의 십자가 죽음과 부활을 경험한 사람만 이해할 수 있는 것이었다. 예수님께서 부활하시고 또 성령님이 오신 후에는 진리에 대한 이해가 밝아져서 널리 말할 수 있었다. 예수님께서 부활하신 후 베드로는 변화산에서 있었던 일을 전했다(벧후 1:17-18).

막 9:10. 그들이 이 말씀을 마음에 두며 서로 문의하되 죽은 자 가운데서 살아나는 것이 무엇일까 하고.

제자들은 예수님께서 함구령을 내리신 말씀 곧 "인자가 죽은 자 가운데서 살아날 때까지는 본 것을 아무에게도 이르지 말라"(앞 절)는 말씀을 마음에 두고 말하지 않았다. 누가복음에 보면 "제자들이 잠잠하여 그 본 것을 무엇이든지 그 때에는 아무에게도 이르지 아니했다"고 말한다(눅 9:36). 예수님의 말씀을 순종한 것이다. 마리아도 예수님을 낳은 후 목자들이 하는 말을 버리지 않고 마음에 두었다(눅 2:19).

그러나 제자들끼리는 궁금해서 견딜 수 없었다. 그래서 "서로 문의하되 죽은 자 가운데서 살아나는 것이 무엇일까 했다." 예수님께서 다시 살아나신다는 것이 도대체 무슨 의미인가하고 서로 문의했다. 그들은 유대인들이 말하는 일반적인 부활을 몰라서가 아니라 예수님께서 다시 살아나신다고 말씀하신 것이 무엇인지를 서로 물어본 것이다. 하지만 세 사람 모두 알 리가 없었다. 예수님께서 실제로 부활하시기 전인데 어찌 알 수 있겠는가. 또 성령님이 가르쳐주시기 전에야 어찌 알 수 있겠는가. 우리는 성령님께 물어보아서 모든 진리 가운데로 인도받아야 한다(요 14:26; 요일 2:20, 27).

막 9:11-12a. 이에 예수께 묻자와 이르되 어찌하여 서기관들이 엘리야가 먼저 와야 하리라 하나이까 이르시되 엘리야가 과연 먼저 와서 모든 것을 회복하거니와.

　　예수님께서 "인자가 죽은 자 가운데서 살아날 때까지는 본 것을 아무에게도 이르지 말라"(9절)고 함구령을 내리셨으므로 제자들은 더 이상 말하지는 못했다. 하지만 그들에게는 궁금한 점이 또 있었다. 곧 산에서 본 엘리야의 모습이었다. 엘리야를 본 후에 제자들은 서기관들이 항상 하던 말이 생각났다. "엘리야가 먼저 와야 한다"(말 4:4-5; 마 17:10)는 서기관의 말이 생각나서 입을 다물고 있을 수가 없었다. 서기관들은 메시야가 오기 전에 반드시 엘리야 선지자가 다시 세상에 나타나야 한다고 입버릇처럼 주장했다. 서기관들은 예수님이 메시야가 아니라는 것을 말하기 위해 이 말을 계속해서 말하곤 했다. 그런데 제자들은 예수님이 그리스도이심을 분명히 믿는 입장이었다. 그들은 불과 며칠 전 "주는 그리스도이시다"라고 고백한 바가 있었다(8:29-베드로가 대표로 고백했다). 예수님이 그리스도라고 하면 반드시 엘리야가 나타나야 하는데 그가 나타나지 않은 것에 대해 큰 궁금증이 생긴 것이다. 그래서 "예수께 묻자와 이르되 어찌하여 서기관들이 엘리야가 먼저 와야 하리라 하나이까"라고 물었다. 참지 못하고 물은 것이다. 예수님께서 메시야라는 사실을 제자들이 의심해서 그런 것이 아니라, 예수님이 그리스도이신 것은 확실한데 엘리야가 예수님보다 먼저 세상에 나타나야 함에도 아직 나타나지 않고 있으니 웬일인지를 여쭌 것이다. 이렇게 궁금해서 견디지 못할 때 질문하면 예수님께서는 가르쳐주시곤 하셨다(요 6:28, 30; 9:2; 행 1:6). 우리도 진리에 대하여 궁금할 때 예수님께 여쭈어야 한다.

예수님은 "엘리야가 과연 먼저 와서 모든 것을 회복한다"고 말씀하시며 서기관들이 말하는 것이 틀리지 않음을 인정하신다. 그런데 예수님은 13절에 엘리야가 이미 세상에 왔다고 분명하게 말씀하신다. 마태의 병행 구절에는 엘리야가 세례 요한의 인격으로 왔다고 해설한다(마 17:13). 그러니까 세례 요한이 먼저 와서 모든 것을 회복했다고 예수님은 말씀하신다. 세례 요한은 예수님보다 6개월 앞서 세상에 와서 예수님의 선구자로서의 역할을 다하고 갔다. 세례 요한은 모든 일을 회복하고 갔다. 그가 모든 일을 회복했다는 말은 주의를 요하는 말이다. 그는 사람들로 하여금 회개하기를 권했고(요 1:23), 예수님을 믿고 바라보도록 촉구했다(마 3:11; 막 1:7-8; 눅 3:16; 요 1:7, 15, 27, 30; 3:30). 누가 회복자인가. 많은 사람들로 하여금 예수님을 바라보게 하는 자가 회복자이다. 우리는 세상 사람들로 하여금 회복하게 만들고 주님 앞에 서야 할 것이다.

막 9:12b.어찌 인자에 대하여 기록하기를 많은 고난을 받고 멸시를 당하리라 하였느냐.

서기관들이나 예수님의 제자들은 지금까지 예수님의 선구자 엘리야(세례 요한의 인격으로 세상에 왔다)에 대한 예언에 주로 관심을 가졌는데 예수님은 제자들로 하여금 메시야의 선구자 보다는 구약이 "인자(예수님)"에 대하여 예언한 것에 더 관심을 가지라고 촉구하신다. 구약은 "인자에 대하여 기록하기를 많은 고난을 받고 멸시를 당하리라"고 기록하였다(단 9:26). 여기 "인자"란 말은 예수님께서 예수님 자신을 부르는 자칭호(自稱號)인데, 보통은 고난 받으시는 예수님을 지칭한다. 구약 성경 시편 22:1-18; 69:8-9, 11, 20-21; 118:22a; 사 53:1-12은 예수님께서 고난과 멸시받으실 것(눅 23:11; 빌 2:7)을 예언했다. 우리는 선구자보다도 메시야에 대하여 더욱 관심을 두어야 한다. 세례 요한이 바로 그렇게 사람들로 하여금 예수님을 바라보도록 한 후 떠나간 것 아닌가.

막 9:13. 그러나 내가 너희에게 이르노니 엘리야가 왔으되 기록된 바와 같이 사람들이 임의로 대우하였느니라 하시니라.

예수님은 제자들로 하여금 예수님 자신의 고난에 더 관심을 두라고 촉구하시면서도 선구자 엘리야에 대한 예언이 성취되었다고 하신다. 곧 "엘리야가 왔으되 기록된 바와 같이 사람들이 함부로 대우하였다"고 하신다(마 11:14; 17:12; 눅 1:17). 다시 말해 '엘리야(세례 요한)가 세상에 왔었는데 사람들이 함부로 대우하였다고 하신다. 예루살렘 종교 지도자들은 그를 함부로 대우하였다. 사람들의 시선이 세례 요한에게 쏠릴 때 종교지도자들은 그를 못마땅하게 대하였다. 헤롯 안디바스는 자신의 부도덕을 책망하는 세례 요한을 목 베어 죽이고 말았다(6:17-29). 엘리야(세례 요한)가 세상에서 험하게 대우받은 것처럼 예수님도 유대인들에게 고난을 받고 멸시를 당하리라고 하신다(12절; 마 17:12).

3. 산 아래 내려오셔서 간질병 걸린 아이를 고치시다 9:14-29

산에서 변형되셨고(2-8절), 산을 내려오시면서 엘리야에 대하여 교훈하시며 자신의 수난을 예고하신(9-13절) 예수님은 이제 산 아래로 내려오셔서 간질병 들린 아이를 고치신다(14-29절). 이 부분은 마 17:14-20; 눅 9:37-43과 병행하는데 차이점도 많이 있다.

막 9:14. 이에 그들이 제자들에게 와서 보니 큰 무리가 그들을 둘러싸고 서기관

들이 그들과 더불어 변론하고 있더라.

　　　　예수님과 세 제자들이 다음 날(눅 9:37) 산 아래의 9제자들에게 와서 보니 "큰 무리가 그들을 둘러싸고" 있었다(마 17:14). 여기 "큰 무리"는 간질병 들린 아이(마 17:15)를 고치러 온 사람들과 또 호기심을 가지고 모여든 군중이었다. 많은 사람들은 9제자들을 둘러싸고 있었고 서기관들은 9제자들과 더불어 변론하고 있었다. 믿음 없는 곳에는 변론만 성하다. 아마도 서기관들은 9제자를 향하여 간질병 들린 아이 하나도 고치지 못하느냐고 비아냥 거렸을 것이고, 9제자들은 자기들을 변호하느라 땀을 흘렸을 것이다. 우리는 믿음을 얻는 일에 최선을 다해서 능하지 못함이 없는 성도들이 되어야 한다.

막 9:15. 온 무리가 곧 예수를 보고 매우 놀라며 달려와 문안하거늘.

　　　　산 아래의 군중은 예수님을 보고 "매우 놀랐다." 이유는 9제자가 간질병 들린 아이를 고치지 못하여 위신이 추락되었고, 9제자들을 향한 서기관들의 조소와 멸시를 보면서 마음이 편하지 않던 차에 갑자기 예수님께서 나타나셨기 때문이다. 군중은 너무 놀랍고 너무 반가워서 예수님께 달려와 문안했다. 오늘도 고통에 찌든 사람들은 예수님을 필요로 한다. 우리가 비록 다른 것은 가지고 있지 못해도 예수님의 이름을 기꺼이 줄 수는 있어야 한다(행 3:6).

막 9:16. 예수께서 물으시되 너희가 무엇을 그들과 변론하느냐.

　　　　놀라서 달려와 문안하는 군중 속의 9제자들에게 예수님은 물으신다. "너희가 무엇을 그들과 변론하느냐." 곧 '너희 9제자들은 무슨 일로 서기관들과 변론하고 있는 것이냐고 물으신다. 예수님은 분명한 대답을 원하신다. 그러나 9제자들은 대답을 하지 못한다. 자기들이 능력이 없고(23절) 기도를 하지 않아서(29절) 그 환자를 고치지 못하였으니 할 말이 없었다. 혹자는 예수님께서 서기관들에게 질문하셨을 것이라고 말하나 문맥을 보아 9제자들에게 질문하셨을 것이라고 보는 것이 옳다.

막 9:17. 무리 중의 하나가 대답하되 선생님 말 못하게 귀신 들린 내 아들을 선생님께 데려 왔나이다.

제자들이 아무 말이 없자(앞 절) "무리 중의 하나가 대답하되 선생님 말 못하게 귀신들린 내 아들을 선생님께 데려 왔나이다"라고 대답한다(마 17:14; 눅 9:38). '무리 중의 하나,' 곧 '간질병 들린 아이의 아버지'(21절)가 대답하기를 말 못하게 귀신들린 아들을 선생님께 데려왔다고 기가 막힌 말을 한다. 아버지는 참으로 기가 막힌 하소연을 한다. 말 못하게 귀신들린 외아들(눅 9:38)을 그냥 두고 볼 수는 없다는 것이다. 예수님은 인간적으로 도저히 어쩔 수 없는 사람들에게 관심이 많으시다. 예수님은 나인성 과부의 외아들이 죽었을 때 살려주셨고(눅 7:12), 야이로의 죽은 외동딸을 살려주셨다(눅 8:42). 우리는 우리가 지금 각종 죄악의 홍수 속에서 고통당하고 있음을 말씀드려야 한다.

막 9:18. 귀신이 어디서든지 그를 잡으면 거꾸러져 거품을 흘리며 이를 갈며 그리고 파리해지는지라 내가 선생님의 제자들에게 내쫓아 달라 하였으나 그들이 능히 하지 못하더이다.

간질병 들린 외아들의 아버지는 계속해서 그 아들이 겪고 있는 고통을 나열한다. 첫째, "귀신이 어디서든지 그를 잡는다"고 보고한다. '집 안에서든지 혹은 집 밖에서든지 또 혹은 들에서든지' 자기의 아이를 잡는다고 말씀드린다. 귀신은 장소와 때를 불문하고 역사한다는 말이다. 귀신은 오늘도 사람을 꼼짝 못하게 붙잡는다. 사람에게는 힘이 없다. 사람이 그리스도에게 잡히기 전에는 아무 힘이 없다. 사람이 그리스도에게 붙잡힐 때 귀신으로부터 자유할 수 있다. 둘째, "거꾸러진다"고 말한다. 이 말은 '심하게 경련한다', '뒤틀린다'는 말이다.

사람은 귀신에게 잡히면 맥없이 경련하고 넘어간다. 사람의 힘도 맥없이 빠져버리고 그가 하는 일도 맥없이 넘어가며 모든 것이 거꾸러진다. 그리스도만이 오직 우리의 의지이다. 그리스도를 붙들지 않으면 우리는 거꾸러질 수밖에 없다. 셋째, "거품을 흘린다"고 말한다. 다시 말해 '입 안에서 거품을 뿜어낸다'는 뜻이다. 귀신이 사람을 소유하면 거꾸러져 거품을 흘리게 된다. 사람은 부끄러움을 뿜어내게 되고 비정상적인 인간으로 돌변하며 추잡한 인간의 모습으로 돌변한다는 것이다. 오늘날도 부끄러움을 뿜어내는 사람들이 얼마나 많은지 모른다. 넷째, "이를 간다"고 말한다. '윗 이빨과 아래 이빨을 갈다' 혹은 '마찰음을 내다'는 뜻으로 고통스러움을 표시한다는 말이다. 지옥에 가면 사람이 이를 갈게 된다고 예수님께서 말씀하신다(마 8:12; 13:42, 50; 22:13; 24:51; 25:30). 그러니까 귀신들린 사람은 세상에서부터 지옥 경험을 하는 셈이다. 우리는 그리스도를 믿어 복된 삶을 살아야 한다. 다섯째, "파리해진다"고 말한다. 이 말은 '시들다,' '말라버리다'는 뜻으로 사람의 기운이 빠져서 쇠약해지는 것을 뜻한다. 사람이 귀신 들리면 귀신에게 완전히 사로잡혀 육신적인 힘이 완전히 빠진다. 마귀에게 포로 되는 것은 무서운 일이다. 우리는 그리스도의 포로가 되어야 한다. 바울은 다메섹 도상에서 그리스도를 만나 그리스도의 포로가 되었다. 혹자는 이 부분을 해석할 때 이 아이가 간질병에 걸렸기에 간질병이 심해질 때 귀신이 역사한다고 주장하나 귀신이 간질병을 일으킨 것으로 보아야 한다. 이유는, 25절에서 예수님이 귀신을 꾸짖으셨지 간질병을 꾸짖으신 것이 아니기 때문이다. 간질병 들린 아이는 귀신이 들려서 간질병을 앓은 것이다.

귀신 들린 아이의 아버지는 자기 아이의 증상을 모두 말한 다음 "내가 선생님의 제자들에게 내쫓아 달라 하였으나 그들이 능히 하지 못했다"고 고한다. 이미 9제자에게 귀신을 내쫓아 달라고 부탁했었으나 그들이 능히 못 쫓아냈다는 말이다. 예수님을 믿는 사람이 귀신을 못 쫓아낸다는 것은 그리스도 앞에 참으로 부끄러운 일이고 세상 사람들 앞에서도 그렇다. 제자들은 귀신 들린 아이의 아버지를 많이 실망시켰고 또 거기에 모여 있는 사람들에게 큰 실망을 안겨주었다. 우리는 세상 사람들로 하여금 실망하게 해서는 안 된다.

막 9:19. 대답하여 이르시되 믿음이 없는 세대여 내가 얼마나 너희와 함께 있으며 얼마나 너희에게 참으리요 그를 내게로 데려오라 하시매.

예수님은 이 아이 아버지의 보고를 다 들으신 후 대답하시기를 "믿음이 없는 세대여 내가 얼마나 너희와 함께 있으며 얼마나 너희에게 참으리요"라고 탄식하신다. 예수님은 9명의 제자들을 향하여 "믿음이 없는 세대여"라고 책망하신다. 믿음이 없어서 그 귀신을 쫓아내지 못했다는 뜻이다. 그들에게 믿음이 없으니 기도도 못한 것이다(29절). 예수님은 제자들을 향하여 "내가 얼마나 너희와 함께 있으며 얼마나 너희에게 참아야 하느냐"고 하신다. 함께 있을 만큼 함께 있었고 또 참아야할 만큼 참았는데 얼마나 더 함께 있어야 하며 얼마나 더 참아야 하느냐고 탄식하신 것이다. 거의 3년이나 함께 있었고 참아주었는데 얼마나 더 해야 하느냐고 하신다. 3년이면 짧은 세월이 아니라는 의미도 포함한 말씀이다. 예수님의 이런 말씀을 볼 때 "믿음이 없는 세대여"라는 탄식은 주로 9제자들을 향한 탄식으로 보는 것이 옳다. 오늘 우리가 얼마나 예수님을 믿었는가. 우리에게 믿음이 없고 기도가 없다면 부끄러운 일로 알아야 한다.

예수님은 귀신을 쫓아내지 못하는 당장의 9명의 제자들에게 더 기대하시지 않고 "그(아이)를 내게로 데려오라"고 하신다. 여기 "데려오라"(φέρετε)는 말은 2인칭 복수명령형으로, 아버지에게만 하는 명령이 아니라 9제자들을 향하신 명령이었다. 여지없이 실패한 9제자들을 향하여 그 아이를 데려오라고 하신다. 예수님은 더 이상 제자들을 향하여 책망만 하고 계실 수는 없으셨다. 그 아이의 형편을 아시고 불쌍히 여기신다. 예수님은 지금도 귀신들 때문에 고생하는 인생들과 죄 때문에 고생하는 사람들을 향하여 내게로 모든 것을 가져오라고 하신다. 우리는 내 문제, 가정문제, 이웃의 문제를 가지고 나아가서 치료를 받고 해결을 받아야 한다.

막 9:20. 이에 데리고 오니 귀신이 예수를 보고 곧 그 아이로 심히 경련을 일으키게 하는지라 그가 땅에 엎드러져 구르며 거품을 흘리더라.

예수님의 데려오라는 명령(앞 절)에 사람들이 그 아이를 데리고 간다. 그런데 "귀신이 예수를 보고 곧 그 아이로 심히 경련을 일으키게 했다"(1:26; 눅 9:42). 귀신은 예수님을 볼 때 발악을 했다. 자기 최후가 온 줄 알고 발악을 한 것이다. 귀신은 그 아이로 심히 경련을 일으키게 했다. 그래서 "그(아이)가 땅에 엎드러져 구르며 거품을 흘렸다." 그 아이의 아버지가 예수님께 보고한 대로 (18절) 그 아이는 귀신에 의하여 엎드러져 구르며 거품을 흘렸다. 그 아이는 귀신이 주장하는 대로 하고 있었다. 사람은 귀신의 주장대로 움직일 수밖에 없다. 우리는 예수님을 의지해야 한다.

막 9:21. 예수께서 그 아버지에게 물으시되 언제부터 이렇게 되었느냐 하시니 이르되 어릴 때부터니이다.

예수님은 그 아버지에게 "언제부터 이렇게 되었느냐"고 질문하신다. 그 아이의 아버지는 귀신들린 아이의 형편만을 자세하게 고했을 뿐 언제부터 그렇게 되었는지는 말씀드리지 않았으므로 예수님께서 언제부터 그렇게 되었느냐고 물으신 것이다. 예수님은 그 아이가 귀신에게 오랫동안 심하게 고생했음을 알려서 그리스도의 위대하심을 드러내시기를 원하셨다. 아이의 아버지는 "어릴 때부터니 이다"라고 대답한다. 그러니까 지금은 어린 때를 벗어난 아이다. 아이와 아버지는 참으로 오랜 동안 귀신 때문에 고통을 당하였다. 지금도 사탄에 의하여 고통을 당하는 사람이 한 둘이 아니다. 많은 사람들은 사탄에 의하여 마음으로 고통을 당하면 육신적으로 고생하고 살아간다. 우리는 믿음으로 그들의 질병과 고통을 해결하는 사람들이 되어야 한다.

막 9:22. 귀신이 그를 죽이려고 불과 물에 자주 던졌나이다 그러나 무엇을 하실 수 있거든 우리를 불쌍히 여기사 도와주옵소서.

　　그 아이의 아버지는 귀신의 활동을 예수님께 "귀신이 그를 죽이려고 불과 물에 자주 던졌나이다"라고 자세히 보고한다. 아이를 죽이려고 불과 물에 자주 던졌는데 아직까지 죽이지는 못했다고 말한다. 처참한 보고임에 틀림없다.

　　이렇게 보고 드린 다음 그 아버지는 "그러나 무엇을 하실 수 있거든 우리를 불쌍히 여기사 도와주옵소서"라고 애원한다. 그 아버지는 믿음이 거의 없었다. "무엇을 하실 수 있거든"이라고 반신반의한다. 오늘도 하나님께 기도해 놓고 의심하는 사람들이 얼마나 많은지 알 수 없다. 기도할 때는 열심히 하지만 기도가 끝난 다음에는 글쎄 기도가 응답될까하고 의심한다. 참으로 하나님을 슬프게 하는 사람들이다. 우리는 하나님을 철저히 믿고(막 11:22) 기도한 것(막 11:23)은 응답될 줄로 믿어야 한다(막 11:24). 이제 그 아버지는 반신반의하는 믿음을 가지고 "우리를 불쌍히 여기사 도와주옵소서"라고 기도한다. "우리," 곧 '나'와 '아이' 혹시 부인이 있다면 '내 아내'를 "불쌍히 여기소서"라고 기도한다(마 17:15). 오늘 우리는 그리스도에게 우리를 불쌍히 여기소서라는 기도를 드려야 한다(마 9:27; 15:22; 17:15; 20:30-31).

막 9:23. 예수께서 이르시되 할 수 있거든이 무슨 말이냐 믿는 자에게는 능히 하지 못할 일이 없느니라 하시니.

　　예수님은 아이를 고치시기 전에 그 아이의 아버지의 믿음을 고치신다. "할 수 있거든이 무슨 말이냐 믿는 자에게는 능히 하지 못할 일이 없느니라"고 하신다 (11:23; 마 17:20; 눅 17:6; 요 11:40). 예수님의 말씀의 내용은 두 가지이다. 하나는

"할 수 있거든이 무슨 말이냐"고 하신다. 예수님은 능치 못하심이 없는데 그게 무슨 말이냐는 뜻이다. 또 하나는 "믿는 자에게는 능히 하지 못할 일이 없느니라"고 하신다. 예수님을 믿는 자가 참으로 믿으면 모든 것을 능히 할 수 있는 것이고 믿지 못하면 아무 것도 할 수 없는 것이라는 말씀이다(5:36; 6:5-6; 11:23; 마 17:20). 하실 수 있느냐 없느냐 하는 것은 예수님에게 달려있는 것이 아니라 예수님을 믿는 자에게 달려있다는 말씀이다. 오늘 우리가 참으로 예수님을 믿는가. 모든 것이 가능하다. 우리는 모든 것(하나님의 뜻이면)이 가능한 사람들이다.

막 9:24. 곧 그 아이의 아버지가 소리를 질러 이르되 내가 믿나이다 나의 믿음 없는 것을 도와주소서 하더라.

　　　　귀신들린 아이의 아버지는 갑자기 돌변하여 소리를 질러 "내가 믿나이다"라고 말한다. 그가 반신반의하던 태도를 바꾸어 이제는 예수님께서 자기의 아이를 고치실 수 있다고 믿는다고 말한다. 그러면서도 그는 "나의 믿음 없는 것을 도와주소서"라고 호소한다. 그는 예수님을 믿는다고 말은 했지만 내심으로는 아직도 자기의 믿음이 부족함을 느끼고 믿음 없음을 도와주시라고 호소한다. 사람에게 믿음이 충만하기란 쉽지 않은 것이다. 사람에게는 원초적인 죄악인 이기심이 있어서 예수님을 100% 믿고 의지한다는 것은 많은 세월을 두고 믿음의 연단을 쌓아가야 하는 것이다. 우리는 계속해서 자기를 부인하고 우리 각자의 십자가를 지고 주님을 따라야 한다.

막 9:25. 예수께서 무리가 달려와 모이는 것을 보시고 그 더러운 귀신을 꾸짖어 이르시되 말 못하고 못 듣는 귀신아 내가 네게 명하노니 그 아이에게서 나오고 다시 들어가지 말라 하시매.

　　　　아이의 아버지의 신앙 고백을 받으시고(앞 절) 예수님은 그 아이를 고치신다. 신앙고백이 완전하지는 않지만 그만한 고백이라도 들으시고 일하시기 시작하신다. 예수님은 "무리가 달려와 모이는 것을 보시고" 더 많이 모이기 전에 고치시기를 시작하신다. 이유는 여러 사람이 예수님께서 이적 행하심을 보는 것을 원치 않으시기 때문이었다(5:43; 7:36).

예수님은 "그 더러운 귀신을 꾸짖어 이르시되 말 못하고 못 듣는 귀신아 내가 네게 명하노니 그 아이에게서 나오고 다시 들어가지 말라"고 명령하신다. 예수님은 '그 아이로 하여금 말 못하게 만들고 또 귀먹게 만든 귀신을 향하여 그 아이에게서 나오라고 명령하신다. 다시 들어갈 가능성이 있으므로 다시 들어가지 말라는 명령도 하신다. 이제 예수님은 그 아이의 심령 속에 하나님의 나라를 이루신다. 하나님의 통치가 이루어지는 곳이 천국인데(눅 11:20), 예수님은 그 아이에게서 귀신을 내쫓으시고 이제는 자신께서 통치하기 시작하신다.

막 9:26-27. 귀신이 소리 지르며 아이로 심히 경련을 일으키게 하고 나가니 그 아이가 죽은 것같이 되어 많은 사람이 말하기를 죽었다 하나 예수께서 그 손을 잡아 일으키시니 이에 일어서니라.

귀신이 예수님의 명령에 "소리 지르며 아이로 심히 경련을 일으키게 하고 나갔다." 귀신은 아이로 하여금 있는 힘을 다하여 소리를 지르고 경련을 일으키게 했다. 최후 발악을 한 것이다. 귀신이 최후 발악을 할 때는 요란하다. 예수님 재림 직전 사탄은 최후 발악을 할 것이다. 지금 이 세상도 예수님 재림 직전이므로 사탄은 사람의 탈을 쓴 사람들로 하여금 사람의 행위가 아니라 사탄에게 사로잡힌 자 같이 행동하게 만들고 있다. 지금 세상에는 사람이 아닌 사람들이 많이 있다.

귀신이 그 아이에게서 "나가니 그 아이가 죽은 것 같이 되었다." 귀신은 최후 발악 때 아이로 하여금 힘이 다 빠지게 만들어 마치 죽은 것 같이 되게 했다. 사탄은 인류 종말의 때에 인류에게 최후의 일격을 가하여 모든 사람의 힘이 다 빠져 죽은 것 같이 만들 것이다. 아이가 죽은 것 같이 되니 "많은 사람이 말하기를 죽었다"고 했다. 사람 보기에는 죽은 것 같이 보였으나 예수님은 그를 죽이려고 하신 것이 아니니 건강을 회복하기 직전의 상태로 변한 것이다.

예수님께서 "그 손을 잡아 일으키시니" 이에 일어섰다(1:31; 5:41; 마 14:31). 예수님께서는 그 아이에게 힘을 주셔서 그를 일으키셨다. 예수님께서 손을 대시는 자마다 힘을 얻는다. 우리도 오늘 예수님과 교제하여 힘을 얻어야 한다.

막 9:28. 집에 들어가시매 제자들이 조용히 묻자오되 우리는 어찌하여 능히 그 귀신을 쫓아내지 못하였나이까.

9제자들은 귀신들린 아이에게서 귀신을 쫓아내지 못하여 창피를 당한 후 자기들의 실패 이유를 여쭈었다. 사실 그들은 이미 권능을 받아 귀신을 쫓아냈었는데(6:13) 이번에는 쫓아내지 못하자 마음이 상해서 여쭈어 보려고 벼르고 있었다. 그래서 예수님께서 "집에 들어가셨을 때" 조용히 여쭈었다. 여기 "집"이란 가버나움의 집은 아니고(33절) 제자들 중의 어느 한 집일 것이다. 제자들은 조용히 "우리는 어찌하여 능히 그 귀신을 쫓아내지 못하였나이까"라고 여쭙는다(마 17:19). 우리도 역시 실패하면 기도 중에 여쭈어보아야 한다. 그러면 예수님은 우리에게 깨달음을 주신다.

막 9:29. 이르시되 기도 외에 다른 것으로는 이런 종류가 나갈 수 없느니라 하시니라.

예수님은 제자들의 질문에(28절) 대답하시기를 "기도 외에 다른 것으로는 이런 종류가 나갈 수 없느니라"고 하신다. '기도 외에 다른 방법으로는 이런 강력한 귀신은 나가지 않느니라'는 뜻이다. 귀신의 세계에도 좀 강한 놈이 있고 좀 약한 놈이 있는데 경련을 심히 하던 그 간질환자 아이에게는 아주 강하고 사악한 귀신이 들렸었다는 뜻이다. 이런 경우 기도를 많이 해야 물리칠 수 있다고 하신다. 그런데 마태복음에서는 "너희 믿음이 작은 까닭이니라"고 하신다. 결국은 똑같은 대답이다.

믿음이 작으면 기도도 잘못 감당한다. 우리는 하나님의 말씀을 사랑하는 중에 믿음을 얻어(롬 10:17) 기도에 힘을 써야 한다(마 7:7; 눅 18:1-8; 21:36; 골 1:9; 살전 5:17; 살후 1:11). 귀신들 중에 강한 귀신을 이길 수 있는 믿음을 가져야 하겠고 또 기도로 항상 준비해야 할 것이다.

XXIX. 두 번째의 수난의 예고 9:30-32

예수님은 산 아래에서 귀신들린 아이를 고치시고(14-27절) 또 기도하지 않고는 힘 있는 귀신을 쫓아낼 수 없음을 말씀하신(28-29절) 다음 갈릴리를 통과하시는 중에 제자들을 교육하시고 그의 수난과 부활에 대하여 두 번째로 예언하신다(30-32절). 이 부분은 마 17:22-23; 눅 9:43-45와 병행한다.

막 9:30. 그곳을 떠나 갈릴리 가운데로 지날 새 예수께서 아무에게도 알리고자 아니하시니.
이제 예수님은 "그 곳," 곧 '예수님께서 귀신 들린 아이를 고치신 산 아래의 어느 곳에 위치한 어느 제자의 집'(28절)을 떠나 갈릴리 가운데로 지나시는 동안 아무에게도 알리고자 아니하셨다. 그러기 위해서 요단 계곡을 따라 가버나움(33절)으로 향하셨다. 예수님께서 이렇게 하신 이유는, 다음 절에 밝힌 대로 제자들의 교육을 위해서였다. 예수님은 이적을 행하시러 이 땅에 오신 것도 아니고 자신의 명성을 위해 오신 것도 아니시기 때문에 아무에게도 알리고자 아니하셨다.

막 9:31. 이는 제자들을 가르치시며 또 인자가 사람들의 손에 넘겨져 죽임을 당하고 죽은 지 삼 일만에 살아나리라는 것을 말씀하셨기 때문이더라.
예수님께서 조용히 요단 계곡을 따라 갈릴리를 통과하신 이유는 두 가지이다. 하나는 "제자들을 가르치시기" 위해서였다. 예수님께서 이 땅에 오신 목적은 제자들을 교육하셔서 복음을 전하게 하시려는 것이었다. 또 하나는 "인자가 사람들의 손에 넘겨져 죽임을 당하고 죽은 지 삼 일만에 살아나리라는 것을 말씀하셨기 때문이었다"(마 17:22; 눅 9:44). 여기 "인자"란 말은 예수님의 자칭호(自稱號)이다. 다시 말해 인자란 말은 고난당하시는 그리스도를 가리킨다. 예수님은 자신이 그리스도로서 사람들, 곧 장로들, 대제사장들, 서기관들(8:31) 그리고 로마 병정들의 손에 넘겨져서 죽임을 당하시고, 죽은 지 삼 일만에 살아나실 것을 말씀하셨기에 사람들에게 노출되는 것을 원하지 아니하셨다. 그는 이 땅에 죽으시러, 우리의 부활의 근거가 되시기 위해서 오셨기에 거기에 마음을 집중하셨다.

막 9:32. 그러나 제자들은 이 말씀을 깨닫지 못하고 묻기도 무서워하더라.

예수님께서 이렇게 열심히 가르쳐 주셨지만(앞 절) 제자들은 예수님의 말씀을 깨닫지 못했고(8:32-33; 9:10) 또 묻는 일조차 무서워했다. 깨닫지 못한 것은 누가가 말한 대로 "그들이 이 말씀을 알지 못하니 이는 그들로 깨닫지 못하게 숨긴 바 되었기" 때문이었다(눅 9:45a). 스승 되시는 성령님이 가르쳐주시기까지는 아무도 깨닫지 못한다. 오순절에 성령님이 오신 후에 제자들은 예수님의 십자가 사건과 부활 사건의 의미를 알 수 있었다. 그리고 제자들이 묻기도 무서워한 것은, 예수님께서 사람들의 손에 넘겨져 죽임을 당하시리라는 예언 자체를 제자들이 정확하게 알 수는 없었어도 죽음이라는 말 자체가 무서움을 주기 때문이었다(마 17:23). 그리고 지난 번 1차로 예수님께서 자신의 죽음을 예언하셨을 때 베드로가 만류하다가 혼이 난 경험이 있어서 이번에는 아예 질문하기를 무서워한 것으로 보인다. 본문에 "무서워하더라"(ἐφοβοῦντο)란 말은 미완료 시제로 '계속해서 무서워하고 있었다'는 뜻이다. 그들이 이렇게 계속해서 무서워한 것은 결국은 무식했기 때문이었다. 그들이 예수님의 말씀의 내용을 정확히 이해했더라면 말할 수 없이 기뻤을 것이다. 그들은 훗날 오순절 이후 성령 충만에 이르렀을 때 예수님의 메시지의 내용을 기뻐했고 또 기쁨으로 전했다. 우리는 무식을 탈피해야 한다. 성령 충만에 이르러 진리를 알고 기뻐하며 전하는 사람들이 되어야 한다.

XXX. 각종 범죄에 대하여 엄한 경고를 하시다 9:33-50

　　예수님은 가버나움에 도착하신 후 각종 범죄에 대하여 엄한 경고를 하신다. 첫째, 누가 크냐는 쟁론을 그치고 겸손해야 할 것을(33-37절), 혼자 옳은 척하지 말고 관용하라고 말씀하신다(38-50절).

1. 누가 크냐하는 쟁론을 그치고 겸손하라 9:33-37

　　예수님은 요단 계곡을 따라 가버나움으로 오시면서 제자들 교육에 심혈을 기울이셨는데 그들은 앞으로 예수님께서 정부를 세우시면 누가 어느 자리에 앉아야 하는가를 의논하면서 말다툼을 했다. 그래서 예수님은 제자들에게 제일 끝자리를 차지하며 남을 섬겨야 할 것을 가르치신다. 이 부분은 마 18:1-5; 눅 9:46-48과 병행한다.

막 9:33. 가버나움에 이르러 집에 계실 새 제자들에게 물으시되 너희가 길에서 서로 토론한 것이 무엇이냐 하시되.
　　예수님은 가버나움의 선교본부에 오셔서 집에 계시는 동안 제자들에게 물으신다. "너희가 길에서 서로 토론한 것이 무엇이냐"(마 18:1; 눅 9:46; 22:24). 예수님께서 모르셔서 질문하신 것이 아니다. 예수님은 그들이 잠잠히 토론했다고 해도 다 알고 계셨다(눅 9:47). 마 17:25, 27; 요 1:47-48; 2:25; 21:17 참조. 예수님께서는 모든 것을 아시면서도 제자들로 하여금 쓸데없는 것을 토론한 책임을 통감하게 하려고 질문하신다.

막 9:34. 그들이 잠잠하니 이는 길에서 서로 누가 크냐 하고 쟁론하였음이라.

그들은 예수님의 질문을 받고 아무 말 못하고 잠잠했다. 자기들의 치부를 무어라 변명할 것인가. 할 말을 잊고 잠잠하고 있었다. "길에서 서로 누가 크냐 하고 쟁론하였"기 때문이다. 앞으로 예수님께서 세상 정부를 세우시면 누가 더 윗자리에 오를 것인가를 두고 쟁론하였을 것이다. 변화산에 올라간 세 제자가 더 높은 지위에 오를 것인지, 아니면 다른 사람이 오를 것인가를 두고 서로 말다툼을 한 것이다. 부끄러운 일이었다. "누가 크냐" 하는 말은 그 때만 있었던 말이 아니라 인류 역사가 있어온 이래 계속되어 온 말이다. 오늘날도 누가 더 크냐를 두고 얼마나 다투는지 알 수 없다. 정치계나 재계나 일반 사회에서만 있다면 모르거니와 교회에도 있고 지방회, 노회, 총회에서도 계속해서 있어온 말이다.

막 9:35. 예수께서 앉으사 열 두 제자를 불러서 이르시되 누구든지 첫째가 되고자 하면 뭇 사람의 끝이 되며 뭇 사람을 섬기는 자가 되어야 하리라 하시고,

예수님은 집 안에서 자리에 앉으셔서(마 5:2; 눅 4:20) 열두 제자를 예수님 앞으로 부르신다. 그리고 말씀하시기를 "누구든지 첫째가 되고자 하면 뭇 사람의 끝이 되며 뭇 사람을 섬기는 자가 되어야 하리라"고 하신다(10:43; 마 20:26-27). 그리스도를 믿는 사람들이 높아지는 방법은 항상 끝자리를 차지하고 많은 사람들의 유익을 위해서 봉사하는 것이라고 하신다(마 20:26-27; 23:11; 막 10:43-44; 눅 9:48; 14:11; 18:14). 다시 말해 그리스도처럼 처신해야 한다고 하신다(막 10:44-45; 눅 22:27; 요 13:1-15; 빌 2:5-8). 그리스도인들은 혼돈하지 말아야 한다. 세상 사람들이 하는 것처럼 높은 마음을 품고 다른 사람들을 누르면 망하기 안성맞춤이다. 혹자는 그리스도인들이 이 세상에서 사람들의 끝자리를 차지하고 섬기면 하늘나라에 가서 높아진다고 말하나 그 원리는 이 세상에서도 그대로 적용된다.

그리스도인들은 이 세상에서도 하나님의 영적인 통치(나라) 속에 살므로 이 원리는 그대로 성도들에게 적용되어져서 뭇 사람들의 존경을 받게 되며 또한 흔들리지 않는 지도적 권위를 유지할 수 있다(이상근).

막 9:36. 어린 아이 하나를 데려다가 그들 가운데 세우시고 안으시며 제자들에게 이르시되.

예수님은 자주 실물 교훈을 하셨는데 이번에도 역시 어린 아이 하나를 데려다가 그들 한가운데 세우시고 안으시면서 제자들에게 교훈하신다(10:16; 마 18:2). 예수님은 제자들에게 어린 아이에게 있는 여러 특징 중 특히 겸손함을 보여주시기를 원하신다. 어린 아이는 이기심은 있으나 아직 교만하지는 않다(이기심이 인간의 원죄라고 보아야 한다). 어린 아이들은 자기만을 위해 달라고 야단이다. 그러나 그들에게 높은 마음은 아직 없다. 자신을 높이려는 마음은 어느 정도 성장한 후에 발달한다. 자신을 높이려는 교만한 마음은 어느 정도 성장한 후에 이기심으로부터 나온다. 교만은 이기심으로부터 발생하는 자범죄일 것이다.

막 9:37. 누구든지 내 이름으로 이런 어린 아이 하나를 영접하면 곧 나를 영접함이요 누구든지 나를 영접하면 나를 영접함이 아니요 나를 보내신 이를 영접함이니라.

예수님은 그 어떤 사람이든지 예수님을 믿는, 작은 신자 하나를 영접하면 곧 그것이 예수님을 영접하는 것이고, 누구든지 예수님을 영접하면 그것이 예수님을 이 땅에 보내신 하나님 아버지를 영접하는 것이라고 하신다.

여기 "누구든지"란 말은 '남녀노소, 직업귀천과 빈부, 동서양을 불문하고 그 어떤 사람이든지'란 뜻이다. 그리고 "내 이름으로"(ἐπὶ τῷ ὀνόματί μου)란 말은 '내 이름을 믿기 때문에' 혹은 '나를 믿기 때문에'라는 뜻인데 문맥을 살필 때 '그 비천한 사람이 나에게 속했기 때문에' 혹은 '그 낮은 사람이 나를 대표하기 때문'이라는 뜻으로 볼 수 있다(C. E. B. Cranfield). 그러니까 아주 보잘 것 없는 사람일지라도 그 사람이 예수님을 믿는다는 이유 때문에 환영해주며 받아주고 섬긴다면 그 행위는 바로 "나(예수님)를 영접하는 것"이라고 하신다. 예수님은 자신을 신앙하는 비천한 한 사람, 그와 자신을 동일 선상에 놓고 계신다. 마태복음 25:31-46에 보면 예수님은 예수님을 믿는 소자 한 사람, 곧 굶주리는 한 사람, 목마른 한 사람, 나그네 한 사람, 헐벗은 한 사람, 옥에 갇힌 한 사람을 대접하는 것이 자신을 대접하는 것이라고 하신다. 그리고 그런 사람들을 대접하지 않는 것이 곧 자신을 대접하지 않는 행위라고 하신다. 예수님은 "누구든지 나를 영접하면 나를 영접함이 아니요 나를 보내신 이를 영접함이라"고 하신다(마 10:40; 눅 9:48). 예수님을 믿는 소자 한 사람을 섬기는 것이 바로 겸손이라고 하신다.

혹자는 본문의 어린 아이를 가리켜 실제적으로 나이 어린 아이로 해석하나 사회적으로 신분이 낮은 사람, 별 볼 일 없는 사람으로 해석하는 것이 옳다(42절). 그리고 또 혹자는 본문의 어린 아이를 신, 불신 관계없이 어린 아이 같은 사람을 지칭한다고 해석하나 문맥으로 보아 믿는 사람을 지칭하는 것으로 보아야 할 것이다. 예수님은 불신자를 어떻게 대해야 하는 것에 대해서는 따로 가르쳐주신다.

겸손이란 다른 것이 아니라 비천한 신자 한 사람을 환영하고 봉사하는 것임을 우리는 잘 알아야 한다. 그런 사람들이 예수님을 믿는다는 사실 한 가지 때문에 예수님께 대하듯 하는 것이 바로 겸손이다. 그런데 지금 우리 교회들 안에서 보잘것없는 신자 한 사람을 그리스도를 대하듯 귀하게 여기고 있는가.

2. 믿는 사람들끼리 화목하라 9:38-50

믿는 자들에게 서열상 끝이 되어 섬기라고 말씀하신(33-37절) 예수님은 이제는 믿는 자들끼리 화목하게 지내라고 권하신다(38-59절). 먼저 그리스도를 비방하지 않는 사람에 대해서는 모두 우리들을 위하는 자로 알라 하시고(38-41절), 또 예수님을 믿는 작은 자들 하나에게라도 범죄하지 말고 피차 성화를 힘쓰는 중 화목하라고 하신다(42-50절). 38-41절은 눅 9:49-50과 병행하고, 42-49절은 마 18:6-9과 병행한다. 50절 상반 절은 마 5:13; 눅 14:34와 병행하며 50절 하반 절은 공관복음에는 병행하는 구절이 없고, 롬 12:18; 살전 5:13과 병행한다.

1) "우리" 무리에 속하지 않은 다른 신자들을 관용하라 9:38-41

막 9:38. 요한이 예수께 여짜오되 선생님 우리를 따르지 않는 어떤 자가 주의 이름으로 귀신을 내쫓는 것을 우리가 보고 우리를 따르지 아니하므로 금하였나이다.

예수님께서 제자들에게 예수님을 믿는 사람이라면 누구든지 환대하고 섬기라고 말씀하시자(앞 절) 요한은 자기의 경험담을 털어놓는다. 지난 날 "우리를 따르지 않는 어떤 자가 주의 이름으로 귀신을 내쫓는 것을 우리가 보고 우리를 따르지 아니하므로 금하였다"고 보고한다(민 11:28; 눅 9:49). 다시 말해 요한 사도 일행을 따르지는 않지만 예수님의 이름을 의지하여 귀신을 내쫓는 사람이 있었는데 사도 일행을 따르지 않는다는 이유로 귀신 내쫓는 일을 하지 못하게 금했다는 것이다. 민 11:27-29 참조. 오늘날에도 자기들만을 정통으로 생각하고 다른 사람들을 이단시하는 지도자들과 교인들이 있지 않은가 살펴야 한다.

막 9:39. 예수께서 이르시되 금하지 말라 내 이름을 의탁하여 능한 일을 행하고 즉시로 나를 비방할 자가 없느니라.

예수님의 답변은 한 마디로 "금하지 말라"고 하신다. 이유는 "내 이름을 의탁하여 능한 일을 행하고 즉시로 나를 비방할 자가 없기" 때문이라고 하신다(고전 12:3). 예수님을 의지하여 귀신 내쫓는 일만 아니라(앞 절) 무슨 일이든지 능한 일을 행한 다음 즉시 예수님을 비방하는 사람은 없기 때문에 그런 사역을 하지 못하게 금하지 말라고 하신다. 누구든지 진심으로 주님의 일을 하는 사람이라면 비록 내 편에 속해있지 않아도 편협하게 대해서는 안 된다. 문제는 우리가 중심에 서 있을 것이 아니라 주님이 중심에 서 계시기만 하면 된다. 교회에서 네 편 내 편을 가르는 것은 책망받을 죄악이다.

막 9:40. 우리를 반대하지 않는 자는 우리를 위하는 자니라.

예수님은 누구든지 주님의 일을 하면서 주님을 비방하지 않으면 화목하게 지내라고 하셨는데(앞 절) 이제 본 절에서는 좀 더 범위를 넓혀서 "우리를 반대하지 않는 자는 우리를 위하는 자"라고 하신다(마 12:30 참조). 곧 우리를 반대하지만 않으면 우리를 위하는 사람인줄 알아야 한다는 말씀이다. 누가복음에는 "너희를 반대하지 않는 사람은 너희를 위하는 자니라"고 말한다(눅 9:49-50). 뜻은 본 절과 똑 같다. 그러니까 전 절(39절)은 예수님을 비방하지 않는 사람을 관용하라고 하셨고 본 절은 반대하지만 않으면 우리를 위하는 자인 줄 알고 관용하라고 하신다.

그런데 마 12:30에 예수님께서 "나와 함께 아니하는 자는 나를 반대하는 자라"(눅 11:23)고 하셨는데 이 말씀은 '나와 함께 하지 아니하는 사탄과 또 사탄의 추종자들(바리새인들)은 나를 반대하는 자'라는 뜻으로, 본 절의 문맥과는 전혀 다른 문맥이다. 우리는 사탄과 또 사탄의 추종자들에 대해서는 용납하지 말아야 하고 반대로 주님의 일을 하는 다른 사람들에 대해서는 내 편에 속해 있지 않다 하더라도 널리 관용하고 받아드려야 한다.

막 9:41. 누구든지 너희가 그리스도에게 속한 자라 하여 물 한 그릇이라도 주면 내가 진실로 너희에게 이르노니 그가 결코 상을 잃지 않으리라.

다른 신자들에게 관용의 덕을 권장하신(39-40절) 예수님은 이제 다른 신자

들이 제자들에게 아주 작은 친절과 사랑을 베풀어도 상을 잃지 않는다고 교훈하신
다. 하늘 아래 누구든지 "너희가 그리스도에게 속한 자라 하여 물 한 그릇이라도
주면 내가 진실로 너희에게 이르노니 그가 결코 상을 잃지 않으리라"고 하신다(마
10:42). 제자들이 그리스도에게 속했다 하여 물 한 그릇이라도 제공하면 그 제공한
사람이 반드시 상을 잃지 않는다고 하신다. 예수님은 우리들에게 관용만 아니라
사랑, 친절을 베풀어야 할 것을 권장하신다.

여기서 중요한 것은 예수님에게 속했다는 사실이다. 예수님에게 속했다는
사실이 중요한 것이다(롬 8:9; 14:8; 고전 3:23; 6:19-20; 고후 10:7; 벧전 2:9).
예수님에게 속한 자에게 하는 것은 곧 예수님에게 하는 것이다(마 25:35-40).
그리고 또 중요한 것은 큰일을 한 것만 상을 받는 것이 아니라 극히 작은 일을
한 것도 상을 받는다는 사실이다. 작은 일을 해도 칭찬을 받고 또 실제로 상급을
받는다(마 25:21-23). 우리는 다른 성도들을 향하여 작은 봉사라도 해야 한다.
다른 성도가 주님께 속했다는 사실을 귀하게 여기고 작은 친절, 작은 사랑이라도
베풀어야 한다.

2) 사람들을 실족하게 말고 성화를 힘쓰는 중 화목하라고 하신다
9:42-50

**막 9:42. 또 누구든지 나를 믿는 이 작은 자들 중 하나라도 실족하게 하면
차라리 연자 맷돌이 그 목에 매여 바다에 던져지는 것이 나으리라.**

37절에서는 예수님께서 예수님을 믿는 자들 중에서 보잘 것이 없는 신자
하나를 환대하고 사랑하라고 권고하셨는데, 본 절에서는 그런 사람을 "실족하게
하면 차라리 연자 맷돌이 그 목에 매여 바다에 던져지는 것이 나으리라"고 하신다(마
18:6; 눅 17:1). 여기 "실족하게 하다"(σκανδαλίση)는 말은 '걸려 넘어지게 하다,'
'범죄하게 만들다'는 뜻으로, 미약한 성도를 낙심하게 하고 믿음이 떨어지게 하여

결과적으로는 예수님으로부터 멀리 떨어지게 만드는 것을 지칭하는 말이다. 다른 성도로 하여금 예수님으로부터 멀어지게 만들어 놓는 사람은 "연자 맷돌"이 목에 매여 바다에 던져지는 것이 낫다는 말씀이다. 연자 맷돌은 사람이 돌리는 맷돌보다 훨씬 무거워서 나귀가 돌려야 하는 맷돌이다. 이 맷돌 가운데에는 큰 구멍이 있어서 그 구멍 속에 범죄자의 목을 넣어서 바다에 던져놓으면 자연히 바다에 가라앉게 되어 있다. 바다에 그냥 빠져도 가라앉는데 연자 맷돌을 목에 걸어서 바다에 빠뜨리면 더욱 빨리 그리고 깊게 빠지게 된다. 이런 사형법은 당시 로마나 헬라 혹은 수리아에서 행해지던 사형법이라고 한다. 우리는 연자 맷돌을 볼 줄 알아야 한다. 그것이 우리 목에 걸리지 않게 해야 한다.

막 9:43. 만일 네 손이 너를 범죄하게 하거든 찍어버리라 장애인으로 영생에 들어가는 것이 두 손을 가지고 지옥 곧 꺼지지 않는 불에 들어가는 것보다 나으니라.

예수님은 본 절부터 47절까지 신체의 일부(손, 발, 눈)가 남을 범죄하게 하는 경우 신체의 일부를 절단하거나 혹은 빼버리라고 권하신다(마 5:29; 18:8). 이유는 장애인의 신분으로 영생으로 들어가는 것이 신체의 전부를 가지고 지옥으로 가는 것보다 낫기 때문이라고 하신다. 이 부분(43-47절)에서 말씀하는 범죄가 예수님을 믿는 작은 자들로 하여금 죄를 짓게 하는 범죄로 보는 것이 옳은 이유는 지금까지 말씀하신 내용 때문이다(38-42절). 그러나 다른 이로 하여금 죄를 짓게 하는 것이 결국은 자신으로 하여금 죄를 짓게 하는 것임은 말할 것도 없다.

본 절은 먼저 우리의 손이 남을 범죄하게 하는 경우 손을 "찍어버리라"고 하신다. 이유는 손 없는 장애인으로 영생에 들어가는 것이 두 손을 다 가지고 지옥의 꺼지지 않는 불에 들어가는 것보다 낫기 때문이라고 하신다. 우리는 우리의 신체의 일부를 절단하듯 철저히 통회 자복해야 한다. 이 말씀을 문자대로 실행해서는 안 된다. 어느 분은 이 말씀을 문자대로 실행했다. 예수님의 뜻은 그것이 아니었다. 예수님의 뜻은 철저히 죄를 자복하라는 말씀이다.

본문의 "영생에 들어가는 것"이란 말은 다름 아니라 47절의 "하나님 나라에 들어가는 것"과 동일한 의미이다. 예수님 재림 후에 완성되는 하나님의 나라에 들어가기 위해서는 철저한 통회가 있어야 한다. 철저한 통회가 있을 때에 현세에서도 하나님의 통치(나라)하에 들어가서 역시 천국의 삶을 살게 된다. 현세에서 평강을 누리며(빌 4:7), 놀라운 즐거움 속에서 살며(벧전 1:8), 하나님의 사랑을 놀랍게 받으며 또한 느끼면서 살게 된다(롬 5:5).

여기 "지옥"(γέεννα)이란 말은 '힌놈의 골짜기'란 뜻으로 예루살렘 서남쪽에 위치한 골짜기를 뜻한다. 이 골짜기는 구약 아하스 왕 이후 몰록이라는 신에게 아이를 불태워 바친 곳이다(왕하 23:10; 대하 28:3; 33:6; 렘 7:31). 아이를 불태우는 불은 밤낮으로 가리지 않고 타서 불이 꺼지지 않았다. 이곳은 또한 쓰레기를 태우는 곳이 되었다. 결국 이 골짜기의 불은 지옥불의 모형이 되었다.

막 9:44. (없음).

44절과 46절이 없는 이유는 사본(ℵBCL)이나 역본(RSV)에서 생략했기 때문이다. 어떤 사본(ADKX)과 역본(Vulgate, AV)에는 이 구절들이 있다. 없는 것이 권위있는 읽기로 여겨져 왔다. KJV에는 "**그곳에는 그들의 벌레도 죽지 않고 불도 꺼지지 아니하느니라**"라는 말씀이 있다(사 66:24).

막 9:45. 만일 네 발이 너를 범죄하게 하거든 찍어버리라 다리 저는 자로 영생에 들어가는 것이 두 발을 가지고 지옥에 던져지는 것보다 나으니라.

본 절에서 예수님은 발이 범죄 하는 예(例)를 들으신다. 역시 찍어버리라고 하신다. 43절 참조.

막 9:46. (없음).

44절 참조.

막 9:47. 만일 네 눈이 너를 범죄하게 하거든 빼버리라 한 눈으로 하나님의 나라에 들어가는 것이 두 눈을 가지고 지옥에 던져지는 것보다 나으니라.

예수님은 본 절에서 "눈"이 범죄 하는 경우를 들으신다. 눈이 무엇을 관찰하고 손과 발로 하여금 죄를 범하게 만든다. 그래서 예수님은 눈을 빼버리라고 하신다. 43절 참조. "눈"은 손과 발을 사용하여 남을 범죄 하게 만들기도 하지만 "눈" 단독으로도 얼마든지 죄를 지어 자신을 죄인으로 만든다. 눈으로 얼마든지 간음할 수가 있는 것 아닌가(마 5:27-30).

막 9:48. 거기에서는 구더기도 죽지 않고 불도 꺼지지 아니하느니라.

지옥의 형편을 말씀하시는 내용이다(사 66:24 인용한 것임). 예수님은 지옥에서는 구더기도 죽지 않고 불도 꺼지지 않는다고 하신다. 지옥은 더럽고 계속해서 뜨거운 곳이라는 뜻이다(계 14:9-11; 19:3; 20:10). 예수님께서 지옥의 고통을 이만큼이라도 말씀해 주신 것이 얼마나 다행인지 알 수 없다. 우리가 현세에서 잠깐 동안의 더러움이나 뜨거움도 참지 못한다면 영원한 더러움과 뜨거움을 어떻게 참겠는가. 우리는 참으로 죄를 자복하고 살아야 한다.

막 9:49. 사람마다 불로써 소금 치듯 함을 받으리라.

본 절 초두의 이유접속사(γὰρ)는 본 절이 앞 절의 이유를 설명하고 있음을 말한다. 곧 예수님은 앞 절에서 지옥 "불도 꺼지지 아니하느니라"고 하셨는데, 그 이유는 "사람마다 불로써 소금 치듯 함을 받을 것이기 때문이라"(πᾶς γὰρ πυρὶ ἁλισθήσεται. For every one shall be salted with fire)고 하신다. 여기 "소금 치듯 함을 받으리라"(ἁλισθήσεται)는 말은 미래 수동태로 '소금 침을 당할 것이다 혹은 '소금 쳐질 것이다'라는 뜻이다(겔 43:24). 그리고 본문의 "사람마다"란 말은 세상 모든 사람을 지칭하는 것이 아니라 42절-47절에 열거되어 있는 바, 남을 실족시키는 사람 모두를 가리키는 말이다. 즉 남을 범죄하게 만드는 사람들은 모두 지옥에 가서 "불로써 소금 치듯 함을 받으리라"는 말씀이다.

그러면 "불로써 소금 치듯 함을 받으리라"는 말씀은 무슨 뜻인가. 많은 해석이 시도되었으나 본 절이 앞 절의 이유를 설명하는 문장이라는 것을 알고 해석을 시도해야 한다. 다시 말해 남을 범죄 하게 만드는 사람들은 모두 지옥에 가서 불도 꺼지지 아니하는 곳에서 영원히 고통을 당해야 하는데(앞 절) 그 이유는 불로써 소금 침을 당할 것이기 때문이다. 예를 들어 배추김치를 담글 때 소금을 치면 그 소금기가 계속해서 존재할 뿐 아니라 배추도 계속해서 절여진 대로 존재하고, 무김치를 담글 때 소금을 치면 그 소금이 없어지지 아니하고 영원히 존재할 뿐 아니라 무도 절여진 대로 계속해서 썩지 않고 존재하듯, 지옥에 들어간 사람들은 불로써 소금 침을 받으면 영원히 없어지지 아니하고 뜨거움의 고통을 당한다는 뜻이다. 사람이 뜨거운 물로써 소금 침을 받으면 뜨거운 물이 없어지지 아니하고 영원히 그 사람에게 고통을 주고, 냉수(冷水)로써 소금 침을 받으면 냉수가 그 사람에게 영원히 고통을 안겨주는 것처럼, 사람이 지옥에 가서 불로써 소금 침을 받으면 불이 절대로 없어지지 아니하고 영원히 그 사람에게 고통을 안겨준다는 것이다. 그러니까 지옥에 들어갈 사람들은 지옥불이 영원히 자신으로부터 떠나지 아니하고 뜨거움을 안겨줄 것이라는 것을 각오해야 한다. 그러므로 그러지 않도록 죄를 저지른 신체의 일부를 자르듯이 심각하게 죄를 자복해야 한다.

막 9:50. 소금은 좋은 것이로되 만일 소금이 그 맛을 잃으면 무엇으로 이를 짜게 하리요 너희 속에 소금을 두고 서로 화목하라 하시니라.

예수님은 제자들에게 예수님을 믿는 다른 성도들을 널리 받아들이라고 권하시고(38-41절), 또 아주 작은 자라도 실족하게 했을 경우 회개하여 지옥 형벌을 받지 않도록 하라고 말씀하시며(42-47절), 또한 지옥에 가면 고통이 심한 것을 말씀하시면서 지옥에 가지 않도록 경고하신(48-49절) 후 이제는 결론적으로 본 절에서 지옥 가지 않는 비결을 말씀하신다(50절). 지옥에 가지 않으려면 첫째, 소금의 역할을 다해야 한다고 하신다(50a). 즉 "소금은 좋은 것이로되 만일 소금이 그 맛을 잃으면 무엇으로 이를 짜게 하리요"라고 하신다. 이 말씀은 성도들을 향하여 맛 잃은 소금이 되어서는 안 된다는 경고뿐만 아니라 실제로 소금의 역할을 다해야 한다는 경고이다. 예수님은 앞 절에서 말씀한 바 "소금"이라는 말씀을 들어 "소금은 좋은 것"이라고 하신다. 소금이 좋은 이유는 음식을 맛있게 하고 부패하지 않게 하기 때문이다. 그런데 "만일 소금이 그 맛을 잃으면 무엇으로 이를 짜게 하리요"라고 하신다(마 5:13; 눅 14:34-35). 이는 소금이 실제로 맛을 잃는 수도 있다는 말씀이다. 윌럼 헨드릭슨은 "소금도 그 맛을 잃을 수가 있다. 사해 근방의 암석이나 늪지대, 개펄 등지에서 나는 소금은 석고 등과 섞여 있어서 맛을 잃어버리거나 알칼리성의 맛을 가지고 있는 경우가 많다. 그런 소금은 문자 그대로 쓸데없는 것이며 던져서 발로 밟아버릴 수밖에 없는 것이다"라고 한다. 성도들은 부패하지 않아야 한다. 그리스도를 심중에 모시고 따라가는 삶을 살아야 한다(마 5:13).

둘째, 예수님은 제자들의 마음 "속에 소금을 두고 서로 화목하라"고 하신다 (롬 12:18; 14:19; 엡 4:29; 골 4:6; 히 12:14). 먼저 예수님은 제자들 마음속에 소금을 두라고 하신다. 마음속에 예수님을 모셔서 각자가 소금의 역할을 감당하라는 명령이다(마 5:13). 다시 말해 예수님을 모시고 살면서 정결하고 성화하라는 말씀이다. 그리고 "서로 화목하라"고 하신다. 서로 누가 큰지를 쟁론하지 말고(34 절), 관용하며(38-41절), 다른 성도들을 실족하게 말고 화목하라는 것이다(42-47 절). "화목하라"(εἰρηνεύετε)는 말은 현재시제로 계속해서 화목하라는 뜻이다.

우리가 서로 화목하기 위해서는 우리 속에 소금이 있어야 한다. 곧 우리가 죄를
제거하고 성령으로 충만해야 소금과 같이 다른 사람들에게 좋은 영향을 끼칠
수 있는 것이다.

제 10 장

베뢰아 지역에서 전도하시다

XXXI. 예수님께서 베뢰아 지역에서 전도하시다   10:1-52

예수님은 갈릴리 전도를 마치시고 예루살렘으로 가시는 도중 베뢰아 지역에서 전도하신다. 베뢰아 전도는 갈릴리 전도와 예루살렘 전도의 중간을 차지한다. 예수님은 베뢰아 지역을 통과하시면서 이혼에 대하여 교훈하시고(1-12절), 어린 아이를 영접하시며 복을 주시고(13-16절), 부자 청년에게 교훈하시며(17-31절), 예수님의 수난에 대해 세 번째로 예고하시고(32-34절), 야고보 형제에게 경고하시며(35-45절), 맹인을 고치신다(46-52절).

1. 이혼에 대하여 교훈하시다   10:1-12

예수님은 베뢰아 지방으로 들어가셔서 먼저 바리새인들로부터 이혼에 대하여 질문을 받으신다. 이 부분은 마 19:1-12와 병행한다.

막 10:1. 예수께서 거기서 떠나 유대 지경과 요단강 건너편으로 가시니 무리가 다시 모여들거늘 예수께서 다시 전례대로 가르치시더니.

예수님은 제자들과 함께(10절) 갈릴리의 가버나움(9:33)을 떠나 "유대 지경과 요단강 건너편으로 가신다"(마 19:1; 요 10:40; 11:7). 즉 베뢰아 지방으로 들어가신다. 예수님께서 요단강을 건너 유대로 가신 이유는 대적하는 사마리아인들을 피하시기 위함이었다(눅 9:52-56). 그는 예루살렘에서 잡혀죽을 것을 아시면서도 요단강 동편의 베뢰아 지방으로 남하(南下)하신다. 그는 그가 죽으실 것을 이미 두 번이나 예언하셨다(8:31-33; 9:30-32). 자신이 죽을 것을 아는 보통 사람들 같으면 가버나움으로부터 북향(北向)하여 도주했을 것이다. 하지만 예수님은 우리를 대신해 죽으시기 위하여 한 걸음 더 가까이 다가서신다.

그런데 그 때 무리가 다시 예수님 주위로 모여들고(10:46; 마 19:2; 20:29; 눅 18:15, 36) 예수님은 전과 같이 무리를 가르치신다. 어디를 가시든지 사람들에게 교육하시기를 잊지 않으신다. 예수님이 베뢰아 지방을 통과하시는 중에도 모여드는 무리들을 마다 않으시고 교육하셨지만 제자들 교육도 꼭 챙기셨다(10-12, 14-15, 23-27, 29-31, 32-34, 38-45). 그리고 병자들을 고쳐주셨다(마 19:2).

막 10:2. 바리새인들이 예수께 나아와 그를 시험하여 묻되 사람이 아내를 내어버리는 것이 옳으니이까.

어디를 가나 바리새인들이 등장한다(2:16, 24; 3:6, 22; 7:1-5; 8:11). 그들은 예수님께 나아와 예수님을 "시험하여 묻는다." 그분을 함정에 빠뜨리기 위하여 대답하기 가장 곤란한 질문을 던진다. "사람이 아내를 내어버리는 것이 옳으니이까?"(마 19:3) 예수님은 이 질문에 대하여 어떻게 말씀하셔도 걸리신다. 만약 예수님께서 간음 이외에 어떤 이유로도 절대로 이혼할 수 없다고 답하시면 신 24:1-2을 자유롭게 해석하던 힐렐파의 저항에 부딪힐 것이고, 또 자유롭게 해석해서 여자에게 웬만한 약점이 있을 경우 이혼할 수 있다고 대답하시면 엄격파인 샴마이파의 저항에 부딪히실 것이다.[18] 게다가 갈릴리와 베뢰아 지방에서는 이 질문은

---

18) 당시 유대의 랍비들은 신 24:1-2의 해석을 두고 서로 대립되는 해석을 시도하였다. 엄격파인 샴마이파는 신 24:1-2중에서 "수치 되는 일"을 '간음'으로만 한정했고 자유파인 힐렐(Hillel)파는 무슨 조건이든 이혼이 가능하다고 해석했다. 아주 사소한 이유로도 이혼을 할 수 있다고 가르쳤다. 예를 들어 여자가 밥을 약간만 태워도 이혼이 가능하고, 여자가 집에

예수님을 아주 곤경에 빠뜨릴 가능성이 있었다. 이유는 그 지역의 분봉 왕 헤롯 안디바스가 얼마 전 자기의 부인과 이혼하고 자기 동생의 부인과 결혼했기 때문이다. 만약 예수님께서 사람이 아내를 내어버리는 것이 옳지 않다고 하여 샴마이파의 입장에 동조하시면 헤롯 안디바스가 통치하는 경내에서 큰 고난에 직면하실 수 있었다. 예수님은 랍비들의 해석에 동조하지 않으시고 다음 절과 같이 질문하신다.

막 10:3-4. 대답하여 이르시되 모세가 어떻게 너희에게 명하였느냐 이르되 모세는 이혼 증서를 써주어 내어버리기를 허락하였나이다.

예수님은 랍비들이 신명기 24:1-2에 대한 상이한 해석에 얼른 동조하지 않으시고 "모세가 어떻게 너희에게 명하였느냐"고 물으신다. 예수님의 질문에 대하여 바리새인들은 "모세는 이혼 증서를 써주어 내어버리기를 허락하였다"고 대답한다(신 24:1; 마 5:31; 19:7). 곧 '모세는 이혼하는 것을 반대하지 않고 얼마든지 허락한다. 그러나 여자에게 이혼증서를 써 주어서 내보내기를 허락하였다'고 대답한다. 자기들은 이혼증서만 써 주면 얼마든지 이혼할 수 있다는 입장이었다(마 19:7). 그들은 이혼에 대하여 자유로운 입장이었다. 사람들은 성경의 깊은 뜻을 생각하지 않고 자기들의 입장에 맞게 해석한다. 참으로 무서운 반란이다.

막 10:5. 예수께서 그들에게 이르시되 너희 마음이 완악함으로 말미암아 이 명령을 기록하였거니와.

예수님은 본 절부터 8절까지 성경말씀의 본뜻을 파헤치신다. 예수님은 말씀하시기를 "너희 마음이 완악함으로 말미암아 이 명령을 기록하였다"고 하신다. 다시 말해 '모세는 사람들의 마음이 완악해서 신명기 24:1-2을 기록했다'고 하신다.

서 좀 큰 소리를 내서 이웃이 들었어도 이혼이 가능하다고 해석했다. 예수님은 어떤 식으로 해석하신다고 해도 걸리시게 되어 있었다. 예수님은 바리새인들의 양쪽 해석에 동조하시지 않고 창 1:27; 2:24로 돌아가신다.

걸핏하면 여자들을 내버리는 저들의 완악함과 악질적인 생각 때문에 신명기 24:1-2를 기록했다고 하신다. 만약 사람들의 마음이 완악하지 않고 유순해서 여자를 버리지 않았더라면 이 명령을 기록하지 않았으리라는 것이다. 부득이 차선(次善)책으로 이혼증서를 써주어 내버리라고 기록했다는 말씀이다.

막 10:6-8. 창조 때로부터 사람을 남자와 여자로 지으셨으니 이러므로 사람이 그 부모를 떠나서 그 둘이 한 몸이 될지니라. 이러한즉 이제 둘이 아니요 한 몸이니.

　　　　예수님은 하나님께서 세상을 창조하실 때로 올라가신다. 예수님은 창 1:27과 2:24을 인용하시면서 하나님께서 "사람을 남자와 여자로 지으셨다"고 하신다(창 5:2). 한 남자를 먼저 지으시고 다음 그 남자의 갈비뼈로 여자를 지으셨다는 것이다. 다시 말해 하나님께서 한 남자와 한 여자를 지으셨다는 것이다. 남자와 여자를 지으신 것은 부부로 살게 하시려는 것이었다. 그런고로 "사람이 그 부모를 떠나서 그 둘이 한 몸이 될지니라"고 하신다(창 2:24; 고전 6:16; 엡 5:31). "부모를 떠난다"는 말은 건전한 독립을 뜻한다. 남자나 여자나 부모의 슬하에서 교육받고 살다가 때가 되어 결혼을 하면 인격적으로 독립해야 함을 뜻하는 말이다. 그리고 "그 둘이 한 몸이 될지니라"는 말은 남자와 여자가 육체적, 정신적, 영적으로 한 몸이 되어야 한다는 말이다(고전 6:16-17). 남자와 여자가 결혼하면 "둘이 아니요 한 몸이다." 한 몸은 사람이 만든 것이 아니라 하나님께서 만드신 제도이다. 창조 때에도 그랬거니와 지금도 역시 그렇다. 지금도 두 사람을 한 몸으로 만드시는 분은 하나님이시다. 거기에는 하나님의 비밀과 섭리가 있다.

막 10:9. 그러므로 하나님이 짝지어 주신 것을 사람이 나누지 못할지니라 하시더라.

　　　　"그러므로," 곧 '하나님께서 한 몸이 되게 하셨으므로' "하나님이 짝지어

주신 것을 사람이 나누지 못할지니라"고 하신다. "짝지어 주시다"(συνέζευξεν)는 말은 부정(단순)과거로 '단번에 영원히 짝지어주심,' '영원히 결합시켜 주심'을 지칭한다. 예수님은 하나님께서 하나가 되게 하셨으므로 감히 사람이 어떻게 나누겠느냐고 하신다. 이혼증서를 주면 이혼할 수 있다는 것은 성립할 수 없는 말이다. 그것은 다시 한번 이혼에 대해 깊이 생각해 보고 이혼하지 말라는 쐐기로 알아들어야 한다. 우리는 하나님께서 해놓으신 일을 헐어버려서는 안 된다. 그런데 오늘 우리 사회뿐 아니라 세계적으로 이혼을 너무 쉽게 한다. 요즘은 10쌍이 결혼하면 4쌍이 이혼하는 시대라고 한다. 앞으로 이런 상황이 더 악화될 가능성은 얼마든지 있다. 우리는 하나님의 창조의 목적을 생각하고 부부가 합하여 하나님의 영광을 드러내야 한다.

막 10:10. 집에서 제자들이 다시 이 일을 물으니.

예수님은 집에서 가까운 제자들로부터 질문을 받기도 하시고 대답도 하신다 (3:20; 7:17; 9:28, 33). 밖에서 공적으로 사람들에게 가르치시고 집으로 들어오신 후로는 제자들에게 사적으로 교훈하신다. 예수님께서 집에 들어오셨는데 "제자들이 다시 이 일을 물었다." 제자들도 예수님의 엄격성(6-9절)에 눌려서 참으로 이혼을 절대로 할 수 없는 것이냐고 질문한다. 아마도 제자들도 이혼에 대한 힐렐파의 자유로운 해석에 끌렸던 것 같다. 사람이 하나님으로부터 멀어지면 멀어질수록 모든 면에서 해이해지기 마련이다. 우리는 하나님의 선하시고 온전하신 뜻을 분별할 줄 알아야 한다(롬 12:2).

막 10:11-12.이르시되 누구든지 그 아내를 버리고 다른 데에 장가드는 자는 본처에게 간음을 행함이요 또 아내가 남편을 버리고 다른 데로 시집가면 간음을 행함이니라.

예수님은 남자가 여자를 버리고 다른 여자하고 결혼하면 본처에게 간음을 행하는 것이고, 여자도 남자를 버리고 다른 남자와 결혼하면 본 남자에게 간음을 행하는 것이라고 하신다(마 5:32; 19:9; 눅 16:18; 롬 7:3; 고전 7:10-11). 이혼하는 것은 남자나 여자나 하나님의 뜻에 대한 엄청난 도전이요 피차에게 죄를 짓는 일이다.

한 가지 눈에 띄는 것은 마태복음과 달리 마가는 "아내가 남편을 버리고 다른 데로 시집가면 간음을 행함이니라"를 첨가하고 있다는 사실이다. 마태는 유대인 상대로 썼기에 아내가 남편을 버리는 일이 거의 없으므로 이 규정을 쓰지 않았고, 마가는 이방인 상대로 복음을 쓰고 있으므로 이 부분을 첨가했다는 것이다 (윌럼 헨드릭슨). 우리는 이혼을 못할 일로 알아야 한다. 이혼은 하나님의 뜻을 너무 거스르고 사람에게도 간음을 행하는 일이다.

2. 어린 아이를 영접하시고 복 주시다 10:13-16

부부간의 이혼은 불가하다는 것을 말씀하신(1-12절) 예수님은 이제 아이들을 데리고 자신에게 찾아오는 부모들을 금하는 것은 있을 수 없는 일이라고 하신다. 우리 모두는 어린 아이와 같이 하나님의 나라를 받들어야 한다고 하신다. "본 기사는 후대의 교회에 있어 유아 세례의 근거가 되었다"고 여러 성경해석학자들이 증언한다. 이 부분은 마 19:13-15; 눅 18:15-17과 병행한다.

막 10:13. 사람들이 예수께서 만져주심을 바라고 어린 아이들을 데리고 오매 제자들이 꾸짖거늘.

베뢰아 지역의 어느 집에서(10절) 예수님은 사람들이 어린 아이들(아직 엄마 품에 있는 아이들)을 데리고 오는 것을 환영하시고 축복하신다(마 19:13; 눅 18:15). 사람들은 예수님께서 어린 아이들을 만져주심을 바라며 데리고 왔다.

여기 "만져주심"이라는 말을 마태는 "안수하고 기도하심"이라고 말한다. 마태가 좀 더 자세히 기록했다. 사람들은 예수님께서 아이들을 만져주시며 기도해주시기를 바래서 데리고 왔다. 우리는 우리 아이들을 예수님께 데리고 가야한다. 우리의 매일의 기도 중에 우리 아이들을 그리스도에게 부탁해야 한다. 예수님께 부탁한 아이는 결코 망하지 않는다.

본문에 "데리고 오매"(προσέφερον)란 말은 미완료시제로 '계속해서 데리고 온 것'을 지칭한다. 사람들은 어느 곳에 모여 있다가 아이들을 한꺼번에 데리고 온 것이 아니라 하나 둘씩 데리고 왔고 또 몇 명씩 계속해서 데리고 왔다. 그래도 예수님은 싫어하시지 않고 만져주시고 축복해주셨다.

사람들은 아이들을 데리고 예수님께 와서 만져주시기를 소원했지만 제자들은 "꾸짖었다." 제자들 생각으로는 예수님께서는 이런 아이들을 상대하기에 충분한 시간이 없으신 걸로 알고 있는데, 한꺼번에 아이들을 데려오는 것도 아니고 계속해서 아이들을 데려오니 꾸짖어야겠다고 생각함이 당연했을 것이다. 또 그들 자신도 계속해서 데려오는 아이들로 인해 짜증이 났을 것이다. 그러나 우리는 아이들을 축복해주는 재미를 가져야 한다. 아이들이 잘 되어야 훗날 교회에 소망이 있다.

막 10:14. 예수께서 보시고 노하시어 이르시되 어린 아이들이 내게 오는 것을 용납하고 금하지 말라 하나님의 나라가 이런 자의 것이니라.

예수님은 제자들이 아이들을 데리고 오는 어른들(부모들이나 친척들)을 꾸짖는 것을 보시고 그들에게 "노하신다"(3:5). 아이들이 오는 것을 너무 기뻐하시고 사랑하셨기 때문이다. 아이들이 예수님께 오는 것은 예수님을 심히 기쁘시게 하는 일이었는데 제자들은 예수님에게 방해가 되는 줄로만 알고 꾸짖었다. 예수님의 의중을 몰라도 너무 몰랐다. 우리는 성령의 인도로 그리스도의 마음을 헤아릴 수 있어야 한다. 여기 "노하셨다"는 말은 마태복음과 누가복음에는 없다.

예수님은 제자들에게 노하시면서 "어린 아이들이 내게 오는 것을 용납하고 금하지 말라 하나님의 나라가 이런 자의 것이니라"고 하신다(고전 14:20; 벧전 2:2). 어린 아이들이 예수님에게 오는 것을 용납(허락)하고 금하지 않아야 함은 하나님의 나라가 이런 아이 같은 사람의 것이기 때문이라고 하신다. 여기 "이런 자"라는 말은 '예수님에게 오는 자'라는 뜻으로 예수님을 신뢰하여 나아오는 자, 예수님 앞으로 나오는 겸손한 자를 뜻한다. 다시 말해 아이나 어른을 구별할 것 없이 자신(이기심)을 부인하고 예수님을 신뢰하며 예수님 앞에 나아오는 사람들을 지칭한다. 결코 "이런 자"라는 말이 '나이 어린 아이들만'을 지칭하는 말이 아니다. 그러나 혹자는 "이런 자"를 순진하고 순결하며 겸손하고 신뢰하는 성품을 가진 아이 같은 사람들을 지칭한다고 주장한다. 하지만 아이들의 성품보다 예수님 앞으로 나아오는 사람들에게 주의를 기울여야 한다. 아무리 아이 같은 성품을 가진 사람들이라도 예수님에게 나아오지 않는 사람들이 많지 않은가. 그러므로 "이런 자"라는 말은 예수님 앞으로 나아오는 아이나 어른을 막론하고 예수님을 신뢰하여 예수님 앞으로 나아오는 사람들 모두를 뜻하는 걸로 보아야 한다.

예수님을 신뢰하여 예수님 앞으로 나아오는 사람들은 "하나님의 나라"를 소유하게 된다고 말씀하신다. 곧 "현재적이고도 영적인 하나님의 나라,"[19] 즉 '현재적이고도 영적인 하나님의 통치'를 경험하게 된다는 뜻이다. 혹자는 9:43, 45, 47에 의거하여 여기 "하나님의 나라"를 인류 종말에 이루어질 '하나님의 나라'를 지칭한다고 해석하나, 이 부분(13-15절)의 문맥을 따라 신령한 하나님의 통치를 가리킨다고 보아야 한다. 우리가 그리스도 앞으로 어린 아이처럼 나아감은 사탄의 통치에서 벗어나서 하나님의 통치 안으로 들어가는 것이다. 아이들과 아이들을 데리고 예수님 앞으로 나아온 부모나 친지들은 벌써 신령한 하나님의 나라를 소유하였고 장차 예수님 재림 이후에 실현될 천국으로 가게 된다.

19) Donald W. Burdick, "The Gospel According to Mark," in *The Wycliffe Bible Commentary* (Chicago: Moody Press, 1981), p. 1009.

막 10:15. 내가 진실로 너희에게 이르노니 누구든지 하나님의 나라를 어린 아이와 같이 받들지 않는 자는 결단코 들어가지 못하리라 하시고.

예수님은 "내가 진실로 너희에게 이르노니"라고 말씀하시면서 귀한 진리를 소개하신다(3:28). 곧 "누구든지 하나님의 나라를 어린 아이와 같이 받들지 않는 자는 결단코 들어가지 못하리라"고 하신다(마 18:3). 예수님은 앞에서 하나님의 나라(영적이고 현세적인 하나님의 나라)가 예수님에게 나아오는 아이들과 그 아이들을 예수님께 데리고 오는 어른들의 소유라고 하셨는데(앞 절) 본 절에서는 앞 절의 진리를 부정적으로 진술하신다. 즉 "하나님의 나라를 어린 아이와 같이 받들지 않는 자는 결단코 들어가지 못하리라"고 하신다. 우리는 예수님 앞으로 나아오는 어린 아이들처럼 예수님을 신뢰하고 예수님에게 나아와야 하고 예수님 앞에서 겸손한 자가 되어야 한다. 다시 말해 우리는 예수님을 어린 아이와 같이 영접해야 하고 환영해야 한다.

본 절의 "하나님의 나라를 어린 아이와 같이 받든다"는 말은 '예수님을 어린 아이와 같이 받든다'는 말과 같은 의미이다. 다시 말해 [하나님의 나라=예수]의 공식이 된다. 이유는 현재적이고도 영적인 하나님의 통치("하나님의 나라")는 예수님으로 말미암아 이루어지기 때문이다. 예수님은 이 땅에 오셔서 하나님의 통치가 임하게 하셨다. 그의 말씀과 이적, 그리고 십자가에서 구원을 성취하시므로 하나님의 영적인 통치가 이 땅에 임하게 하셨다. 그러므로 [하나님의 나라=예수] 혹은 [예수=하나님의 나라]의 공식이 성립된다. 오늘도 누구든지 하나님의 나라, 곧 예수님을 어린 아이와 같이 받들지 않는 자는 결단코 천국(현세적이고도 영적인 천국)에 들어가지 못한다. 우리는 베뢰아 지역의 어린 아이들처럼 예수님 앞으로 나아가야 한다.

막 10:16. 그 어린 아이들을 안고 그들 위에 안수하시고 축복하시니라.

예수님은 그 어린 아이들을 맞이하여 한 아이를 안으시고(Bruce) 손을 대시며 축복하셨다. 한 아이를 축복하신 다음 또 다른 아이를 받아들고 손을 머리에 대시고 축복하시기를 계속하셨다. 아이를 하나하나 축복하시기를 거기에 온 아이들 모두에게 하시느라 많은 시간을 쓰셨다. 여기 "축복하셨다"(κατευλόγει)는 말은 미완료 시제로 '계속해서 축복하셨다,' '계속해서 복을 빌어주셨다'는 뜻이다. 그 아이들과 또 아이들을 데리고 온 부모들은 이미 하나님의 나라(현세적이고도 영적인 하나님의 통치)에 들어간 것이다. 그들은 그리스도의 축복 속에서 살게 되었다. 우리는 우리 아이들을 그리스도의 발 앞에 가져다 맡겨야 한다.

3. 부자 청년에게 교훈하시다 10:17-31

예수님께서 베뢰아 지역의 어느 집(10절)에서 아이들을 축복하신(13-16절) 후 예루살렘을 향하여 올라가시려고(32절) 그 집을 나오시자 어느 부자 청년이 달려와 영생 얻는 방법을 질문하였고 그에 대해 예수님께서 대답하신 내용이다 (17-31절). 이 부자 청년은 영생을 얻지 못한 자의 모형이고, 앞(13-16절)의 어린 아이들과 또 그들을 데리고 온 사람들은 그리스도에게 나아왔으므로 영생을 얻은 자의 모형이다. 이 부분은 마 19:16-30; 눅 18:18-30과 병행한다. 그런데 마태나 누가는 많이 축소해서 기록했다. 그 중에서도 누가는 더 간략히 기록했다. 성령님께서 세 기자(마태, 마가, 누가)를 적절히 사용하신 흔적을 찾아볼 수 있다.

1) 부자 청년의 영생 얻는 방법에 대한 질문에 대답하시다 10:17-22
막 10:17. 예수께서 길에 나가실 새 한 사람이 달려와서 꿇어 앉아 묻자오되 선한 선생님이여 내가 무엇을 하여야 영생을 얻으리이까.

예수님께서 집(10절)에서 나오셔서 제자들과 함께 예루살렘으로 올라가시는 길(32절)에 "한 사람이 달려와서 꿇어 앉아 물었다." 여기 "한 사람"은 청년이었고 동시에 재물이 많은 부자였으며(마 19:22), 또 관원이었다(눅 18:18). 그가 산헤드린 의 관원이었는지 혹은 지방의 관원이었는지는 확실하지 않다. 아무튼 그는 사회적 으로 별로 부러울 것이 없는 사람이었다. 그런 그가 영생에 대해 예수님께 질문한 것은 놀라운 발상임에 틀림없다.

그 청년이 예수님께 영생에 대해 질문하기 위해 "달려와서 꿇어앉아" 물었다. 그는 첫째, 예수님 앞으로 달려왔다. 성질이 급해서가 아니라 예수님을 존경하는 뜻으로, 영생을 얻어 보려는 열심에서 달려왔을 것이다. 그리고 둘째, 그는 예수님 앞에 꿇어앉았다. 그의 겸손을 보여준 행동이었다. 참으로 좋은 점이 많은 청년이었 지만 결국 그는 영생에 이르지 못했다. 세상에서 여러 가지로 좋은 점이 많은 사람들도 영생에 이르지 못하는 사람들이 많이 있다. 문제는 좋은 점이 얼마나 있느냐가 아니라 예수님을 따르느냐 하는 것이다.

그는 "선한 선생님이여 내가 무엇을 하여야 영생을 얻으리이까"라고 질문한 다(마 19:16; 눅 18:18). 예수님을 향하여 "선한 선생님이여"라고 부른다. 그 청년은 예수님이 하나님이신 줄 알지 못하면서 "선한 선생님이여"라고 부른다. 사실 예수님 이 "선생님"이신 것은 사실이다(4:38; 5:35; 9:17, 38; 10:20, 35; 12:14, 19, 32; 13:1; 14:14). 그러나 이 청년은 예수님이 하나님이신 줄은 모른 채 "선한 선생님이여" 라고 부른다. 예수님은 다음 절(18절)에서 그 청년의 잘 못을 시정시키신다.

그리고 "내가 무엇을 하여야 영생을 얻으리이까"라고 질문한 데 대해서는 19-21절에서 해답을 주신다. 그는 무엇을 하여야 영생을 얻을 줄 생각했다. 하지만 예수님께서 앞서 말씀하신 대로(14-16절) 어린 아이들처럼 예수님을 따르는데서 영생이 얻어지는 것이다.

막 10:18. 예수께서 이르시되 네가 어찌하여 나를 선하다 일컫느냐 하나님

한 분 외에는 선한 이가 없느니라.

　　예수님은 부자(富者) 청년이 예수님을 향하여 "선한 선생님이여"라고 부른 것(앞 절)을 들으시고 "네가 어찌하여 나를 선하다 일컫느냐"고 따지신다. 예수님은 이렇게 말씀하신 셈이다. '왜 나를 하나님으로 인정하지 않으면서 하나님에게만 붙여야 하는 "선하다"는 말을 내 이름에 붙이느냐. 그것은 부당한 일이다. 내 이름에 "선하다"는 말을 붙이려면 나를 하나님으로 알아야 하지 않겠느냐? 너는 나를 보통 선생으로 알면서 하나님에게만 붙일 수 있는 "선하다"는 말을 함부로 붙이지 말고 하나님 한 분 외에는 선한 이가 없다는 사실을 알아라. 세상 사람은 한 사람도 선한 사람이 없다. 나를 선하다고 일컬으려면 나를 하나님으로 알고 붙여라.' 랄프 어럴(Ralph Earle)은 "아마도 그리스도의 의도는 '네가 나의 신성을 인정치 않으면서 어찌하여 나를 선하다고 하느냐'는 것이었을 것이다. 즉 이 말씀은 그 사람에게 당신을 메시야, 곧 하나님의 아들로 받아들이라는 도전이었을 것이다"라고 주장한다. 예수님께서 "네가 어찌하여 나를 선하다 일컫느냐"고 하신 것은 그분이 선하지 않으시다는 뜻이 아니라 "이 청년으로 하여금 예수님이 누구이신가를 생각하도록 인도하시기 위한 질문이었다. 또한 이 질문은 예수님께서 하나님이심을 간접적으로 주장하신 말씀이었다. 왜냐하면 선하다든가 무죄하다는 것은 온전히 하나님에게 속한 성품이기 때문이다"(Donald W. Burdick).

막 10:19. 네가 계명을 아나니 살인하지 말라, 간음하지 말라, 도둑질하지 말라, 거짓 증언하지 말라, 속여 빼앗지 말라, 네 부모를 공경하라 하였느니라.

　　예수님은 이제 본 절부터 21절까지 영생을 얻는 방법을 제시(提示)하신다. 먼저는, 사람이 계명을 온전히 지킬 수 없는 무능한 자임을 인식시키신다. 그러기 위하여 "네가 계명을 아나니"라고 말씀하시면서 제 5, 6, 7, 8, 9계명을 지켜야 할 것을 말씀하신다(출 20:1-17; 롬 13:9). 그리고 제 10계명 대신 "속여 빼앗지 말라"는 명령을 말씀하신다. 혹자는 이 청년이 "속여서" 재산을 많이 취했기 때문에 "속여 빼앗지 말라"는 명령을 말씀하신 것이라고 주장하나 예수님께서 이 청년을 사랑하셨다는 말씀을 하신 것(21절)을 보면 이 청년이 남을 속여서 재산을 취득했다고 보기는 어렵다. 그리고 여기 "네 부모를 공경하라"는 계명을 제일 마지막에 둔 것을 두고 혹자는 이 청년이 "부모를 공경하라"는 계명을 잘 지키지 못해서 맨 나중에 말씀하셨다고 하나 예수님께서 이 청년을 사랑하셨다고 말씀하신 것(21절)을 보면 꼭 그렇게 주장할 수는 없다. 우리는 이 계명이 제일 뒤에 있는 이유를 잘 알 수 없다고 말해야 할 것이다.

이 청년은 계명을 완전히 지키지 못했다. 이유는 다음(21절)에 밝히는 바와 같이 많은 재물을 가지고 혼자 누리고 있어서 "네 이웃을 네 몸과 같이 사랑하라"는 계명을 온전히 지키지 않은 것이 분명하다. 우리는 계명을 지켜서 영생을 얻지 못한다. 1-10계명을 아무리 잘 지켜도 빈틈이 있기 마련이다.

막 10:20. 그가 여짜오되 선생님이여 이것은 내가 어려서부터 다 지켰나이다.

이 청년은 피상적으로 지킨 것을 가지고 "이것은 내가 어려서부터 다 지켰나이다"라고 대답한다. 인생은 이렇게 수박 겉을 핥으면서 살아간다. 그러면서 말은 그럴싸하게 한다. 이 청년은 율법의 참 뜻을 다 안 것도 아니었고 또 모두 지킨 것도 아니었다. 부자로 살았으니 말이다.

막 10:21. 예수께서 그를 보시고 사랑하사 이르시되 네게 아직도 한 가지 부족한 것이 있으니 가서 네게 있는 것을 다 팔아 가난한 자들에게 주라 그리하면 하늘에서 보화가 네게 있으리라 그리고 와서 나를 따르라 하시니.

예수님은 마지막으로 이 청년에게 영생 얻는 방법을 제시하신다. 곧 그가 가지고 있는 재산을 다 팔아 가난한 자들에게 주고 예수님을 따르라고 하신다.

예수님은 그 청년에게 영생 얻는 방법을 말씀하시기 전에 "그를 보시고 사랑하셨다." 여기 "보시고"(ἐμβλέψας)라는 말은 부정(단순)과거 분사로 '주목하여 보셨다' 혹은 '바라보셨다'는 뜻이다. 예수님은 그 청년을 주목하여 보시며 "사랑하셨다." "사랑하셨다"(ἠγάπησεν)는 말은 부정(단순)과거 시제로 '참으로 사랑하셨다,' '흠뻑 사랑하셨다'는 뜻이다. 예수님은 이 청년을 주목하여 보신 즉시 참으로 사랑하기 시작하신 것이다.

그러면 예수님께서 이 청년을 사랑하신 이유는 무엇인가. 그가 율법을 완전히 지켰기 때문은 아니다. 예수님께서 이 청년을 사랑하신 이유는, 1)그가 지금까지 살아오는 동안에 큰 흠 없이 살아왔기 때문일 것이고, 2)특히 그가 영생의 도를 구하려고 예수님 앞에까지 왔기 때문이다. 누구든지 영생의 도를 구하면 틀림없이 그리스도로부터 사랑받는다.

예수님은 본 절에서 영생을 얻기 위하여 청년이 해야 할 두 가지를 말씀하신다. 첫째, "네게 아직도 한 가지 부족한 것이 있으니 가서 네게 있는 것을 다 팔아 가난한 자들에게 주라"고 하신다. 이 청년은 자기가 계명을 다 지켰다고 하지만 아직도 "한 가지 부족한 것이 있다"(One thing thou lackest)고 하신다. 곧 그 청년에게 부족했던 것 한 가지는 그가 살아오면서 준수했다는 율법에다가 무엇을 덧붙여야 할 어떤 한 가지가 아니라, 바로 뒤따라오는 예수님의 말씀대로 자기가 가지고 있는 재산을 모두 팔아 가난한 자들에게 주고 예수님을 따르는 것을 지칭한다. 혹자는 한 가지 부족한 것이 "자신의 부족함을 철저히 통감하는 것"이라고 주장하나 사람이 예수님을 믿기 전에는 자신의 부족함을 철저히 통감하지 못한다. 믿은 후에야 성령으로 말미암아 자신이 한없이 부족함을 알게 된다. 바울도 예수님을 믿은 다음에 자신을 죄인의 괴수로 깨달았다(딤전 1:15). 그 청년은 자신이 가지고 있는 재산을 다 팔아 가난한 자들에게 주어야 했다. 그에게는 그 재산이 우상이었다. 그는 그 재산을 사랑하고, 든든하게 생각하며, 의지하고,

하나님보다 더 귀한 것으로 여기면서 살아왔다. 그 재산을 치우지 않으면 그리스도를 따를 수 없었다. 그래서 그는 재산을 팔아 가난한 자들에게 주어야 했다. 사람마다 우상이 다르다. 어떤 사람에겐 자식들이, 어떤 사람의 경우엔 남편이, 또 다른 사람들의 경우는 자기 자신이 우상일 수가 있다. 그 우상들은 그리스도를 따르는 길에 큰 방해가 되므로 치우지 않으면 안 된다.

이렇게 이 청년이 재산을 팔아 가난한 자들에게 주면 "하늘에서 보화가 네게 있으리라"고 예수님은 말씀하신다(마 6:19-20; 19:21; 눅 12:33; 16:9). 여기 "하늘에서 보화"란 말을 해석하면서 혹자는 영생이라고 말하나 취하기 어려운 해석이다. 이유는 재산을 팔아서 가난한 자들에게 주었다고 해서 금방 영생을 얻는 것은 아니기 때문이다. 영생이란 그리스도를 믿기 시작함으로 얻는 것이다. 그러므로 여기 "하늘의 보화"란 "하늘의 값없이 주시는 은혜요 용서하심이고"(Lenski) "오늘날에도 미리 맛볼 수 있는 모든 축복"을 지칭한다(윌럼 헨드릭슨).

그리고 둘째, 예수님은 "그리고 와서 나를 따르라"고 하신다. 모든 재산을 다 팔아서 가난한 자들에게 준 다음에 예수님 앞으로 나아와서 "나(예수님)를 따르라"는 것이다. 여기 "따르라"(ἀκολούθει)는 말은 현재명령법으로 '계속해서 따르라'는 뜻이다. 그 청년은 모든 것을 버리고(자기를 부인하고) 계속해서 십자가를 지고 예수님을 따르라는 명령을 받은 것이다. 오늘 우리는 우리 자신들을 부인하고 십자가를 지고 예수님을 따라야 한다.

막 10:22. 그 사람은 재물이 많은 고로 이 말씀으로 인하여 슬픈 기색을 띠고 근심하며 가니라.

마가는 예수님의 말씀을 들은 청년에게 발생한 두 가지 현상을 기록한다. 하나는 그가 얼굴에 "슬픈 기색을 띠었다"는 것과 또 하나는 마음에 "근심하며 갔다"는 것이다. 얼굴과 마음이 편치 못했다. 예수님의 말씀은 그의 마음을 찔렀고 그것이 얼굴에까지 영향을 주었다. 혹자는 이 청년이 근심하며 간 것을 보면 훗날 회개했을 것이라고 덧붙여 말한다. 그러나 그런 추론을 할 만한 말씀은 문맥에 없다. 오히려 이 청년이 그 자리를 뜬 후에 예수님은 참으로 부자들이 듣기에 거북한 말씀을 하시는 것을 보면(23-25절) 구원을 못 얻었다고 추론하는 것이 더 옳지 않을까(눅 13:23-24 참조).

2) 부자들에게 경고하시다 10:23-27

막 10:23. 예수께서 둘러보시고 제자들에게 이르시되 재물이 있는 자는 하나님의 나라에 들어가기가 심히 어렵도다 하시니.

예수님과 대화하던 청년이 자리를 뜨고 돌아간 후 예수님은 제자들을 둘러보시고 부자들에게 경고하신다. "재물이 있는 자는 하나님의 나라에 들어가기가 심히 어렵다"고 하신다(마 19:23; 눅 18:24). 재물이 있는 자뿐만 아니라 무엇이라도 충분하게 있다 싶으면 그것 때문에 예수님을 그리스도로 믿지 않게 되어 하나님의 나라에 들어가기가 심히 어렵다는 말씀이다. 여기 "하나님의 나라"란 말은 문맥에 의하여 '영생'을 얻는 것을 가리킨다(17-22절). 다시 말해 영원한 생명, 영적인 생명, 천국 생명을 얻는 것을 말한다. 세상에서 명예를 가지고 있거나 높은 직위를 가지고 있어도 마찬가지로 그리스도 앞으로 나오지 아니한다. 하나님의 나라에 가기 어려운 부자보다는 차라리 가난한 나사로가 되는 것이 더 낫다(눅 16:19-31).

막 10:24. 제자들이 그 말씀에 놀라는지라 예수께서 다시 대답하여 이르시되 얘들아 하나님의 나라에 들어가기가 얼마나 어려운지.

예수님의 말씀에 제자들이 놀라는 것을 보시고 예수님은 제자들을 진정시키시기 보다는 다시 한 번 "얘들아 하나님의 나라에 들어가기가 얼마나 어려운지" 모른다고 강조하신다(욥 31:24; 시 52:7; 62:10; 딤전 6:17). 부자가 하나님의 나라에 들어가기가 어려운 것은 당연하다. 이유는 예수님을 의지하지 않고 재물을 의지하기 때문이다.

제자들이 예수님의 말씀을 듣고 놀란 이유는 신명기 28:1-14나 역대상 29:12의 말씀의 영향이었을 것이다. 하나님의 말씀을 듣고 순종하면 복을 받는다고 배웠으므로 부(富)는 하나님의 선물이라고 알고 있는데 부자가 하나님의 나라에 들어가기가 어렵다고 예수님께서 말씀하시니 놀랐을 것이다. 그러나 그런 말씀들은 하나님을 믿는 사람들이 하나님의 말씀을 듣고 순종할 때 복을 받는다는 것이다. 하나님을 믿는 사람들이 부하게 되는 것은 하나님의 선물로 알아야 한다. 그러나 믿지 않는 사람들에게는 그 사람으로 하여금 하나님을 믿지 못하게 만들므로 물질이 저주일 수밖에 없다.

막 10:25. 낙타가 바늘귀로 나가는 것이 부자가 하나님의 나라에 들어가는 것보다 쉬우니라 하시니.

예수님은 부자가 하나님의 나라에 들어가는 것이 낙타가 바늘귀를 통과하는 것보다 어렵다고 하신다. 대단한 과장법이다. 그만큼 부자가 하나님 나라에 들어가는 것, 곧 영생을 얻는(17절, 30절) 것은 어렵다는 뜻이다. 부(富)의 매력은 너무 놀라워서 예수님을 거들떠보지도 못하게 하니 말이다.

막 10:26. 제자들이 매우 놀라 서로 말하되 그런즉 누가 구원을 얻을 수 있는가 하니.

제자들은 예수님의 말씀(23-25절)을 듣고 매우 놀라서 서로 말하기를 "그런 즉 누가 구원을 얻을 수 있는가"하고 서로 말한다(눅 18:26 참조). 그 정도라면 누가 영생을 얻을 수 있을까 하며 서로 바라보고 혀를 찬 것이다. 자기들은 비록 부자는 아니지만 부자가 되려는 열망은 마음속에 조금씩이라도 가지고 있으니 구원을 얻기는 틀렸다고 생각했다. 그래서 베드로는 자기들이 어떻게 될 지를 예수님께 여쭈어 보았다(28절).

막 10:27. 예수께서 그들을 보시며 이르시되 사람으로는 할 수 없으되 하나님으로는 그렇지 아니하니 하나님으로서는 다 하실 수 있느니라.

　　　　예수님은 자신의 이야기에 놀란 제자들을 보시며 말씀하시기를 "사람으로는 할 수 없으되 하나님으로는 그렇지 아니하니 하나님으로서는 다 하실 수 있느니라"고 말씀해주신다(렘 32:17; 마 19:26; 눅 1:37). 예수님은 사람의 수련이나 노력 혹은 깨달음 같은 것으로는 도무지 구원을 얻을 수 없지만 하나님께서 역사하시면 영생을 얻을 수 있다고 하신다(히 7:25). 하나님께서 부자들을 구원하시는 방법은 여러 가지지만 특히 두 가지로 역사하시는 것을 관찰할 수가 있다. 하나는 부자에게 모든 물질은 아무 것도 아니라는 생각을 넣어주시면서 예수님을 믿고 바라보도록 하시고, 또 하나는 부자가 모든 재물을 잃게 하신 후 예수님을 믿게도 하신다. 하나님께서 하시는 일을 인생이 다 측량할 수는 없다.

3) 제자들에게 복과 영생을 보장하시다 10:28-31

막 10:28. 베드로가 여짜와 이르되 보소서 우리가 모든 것을 버리고 주를 따랐나이다.

　　　　베드로는 예수님의 말씀(23-25절)을 들으면서 구원을 받을 수 있을지 확신이 없고 불안하기만 해서 "보소서 우리가 모든 것을 버리고 주를 따랐는데" 어떻게 될는지 여쭤본다(마 19:27; 눅 18:28). 베드로는 제자들을 대표하여 자기들이 어떤 운명에 처하게 될지 확실한 보장을 받고 싶어서 여쭈었을 것이다. 베드로와 제자들은 예수님으로부터 아주 고무적이고도 기쁜 말씀을 들었고(29-30절), 동시에 경계의 말씀도 듣는다(31절).

막 10:29-30. 예수께서 이르시되 내가 진실로 너희에게 이르노니 나와 복음을 위하여 집이나 형제나 자매나 어머니나 아버지나 자식이나 전토를 버린 자는 현세에 있어 집과 형제와 자매와 어머니와 자식과 전토를 백배나 받되 박해를 겸하여 받고 내세에 영생을 받지 못할 자가 없느니라.

예수님은 제자들에게 중대한 것을 발표하시기 위하여 "내가 진실로 너희에게 이르노니"라고 하신다. 그러시면서 "나와 복음을 위하여 집이나 형제나 자매나 어머니나 아버지나 자식이나 전토를 버린 자는 현세에 있어 집과 형제와 자매와 어머니와 자식과 전토를 백배나 받는다"고 하신다(대하 25:9; 마 7:7; 눅 18:30; 롬 8:26-39; 빌 4:7; 딤전 6:6). 예수님과 복음을 위하여 일곱 가지(집, 형제, 자매, 어머니, 아버지, 자식, 전토)를 버린 사람은 현세에 있어 일곱 가지를 백배나 받는다는 말씀이다. 여기 일곱 가지는 사람이 현세를 살아가면서 가장 귀중하게 여기는 것들이다. 이런 것들을 버린다는 것은 예수님을 따르고 복음을 드러내기 위하여 이런 것들을 두 번째에 놓는다는, 덜 중요하게 여긴다는 말이다. 예수님은 마 10:37에서 "아버지나 어머니를 나(예수님)보다 더 사랑하는 자는 내게 합당하지 아니하고 아들이나 딸을 나보다 더 사랑하는 자도 내게 합당하지 아니하다"고 하신다. 이 말씀은 사람이 예수님을 제일 사랑해야 한다는 말씀이다. 우리는 예수님을 제일 귀중하게 여겨야 하고 다른 것들은 아무리 귀한 것이라 해도 두 번째로 놓아야 한다.

세상에서 가장 귀중한 것들을 두 번째로 놓으면 결국 "현세에 있어 100배나 받게 된다"고 예수님은 말씀하신다. 여기 "100배나 받는다"는 말씀은 '여러 배를 받는다'는 의미인데(마 19:29), '이런 것들이 우리에게 큰 유익을 준다'는 뜻이다(고전 3:21). 우리가 예수님을 따르기 위하여 이런 것들(집, 형제, 자매, 어머니, 아버지, 남편, 아내, 자식, 전토)을 덜 귀중히 여기면 결국 이런 것들이 우리에게 여러 배의 가치 있는, 더욱 유익한 것들로 변화되어 온다. 예수님을 제일 귀한 분으로 알고 따르며 사랑하는 사람들에게는 그가 살고 있는 집이나 가족, 전토(재산 들)가 예수님을 따르기 이전과는 달리 새롭고 아름다우며 아주 값어치 있는 것들로 다가온다. 아내가 더 사랑스러워 보이고 남편이 더 듬직해 보이며 논밭도 더 소출을 잘 내게 된다(하나님의 축복으로). 그뿐 아니라 우리와 관계가 없었던 것들도 우리를 위하는 것들로 다가온다(마 12:46-50; 롬 16:13; 고전 4:15; 갈 6:10; 엡 2:19). 우리는 그리스도를 위하여 모든 것을 버려서 그 모든 것들을 값어치 있는 것들로 되돌려 받아야 한다.

모든 것을 버리고 예수님을 따르는 사람들은 현세에서 여러 배를 받는다고 보장하시면서 "박해를 겸하여 받고 내세에 영생을 받지 못할 자가 없느니라"고 예수님은 하신다. 이 말씀은 예수님을 따를 때 박해를 겸하여 받아야 하나님의 나라에 간다는 말씀이 아니라 예수님을 따르는 사람들은 필연적으로 박해를 받는다 는 뜻이다. 그러니까 예수님을 믿고 복음을 위해 사는 사람들은 현세에서 복과 박해, 이 두 가지를 함께 받는다. 예수님의 십자가 옆에서 회개하고 죽은 강도는 시간이 없어서 박해를 받지 못한 것이지 그 사람도 만일 더 살았더라면 박해를 받았을 것이다. 우리는 현세에서 박해를 피하려 하기보다 그것을 각오하고 그리스 도를 따르다가 천사들에 의해 천국으로 들려가길 사모하고 애써야 한다.

막 10:31. 그러나 먼저 된 자로서 나중 되고 나중 된 자로서 먼저 될 자가 많으니라.

예수님은 세상의 모든 귀한 것들을 버리고 예수님을 따른 제자들이 모두 세상에서 여러 배를 받을 뿐 아니라 영생을 받을 것이라고 말씀하시고(29-30절) 이제는 "먼저 된 자로서 나중 되고 나중 된 자로서 먼저 될 자가 많으니라"고 경고하신다(마 19:30; 20:16; 눅 13:30). 먼저 믿은 자와 나중 믿은 자의 순서가 뒤바뀌는 사람이 많을 것이라는 의미이다. 이 말씀은 시간 순서가 뒤바뀔 것이라는 뜻이 아니라 세상 복의 정도가 다를 것이고 하나님의 나라에 가서 상급의 정도가 다를 것이라는 의미이다. 징벌에도 정도의 차이가 있듯이(눅 12:47-48) 세상에서 하나님으로부터 받는 복의 정도에서나 천국의 영광에서도 정도의 차이가 있다는 뜻이다. "오늘날 교회의 중추인물로 여겨지는 자들 중 상당수가 나중 될 것은 물론, 결코 주도 인물이 되지 못했던 자들―두 렙돈을 바친 가난한 과부(막 12:42)나, 예수님께 아낌없는 사랑을 베풀다가 제자들에게 호되게 질책을 받은 베다니의 마리아 등을 생각해보라―이 심판 날에 먼저 될 것이라는 사실이다(막 12:43-44; 마 26:10-13 참조). 그러므로 자신들의 지위에 대한 끊임없는 쟁론을 벌이던 제자들(막 9:33이하; 마 18:1이하; 20:20이하; 눅 22:24이하)은 오히려 이 점을 명심하여야 했다!"(윌럼 헨드릭슨). 오늘날 교회의 목사들이라고 해서 천국에서 클 것이라고 장담할 수 있을까.

4. 예수님의 수난에 대해 세 번째로 예고하시다 10:32-34

예수님은 8:31-38과 9:30-32에 이어 드디어 세 번째로 그의 수난과 부활에 대해 예언하신다. 이 부분은 마 20:17-19; 눅 18:31-34과 병행한다.

막 10:32. 예루살렘으로 올라가는 길에 예수께서 그들 앞에 서서 가시는데 그들이 놀라고 따르는 자들은 두려워하더라 이에 다시 열두 제자를 데리시고 자기가 당할 일을 말씀하여 이르시되.

예수님은 고난을 받고 죽으러 가시는 길인 예루살렘에 올라가시며 "그들 앞에 서서 가신다"(마 20:17; 눅 18:31). 마지못해 올라가신 것이 아니라 죽음의 길을 자원하신다. 제자들은 예수님의 그런 열심 있는 행동에 "놀랐으며" 다른 추종자들도 예수님의 앞서 가시는 열심을 보고 "두려워했다." 제자들이나 추종자들은 아무래도 그런 행동에 이상함을 느껴서 놀랐고 두려워한 것이다.

예수님은 자신의 행동에 놀라서 멀어지는 제자들을 "다시" 자기 곁으로 가까이 오게하셔서 "자기가 당할 일을 말씀하신다." 본문에 "데리시고"(παραλ-αβὼν)란 말은 '곁으로 취하다,' '옆으로 취하다'라는 뜻이다. 다른 추종자들에게는 자기가 당하실 일을 말씀할 수 없으셨지만 제자들에게는 자신의 수난을 계속해서 말씀하신다(8:31; 눅 9:22; 18:31). 1차나 2차 예고 때엔 줄곧 제자들에게만 말씀하셨는데 이번 3차 예고 때도 역시 제자들에게만 말씀하시려고 그들을 옆으로 가까이 오게 하셔서 앞으로 당하실 고난과 죽음, 부활에 대하여 말씀하셨다. 예수님은 죽음을 피하지 아니하신다. 자기 백성을 대속하신다는 기쁨으로 그 길을 엄숙하게 가셨다. 죽음 너머 저편에 있는 영광의 부활을 보시고 앞서 가셨다.

막 10:33. 보라 우리가 예루살렘에 올라가노니 인자가 대제사장들과 서기관들에게 넘겨지매 그들이 죽이기로 결의하고 이방인들에게 넘겨주겠고.

예수님이 본 절에서 예언하신 그대로 모든 것이 진행되었다. 예수님은 "보라 우리가 예루살렘에 올라가노니"라고 하신다. 곧 우리 모두가 예루살렘으로 올라가고 있다고 행선지를 밝히신다. 그리고 거기서 이루어질 일을 순서대로 말씀하신다. 첫째, "인자가 대제사장들과 서기관들에게 넘겨진다"고 하신다. 여기 "인자"란 말은 예수님의 자칭호(自稱號)이다(2:10; 마 8:20). 다른 사람들은 아무도 예수님을 인자(人子)라고 부르지 않았고 예수님만이 자신을 "인자"라고 부르셨는데 이 칭호는 '고난 받는 메시야(그리스도)'라는 뜻으로 자신을 부르신 명칭이다. 고난을 받으시러 올라가시기 때문에 자신을 "인자"라고 부르신 것이다.

예수님은 자신이 대제사장들과 서기관들에게 넘겨지신다고 예고하신다(성취는 14:53절에 있다). 가룟 유다에게 팔려서 산헤드린 공의회(구성원들은 대제사장, 서기관들, 장로들이었다)로 넘겨질 것이란 뜻이다. 그리고 산헤드린 공의회(유대의 최고 의결기관)는 예수님을 "죽이기로 결의할 것이라"고 하신다(성취는 14:55-64). 그들은 예수님을 가룟 유다로부터 인계받고 불과 몇 시간 만에 죽이기로 결의했다.

둘째, 산헤드린 공의회가 예수님을 곧바로 "이방인들에게 넘겨"주리라고 예언하신다(15:1). 본디오 빌라도와 로마 병정에게 넘겨줄 것이라는 예언이었다. 그 예언 그대로 진행되었다.

막 10:34. 그들은 능욕하며 침 뱉으며 채찍질하고 죽일 것이나 그는 삼 일 만에 살아나리라 하시니라.

예수님은 이방인들이 자신을 맡은 뒤에 "능욕하며 침 뱉으며 채찍질하고 죽일 것"이라고 예언하신다. 그 모든 예언은 그대로 이루어졌다(15:16-20, 24, 37). 예수님의 1차, 2차, 3차 예언은 갈수록 더 자세한데, 3차 예언이 가장 자세하다. 혹자는 마가가 예수님의 예언을 기록할 때 사건이 모두 진행된 것을 보고 그 부분을 기록하였다고 한다. 그렇게 말하는 사람들은 사람을 기준하여 그렇게 말한 것이다. 사람은 그럴 수밖에 없다. 그러나 예수님은 다른 사람의 앞날이나 자신이 당하실 일을 미리 정확하게 아셨다. 이렇게 앞으로 당하실 일을 정확하게 아시면서도 예루살렘을 향하여 올라가신 예수님을 우리는 천만 번 찬양하지 않을 수 없다.

그러나 예수님의 예언에는 한 가지 중요한 것이 남아 있다. "그는 삼 일 만에 살아나리라" 하셨다. 우리는 이 예언 때문에 기뻐한다. 우리의 모든 죄를 해결하시고 삼일 만에 살아나신다고 하셨다. 그분은 실제로 삼일 만에 다시 살아나셨다(16:1이하). 천지가 진동할 일이다. 우리에게는 그 어떤 날보다 기쁜 날이 되었다.

5. 야고보 형제에게 경고하시다 10:35-45

예수님께서 세 번째로 십자가와 부활을 예고하셨을 때(32-34절) 야고보 형제는 사태를 전혀 파악하지 못하고 다른 사람들에게 높은 지위를 빼앗기지나 않을까 염려하여 예수님께 나아와 그분의 좌우편 지위를 미리 부탁한다. 예수님은 그들 두 형제에게 영원히 잊을 수 없는 겸손의 교훈을 말씀하신다. 마 20:20-28과 병행한다. 눅 22:24-27 참조.

막 10:35. 세베대의 아들 야고보와 요한이 주께 나아와 여짜오되 선생님이여 무엇이든지 우리의 구하는 바를 우리에게 하여 주시기를 원하옵나이다.

본 절은 야고보와 요한이 예수님께 나아와 자기들에게 높은 지위를 주시도록 부탁한 것으로 되어 있는데, 마태에 의하면 그 형제의 어머니가 부탁한 것으로 되어 있다. 세 모자(三母子)가 예수님 앞에 와서 요청한 것이다. 이제 예루살렘으로 향하는 길에서 이런 부탁을 하지 않으면 좋은 기회를 놓칠는지 모른다는 위기감이 들었을 것이다. 야고보 형제는 예수님께 나아와 "선생님이여 무엇이든지 우리의 구하는 바를 우리에게 하여 주시기를 원하옵나이다"라고 부탁한다(마 20:20). 그들은 "무엇이든지 우리의 구하는 바"를 들어달라고 말한다. 다시 말해 지위를 주시는 것은 물론 "무엇이든지" 들어달라는 것이다. 오늘도 우리는 이런 잘못된 기도를 많이 드릴 수 있다. 곧 권세와 명예를 원하는 기도를 많이 할 수 있다는 것이다.

막 10:36. 이르시되 너희에게 무엇을 하여 주기를 원하느냐.

예수님은 이들의 요구를 받으시고 "너희에게 무엇을 하여 주기를 원하느냐"고 물으신다. 합당한 요구라면 들어주시려고 물어보신다. 이렇게 예수님께서 두 형제에게 되물어보신 것은 일종의 응답이었다. 예수님은 그들이 요청한대로 주실 수는 없으셨다.

막 10:37. 여짜오되 주의 영광 중에서 우리를 하나는 주의 우편에, 하나는 좌편에 앉게 하여 주옵소서.

이제 두 형제는 자기들의 요청을 정확하게 표현한다. "주의 영광 중에서 우리를 하나는 주의 우편에, 하나는 좌편에 앉게 하여 주사"고 부탁한다. 주님께서 예루살렘에서 영광을 얻으시면 자기들을 예수님의 좌, 우편에 앉게 해주시기를 소원한다. 두 사람은 예수님께서 십자가 죽음을 말씀하신 직후에 이런 요청을 했다. 전혀 격에 어울리지 않는 요청이었다.

막 10:38. 예수께서 이르시되 너희는 너희가 구하는 것을 알지 못하는도다 내가 마시는 잔을 너희가 마실 수 있으며 내가 받는 세례를 너희가 받을 수 있느냐.

예수님은 야고보 형제의 요구사항, 곧 예수님의 좌, 우편 자리를 구하는 것을 들으시고 "너희는 너희가 구하는 것을 알지 못하는도다"(Οὐκ οἴδατε τί αἰτεῖσθε)라고 말씀하신다. 다시 말해 예수님의 좌, 우편 자리가 어떤 자리인지 알지도 못한 채 구하고 있다는 말씀이다. 예수님의 좌, 우편 자리에는 강도들이 못 박혔는데 그것도 모르고 좌, 우편 자리를 구했다는 것이다. 예수님은 십자가를 지시려고 예루살렘으로 올라가고 계셨는데 그들은 예수님께서 영광의 나라를 건설하려고 올라가시는 줄로 알았다. 그들은 무식해서 그렇게 그 자리를 구했다. 그 자리는 그들이 구해서는 안 되는 자리였다. 오늘도 많은 사람들은 "구하는 것을 알지 못하고" 구한다. 사실 오늘날 많은 사람들은 구할 바를 알지 못하고 구한다(롬 8:26). 우리는 성령님의 조명을 받기 전에는 정확한 것을 구하지 못한다. 그저 아무 것이나 구한다. 어떤 사람이 산에 올라가서 무엇인가를 하루 종일 열심히 구했다. 그러나 그날 많은 시간이 지나서야 자기가 구하고 있는 것이 잘못된 것인 줄 알고 결국 회개기도를 했다고 한다. 야고보 형제는 성령님의 감동을 받지 않은 상태에서 잘못된 기도를 한 것이다.

그럼에도 불구하고 예수님은 이들에게 영광 얻는 방법을 알려주신다. "내가 마시는 잔을 너희가 마실 수 있으며 내가 받는 세례를 너희가 받을 수 있느냐"고 물으신다. 여기 "잔"이나 "세례"란 말은 똑같이 그리스도의 고난을 상징한다. 겟세마네 동산에서 그는 그의 죽음을 "잔"이라고 말씀하셨고(14:36), "세례"란 말은 그의 고난과 죽음을 상징하는 말로 사용하셨다(눅 12:50). 누구든지 그리스도와 함께 고난에 동참해야 영광에 들어갈 수 있다고 하신다(마 10:25; 막 13:13; 요 15:18-21; 행 9:4-5; 고후 4:10; 갈 6:17; 빌 3:10; 골 1:24; 계 12:13). 우리는 고난 없이 복만 받으려는 열망에 차 있지 않은가.

막 10:39a. 그들이 말하되 할 수 있나이다.

예수님께서 "내가 마시는 잔을 너희가 마실 수 있으며 내가 받는 세례를 너희가 받을 수 있느냐"고 물으셨는데(앞 절) 야고보와 요한 형제는 "할 수 있나이다"라고 대답한다. 그들은 예수님께서 말씀하신 내용이 정확하게 무엇인지도 모르고 "할 수 있다"고 대답한다. 좀 더 구체적으로 말해서, 그들은 예수님께서 마시는 잔, 곧 예수님께서 받으셔야 할 세례가 얼마나 혹독한 고난인지 알지도 못하고 받을 수 있다고 확신 있게 대답한 것이다. 만약 예수님께서 받으셔야 할 잔(세례)이 십자가의 대속의 고난인 줄 알았다면 그렇게 자신 있게 대답을 하지 못했을 것이다. 우리가 무식하면 엉뚱한 대답을 하게 된다.

막 10:39b. 예수께서 이르시되 너희는 내가 마시는 잔을 마시며 내가 받는 세례를 받으려니와.

그러나 예수님은 야고보와 요한 형제의 "할 수 있나이다"라는 대답을 들으시고 "너희는 내가 마시는 잔을 마시며 내가 받는 세례를 받을 것이라"고 예고하신다. 곧 두 형제가 예수님께서 마셨던 고난의 잔, 고난의 세례를 앞으로 받게 될 것이라고 예고하신다. 이 말씀은 야고보 형제가 예수님이 받으셨던 십자가 대속의 고난을 받게 될 것이라는 말씀이 아니라 하나님 나라의 확장을 위해서 고난에 동참하게 될 것이라는 말씀이다. 예수님은 결코 그의 제자들이나 오늘 우리 성도들에게 십자가 대속의 고난을 받기를 원하지 않으시고 하나님 나라의 확장을 위해서 고난을 받기를 원하신다. 예수님의 고난은 크게 두 가지이다. 하나는 십자가 대속의 고난이다. 십자가의 대속의 고난은 예수님께서 홀로 다 받으셨다. 예수님은 십자가에서 "다 이루었다"고 공언하셨다(요 19:30). 이 고난은 아무도 다시 받을 필요가 없다. 만일 누구든지 이 고난을 다시 받아야 한다고 하면 2,000년 전에 예수님께서 받으신 십자가 고난을 무효화시키는 말이다. 예수님의 또 하나의 고난은 예수님께서 남기고 가신 고난, 곧 하나님 나라의 확장을 위해서 누군가가 받아야 하는 고난이다. 이것을 바울 사도는 "그리스도의 남은 고난"이란 말로 표현한다(골 1:24). 이 고난은 제자들과 우리 성도들이 받아야 한다. 바울은 예수님께서 남기고 가신 고난을 수없이 받았다(고후 11:23b-28). 그리고 예수님께서 남기고 가신 고난을 "내 육체에 채우노라"고 말씀한다(골 1:24). 다시 말해 하나라도 더 받기를 원했다. 예수님은 야고보와 요한이 언젠가 자신이 남기고 가시는 고난을 받을 것을 예견하시고 "너희는 내가 마시는 잔을 마시며 내가 받는 세례를 받을 것이라"고 말씀하신다. 그러므로 두 형제가 받아야 할 "잔"이나 "세례"는 결코 십자가 고난이 아니라 하나님 나라의 확장을 위해서 받는 고난을 가리킨다. 예수님께서 예고하신 대로 두 형제 중 야고보는 일찍이 순교했고(행 12:2), 요한은 에베소에서 목회하는 중에 도미시안 황제 때 밧모 섬에 귀향 가서 요한 계시록을 기록했다(계 1:9). 예수님은 야고보 형제가 알지 못하는 중에 그들이 앞으로 "잔"(세례)에 참여할 것을 예고하셨다.

막 10:40. 내 좌우편에 앉는 것은 내가 줄 것이 아니라 누구를 위하여 준비되었든지 그들이 얻을 것이니라.

예수님은 야고보와 요한 형제가 앞으로 복음 전파를 위해서 큰 고난을 당할 것이라고 예고하셨지만(앞 절) 그렇다고 그들이 예수님의 좌, 우편에 앉을 것은 아니고, 하나님께서 누구에게 그 자리를 주실 것이라고, "내 좌우편에 앉는 것은 내가 줄 것이 아니라"고 하신다. 하나님의 전적인 주권에 일임하신다. 예수님은 "누구를 위하여 준비되었든지 그들이 얻을 것이라"고 말씀한다. 마태에 의하면 "내 아버지께서 누구를 위하여 예비하셨든지 그들이 얻을 것이니라"고 말한다. 결국 뜻은 같다. 하나님께서 예수님의 좌, 우편 자리를 누구를 위하여 예비하셨든지 그들에게 주실 것이라는 뜻이다. 하나님께서 누구에게 주시든지 하나님께서 주시는 것이니 우리 모두는 전적으로 하나님을 찬양해야 한다.

막 10:41. 열 제자가 듣고 야고보와 요한에 대하여 화를 내거늘.

야고보와 요한 두 형제가 그들의 어머니와 함께 예수님께 나아가서 예수님의 좌, 우편 자리를 구하는 것을 본 다른 10제자들은 "화를 냈다"(마 20:24). 그럴 수가 있느냐고 화를 낸 것이다. 아마도 너무 약삭빠르게 영광의 자리를 구한다고 생각했던 모양이다. 두 형제가 영광의 자리를 차지하면 자기들은 무어냐고, 그들 밑에 있어야 하느냐고 분개했다. 사실은 그렇게 화를 낸 10제자들도 거의 같은 유(類)의 사람들이다. 그들도 그 자리가 탐이 나서 화를 낸 것이다. 그들은 예수님께서 틈만 나면 훈계하셨던 겸손의 덕을 까맣게 잊어버리고 있었다(9:35-37). 우리는 구약의 선지자들이 예수님의 좌편 자리를, 신약의 사도들이 우편 자리를 차지하고 있다고 해도 찬양해야 한다. 혹은 그 누가 좌, 우편 자리를 차지하고 있다고 해도 하나님께서 하신 일이니 찬양해야 한다.

막 10:42. 예수께서 불러다가 이르시되 이방인의 집권자들이 그들을 임의로 주관하고 그 고관들이 그들에게 권세를 부리는 줄을 너희가 알거니와.

예수님은 10제자가 화를 냈는데도 야단치지 않으시고 그들을 불러다가 다시 겸손의 도를 말씀해주신다(본 절부터 45절까지). 제자들은 이방 사람들처럼 교만하지 말라고 먼저 교훈하신다. 예수님은 "이방인의 집권자들이 그들을 임의로 주관하고 그 고관들이 그들에게 권세를 부리는 줄을 너희가 안다"고 말씀하신다(눅 22:25). "이방인의 집권자들," 곧 '왕들'이 백성을 마음대로 주관하고 또 "그 고관들," 즉 '왕들 밑에서 백성을 돌보는 관리들'이 백성들에게 권세를 부리는 줄을 제자들이 알고 있다고 하신다. 이렇게 말씀하셔서 10제자들의 분한 마음을 후회하게 만드신다. 과연 오늘 우리 모두는 꿈에도 이방 사람들처럼 자신들을 높이지 말아야 한다. 우리에게는 오직 겸손, 겸손, 겸손이 있을 뿐이다. 이 덕이야 말로 우리를 높여주는 덕이다.

막 10:43. 너희 중에는 그렇지 않을지니 너희 중에 누구든지 크고자 하는 자는 너희를 섬기는 자가 되고.

예수님은 "너희 중에는 그렇지 않아야 한다"고 하신다. '너희들은 이방인들처럼 하지 말아야 한다'는 뜻이다. 예수님의 제자들이나 성도들은 이방의 왕들이나 고관들처럼 백성들을 마음대로 우지좌지 하지 않아야 한다고 하신다. 그러면서 예수님은 "너희 중에 누구든지 크고자 하는 자는 너희를 섬기는 자가 되어야 한다"고 하신다(9:35; 마 20:26, 28; 눅9:48). 여기 "섬기는 자"(διάκονος)란 말은 '집사'라고도 번역되었고(딤전 3:8) 사역자로도 번역되었으며(고전 3:5) 일꾼으로도 번역되었다(엡 3:7). "섬기는 자"(διάκονος)라는 말은 '통하여(διά)'라는 뜻과 '먼지'(κον)라는 뜻과 남성접미사(os)가 합하여 한 단어를 이루고 있는데 합해보면 '먼지를 통하여 왕래하는 사람'이란 뜻이다. 그러니까 섬기는 자라는 말은 궂은일을 하는 사람을 지칭한다. 우리는 남을 위해 각종 궂은일을 하는 사람이 되어야 한다.

막 10:44. 너희 중에 누구든지 으뜸이 되고자 하는 자는 모든 사람의 종이 되어야 하리라.

　　　바로 앞 절에서 섬기는 자가 되어야 할 것을 주문하신 예수님은 거의 같은 뜻으로 "너희 중에 누구든지 으뜸이 되고자 하는 자는 모든 사람의 종이 되어야 한다"고 하신다. 누구든지 "으뜸"이 되고자 하는 사람은 모든 사람을 위한 "종"이 되어야 한다고 하신다. 여기 "종"이란 말은 바울 사도 당시 노예를 지칭한다. 남의 집에서 섬기는 노예처럼 교회 공동체에서 종이 되어야 한다는 뜻이다. 바울은 자신을 그리스도의 "종"이라고 많이 말했다(롬 1:1; 빌 1:1). 우리는 그리스도의 발자취를 따라 교회 공동체의 가장 밑바닥에 위치해서 남의 발을 씻어야 한다(눅 22:27; 요 13:34-35).

막 10:45. 인자가 온 것은 섬김을 받으려 함이 아니라 도리어 섬기려 하고 자기 목숨을 많은 사람의 대속물로 주려 함이니라.

　　　본 절 초두에는 "왜냐하면"(γὰρ)이란 이유 접속사가 있다. 본 절은 앞에 말씀한 내용의 이유를 제공하고 있다. 즉 제자들이나 성도들이 다른 사람들을 위하여 섬기는 자가 되고 종이 되어야 할 이유는 예수님께서 섬기는 자가 되시고 종이 되셨기 때문이라는 것이다.

　　　예수님은 제자들에게 겸손의 덕을 교훈하시기 위해서 먼저 소극적으로 자신이 하늘 영광을 버리고 이 땅에 오셨기 때문이라고 말씀하시며(요 13:14; 빌 2:7) 자신을 "인자"(人子)라고 부르신다. 곧 '고난 받는 메시야(그리스도)라는 뜻이다. 예수님께서 고난을 받으실 메시야로서 이 땅에 오신 이유는 "섬김을 받으려 함이 아니라"고 하신다. 제자들이나 성도들은 아예 섬김을 받고 높임을 받을 생각을 하지 않아야 한다. 섬김을 받을 생각, 높임을 받을 생각, 영광을 받을 생각은 아예 성도들의 심중에서 쑥 빼버려야 한다.

그리고 예수님은 적극적으로 자신이 오신 이유를 말씀하시는데 "도리어 섬기려 하고 자기 목숨을 많은 사람의 대속물로 주기 위함이라"고 하신다(마 20:28; 딤전 2:6; 딛 2:14). 예수님은 섬기려고 오셨다. 그는 한 생애를 섬김으로 사셨다. 30세까지는 부모를 섬기셨고(눅 2:51) 공생애 3년간은 백성을 위해 복음을 증거하시고, 병을 고쳐주시며, 결국 자신을 희생하셨다. 그는 "자기 목숨을 많은 사람의 대속물로 주려고" 오셨다. 여기 "많은 사람의"(ἀντὶ πολλῶν)라는 뜻은 '많은 사람을 대신하여'라는 뜻이다. 예수님은 '많은 사람들을 대신하여' 대속물이 되셨다(사 53:4, 5, 6, 8; 마 26:28). "모든 사람이 아니라 많은 사람을 대신하셨다. 이 많은 사람이 과연 누구인가는 사 53:8; 마 1:21; 요 10:11, 15; 17:9; 엡 5:25; 행 20:28; 롬 8:32-35 에서 분명히 나타난다"(윌렴 헨드릭슨). 그는 자기 목숨을 많은 사람들의 대속물로 삼으셨다. 여기 "대속물"(λύτρον)이란 말은 '대금,' '지불된 값,' '포로의 몸값,' '뺏긴 물건을 되찾고자 바치는 대가(代價)'란 뜻으로, 구약에 많은 예표가 있다. 1)이스라엘 남자들이 바쳤던 반 세겔의 생명의 속전(출 30:12), 2)소가 사람을 죽였을 때 지불한 은(銀) 30세겔의 속전(출 21:30), 3)처음 난 아들을 위해 바친 속전(민 18:15), 4)토지를 무르기 위해 근족이 지불한 대가(代價)(레 25:25-27), 5)팔린 친족을 속량하기 위해 지불한 속전(레 25:47-53) 등이 예표이다. 예수님은 많은 사람들을 대신하여 하나님께 지불된 몸값이 되셨으니 제자들과 성도들도 다른 사람들을 위한 종이 되어 섬김의 삶을 살아야 한다(2:17; 고후 8:9; 빌 2:5-8).

6. 여리고로 들어가는 길에서 맹인을 고치시다   10:46-52

10제자들에게 겸손할 것을 말씀하신(35-45절) 예수님은 여리고 성에 들르셨다가 나가실 때 맹인의 눈을 고쳐주신다. 이 부분은 마 20:29-34; 눅 18:35-43과 병행한다. 그러나 복음서들 간에 차이점이 있다. 마태와 본서는 예수님께서 여리고 성을 나가실 때 맹인을 고치신 것으로, 누가는 여리고 성으로 들어가실 때 맹인을 고치셨다고 말씀한다. 이 차이는 여리고가 둘이라는 것, 곧 구(舊) 여리고와 신(新) 여리고가 있다는 것이 발견된 후에 해결되었다. 그리고 또 하나의 차이점은 마태에는 맹인이 둘이었고 본서와 누가에는 하나라는 점이다. 그러니까 마태는 두 여리고 성을 잇는 길에 앉아서 구걸하던 맹인 두 사람을 기록했고 본서와 누가는 그 중에 한 사람을 기록한 것으로 보면 될 것이다.

막 10:46. 그들이 여리고에 이르렀더니 예수께서 제자들과 허다한 무리와 함께 여리고에서 나가실 때에 디매오의 아들인 맹인 거지 바디매오가 길가에 앉았다가.

　　　예수님은 베뢰아 전도의 마지막 지점인 여리고에 이르셨다. 이 도시는 유대인의 도시로서 예루살렘으로부터 약 25km 떨어진 곳에 있으며 요단 계곡 아래에 자리하고 있다. 예수님은 제자들과 허다한 무리(유월절이 가까이 오고 있어서 많은 무리가 예루살렘으로 올라가고 있었던 것으로 보인다)와 함께 여리고에서 나가실 때 디매오의 아들인, 맹인이며 거지이기도 한 바디매오가 길가에 앉았다가 예수님께서 지나시는 기회를 놓치지 않고 붙잡는다(마 20:29; 눅 18:35). 바디매오는 구(舊) 여리고와 신(新) 여리고의 중간 지점에 앉아서 구걸하던 중 예수님으로부터 구원을 받는다.

막 10:47. 나사렛 예수시란 말을 듣고 소리 질러 이르되 다윗의 자손 예수여 나를 불쌍히 여기소서 하거늘.

　　　두(新舊) 여리고 성 사이에서 구걸을 하고 있던 맹인은 예수님에 대한 소문을 이미 듣고 있었다. 그는 예수님께서 지나가실 때 "나사렛 예수시란 말"을 사람들로부터 들었다. 일반 사람들은 예수님이 아직 메시야인 줄 알지 못하여 그저 "나사렛 예수"라고만 알려주었다. 그러나 맹인은 예수님이 메시야인 줄 믿고 있었다. 그래서 그는 "소리 질러 이르되 다윗의 자손 예수여 나를 불쌍히 여기소서" 라고 외쳤다. 그는 소리를 지르지 않을 수 없었다. 이런 좋은 기회를 또 언제 만나겠느냐는 생각이었다. 그는 예수님을 "다윗의 자손"이라고 불렀다. 이 명칭은 바로 메시야의 별칭이다(마 9:27; 15:22). 바디매오는 자신을 "불쌍히 여기소서"라 고 외친다. 그는 자신의 정체를 알았던 사람이다. 자신이 불쌍한 사람이라는 것을 알고 있었다(마 9:27; 마 15:22; 눅 17:13). 예수님께서 자신을 불쌍히 여기시지 않으면 아무런 소망이 없는 사람으로 알았다. 눈도 뜰 수 없고 걸인 생활도 종자부를 찍을 수 없다는 것을 알았다. 우리는 예수님께 우리를 불쌍히 여겨달라고 무한히 소리를 쳐야 한다.

막 10:48. 많은 사람이 꾸짖어 잠잠하라 하되 그가 더욱 소리 질러 이르되 다윗의 자손이여 나를 불쌍히 여기소서 하는지라.

　　　　맹인 바디매오가 소리를 지를 때 "많은 사람이 꾸짖어 잠잠하라"고 말한다. 사람들은 자기들이 맹인이 아니니 바디매오의 답답한 심정을 이해하지 못하고, 자기들이 걸인이 아니니 바디매오의 심정을 이해하지 못한다. 그래서 맹인을 향하여 잠잠하라고 한다. 우리도 다른 사람들의 심정을 다 이해하지 못한다. 우리 자신들 입장에서 다른 사람을 보기 때문이다. 바디매오는 "더욱 소리 질러 이르되 다윗의 자손이여 나를 불쌍히 여기소서"라고 말한다. 그의 기도 내용은 조금 전 기도 내용과 동일했지만 결사적으로 더욱 소리를 질렀다. 우리는 동일한 기도 내용이라도 더 간절하게 부르짖을 필요가 있다. 우리는 심령의 어두움으로 기도 생활에 방해를 받기도 하고 주위의 사정으로 기도 생활에 방해를 받기도 한다. 이럴수록 더욱 간절해져야 한다.

막 10:49. 예수께서 머물러 서서 그를 부르라 하시니 그들이 그 맹인을 부르며 이르되 안심하고 일어나라 그가 너를 부르신다 하매.

　　예수님은 바디매오가 있는 힘을 다하여 "나를 불쌍히 여기소서"라고 부르짖는 기도 소리를 들으시고 머물러 서신다. 그리고 주위 사람들에게 "그(바디매오)를 부르라"고 하신다. 여기 "부르라"(φωνήσατε)는 말은 부정(단순)과거 시제로 '꼭 불러오라'는 뜻이다. 예수님은 지금도 지구촌 곳곳에서 부르짖는 택한 백성들의 기도 소리에 귀를 가울이시고 관심을 보이신다. 많은 사람들이 맹목적으로 떠드는 소리에 관심을 두지 않으시고 참으로 애타게 긍휼을 호소하는 한 사람의 소리에 귀를 기울이신다.

　　이제 주위에 있는 사람들이 그 맹인을 부르며 말하기를 "안심하고 일어나라 그(예수님)가 너를 부르신다"고 말해준다. 예수님께서 그를 부르시니 이제야 사람들도 바디매오를 향하여 동정을 보인다. 예수님께서 부르실 때 주위 사람들도 움직이지 않을 수 없었다. 롬 8:31에 "만일 하나님이 우리를 위하시면 누가 우리를 대적하리오"라고 말한다. 예수님이 맹인을 위하시는데 누가 감히 맹인을 대적할 수 있는가. 사람들에게 부르짖어도 아무 소용이 없다. 그저 예수님께만 부르짖어야 한다. 그러면 사람들도 우리를 위하는 쪽으로 기울어진다.

막 10:50. 맹인이 겉옷을 내버리고 뛰어 일어나 예수께 나아오거늘.

　　이제 맹인의 때가 왔다. 마가만의 생생한 표현이다. 바디매오는 "겉옷을 내버리고 뛰어 일어나 예수께 나아왔다." 그가 "겉옷을 내버린" 이유는 예수님의 부르심에 가슴이 벅차고 기뻐서였다. 맹인이요 걸인이었던 사람의 겉옷은 다른 사람들에게는 별것 아니었으나 바디매오에게는 큰 손실이 아닐 수 없었다. 그러나 그는 너무 기쁘고 감격스러워 느슨하게 입고 있던, 거추장스럽게 느껴졌던 겉옷을 그냥 버리고 벌떡 뛰어 일어나 예수님께 나아왔다. 우리는 예수님을 믿고 따르는 길에 거추장스러운 것들을 버려야 한다. 죄도 버리고 좋지 않았던 습관도 버리고 아무튼 거추장스러운 것들은 모조리 버려야 한다(히 12:1). 그러면 더 좋은 것들을 얻는다.

막 10:51. 예수께서 말씀하여 이르시되 네게 무엇을 하여 주기를 원하느냐 맹인이 이르되 선생님이여 보기를 원하나이다.

예수님께 나아온 바디매오를 보시자 예수님은 "네게 무엇을 하여 주기를 원하느냐"고 물으신다. 예수님은 바디매오가 맹인이라는 사실을 아셨고 또 걸인이라는 사실을 아셨는데도 이렇게 바디매오에게 "네게 무엇을 하여 주기를 원하느냐"고 물으신다. 예수님은 이적을 행하실 때 당사자의 형편을 물으신다(5:30; 6:38; 9:21). 이유는 이적이 이루어진 후에 주님께 영광을 돌려야 하기 때문이다. 예수님은 오늘도 우리의 처지를 물으신다. 몰라서 물으시는 것이 아니라 우리로 하여금 구체적으로 대답하게 하려고 물으신다. 또 우리가 응답을 받은 후에 하나님께 영광을 돌리게 하기 위해서 물으신다. 우리는 구체적으로 말씀드려 응답을 받고 영광을 돌려야 한다. 떡을 빌리러 갔던 사람은 떡 세 덩이를 빌려 달라고 구체적으로 요청했다(눅 11:5).

바디매오는 예수님의 질문을 받고 구체적으로 "선생님이여 보기를 원하나이다"라고 말씀드린다. 맹인은 먼저 예수님을 향하여 "선생님이여"(Ραββουνι)라고 부른다. 여기 "선생님"이란 호칭(요 20:16)은 히브리어로 '주,' '선생'이란 뜻이다(랍비란 호칭보다 더 존경의 뜻을 담고 있다). 맹인은 예수님을 최고의 호칭으로 부르면서 존경을 표하고 "보기를 원한다"고 말한다. 그는 걸인으로서 돈을 요구할 법한데도 돈을 요구하지 아니하고 가장 절실한 요구를 말씀드린다. 그는 매우 지혜로운 사람이었다. 눈만 뜬다면 돈도 벌 수 있고 사회생활을 하여 모든 것을 이룰 수 있으니 가장 중요한 요구를 말씀드린다. 우리는 구체적으로 우리에게 꼭 필요한 것을 말씀드려야 한다.

막 10:52. 예수께서 이르시되 가라 네 믿음이 너를 구원하였느니라 하시니 그가 곧 보게 되어 예수를 길에서 따르니라.

예수님은 바디매오의 기도를 들으시고 "가라"(Go thy way)고 하신다. 곧 '눈을 뜨고 길을 가라,' '눈을 뜨고 한 생애를 살라'는 뜻이다. 누가는 예수님께서 "보라"고 명령하셨다고 한다(눅 18:42). 마가복음에 기록한 "가라"는 말은 누가복음에 기록한 "보라"는 말과 내용상으로 똑 같은 의미이다. 한 생애 동안 눈을 뜨고 살라는 것이다.

예수님께서 바디매오를 향하여 "가라"고 말씀하신 이유는 "네 믿음이 너를 구원하였기" 때문이라고 하신다(5:34; 마 9:22). 바디매오가 예수님을 "다윗의 자손"이라고 부른 것이나(47절), "나를 불쌍히 여기소서"라고(47-48절), "선생님이여"라고 부른 것(51절) 모두 그의 열렬한 믿음을 보여주고 있다. 그의 믿음은 구원 받는 일에 방편이 되었다. 고치시기는 예수님께서 홀로 하셨지만 그가 가지고 있는 믿음이 그의 치유의 방편이 된 것이다(5:34; 10:52; 마 9:22; 눅 7:50; 8:48; 17:19; 18:42).

그리고 그의 믿음은 육신의 병을 고쳤지만 그의 영혼에도 큰 변화를 가져왔다. 그는 보게 되자 "예수를 길에서 따르게 되었다." 그는 눈을 뜬 후 다른 무엇보다 예수님을 따르고 싶어졌다. 이것이 곧 그의 영혼이 구원을 얻은 증거이다. 우리가 그리스도를 믿을 때 전인적(全人的)인 구원에 이른다는 것은 사실이다. 다시 말해 우리의 영혼도 구원을 얻고 병도 고침 받으며 또한 각종 어려움에서 건짐을 받게 된다.

제 11 장

예루살렘에 들어가서서 하신 일과
교권자들의 도전을 받으신 일

XXXII. 예루살렘에서 전도하시다   11:1-13:37

베뢰아 전도의 마지막 지점인 여리고에서 맹인을 고치시고(10:46-52) 예루
살렘에 입성하신 예수님은 여러 가지 일들을 행하시고 교권자들의 도전을 받으신다
(11:1-13:37). 예수님은 예루살렘에 들어오신(11:1-11) 후, 열매 없는 무화과나무를
저주하시고(11:12-14), 성전을 숙정하시며(11:15-19), 저주받은 무화과나무를 가지
고 제자들에게 교훈하신다(11:20-25). 그리고 유대교권주의자들과 여러 면에서
충돌하시며 도전하시고(11:27-12:44), 종말을 예언하시고 또한 종말을 대비할 것을
부탁하신다(13:1-37).

1. 예수님께서 예루살렘에 들어오시다   11:1-11

예수님은 드디어 죽으시러 예루살렘에 들어오신다. 이 부분은 마 21:1-11;
눅 19:28-40; 요 12:12-19과 병행한다. 예수님은 유월절 엿새 전에 예루살렘 가까이
베다니에 도착하셔서(요 12:1) 마리아에게 기름부음을 받으신다(요 12:3). 그리고
거기서 쉬시고 이튿날 예루살렘으로 들어오신다.

막11:1. 그들이 예루살렘에 가까이 와서 감람 산 뱃바게와 베다니에 이르렀을 때에 예수께서 제자 중 둘을 보내시며.

예수님은 제자들 그리고 일반 군중들과(10:32-33) 함께 유월절 엿새 전에(요 12:1) "예루살렘에 가까이 와서 감람 산 뱃바게와 베다니에 이르렀다"(마 21:1; 눅 19:29; 요 12:14). 그 때 예수님 일행은 곧바로 예루살렘에 들어가지 않으시고 하루를 머무신다. 바로 이 때(토요일)부터 예수님의 수난 주간이 시작된다.[20] 예수님은 이 날 마리아로부터 기름 부음을 받으시고(요 12:3)[21] 다음 날(일요일) 아침 나귀 새끼를 가져오도록 맞은 편 마을로 "제자 중 둘"을 보내신다. 여기 "감람 산"은 예루살렘 동편에 위치한 산으로 기드론 시내 건너편에 있다. 이 산은 남북이 약 4km가 되는 산으로 감람나무가 많아서 "감람 산"으로 불리었다. "뱃바게" 라는 마을에 대해서는 더 아는 바가 없다. 감람 산 동편 산기슭에 있는 동리로 여겨진다. "베다니"라는 마을은 예루살렘에서 대략 2.5km 지점에 있으며 베다니 마을의 3남매가 살던 곳이다. 그 동리에 그들을 기념하는 교회가 서 있다. 예수님께 서 "제자 중 둘"을 보내신 것은 맞은 편 마을에 가서 나귀 새끼를 가져올 때 그 동리 사람들로 하여금 믿음을 가지게 하시려 함이었다. 둘은 구약 성경에서 증인으로 충분한 숫자였다(신 19:15; 고후 13:1).

---

20) 예수님의 수난 주간은 토요일부터 시작된다. 윌럼 헨드릭슨의 도표를 요약하면 다음과 같 다. 토요일: 베다니 문둥이 시몬의 집에서 식사하심(14:3-9), 일요일: 예루살렘 입성 및 베 다니로 돌아가심(11:1-11), 월요일: 무화과나무를 저주하시고 성전을 깨끗하게 하심 그리고 성 밖으로 나오심(11:12-19), 화요일: 교권자들과 충돌하심, 종말적인 예언을 하심 (11:20-14:2), 수요일: 하루를 쉬심, 유다의 반역이 논의됨(14:10-11), 목요일: 유월절 행사, 겟세마네 동산에서 고민하시고 체포되서서 정죄되심(14:12-72), 금요일: 재판받으시고 십자 가에서 못 박히심(15:1-47), 토요일: 마가복음에는 아무 것도 기록되어 있지 않음, 그러나 마 27:62-66 참조. 일요일: 부활하심(16:1-8), 및 현현하심(16:9-20).
21) 예수님께서 베다니 마을의 마리아로부터 기름 부음을 받으신 것은 그가 십자가에서 죽으 셔서 장례 예식이 있을 것을 미리 보여준 사건이었다. 가룟 유다는 그것도 모르고 향유를 300데나리온에 팔아서 가난한 자를 구제해야 한다고 주장했다. 십자가 복음이 우선이고 구제는 다음이라는 것을 보여준 사건이기도 했다.

막 11:2. 이르시되 너희 맞은편 마을로 가라 그리로 들어가면 곧 아직 아무도 타 보지 않은 나귀 새끼가 매여 있는 것을 보리니 풀어 끌고 오라.

예수님은 그 이튿날, 곧 주일날에(요 12:12) 이르시기를 "너희 맞은편 마을로 가라 그리로 들어가면 곧 아직 아무도 타 보지 않은 나귀 새끼가 매여 있는 것을 보리니 풀어 끌고 오라"고 명령하신다. 여기 "맞은 편 마을"이 어디인지는 확인할 길이 없다. 혹자는 "벳바게"(앞 절)라고 말하기도 하나, 마태에 의하면(마 21:1-2) 벳바게가 아니라 다른 곳을 지칭하는 것으로 보인다. 아무튼 예수님은 제자들에게 심부름을 시키실 때 막연하지 않고 구체적으로 시키신다. 장소도 분명히 말씀하시고, 가져올 물건도 분명히 지시하시며(나귀 중에도 새끼, 새끼 중에서도 아무도 타보지 않은 새끼), 또 나귀 새끼가 매여 있다는 것도 알려주시고 "풀어 끌고 오라"고 하신다. 예수님께서 명령하시는 것은 어려운 것이 아니다. 우리가 얼마든지 순종할 수 있는 것들이다. 그런데 예수님은 아무 나귀나 끌고 오라고 하지 않으시고 "아직 아무도 타 보지 않은 나귀 새끼"를 지시하시면서 끌고 오라고 하신다. 예수님은 흠이 없으셨고 또 흠이 없는 것을 원하신다(민 19:2; 신21:3; 삼상 6:7). 우리도 그리스도로부터 쓰임을 받기 위해서는 점과 흠이 없는 사람이 되어야 한다. 그러기 위해서 우리는 성화에 힘을 써야 한다(살전 3:13; 5:23; 벧후 3:14).

예수님께서 나귀 새끼를 타시고 예루살렘에 들어가신 이유는 스가랴서의 예언을 이루시기 위함이었다(슥 9:9). 스가랴에 예언된 대로 겸손하신 왕이라는 것을 보여주시기 위해서 나귀를 타셨다. 우리도 예수님과 동행하려면 마음을 낮추어야 한다. 예수님은 제자들에게 겸손하게 처신할 것을 많이 말씀하셨다.

막 11:3. 만일 누가 너희에게 왜 이렇게 하느냐 묻거든 주가 쓰시겠다 하라 그리하면 즉시 이리로 보내리라 하시니.

예수님은 두 제자가 받을만한 예상 질문을 미리 아시고 제자들에게 대답할 말을 입에 넣어주신다. 그런데 본 절에 대한 개역개정판의 하반 절 번역은 다소 오역된 부분이 있다. 다시 전체를 번역해보면 "만일 누가 너희에게 왜 이렇게 하느냐 묻거든 주가 쓰시겠다 하고 또 즉시 이리로 나귀를 다시 보내리라고 말하라"고 해야 할 것이다. 예수님은 누군가가 나귀를 푸는 제자들에게 "왜 이렇게 하느냐"고 질문할 것을 아셨다. 예수님께서 이 모든 것(맞은 편 마을에 가면 아무도 타보지 않은 나귀 새끼가 있을 것이라는 것, 사람들이 왜 이렇게 하느냐고 질문할 것까지도 아셨다)을 어떻게 아셨는지를 두고 혹자는 나귀 주인이 예수님의 제자 중 한 사람이라서 예수님과 사전에 약속했으리라 추측하기도 하나 예수님의 초자연적 지식에 의한 것이라고 보는 것이 더 성경의 증언과 맞다(마 17:27; 막 10:33-34; 요 1:48; 2:4, 25).

예수님은 제자들이 질문을 받는 경우 두 가지로 대답하라고 제자들의 입에 말을 넣어주신다. 하나는 "주가 쓰시겠다"고 대답하라 하셨다. 곧 '예수님께서 쓰실 것이라고 말하라'는 것이다. 여기 "주"(κύριος)라고 하는 칭호는 '예수님'을 지칭하는 칭호이다. 그러나 혹자는 "주"라는 칭호가 '하나님'을 지칭한다고도 하는데 모두 옳다. 성경에서 "주"라는 칭호는 신성의 대명사이면서 예수님을 지칭하기도 한다(마 7:21-23; 막 12:35-37; 롬 1:4; 4:24; 고전 16:22).

또 하나는 "또 즉시 이리로 나귀를 다시 보내리라"고 대답하라 하신다. 다시 말해 '예수님께서 이 나귀를 쓰신 다음 예루살렘으로부터 다시 이곳으로 보내시리라'고 대답하라고 하신다. 그런데 우리 한역(개역개정판)은 "그리하면 즉시 이리로 보내리라 하시니"로 번역했다. 개역개정판은 예수님께서 나귀를 쓰신다고 말을 하면 나귀의 주인이 즉시 예수님께서 지금 기다리고 계신 곳으로 보낼 것이라는 뜻으로 번역했다. 그러나 둘 중에 어느 것이 더 권위 있는 사본인가. "그리하면 즉시 이리로 보내리라"(καὶ εὐθὺς αὐτὸν ἀποστελεῖ ὧδε)가 더 권위 있는 사본인가(개역개정판). 아니면 "또 즉시 (예루살렘으로부터) 이리로 나귀를 다시 보내리라"(καὶ εὐθὺς αὐτὸν ἀποστέλλει πάλιν ὧδε)가 권위 있는 사본인가.
후자의 글이 더 권위 있는 사본들 속에 들어있다(Donald W. Burdick, C. E.
B. Cranfield). 다시 말해 "다시"(πάλιν)라는 단어가 들어있는 후자의 사본이 더
권위 있는 사본이다. 그런데 한 가지, 후자 속에 들어있는 "보내리라"(ἀποστέλλει)
는 말이 현재시제이므로 문맥에 맞지 않는다고 말할 수 있으나 미래를 뜻하는
현재시제로 간주하면 된다. 예수님은 나귀의 임자를 향하여 나귀를 잠시 쓰고
다시 돌려줄 터이니 빌려달라고 부탁하신 셈이다. 예수님은 제자들의 입에 할
말을 넣어주시고 심부름을 시키신다. 지금도 예수님은 우리에게 할 말을 넣어주시
고 사람들 앞에 나아가게 하신다(마 10:19-20).

**막 11:4. 제자들이 가서 본즉 나귀 새끼가 문 앞거리에 매여 있는지라 그것을
푸니.**

제자들이 예수님께서 명령하신대로 가서 보니까 나귀 새끼가 문 앞거리에
매여 있는 것을 보게 되었다. 여기 "거리"(ἀμφόδου)란 말은 '둥근 길'이란 뜻으로
'환상(環狀)교차로' 혹은 '로타리'(rotary)를 지칭한다. 두 제자는 그곳에 가서 큰
길로 연결되는 문 앞거리에 매여 있는 나귀를 한참 풀고 있었다. 여기 "푸니"(λύου-
σιν)란 말은 현재시제로 '한참 풀고 있다'는 뜻이다. 한참 풀고 있는 중에 다음
절과 같이 어떤 사람들의 질문을 받는다. 마가의 생생한 묘사가 엿보인다.

**막 11:5. 거기 서 있는 사람 중 어떤 이들이 이르되 나귀 새끼를 풀어 무엇하려느
냐 하매.**

거기 서 있는 사람 중 어떤 이들(나귀의 임자들, 눅 19:33)이 말하기를
"나귀 새끼를 풀어 무엇하려느냐"고 묻는다. '도대체 왜 나귀 새끼를 맨 줄을
푸는 것이냐고 물었다. 예수님께서 미리 말씀하신대로 나귀의 주인이 물은 것을
보고 두 제자는 큰 믿음을 얻었을 것이다. 믿음은 예수님의 말씀을 들음에서

난다(롬 10:17).

막 11:6. 제자들이 예수께서 이르신대로 말한대 이에 허락하는지라.

　　예수님의 제자들은 예수님께서 일러주신 대로 나귀의 주인에게 대답했다. 그랬더니 나귀의 주인이 나귀를 가져가라고 "허락한다." 제자들은 예수님께서 말씀을 입에 넣어준 대로 했더니 형통했다. 예수님의 말씀대로만 하면 형통하게 진행된다는 것을 보여주는 사례이다(눅 5:5). 그리고 나귀의 주인은 예수님의 요청을 듣고 예수님께 순종했다. 우리는 예수님의 명령에 순종하는 사람들이 되어야 한다.

막 11:7. 나귀 새끼를 예수께로 끌고 와서 자기들의 겉옷을 그 위에 얹어 놓으매 예수께서 타시니.

　　제자들은 나귀 새끼를 예수님께로 끌고 와서 "자기들의 겉옷을 그 위에 얹어 놓았다." 유대인들의 겉옷은 속옷 위에 걸치는 네모난 큰 천이었다. 그러므로 겉옷을 벗기는 아주 쉬웠고, 나귀 새끼 위에 얹는 것도 아주 용이했다. 겉옷을 예수님께서 타실 나귀 위에 얹어놓는 것은 왕에 대한 존경의 표시였다(왕하 9:13). 예수님은 겸손의 왕으로 나귀를 타시고 예루살렘에 입성하셨다.

막 11:8. 많은 사람들은 자기들의 겉옷을, 또 다른 이들은 들에서 벤 나뭇가지를 길에 펴며.

　　제자들은 그들의 겉옷을 나귀 새끼 위에 얹어놓았고(앞 절) "많은 사람들은 자기들의 겉옷을, 또 다른 이들은 들에서 벤 나뭇가지를 길에 폈다"(마 21:8). 여기 "많은 사람들"은 주로 예루살렘으로부터 나온 사람들이다(요 12:1, 12-13a). 아마도 베뢰아 지방을 통과하여 온 동행인들은 예수님께서 베다니에서 머무시는 동안 이미 예루살렘으로 들어갔을 것으로 여겨진다. 예루살렘으로부터 환영 나온 사람들이 예수님께서 행차하시는 길에 겉옷을 펴고 또 나뭇가지를 길에 펴서 환영한 것도 역시 왕에 대한 존경의 표시였다.

막 11:9. 앞에서 가고 뒤에서 따르는 자들이 소리 지르되 호산나 찬송하리로다 주의 이름으로 오시는 이여.

어떤 사람들은 예수님 앞에서 가고, 어떤 사람들은 뒤에 따라오면서 하늘을 찌르는 듯 열광했다. 그들이 앞에 가는 사람들이나 뒤에 따라오는 사람들이나 찬송의 내용은 똑 같았다. 즉 "호산나 찬송하리로다 주의 이름으로 오시는 이여"라고 외쳤다. 그리고 또 한 소절은 다음 절(10절)에 있다. "호산나"(Hosanna)란 말은 '지금 구원하소서' 혹은 '꼭 구원하소서'라는 뜻이다(시 118:25). 삼하 14:4; 왕하 6:26 참조. "호산나"라는 외침은 찬양이면서 내용은 기도였다.

그리고 "찬송하리로다 주의 이름으로 오시는 이여"(Blessed is he that cometh in the name of the Lord-KJV)라는 말은 할렐 시편 중(시편 113편-118편)의 하나인 시편 118:26을 인용한 것이다("여호와의 이름으로 오는 자가 복이 있음이여"). "주"란 말은 '여호와 하나님'을 지칭하는 말로, "주의 이름으로 오시는 이"란 말은 '여호와 하나님의 이름을 가지고 오시리라고 예언된 메시야를 가리키는 말이다. 곧 '예수님은 하나님의 이름을 가지고 오시는 메시야'라는 뜻이다. 종려주일에 무수한 군중은 완전히 열광의 도가니가 되어 예수님을 메시야로 알고 찬송하고 있었다.

막 11:10. 찬송하리로다 오는 우리 조상 다윗의 나라여 가장 높은 곳에서 호산나 하더라.

예수님 앞서 가는 사람들이나 뒤따르는 사람들이 예수님을 메시야로 알고 열광적으로 찬송할 뿐 아니라(앞 절) 예수님께서 오시기 때문에 메시야 왕국이 오는 줄 알고 찬송에 열광한다. 곧 "찬송하리로다 오는 우리 조상 다윗의 나라여")"(Blessed be the coming Kingdom of our father David-NASB)라고 외쳐댄다.

즉 '오고 있는 우리 조상 다윗의 나라여, 찬송합니다'라고 열광한 것이다. 메시야께서 오셔서 이제는 다윗 왕국이 다시 건설되게 되었으니 찬양한다는 뜻이다. 그들은 옛날 번영했던 다윗 왕국이 오기를 고대하고 있었다. 그때는 번영했고 외국을 통제하며 살았는데 지금은 로마의 속국으로 살아가고 있으니 제 2의 다윗 왕국이 이 땅에 다시 건설되기를 간절히 소망했다(사 9:6-7; 암 9:11). 윌럼 헨드릭슨은 "찬송하리로다 오는 우리 조상 다윗의 나라여!'라는 외침은 적어도 어느 정도까지는 국가 회복에 대한 소망의 한 표현으로 다윗의 나라에 대한 부흥을 현세적인 정치의 의미로 이해했다고 말한다고 해서 크게 잘못되었다고 할 수 없다"고 주장한다. 그들은 며칠이 지나자 예수님을 십자가에 못 박았지만 -그것은 교권주의자들의 사주에 이끌려 그렇게 한 것이다-당시 예수님께서 나귀를 타시고 예루살렘으로 들어가실 때에는 그 다윗 왕국이 메시야가 오시므로 건설되게 된 것으로 알고 열광적으로 찬양한 것으로 보인다.

그리고 그들은 끝으로 "가장 높은 곳에서 호산나"(Hosanna in the highest)라고 외쳐댔다(시 148:1). 즉 "높은 하늘에 계시는 하나님이여, 지금 우리를 구원하소서'라고 하나님에게 외친 외침"이다(Donald W. Burdick). 하나님은 유다 민족을 얼마든지 잘 되게 하실 수 있는 분이시다. 그러나 예수님 주위를 따르던 수많은 군중은 계속해서 기도하며 찬송하지 못했다. 그들은 교권주의자들의 사주를 받아 그리스도를 십자가에 못 박으라고 외치는데 한몫을 감당해서 결국은 예수님을 십자가에 못 박게 하고 말았다.

막 11:11. 예수께서 예루살렘에 이르러 성전에 들어 가사 모든 것을 둘러보시고 때가 이미 저물매 열두 제자를 데리시고 베다니에 나가시니라.

예수님은 사람들의 찬미를 받으시면서 드디어 예루살렘으로 들어가신다. 그리고 "성전에 들어 가사 모든 것을 둘러보신다"(마 21:12). 예수님은 헤롯 성전에 들어가서서(13:1) 그는 구석구석을 둘러보실 필요 없이 대충만 보아도 모든 것을 아시는 분이시므로 대강 훑어보신다. 얼마나 부패했는지를 아셔서 다음날 성전을 청결하게 하시려고(15-17절) 잠시 둘러보신다. 그리고 날이 저물자 열두 제자를 데리시고 베다니에 나가신다(누가는 감람산이라고 말한다-눅 21:37). 예루살렘에 계시면 무슨 일이 일어날지 모를 터이므로 베다니로 가신 것이다. 그는 십자가에서 죽을 일이 작정된 시간이 이르기까지는 조심스럽게 일을 추진하신다(요 2:4).

2. 열매 없는 무화과나무를 저주하시다   11:12-14

열매 없는 무화과나무를 저주하셔서 말리신 이적은 예루살렘에 들어오신 후 행하신 유일한 이적이다. 이 이적은 무슨 신기함을 보여주시기 위해서 행하신 이적이 아니라 열매 없는 유대인들에 대한 저주가 임할 것을 미리 예언적으로 보여주신 이적이었다. 마 21:18-20과 병행한다. 무화과나무를 저주하셔서 말려버린 이적은 마태와 마가에만 기록되었는데 그 기록 사이에는 근본적인 차이는 없고 서로 일치하는 것으로 보아야 한다. 마가는 마태와 달리 무화과나무를 저주하신 다음 중간에 성전을 청결하게 하시고 다음으로 무화과나무가 마른 것을 기록하고 있다.

막 11:12. 이튿날 그들이 베다니에서 나왔을 때에 예수께서 시장하신지라.
"이튿날," 즉 '종려주일이 지난 월요일에'(마 21:18) 그들이 베다니에서 나왔을 때에 "예수님께서 시장하셨다." 종려주일 저녁부터 아마도 금식하시고 월요일 아침을 들지 않으시고 베다니를 떠나 나오셨을 것이다. 그는 하나님이시면서 사람이셨으므로 시장기를 느끼셨다. 예수님은 사람들이 느끼는 것을 모두 느끼셨다 (요 4:6-7).

막 11:13. 멀리서 잎사귀 있는 한 무화과나무를 보시고 혹 그 나무에 무엇이 있을까 하여 가셨더니 가서 보신즉 잎사귀 외에 아무 것도 없더라 이는 무화과의 때가 아님이라.

마태는 예수님께서 "길 가에서" 무화과나무를 보셨다고 기록하고 있는데(마 21:19) 마가는 예수님께서 "멀리서 잎사귀 있는 한 무화과나무를 보시고 혹 그 나무에 무엇이 있을까 하여 가셨다"고 기록한다. 예수님은 전지하신 분이셔서 "혹 그 나무에 무엇이 있을까하여 가실" 필요가 없으셨는데 굳이 가서 보신 이유는 자신이 함부로 저주하지 않음을 보여주시기 위해서였을 것이다. 유대민족을 함부로 저주하는 분이 아니라 자세하게 아시고 저주하신다는 뜻으로 일부러 이렇게 무화과나무가 있는 곳으로 가보신 것이다. 그런데 "가서 보신즉 잎사귀 외에 아무 것도 없었다." 이유는 "무화과의 때가 아니기" 때문이었다. 여기 열매 없는 무화과나무는 열매 없는 유대인들을 저주하시기 위하여 예수님께서 사용하신 나무였다(예수님은 때로 포도나무를 가지고 유대인들을 비유하시기도 하셨다-요 15:1-7). 그 무화과나무는 잎사귀만 있었고 열매는 없었다. 보기만 무성하고 영적인 열매가 없었던 유대인들을 비유하기에 아주 적합했다. 실제로 무화과는 6월에 열매를 맺고 예수님께서 그 나무를 보신 것은 4월이었으므로 열매가 없었던 것은 당연했다. 혹자는 무화과나무가 열매 맺을 때가 아닌데 열매 맺지 않음을 저주하심은 부당하다고 주장하는데 그것은 예수님의 뜻을 모르고 하는 말이다. 예수님은 무화과나무를 사용하셔서 유대인들을 향하신 자신의 뜻을 보이셨다. 열매가 없으면 찍어버리시는 것이 예수님의 뜻이다(눅 13:6-9). 오늘 우리는 성령의 충만을 받아 성령의 열매를 맺어야 한다. 그것이 바로 우리가 살 길이다.

막 11:14. 예수께서 나무에게 말씀하여 이르시되 이제부터 영원토록 사람이 네게서 열매를 따 먹지 못하리라 하시니 제자들이 이를 듣더라.

예수님께서 무화과나무에게 가까이 가서서 나무에게 이르시기를 "이제부터 영원토록 사람이 네게서 열매를 따 먹지 못하리라"고 하신다. 예수님은 나무의 운명을 말씀하시는 것이 아니라 유대인들의 운명을 말씀하시는 것이었다. 사실 나무가 열매를 맺지 못함이 문제라면 예수님께서 얼마든지 그 나무로 하여금 열매를 맺을 수 있도록 이적으로 배려하셨을 수도 있었다. 그러나 나무에 대한 말씀이 아니라 유대인들(특히 유대교권주의자들)을 향한 저주를 하시기 위해서 무화과나무를 이용하신 것뿐이다.

이렇게 예수님께서 나무를 향해서 저주하실 때 "제자들이 이를 들었다." 예수님 혼자 계실 때가 아니라 제자들이 들을 때 저주하심은 그들이 훗날 예수님의 저주를 유대인들에게 전해야 하기 때문이었다. 예수님께서 유대인들을 향하여 저주하심은 나중에 유대인들이 제자들에게 듣고 혹시 돌이켜 열매 맺는 민족으로 탈바꿈할지 모른다는 생각에서 이렇게 저주하신 것이다.

3. 성전을 숙정하시다 11:15-19

예수님은 무화과나무를 저주하신(12-14절) 다음 성전을 숙정하신다. 성전을 청결하게 하신 사건은 4복음서에 모두 기록되었다(마 21:12-17; 눅 19:45-48; 요 2:13-17). 그러나 요한복음은 예수님의 성역 초기에 있었던 사건을 기록했고 공관복음은 예수님의 사역 말기 수난 주간에 된 사건이다. 공관복음서 기사 중에서 마가복음이 가장 상세하게 기록되었다.

막 11:15. 그들이 예루살렘에 들어가니라 예수께서 성전에 들어가사 성전 안에서 매매하는 자들을 내쫓으시며 돈 바꾸는 자들의 상과 비둘기 파는 자들의 의자를 둘러엎으시며.

제자들이 듣는 중에 예수님께서 무화과나무를 저주하신(12-14절) 다음 이제 예수님과 제자들이 예루살렘에 올라가서 "성전에 들어가신다." 여기 "성전"이란 말은 '제3성전인 헤롯 성전'을 지칭한다. 헤롯이 유대인들의 마음을 얻기 위해 스룹바벨의 제2성전을 개조한 것인데 주전 19년에 시공하여 8년 후에 헌당하였으나 그 후에도 공사가 계속되어 예수님의 공생애 초기까지 46년이 소요되었고 개조하는 일을 완성한 때는 주후 64년이었다. 그런데 이 성전 개축을 끝낸 후 7년이 지나 로마군대에 의해 완전히 파괴되고 말았다.

예수님은 성전(이방인의 뜰) 안에서 차마 눈뜨고는 볼 수 없는 광경을 목격하신다. 그곳에는 마치 시장을 방불케 하는 광경이 벌어져 있었다. 그래서 예수님은 세 종류의 사람들에게 철퇴를 가하신다(마 21:12; 눅 19:45; 요 2:14). 첫째, "매매하는 자들을 내쫓으신다." 매매하는 자들은 소, 양, 비둘기를 매매했는데 대제사장들의 허락을 받아 상인들은 성전 안에까지 들어와서 제물에 쓸 짐승들을 매매했다. 멀리서 유월절에 제사를 드리러 오는 사람들은 짐승들을 가져와도 제물로 바칠 수가 없었다. 대제사장들의 검인을 받지 못하기 때문이었다. 장사꾼들은 대제사장들과 결탁하여 쉽게 짐승에 검인을 맡아두었다가 짐승을 사는 사람들에게 높은 가격에 팔 수 있었다. 그리고 그 이윤의 일부는 종교지도자들에게 헌납했다. 추잡한 검은 돈이 날뛰고 있었다. 예수님의 눈에는 분노가 가득 찼다. 둘째, "돈 바꾸는 자들의 상"을 엎으신다. 당시에는 유대나라 돈 반 세겔을 성전세로 내게 되어 있었다(출 30:13-16). 로마와 헬라의 화폐를 가진 사람들은 유대인의 화폐로 바꾸어야 했다. "환전 상인들은 13%의 이윤을 취한 것으로 여겨진다. 이러한 것은 부당하고도 치사한 것이었다"(Ralph Earle). 셋째, "비둘기 파는 자들의 의자를 둘러엎으신다." 비둘기는 가난한 자들의 제물이었다(레 5:7). 상인들은 가난한 자라고 봐주지 않고 마구 이윤을 챙겼다. 이 모두가 예수님의 눈에 불을 켜게 만들고 말았다. 오늘도 교회 안에서 성직을 팔고 사지는 않는지. 그리고 넷째는 다음 절에 기록되어 있다.

막 11:16. 아무나 물건을 가지고 성전 안으로 지나다님을 허락하지 아니하시고.

예수님은 성전을 통로로 이용하는 사람들을 금지시키셨다. 어떤 이들은 짐을 지고 성전 안으로 다니기도 하였다. 그들은 성전을 도시 이편에서 저편으로 가는 통로로 사용하기도 했다(예루살렘과 감람산을 왕래할 때 성전을 통하여 왕래하면 쉬웠다). 당시 사람들은 만민이 기도하는 집을 소란한 통행로로 사용하고 있었다. 편의주의는 놀라운 타락을 불러올 수가 있다.

막 11:17. 이에 가르쳐 이르시되 기록된바 내 집은 만민이 기도하는 집이라 칭함을 받으리라고 하지 아니하였느냐 너희는 강도의 소굴을 만들었도다 하시매.

예수님은 성전을 청결하게 하시면서 교육하신다. "기록된바 내 집은 만민이 기도하는 집이라 칭함을 받으리라고 하지 아니하였느냐 너희는 강도의 소굴을 만들었도다"라고 하신다. 예수님은 사 56:7에서 본 절의 상반 절을 인용하셨고, 하반 절은 렘 7:11에서 인용하셔서 교육하신다. 본문의 "내 집"이란 '성전' 곧 더 구체적으로는 '이방인의 뜰'(이방인들이 들어와 기도하는 장소)을 지칭하는 말이었는데(이방인의 뜰도 이방인들이 들어와서 기도하는 장소였다-Cranfield) 장사꾼들로 들끓고 있었으니 강도의 소굴이 된 셈이었다. 그 장사꾼들은 장사꾼들이 아니라 남의 돈을 강탈하는 강도들이었다. 오늘의 교회는 성직을 팔고 사는 장소가 되어서는 안 되고 예배하고 기도하는 집으로만 유지해야 한다.

막 11:18. 대제사장들과 서기관들이 듣고 예수를 어떻게 죽일까 하고 꾀하니 이는 무리가 다 그의 교훈을 놀랍게 여기므로 그를 두려워함일러라.

예수님께서 성전을 정화하시는 것을 보고 "대제사장들과 서기관들이 듣고 예수를 어떻게 죽일까 하고 꾀한다"(마 21:45-46; 눅 19:47). 대제사장들은 사두개파 사람들로 이때에 현직에 있었던 대제사장은 가야바였고 전임자는 그의 장인 안나스였다(요 18:13). 그리고 서기관들은 바리새파에 속해 있었다. 그리고 누가에 의하면 당시 백성의 두목들(눅 19:47)도 예수님께서 하신 일을 듣고 그냥 두어서는 안 되겠다고 생각하여 어떻게 하면 죽일 수 있을까하고 연구했다. 산헤드린 사람들의 속마음은 금방 예수님을 죽이고 싶었지만 금방 실행하지 못하고 연구하게 된 것은 "무리가 다 그의 교훈을 놀랍게 여기므로 그를 두려워했기" 때문이었다(1:22; 마 7:28; 눅 4:32). 곧 일반 백성들은 예수님의 교훈을 놀랍게 여기고 있었으므로 산헤드린 공의회 사람들은 예수님을 죽이기를 두려워했다. 일반 백성들이 예수님의 교훈을 두려워하고 있었다는 것은 아직도 덜 썩었기 때문이었다. 당시 종교 지도자들은 예수님을 향한 시기심 때문에 그 심령들이 망가질 대로 망가졌고 썩어질 대로 썩어져 있었다.

막 11:19. 그리고 날이 저물매 그들이 성 밖으로 나가더라.

예수님과 제자들은 월요일 저녁 역시 성 밖 베다니로 나가서 밤을 지내셨다. 만약 예수님께서 예루살렘에 그냥 머무신다면 백성들이 동요할 가능성이 있었고 예수님께서 잡히서야 하는 목요일 저녁 이전에 위험을 만나실 수가 있으셨다. 예수님은 때가 되기 전에 죽기를 원치 않으셨다.

4. 저주받아 말라죽은 무화과나무를 가지고 제자들에게 교훈하시다 11:20-25

예수님과 제자들이 베다니에서 월요일 밤을 쉬신(12-19절) 다음 화요일 아침에 다시 베다니를 나오서서 길을 가실 때 저주하신 무화과나무가 뿌리로부터 마른 것을 제자들이 보고 예수님께 그 나무에 대해 보고하자 그것을 소재로 기도에 대한 교훈을 들려주신다. 마가복음은 예수님께서 무화과나무를 저주하신 일과 나무가 말랐다는 사실을 분리해서 기록한 점이 독특하다.

막 11:20. 그들이 아침에 지나갈 때에 무화과나무가 뿌리째 마른 것을 보고.

예수님의 제자들이 화요일 아침에 예루살렘을 향하여 길을 가고 있었는데 마침 지나갈 때에 무화과나무가 뿌리째 마른 것을 보았다(마 21:19). 이 화요일은 저주받아 말라버린 무화과나무를 위시하여 14:2까지 많은 일이 발생하였다. 여기 뿌리째 마른 것은 저주받았음을 나타내는 말이다. 말라버린 무화과나무는 저주받음의 무서움을 보여주는 실물(實物)이다. 사람이 저주를 받으면 완전히 망한다. 저주를 받으면 가지만 마르는 것이 아니라 뿌리까지 전체가 말라버린다. 한 개인이나 가정, 한 나라가 저주를 받으면 비참하게 되고 만다.

막 11:21. 베드로가 생각이 나서 여짜오되 랍비여 보소서 저주하신 무화과나무가 말랐나이다.

베드로는 그 말라버린 무화과나무를 보았을 때 어제 아침 예수님께서 그 나무를 저주하셨던 일이 생각났다. 그래서 여쭙는다. "랍비여 보소서 저주하신 무화과나무가 말랐나이다." 베드로는 예수님의 저주가 원망스러워서가 아니라 예수님의 말씀 한마디의 능력이 놀라워서 이렇게 말씀을 드린 것이다. 예수님의 저주 한 마디 때문에 하루라는 짧은 시간에 무화과나무가 통째로 말랐다는 것이 아무리 생각해도 놀랍다는 뜻으로 말씀드린 것이다. 예수님의 말씀 한마디는 천지를 만들고 또 부수실 수 있으신 말씀이다.

막 11:22. 예수께서 그들에게 대답하여 이르시되 하나님을 믿으라.

예수님은 이제부터 말라버린 무화과나무를 가지고 제자들을 교훈하신다. 보통 사람의 생각으로는 저주받아 말라버린 무화과나무를 가지고 저주받지 않도록 열매를 맺으라고 교훈하실 것으로 보이는데 예수님은 하나님을 믿으라고 말씀하신다. 그래서 혹자는 하나님을 믿으라는 교훈이 여기에 들어온 것은 자리를 잘

못 잡은 것이라고 주장한다. 다시 말해 말라버린 무화과나무를 가지고 하나님을 믿으라는 교훈을 하시는 것은 어울리지 않다고 주장하며, 이 교훈은 여기에 있어야 할 것이 아니라고 말한다. 그러나 예수님께서 이 교훈을 이 자리에서 말씀하신 것은 때에 적당하다고 보아야 한다. 이유는, 저주를 받지 않으려면 하나님을 믿고 기도하여 많은 응답을 받아야 하기 때문이다. 그러므로 여기서 이 교훈을 말씀하신 것이 합당한 것이라고 보아야 한다.

예수님은 바짝 마른 무화과나무를 앞에 놓으시고 "하나님을 믿으라"(ἔχετε πίστιν θεου)고 하신다. "하나님을 믿으라"(ἔχετε πίστιν θεου)는 말은 '하나님에 대한 믿음을 계속해서 가져라' 혹은 '하나님을 계속해서 믿으라'는 뜻이다. 다시 말해 하나님을 계속해서 의지하라는 말씀이시다. 우리는 계속해서 하나님께서 얼마든지 우리의 기도를 이루시리라는 것을 믿어야 한다.

막 11:23. 내가 진실로 너희에게 이르노니 누구든지 이 산더러 들리어 바다에 던져지라 하며 그 말하는 것이 이루어질 줄 믿고 마음에 의심하지 아니하면 그대로 되리라.

예수님은 중대한 것을 말씀하시기 위하여 "내가 진실로 너희에게 이르노니"라고 하신다. 예수님은 "누구든지," 곧 '하나님을 믿는(앞 절) 사람'이라면 누구든지 "이 산더러 들리어 바다에 던져지라 하며 그 말하는 것이 이루어질 줄 믿고 마음에 의심하지 아니하면 그대로 되리라"고 하신다. 여기 "이 산"(τῷ ὄρει τούτῳ)은 '아마도 가까이 있는 감람산'을 지칭하며 "바다"는 그리 멀지 않은 '사해바다'일 것이다. 하나님을 계속해서 믿고 의지하는 사람은 누구든지 감람산이 뽑혀서 사해 바다에 던져지게 해주십사고 기도하며 그 기도한 내용이 이루어질 줄 믿고 마음에 아무런 의심을 하지 않으면 하나님께 기도한 내용 그대로 된다는 뜻이다.

본문에 "이 산더러 들리어 바다에 던져지라 하며 그 말하는 것이 이루어질

줄 믿고"란 말씀(마 17:20; 21:21; 눅 17:6)에 대하여 혹시 정신을 집중하여 말을
하고 또 그 말한 것을 믿으면 무슨 일이 일어나리라고 해석할 수도 있으나 문맥(다음
절)을 살필 때 '하나님께 감람산이 들리어 사해바다에 던져지라고 기도하며 또
그 기도하는 것이 이루어질 줄 믿으면 그대로 된다고 해석해야 한다. 아무리 우리가
정신을 집중하여 어떤 말을 한다고 해도 하나님께서 역사하시지 않으면 아무 일도
일어나지 않는다. 우리는 성경을 읽고 믿음을 얻어서(롬 10:17) 하나님께 기도하여
그대로 받아야 한다. 조금도 예수님의 말씀의 뜻을 에누리해서는 안 된다.

**막 11:24. 그러므로 내가 너희에게 말하노니 무엇이든지 기도하고 구하는
것은 받은 줄로 믿으라 그리하면 너희에게 그대로 되리라.**

"그러므로," 곧 '기도하면 틀림없이 그대로 이루어지는 것이므로'(앞 절)
예수님은 말씀하시기를 "내가 너희에게 말하노니 무엇이든지 기도하고 구하는
것은 받은 줄로 믿으라"고 하신다(마 7:7; 눅 11:9; 요 14:13; 15:7; 16:24; 약
1:5-6). 다시 말해 '무엇이든지 하나님께 기도하고 구하는 것은 받은 줄 믿으라'고
하신다. "그리하면 너희에게 그대로 되리라"고 하신다.

앞 절과 본 절의 차이는 무엇인가. 별 차이가 없는 병행 절이다. 그러나
한 가지 차이가 있다면 앞 절에서는 "그 말하는 것이 이루어질 줄 믿고 마음에
의심하지 않으면 그대로 된다"는 것이고 본 절은 "기도하고 구하는 것은 받은
줄로 믿으라 그리하면 그대로 되리라"는 것이다. 그러니까 앞 절의 것은 "의심하지
않으면 그대로 된다"는 것을 강조하셨고, 본 절에서는 아예 "받은 줄로 믿으면
그대로 된다"는 것을 강조하신 것이라고 여겨진다. 우리는 무엇이든지 하나님의
뜻이라면 기도한 것을 마음에 이미 받은 줄로 믿어야 한다.

막 11:25. 서서 기도할 때에 아무에게나 혐의가 있거든 용서하라 그리하여야

하늘에 계신 너희 아버지께서도 너희 허물을 사하여 주시리라 하시니라.

예수님은 제자들과 성도들에게 주의사항을 하나 말씀하신다. "서서 기도할 때에"(이것은 기도의 자세다) "아무에게나 혐의가 있거든 용서하라"고 하신다(마 6:14; 골 3:13). 여기 "혐의"란 말은 '등진 것'을 지칭한다. '아무에게나 등져 있는 것이 있거든 상대방을 용서하라'는 말씀이다. 예수님은 우리가 제단에서 제물을 바치기 전에 먼저 형제와의 불화를 해결하라고 하신다(마 5:23-24).

우리가 용서하여야 할 이유는 "하늘에 계신 너희 아버지께서도 너희 허물을 사하여 주서야 하기" 때문이다. 다시 말해 우리가 우리와 사이가 좋지 않은 사람을 용서해야 하는 이유는, 우리가 하나님으로부터 죄를 용서받아야 하기 때문이다. 우리가 용서하지 않으면 하나님도 우리의 죄를 용서하시지 않을 것이기 때문에 우리는 형제와 등진 것을 용서해야 한다. 우리는 종종 "우리가 우리에게 죄 지은 자를 사하여 준 것 같이 우리 죄를 사하여 주옵시고"라고 기도한다(마 6:15). 그런데 우리가 우리에게 죄를 지은 사람을 용서하지 않으면 우리는 하나님으로부터 용서를 받지 못하여 기도할 수 없는 처지에 이르게 된다. 오늘 열심히 기도해도 응답을 받지 못하는 수많은 성도들을 보라. 그들 대부분은 남을 용서하지 않아서 다시 말해 용서하지 않으므로 하나님과 교제가 되지 않아서 기도 응답을 받지 못하고 있다. 우리는 다른 이들을 불쌍히 여기는 마음으로 가득 차야 한다. 그런 마음으로 기도해야 하나님으로부터 응답을 받을 수 있다.

막 11:26. (없음).

A.K.X.θ.H.등의 사본에는 26절이 있으나 유력한 ℵBLWD 등의 사본에는 없다. 26절이 있는 사본을 보면, "**만일 너희가 용서하지 않으면 하늘에 계신 너희 아버지도 너희 허물을 사하지 아니하시리라**"(마 18:35). 25절 내용과 유사하다.

5. 유대교권주의자들과 충돌하시며 또 도전하시다 11:27-12:44

예수님은 예루살렘에 오시기 전 갈릴리에서 사역하실 때에도 교권주의자들과 충돌하셨다. 그러나 그 때의 충돌은 그래도 큰 충돌은 아니었다. 하지만 예루살렘에 들어오신 후로는 그들과 충돌이 더욱 심화되어 드디어 십자가에 죽으시는 일로까지 확대되었다. 이 부분은 마 21:23-22:46; 눅 20:1-21:4와 병행한다. 예루살렘에 들어오신 후의 충돌은 1)권위 문제(11:27-33), 2)악한 농부비유(12:1-12), 3)납세 문제(12:13-17), 4)부활 문제(12:18-27), 5)계명 문제(12:28-34), 6)예수님은 다윗의 지손이 아니시라고 주장하심(12:35-37), 7)서기관에 대한 경계(12:38-40), 8)과부의 두 렙돈(12:41-44)에 대한 교훈으로 충돌되신다.

1) 무슨 권위로 일을 하느냐고 도전을 받으시다 11:27-33

유대교권주의자들은 예수님께서 예루살렘에 들어오신 후 성전을 정화하신 일을 지켜보고 다가와서 무슨 권위로 그러냐고, 그 권위의 출처가 어디냐고 질문한다. 그러자 예수님은 즉답을 하시지 않고 세례 요한의 세례가 어디로부터 왔다고 믿느냐고 반문하신다. 교권주의자들이 대답을 하지 않자 예수님도 대답하시지 않으신다. 이 부분은 마 21:23-27; 눅 20:1-8과 병행한다.

막 11:27-28. 그들이 다시 예루살렘에 들어 가니라 예수께서 성전에서 거니실 때에 대제사장들과 서기관들과 장로들이 나아와 이르되 무슨 권위로 이런 일을 하느냐 누가 이런 일 할 권위를 주었느냐.

예수님께서 화요일 아침에 예루살렘에 들어가시는 길에서 아주 말라버린 무화과나무를 가지고 실물 교훈하신(20-25절) 다음 똑같은 화요일에 제자들과 함께 예루살렘에 들어가셔서 "성전에서 거니실 때에 대제사장들과 서기관들과 장로들이 나아와 이르되 무슨 권위로 이런 일을 하느냐 누가 이런 일 할 권위를 주었느냐"라는 질문을 받으신다(마 21:23; 눅 20:1-2). 예수님께서 성전에서 거니실 때에 다가와서 질문한 세 종류의 사람들("대제사장들과 서기관들과 장로들")은 산헤드린 공의회의 구성원들이었다(8:31).

그들은 예수님께 나아와서 두 가지를 질문한다. 하나는 "무슨 권위로 이런 일을 하느냐"이고 또 하나는 "누가 이런 일 할 권위를 주었느냐"는 것이었다. 그러니까 하나는 권위의 종류에 대한 질문이었고 또 하나는 권위의 출처가 어디냐 하는 것이었다. 유대교권주의자들은 예수님이 아무런 공인된 권위를 가지지 않은데 마치 그러기나 한 것처럼 성전을 정화하는 것을 보고 도대체 무슨 권위를 가지고 그런 일을 하느냐고 질문한 것이다. 그리고 그들은, 모든 권위는 산헤드린 최고회의에 있다고 믿었고 또 그 기관의 인정을 받지 않은 권위는 용납할 수 없었다. 그들은 예수님이 산헤드린 종교 최고회의의 권위를 받지 않고 성전을 정화하심을 보고 분노를 금할 수 없었다. 그들이 예수님께 권위의 출처를 물은 것은 혹시 예수님이 하나님으로부터 권위를 받았다고 증언하는 경우 가차 없이 법에 의해 처단하려는 속셈이었을 것으로 보인다. 그들은 어떻게 하면 예수님을 법적으로 걸리게 할까 계속해서 연구하고 또 연구했다.

막 11:29. 예수께서 이르시되 나도 한 말을 너희에게 물으리니 대답하라 그리하면 나도 무슨 권위로 이런 일을 하는지 이르리라.

산헤드린으로부터 파견 받은 사람들의 질문을 받으신 예수님은 이제 그들에게 되물으셔서 그들로 하여금 꼼짝 못하게 하신다. 예수님은 "나도 한 말을 너희에게 물으리니 대답하라 그리하면 나도 무슨 권위로 이런 일을 하는지 이르리라"고 하신다. 예수님의 지혜로우신 처사는 그들도 감당하지 못하고 우리도 역시 감당하지 못할 정도였다(2:8-10, 19-22, 25-28; 3:23-30; 8:12-13; 10:3-12; 11:29-33; 12:16).

우리는 그리스도 안에서 지혜롭게 살아야 한다.

막 11:30. 요한의 세례가 하늘로부터냐 사람으로부터냐 내게 대답하라.

예수님의 반문은 "요한의 세례가 하늘로부터냐 사람으로부터냐 내게 대답하라"는 것이었다. 산헤드린 공의회원들도 요한의 세례를 알고 있었다. 예수님은 그들도 익숙히 아는 것을 가지고 역(逆)질문을 하신다. 예수님께서 그들에게 이런 역질문을 하신 이유는 세례 요한의 세례가 어디로부터 왔다고 대답하는 것을 보면 예수님의 권위도 어디서부터 왔다고 아는 것이 되기 때문이다. 그러니까 세례 요한의 세례가 하늘로부터 왔다고 대답하면 예수님의 권위도 하늘로부터 왔다고 그들이 아는 것이고, 또 세례 요한의 세례가 사람으로부터 왔다고 대답하면 예수님의 권위도 사람으로부터 왔다고 말할 것이니까 이런 질문을 하신 것이다. 그들은 "요한의 세례," 곧 '요한의 사역이 하늘로부터라고 대답해야 할 것인가 아니면 사람으로부터 왔다고 대답해야 할 것인가를 두고 피차 연구했다. 그 연구 결과가 다음 절에 기록되었다.

막 11:31-32. 저희가 서로 의논하여 이르되 만일 하늘로부터라 하면 어찌하여 그를 믿지 아니하였느냐 할 것이니 그러면 사람으로부터라 할까 하였으나 모든 사람이 요한을 참 선지자로 여기므로 그들이 백성을 두려워하는지라.

그들은 대답하기 전에 서로 의논했다. 그들은 예수님의 역질문을 받고 정치적으로 해결하려는 진실하지 못한 모습을 보였다. 사실 세례 요한의 세례(사역)는 "하늘로부터" 왔다고 진실하게 대답해야 했는데 그렇게 하지 않았다. 이유는 세례 요한의 세례가 하늘로부터 왔다고 대답한다면 예수님으로부터 그러면 왜 요한을 믿지 않았느냐는 말을 들을 것이므로 그렇게 대답하지 않았다. 그렇다고 세례 요한의 세례(사역)가 사람으로부터 왔다고 대답한다면 백성들이 가만히 있지 않을 터이니 백성들이 두려워 그렇게 대답할 수도 없었다(6:20; 마 3:5; 14:5).

그들은 "백성을 두려워하는" 종교지도자들이었다. 그들은 예수님을 궁지로 몰아넣으려 하다가 오히려 자기들이 예수님에게 잡히고 말았다. 그들은 결국 정치적으로 대답하고 만다.

막 11:33. 이에 예수께 대답하여 이르되 우리가 알지 못하노라 하니 예수께서 이르시되 나도 무슨 권위로 이런 일을 하는지 너희에게 이르지 아니하리라 하시니라.

그들이 예수님께 "우리가 알지 못하노라"고 대답하는 것을 들으시고 예수님은 "나도 무슨 권위로 이런 일을 하는지 너희에게 이르지 아니하리라"고 하신다. 진실하지 않은 사람들에게 예수님은 대답하지 않으신다. 이는 마치 진실하지 않은 사람들에게 기도의 응답을 주시지 않는 것과 같다(시 145:18). 정치적인 종교지도자들은 결국 회개하지 못하고 주후 70년에 예루살렘이 로마군에 의하여 멸망할 때 함께 망하고 말았다. 세속정치만 망하는 것이 아니라 종교지도자들의 정치도 함께 망한다는 것을 명심하고 우리는 누구든지 회개해야 한다.

제 12 장

악한 농부 비유와
각종(세금, 부활, 가장 큰 계명, 메시야 신분) 논쟁

2) 유대교권자들을 악한 농부로 비유하시다   12:1-12

예수님께서 성전을 정화하신 사건 때문에 교권주의자들이 분노하여 예수님에게 도전했을 때 예수님께서는 그들에게 역질문을 하셔서 그들을 곤경에 빠뜨리셨다(11:27-33). 그 후 유대나라가 포도원을 이방인들에게 빼앗긴다는 비유를 말씀하신다. 이 부분은 마 21:33-46; 눅 20:9-19과 병행한다. 구약에는 포도원에 관한 교훈이 많이 나온다(사 5:1-7; 렘 2:21; 겔 15:1-6; 19:10-14; 호 10:1).

막 12:1. 예수께서 비유로 그들에게 말씀하시되 한 사람이 포도원을 만들어 산울타리로 두르고 즙 짜는 틀을 만들고 망대를 지어서 농부들에게 세로 주고 타국에 갔더니.

예수님은 한 사람이 포도원을 만들고 농부들(소작인들)에게 세(貰)를 준 후 타국으로 떠나갔다는 비유를 말씀하신다(마 21:33; 눅 20:9). 본문에 "예수께서 비유로 그들에게 말씀하시되"란 말은 '예수님께서 그들에게 비유들로 말씀하시기를 시작하셨다'는 뜻이다(ἤρξατο αὐτοῖς ἐν παραβολαῖς λαλεῖν). 일반 청중을 상대해서는 이미 비유들을 들어 많이 말씀하셨지만(4:1-34) 종교지도자들을 상대해서는 이제 처음으로 비유를 들어 말씀하시기를 시작하신다. 다시 말해 이제 유대민족은 예수님을 영접하지 않아서 예수님을 이방에 빼앗기게 되었다는 것을 포도원 비유로 말씀하신다.

　한 사람, 곧 포도원 주인이 포도원을 만들었는데 "산울타리로 둘렀다." 산울타리는 도둑이나 짐승의 접근을 막으려고 보통 돌이나 가시나무로 만들었다. 그리고 주인은 그 곳에 "즙 짜는 틀을 만들었다." 보통 즙 짜는 구유는 땅 속에 두 개의 구덩이를 파고 돌로 그 주변을 쌓거나 경사진 곳을 파서 만들었다. 즙 짜는 틀에서 만들어진 포도즙은 파이프를 통해서 좁고 낮은 부분인 아래 쪽 구덩이로 흘러간다. 그 후에 항아리에 담겨진다(윌럼 헨드릭슨). 그리고 "망대를 지었다." 망대지기는 그 망대에서 도둑들과 각종 짐승들로부터 포도를 보호해야 했다. 주인은 포도원을 농부들에게 세로 주고 타국으로 떠난다. 포도를 잘 재배할 수 있도록 전적으로 농부들(유대의 종교지도자들)에게 위임하고 떠난 것이다.

막 12:2-3. 때가 이르매 농부들에게 포도원 소출 얼마를 받으려고 한 종을 보내니 그들이 종을 잡아 심히 때리고 거저 보내었거늘.

　포도원 주인이신 하나님은 "때(τῷ καιρῷ)," 곧 '정해진 때'가 되어 포도원 소출 얼마를 받으려고 농부들(유대의 종교지도자들)에게 "한 종"(선지자들)을 보내신다. 하나님께서 유대의 종교지도자들에 원하신 소출은 바로 유대인들이 맺어야 할 영적인 열매들이었다. 지도자들뿐만 아니라 일반 백성들은 마땅히 말씀의 열매, 성령의 열매를 맺어야 했다. 그들은 하나님 앞에 거룩해져야 했고 또 사람 관계에 있어 의로워져야 했고 그리스도를 영접하는 사람들이 되어야 했다.

　그러나 "농부들"(종교지도자들)은 선지자들을 잡아 심히 때리고 아무 열매를 바치지 않은 채 그냥 보내고 말았다. 유대민족은 역사상 많은 선지자들을 핍박하고 괴롭혔다(왕상 19:14; 대하 24:19-22; 렘 20:1-6; 37:15; 암 7:12). 바로 이 역사가 유대의 역사이며 세상 종교사였다.

막 12:4. 다시 다른 종을 보내니 그의 머리에 상처를 내고 능욕하였거늘.

　　　포도원 주인은 포도원 소출 얼마를 받으려고 다시 다른 종을 보낸다. 혹시나 하고 보낸다. 그러나 종교지도자들은 아무 열매를 바치지 않은 채 선지자들의 머리에 상처만을 내고 능욕한 후 보낸다. 유대 역사는 이런 식으로 되풀이 되고 있었다.

막 12:5. 또 다른 종을 보내니 그들이 그를 죽이고 또 그 외 많은 종들도 더러는 때리고 더러는 죽인지라.

　　　포도원 주인은 인내심이 있었다. 또 "다른 종을 보낸다." 다른 선지자들을 보낸다'는 뜻이다. 그러나 유대의 종교지도자들은 그 선지자들을 죽이고 그 외 많은 선지자들도 더러는 때리고 더러는 죽이면서도 소출을 보내지 아니했다. 종교지도자들이나 백성들은 하나님의 말씀대로 살지 않아서 아무 열매도 맺지 못했다. 오늘도 말씀의 열매, 성령의 열매를 맺는 성도는 많지 않다. 그저 복을 받으려고만 하나님에게 매달리고 있을 뿐이다.

막 12:6. 이제 한 사람이 남았으니 곧 그가 사랑하는 아들이라 최후로 이를 보내며 이르되 내 아들은 존대하리라 하였더니.

　　　예수님의 비유의 말씀은 이제 절정에 이른다. 이제 포도원 주인이신 하나님에게는 "이제 한 사람이 남았으니 곧 그가 사랑하는 아들이라 최후로 이를 보낸다"고 하신다. 사랑하는 아들을 보내면서 혹시 내 아들은 존대하지 않을까하는 기대를 가지고 보내신다고 하신다. 하나님은 우리를 끝까지 기다리고 계신다. 우리는 열매를 맺어야 하고 달라져야 한다.

막 12:7-8. 그 농부들이 서로 말하되 이는 상속자니 자 죽이자 그러면 그 유산이 우리 것이 되리라 하고 이에 잡아 죽여 포도원 밖에 내던졌느니라.

이제는 농부들의 계산과 그에 따른 행동이 나온다. 농부들, 즉 종교지도자들은 아들을 죽이기로 계획한다. 오늘의 종교회의에서도 악행을 모의하는 수가 있다. 이 마지막으로 보냄을 받은 아들은 상속자이므로 죽이면 그 포도원이 자기들의 것이 될 게 명백하므로 "이제 잡아 죽여 포도원 밖에 내 던진다"고 말씀하신다. 하나님의 아들 예수 그리스도께서 예루살렘 성문 밖에서 십자가에 못 박혀 죽으실 것을 예언하신 말씀이다(요 19:17; 히 13:12). 유대의 종교지도자들은 충동적으로 예수님을 죽인 것이 아니라 서로 의논하고 살인했다. 그들은 틀림없는 살인자들이었다.

막 12:9. 포도원 주인이 어떻게 하겠느냐 와서 그 농부들을 진멸하고 포도원을 다른 사람들에게 주리라.

예수님은 포도원 주인의 아들이 예루살렘 성문 밖에서 죽으실 것을 예언하신 다음 종교지도자들에게 "포도원 주인이 어떻게 하겠느냐"고 질문하신다. 아들의 아버지께서 어떻게 종교지도자들을 대하겠느냐고 물으신 것이다. 그러면서 종교지도자들의 대답을 기다리시지 않고 친히 대답하신다. "와서 그 농부들을 진멸하고 포도원을 다른 사람들에게 주리라"고 하신다. 하나님께서는 두 가지 일을 하실 것이라고 말씀하신다. 첫째, "와서 그 농부들을 진멸하실 것"이라고 하신다. 다시 말해 하나님께서 주후 70년에 로마 군대를 보내셔서 그 종교지도자들을 멸망시키실 것이라고 하신다. 둘째, "포도원을 다른 사람들에게 주리라"고 하신다. '포도원을 이방인들에게 주시리라'는 뜻이다. 주후 70년에 이스라엘은 망하고 기독교는 이방으로 넘어가고 말았다. 이스라엘에게는 비극의 역사가 아닐 수 없다.

막 12:10-11. 너희가 성경에 건축자들이 버린 돌이 모퉁이의 머릿돌이 되었나니 이것은 주로 말미암아 된 것이요 우리 눈에 놀랍도다 함을 읽어 보지도 못하였느냐 하시니라.

예수님은 그를 배척한 종교지도자들에게 구약 성경의 예언을 읽어보지도 못하였느냐고 물으신다. 예수님은 시편 118:22-23을 인용하시면서 유대가 몰락할 것과 이방이 그리스도를 영접할 것을 읽어보지도 못했느냐고 하신다. 사실 성경을 정확하게 읽으면 결코 망하지 않으며, 자유주의나 진보주의가 나올 수가 없다. 성경은 우리를 망하지 않고 흥하게 하며 생명을 잃지 않고 얻게 한다. 유대의 대제사장들이나 서기관들과 장로들은 성경을 제대로 읽지 않았다. 베드로나 바울도 이 구절을 인용해서 사람들로 하여금 믿음을 권고했다(행 4:11; 엡 2:20; 벧전 2:7).

시 118:22은 "건축자들이 버린 돌이 모퉁이의 머릿돌이 되었다"고 예언한다. 과거 시제인 것은 이 예언이 이루어짐이 너무 확실할 것임을 강조함이다. "건축자들," 곧 '유대의 종교지도자들'이 "버린 돌," 즉 '예수님'이 "모퉁이의 머릿돌이 될 것이라"는 예언이다. 여기 "모퉁이의 머릿돌"이란 말은 '집을 짓는데 있어서 가장 중요한 돌'을 지칭한다. 이 돌을 중심하여 벽돌을 쌓는다. 한 건축가가 버린 돌이 다른 건축가의 머릿돌이 되었다는 뜻인데, 유대인들이 버린 예수님은 이방인들(유대인들도 일부 포함되어 있는 우주적인 교회)에게 너무도 놀라운 구원과 복이 되셨다는 뜻이다. 예수님이야 말로 우리의 진정한 머릿돌이시다. 우리의 의(구원)와 거룩이 되셨으며, 성화와 평강이 되셨고, 모든 것의 모든 것이 되셨다. 늦게나마 유대인들도 인류의 대 종말이 되기 전에 그리스도를 영접하여 구원에 이를 것이다(롬 11:26).

시 118:23은 "이것은 주로 말미암아 된 것이요 우리 눈에 놀랍도다"라고 예언한다. 이렇게 예수님이 이방인들의 구주와 복이 되신 것은 "주"(하나님)께서 하신 일이라고 예수님께서 말씀하신다. 바울도 이렇게 된 것이 하나님으로 말미암은 것이라 하며 찬미한다(롬 11:33-34).

하나님께서 하신 일을 관찰하면 그저 "우리 눈에 놀라울" 뿐이다. 우리가

그렇게 되게 한 것이 아니다. 하나님께서 하신 일이다. 예수님은 이방의 구주가
되셨다. 영원히 찬양할 일이 아니고 무엇인가.

**막 12:12. 그들이 예수의 이 비유가 자기들을 가리켜 말씀하심인 줄 알고
잡고자 하되 무리를 두려워하여 예수를 두고 가니라.**

　　　　종교지도자들(대제사장들, 서기관들, 장로들)은 예수님께서 말씀하신 비유
가 자기들을 가리켜 말씀하심인줄 알고 그분을 잡고자 했지만 무리를 두려워하여
다음 기회에 처치하기로 결심하고 결국 그냥 그 성전에 두고 떠났다(11:18; 마
21:45-46; 요 7:25, 30, 44). 그러나 그들은 백성을 두려워하여 다음 기회에도
처치하지 못하고 있다가 목요일 밤에 가서야 일을 저지르고 말았다. 그들이 예수님
께서 말씀하신 비유의 뜻을 알았다면 마땅히 회개해야 했다. 하지만 오히려 그들은
예수님을 잡아 죽이려고만 했다. 불행한 일이었다.

3) 교권자들은 정치가들과 야합하여 납세문제로 도전하다 12:13-17

　　　　예수님께서 농부 비유를 가지고 유대교권주의자들과 유대인들의 비참한
말로를 예언하시자 교권주의자들은 일단 후퇴한 후(1-12절) 예수님의 말씀을 책잡
을만한 사람들(바리새인들과 헤롯 당원들)을 뽑아서 보낸다. 그리고 예수님을
시험한다(13-17). 이 부분은 마 22:15-22; 눅 20:20-26과 병행한다. 마태는 이에
앞서 혼인잔치 비유를 첨가한다.

**막 12:13. 그들이 예수의 말씀을 책잡으려 하여 바리새인과 헤롯당 중에서
사람을 보내매.**

　　　　산헤드린 공의회 회원들(대제사장들, 서기관들, 장로들)은 바로 조금 전의
패배(10-12절)를 그냥 견딜 수 없어 예수님의 말씀을 기어코 책잡기 위해 바리새인

들과 헤롯 당원 중에서 예수님의 말씀을 능히 책잡을만한 사람들을 골라서 예수님께
보낸다(마 22:15; 눅 20:20). 본문의 "말씀을 책잡는다"($\dot{\alpha}\gamma\rho\epsilon\acute{u}\sigma\omega\sigma\iota\nu$ $\lambda\acute{o}\gamma\omega$)는 말은
부정(단순)과거 가정법 시제로 '말씀을 기어코 사냥한다,' '말씀을 반드시 책잡는다'
는 뜻이며, 호시탐탐 책잡기 위해 노리는 행동을 묘사하는 말이다. 이런 사람들은
참으로 무서운 사람들이다. "바리새인들"은 유대주의에 불타는 분리주의자들로서
로마에 세금을 바치는 것을 반대하는 입장이었다. 그리고 헤롯당(3:6; 8:15)은
헤롯을 지지하는 친 로마파였기 때문에 납세하는 일에는 충성하였는데, 이때에는
바리새인들과 야합하여 예수님을 시험하러 왔다. 이유는 예수님을 죽이려는 마음에
있어서는 서로 공감대를 이루었기 때문이다. 이들은 서로 연합할 수 없는 단체들이
었는데 이렇게 연합한 것은 연합이라기보다는 야합이었다. 참으로 더러운 야합이었
다. 오늘도 이런 야합은 세월이 갈수록 더욱 심해져가고 있다.

**막 12:14-15a. 와서 이르되 선생님이여 우리가 아노니 당신은 참되시고 아무도
꺼리는 일이 없으시니 이는 사람을 외모로 보지 않고 오직 진리로써 하나님의
도를 가르치심이니이다 가이사에게 세금을 바치는 것이 옳으니이까 옳지 아니
하니이까 우리가 바치리이까 말리이까 한대.**

두 단체로부터 파송을 받은 사람들이 예수님 앞에 "와서" 먼저 한 일은
예수님께 아부하는 일이었다. 이들은 "선생님이여 우리가 아노니 당신은 참되시고
아무도 꺼리는 일이 없으시니 이는 사람을 외모로 보지 않고 오직 진리로써 하나님
의 도를 가르치심이니이다"라고 아첨한다. 이들은 예수님을 "선생님"($\Delta\iota\delta\acute{a}\sigma\kappa\alpha\lambda\epsilon$)
이라고 부른다. 마음으로는 선생님이라고 부를 마음이 없었을 것이다. 그러나
대화하기 위해서 그렇게 불렀다. 예수님은 참으로 위대하신 선생님이시다. 예수님
본인도 그런 사실을 인정하셨다(마 23:8). 그리고 그들은 "당신은 참되시고 아무도
꺼리는 일이 없으시다"고 아부한다. '예수님은 거짓이 없으신, 진실하신 분이시고

아무도(남녀노소, 빈부귀천, 지위고하를 막론하고 그 누구든지) 꺼리지 않고 바로 말씀하신다'는 뜻이다. 그 말은 사실이다. 그들이 이렇게 말한 이유는, 예수님은 "사람을 외모로 보지 않고 오직 진리로써 하나님의 도를 가르치시기" 때문이다. 다시 말해 '예수님께서는 사람의 외모(지위, 빈부, 학위, 권세 정도 등)를 보시지 않고 오직 하나님의 도(인간이 어떻게 믿고 또 어떻게 행동해야 하는가 하는 행동강령)를 정확하게 가르치시기' 때문이라는 것이다.

그들은 이렇게 아부하고 "가이사에게 세금을 바치는 것이 옳으니이까 옳지 아니하니이까 우리가 바치리이까 말리이까"라고 질문한다. 여기 "세금"은 '인두세'로서 65세까지 바쳐야 했던 세금이다. 그들은 '로마 황제 가이사에게 세금을 바치는 것이 옳습니까. 옳지 않습니까. 또 우리들은 바쳐야 합니까. 바치지 않아야 합니까.'라고, 예수님이 율법의 올무에 걸려 넘어지시도록 묘하게 물었다. 바치지 말라고 하면 헤롯 당원들이 트집을 잡아 총독에게 보고하여 체포하고, 바치라고 하면 바리새인들과 국민들이 싫어할 것을 잘 알았기 때문이다. 두 그룹의 사람들은 예수님을 올무에 걸려 넘어지게 하려고 질문을 한 것이다. 이에 대한 예수님의 답변은 15절 하반 절부터 17절까지 계속된다.

막 12:15b. 예수께서 그 외식함을 아시고 이르시되 어찌하여 나를 시험하느냐 데나리온 하나를 가져다가 내게 보이라 하시니.

예수님은 두 그룹이 그럴듯하게 말하지만 그들의 속마음은 다른 것을 아셨다 (겉과 속이 다른 것을 아셨다). 그래서 예수님은 너희가 "어찌하여 나를 시험하느냐. 데나리온 하나를 내게 보이라"고 반격하신다. 그들이 그렇게 말한 것(14-15a)이 사실 예수님을 시험하는 것인 줄 이미 잘 아시고 반문하신 것이다. 예수님은 "데나리온 하나를 가져다가 내게 보이라"고 하신다.[22] 데나리온은 은화로서 노동자

---

22) 인두세로 바치는 데나리온은 유대인들이 지극히 싫어하는 동전이었다. 왜냐하면 그 동전의 표면에는 디베료 황제의 초상화와 함께 "디베료 가이사, 존엄한 神이신 아구스도의 아

한 사람이 하루 일을 하면 받을 수 있는 액수였다. 예수님은 자신을 시험하는 사람들에게 데나리온 하나를 가져오도록 명령하신다. 그들이 질문했으니 그들이 가져오는 은화를 보시고 대답하시려 하셨다. 예수님의 방책은 벌써 서 있었다. 세상의 어느 누가 예수님의 방책을 감당할 수 있나.

막 12:16. 가져왔거늘 예수께서 이르시되 이 형상과 이 글이 누구의 것이냐 이르되 가이사의 것이니이다.

그들이 데나리온 하나를 구해 왔을 때 예수님은 동전을 살펴보시면서 그들에게 "이 형상과 이 글이 누구의 것이냐"고 질문하신다. 그들은 황제의 초상화와 글을 보면서 "가이사의 것이니이다"라고 대답한다.

막 12:17. 이에 예수께서 이르시되 가이사의 것은 가이사에게, 하나님의 것은 하나님께 바치라 하시니 그들이 예수께 대하여 매우 놀랍게 여기더라.

예수님은 그 유명한 "가이사의 것은 가이사에게, 하나님의 것은 하나님께 바치라"는 말씀을 하신다. 가이사의 초상화가 있고 글이 있으므로 가이사에게 바치라고 하신다. 오늘도 역시 국가에 바칠 세금은 국가에 바쳐야 한다(롬 13:7). 우리는 우리가 살고 있는 이 세상의 제도를 순종하고 준수해야 한다(벧전 2:13-14).

그리고 예수님은 하나님께 바쳐야 할 것은 하나님께 바치라고 하신다. 하나님께 드릴 감사, 찬양, 헌금, 모든 영광은 하나님께 돌려야 한다. 우리는 하나님께 돌려야 할 것들을 세상 국가에 돌려서는 안 된다. 세상의 왕들까지도 자신들을 보(洑)의 물과 같이 주장하시는(잠 21:1) 하나님께 그들이 마땅히 바쳐야 할 것들을 바쳐야 한다. 이제 예수님은 그들의 시험에서 온전히 빠져나오셨고 오히려 그들이 궁지에 몰렸으며 결국 놀라고 말았다. 세상의 모략꾼들은 그리스도

들"이라는 문구가 새겨져 있었다(Ralph Earle).

앞에서 항상 놀랄 것밖에 없다.

4) 사두개인들이 부활 문제로 시험하다 12:18-27

수난 주간 화요일에 바리새인들과 헤롯 당원들 중에서 뽑혀온 사람들이 세금을 바쳐야 하는지를 두고 예수님께 질문했다가 말문이 막히자(13-17절), 사두개인들이 와서 부활 문제로 시험한다. 그들은 부활을 믿지 않으면서도 가식적으로 부활 후의 문제를 가지고 질문하다가 역시 말문이 막혀버린다. 이 부분은 마 22:23-33; 눅 20:27-40과 병행하며 예수님의 내세관을 보여주고 있다.

막 12:18. 부활이 없다 하는 사두개인들이 예수께 와서 물어 이르되.

사람의 부활을 믿지 않는 사두개인들이 예수님께 나아온다(마 22:23; 눅 20:27). 바로 전에 바리새인들과 헤롯 당원들 중에서 몇 사람이 세금 문제를 가지고 왔다가 말문이 막히자 사두개인들은 부활을 믿지 않으면서도 부활 후의 세계에 대한 질문으로 예수님을 조롱하기 위해 찾아온다. 사두개파 사람들이 이렇게 예수님께 나아와서 조롱하는 이유는 그들 중에서 대제사장이 선출되곤 했는데 예수님께서 성전 정화를 하면서 대제사장들의 입장을 세워주지 않고 모욕했기 때문이었다. 사두개파는 현세주의자들로서 모세 5경만을 믿었고 구전(traditions)을 배척했다. 이 파는 하나님의 존재는 믿었으나 사람의 부활, 내세, 천사의 존재를 믿지 않았다(행 23:8).

막 12:19. 선생님이여 모세가 우리에게 써 주기를 어떤 사람의 형이 자식이 없이 아내를 두고 죽으면 그 동생이 그 아내를 취하여 형을 위하여 상속자를 세울지니라 하였나이다.

사두개인들은 예수님께 나아와서 모세가 써 준 율법을 가지고 예수님을 조롱하고 꺾어보려고 한다. 그들은 모세가 써 준 율법 중에 신 25:5-6을 인용하여 형이 자식이 없이 죽는 경우, 동생이 형수를 취하여 맏아들을 낳아 형의 상속자를 삼으라는 말씀을 예수님께 들려주면서 예수님의 부활 교리를 조롱하고 비아냥거린다(20-23절). 신 25:5-6은 현세에서 한 가정의 상속인이 끊어지지 않도록 한 법이었으니 현세에만 적용시켜야 했는데, 그들은 이 구절의 말씀이 내세에 어떻게 적용될 수 있는 것인지 비아냥거리며 예수님을 아주 난처하게 만들려고 했다. 그들은 모세 5경에 내세를 위한 성경 구절이 따로 있는 줄 알지 못했다. 그들은 현세만 중요했고 내세는 전혀 알지 못했다. 그만큼 사두개인들은 성경을 알지 못하고 있었다(24절).

막 12:20-22. 칠 형제가 있었는데 맏이가 아내를 취하였다가 상속자가 없이 죽고 둘째도 그 여자를 취하였다가 상속자가 없이 죽고 셋째도 그렇게 하여 일곱이 다 상속자가 없었고 최후에 여자도 죽었나이다.

모세가 전해준 성경 구절을 예수님께 들려준(앞 절) 사두개인들은 이제 예수님을 시험하고 조롱하기 위하여 본 절부터 23절까지 자기들의 계략을 전개한다. 칠형제가 있었다는 것으로부터 시작한다. 실제로 칠형제가 있을 수가 있다. 그런데 제일 큰 형이 아내를 취하였다가 맏아들이 없이 죽었고, 둘째도 역시 그 아내와 함께 살다가 아들이 없이 죽었고 셋째, 넷째, 다섯째, 여섯째, 일곱째도 모두 그 여자에게서 아들이 없이 죽었다는 극단적인 예화를 들었다. 아주 악질적인 사람들이었다. 사람은 악하다고 성경은 말씀한다(렘 17:9; 막 7:21).

막 12:23. 일곱 사람이 다 그를 아내로 취하였으니 부활 때 곧 그들이 살아날 때에 그 중의 누구의 아내가 되리이까.

이제 사두개인들은 부활 때 그 일곱 남자와 결혼했던 그 한 명의 여자는 과연 누구의 아내인지에 대해 묻는다. 사두개인들은 이만하면 예수님도 어찌할 수 없을 것으로 알고 속으로 박장대소했을 것이다. 다른 사람을 골탕 먹이려는 사람은 자기가 골탕 먹는 것을 잘 알지 못한다.

막 12:24. 예수께서 이르시되 너희가 성경도 하나님의 능력도 알지 못하므로 오해함이 아니냐.

예수님은 한 마디로 "너희가 성경도 하나님의 능력도 알지 못하므로 오해함이 아니냐"고 하신다. 두 가지를 알지 못해서 오해가 생겼다는 말씀이시다. 하나는 "성경"을 알지 못해서 오해했다 하신다. 그들이 성경을 알았다면 신 25:5-6이 내세에까지 적용되는 것이 아님과 모세 5경의 말씀 중에서 여러 구절들이 사람의 부활을 말하고 있음도 알았을 것이다. 또 하나는 "하나님의 능력도 알지 못하여 오해했다"는 것이다. 만일 그들이 하나님의 능력(롬 4:17; 8:11; 엡 2:5; 히 11:19)을 알았다면 사람이 부활할 때 사람의 결혼 생활이 더 이상 필요 없는 몸으로 하나님께서 부활시키실 것을 알았을 것이다. 하나님은 사람을 지으실 때 현세에서는 결혼해서 아이를 출산하는 존재로 지으시고, 내세에서는 사람이 죽지 않으므로 출산이 필요하지 않아 결혼이 필요 없게 하셨다. 성경을 알지 못하면 결국 하나님의 능력도 알지 못한다. 성경을 안다고 해서 하나님의 능력을 온전히 아는 것은 아니지만 그래도 성경을 아는 만큼 하나님의 능력을 알 수 있는 것은 사실이다. 성경을 알 때 성령님의 역사가 있어서 하나님의 능력을 알게 된다.

막 12:25. 사람이 죽은 자 가운데서 살아날 때에는 장가도 아니 가고 시집도 아니 가고 하늘에 있는 천사들과 같으니라.

예수님은 사람이 부활할 때에는 "장가도 아니 가고 시집도 아니 가고 하늘에 있는 천사들과 같으니라"고 알려주신다(고전 15:42, 49, 52). 사람이 결혼하는 일이 없는 점에서 하늘에 있는 천사들과 같다는 말씀이다. 하나님은 그의 능력으로 다음 세상에서는 사람들로 하여금 결혼을 하지 않는 몸으로 부활하게 하신다는 것이다. 사람이 자꾸 죽는 이 세상에서는 사람들의 숫자를 늘려가야 하므로 결혼이 필요했으나 부활 후에는 사람이 죽지 않으므로 결혼이 필요 없게 된다. 우리는 하나님의 놀라운 능력을 일생 찬양해도 부족할 것이다.

모세 5경에 천사의 존재에 대해서 말하고 있음에도(창 19:1, 15; 28:12; 32:1; 민 20:16) 사두개인들은 천사의 존재를 부인했다(행 23:8). 그들은 성경을 제대로 몰랐고 결국은 하나님의 능력도 제대로 알지 못했다.

막 12:26. 죽은 자가 살아난다는 것을 말할진대 너희가 모세의 책 중 가시나무 떨기에 관한 글에 하나님께서 모세에게 이르시되 나는 아브라함의 하나님이요 이삭의 하나님이요 야곱의 하나님이로라 하신 말씀을 읽어보지 못하였느냐.
예수님은 사두개인들이 하나님의 능력을 알지 못하여 부활을 믿지 못함을 말씀하신(앞 절) 다음 이제 본 절에서는 그들이 성경을 알지 못하여 부활을 믿지 못하고 있었음을 지적하신다. 예수님은 "죽은 자가 살아난다는 것을 말할진대," 곧 '죽은 사람이 다시 살아나는 사건에 관하여 말해본다고 하면" "너희가 모세의 책 중 가시나무 떨기에 관한 글에 하나님께서 모세에게 이르시되 나는 아브라함의 하나님이요 이삭의 하나님이요 야곱의 하나님이로라 하신 말씀을 읽어보지 못하였느냐"고 질문하신다. 사두개인들이 모세 5경(신 25:5-6)을 가지고 예수님을 조롱하고 눌러보려 했으므로 예수님도 부활을 증명하시는데 모세 5경의 가시나무 떨기에 관한 구절(출 3:2-6)로 말씀하신다. 하나님은 모세를 부르실 때 가시나무 떨기에 나타나셔서 모세를 부르시고 하나님 자신이 누구이심을 말씀해주셨다. 하나님은 "나는 아브라함의 하나님이요 이삭의 하나님이요 야곱의 하나님이라"고 정체를 밝히셨다. 마태복음에 보면(마 22:32) "나는...이다"($\dot{\epsilon}\gamma\dot{\omega}$ $\epsilon\dot{\iota}\mu\iota$)라고 현재동사를 사용하셔서 자신의 정체를 드러내셨다. 이스라엘의 족장들, 곧 아브라함, 이삭, 야곱이 죽은 지 500여 년이 지난 후에 하나님께서 모세에게 나타나셔서 "나는 아브라함, 이삭, 야곱의 하나님이라"(ἐγώ εἰμι)고 하신 것은 아브라함이나 이삭이나 야곱의 영들이 모세 시대에도 아직 살아있음을 증거하신 것이다. 이것은 그 후손들도 역시 부활한다는 것을 간접적으로 말씀하신 놀라운 증언이 아닐 수 없다. 이런 식으로 부활의 교리를 증언하심은 예수님께서나 하실 수 있으신 것이다(박윤선).

막 12:27. 하나님은 죽은 자의 하나님이 아니요 산 자의 하나님이시라 너희가 크게 오해하였도다 하시니라.

예수님은 아브라함이나 이삭이나 야곱은 죽은 사람들이 아니라 그 영혼들이 살아있다고 하시며 따라서 하나님은 살아있는 아브라함, 이삭, 야곱의 하나님이라고 말씀하신다. 이렇게 세 족장은 살아있으며, 따라서 하나님은 살아있는 사람들의 하나님이라고 말씀하신다. 그 사람들이 살아있다는 것은 그 후손들도 역시 부활할 것이라는 말씀이시다. 예수님은 이렇게 모세 5경(출 3:2-6)을 들어 부활의 교리를 설명하시면서 사두개인들을 향하여 "너희가 크게 오해하였도다"라고 하신다. 그들은 성경을 모르니 부활을 부인할 수밖에 없다. 오늘도 부활을 부인하는 사람들은 신구약 성경에 기록된 수많은 구절들을 모르므로 부인한다(욥 19:25-27; 시 16:9-11; 17:15; 73:24-26; 사 26:19; 단 12:2; 호 6:2; 13:14; 그 외 수많은 신약의 구절들). 그들은 영적인 맹인들이다.

5) 바리새인들이 가장 큰 계명이 무엇이냐고 예수님을 시험하다
12:28-34

사도개인들이 엉뚱하게도 모세 5경을 가지고 예수님의 부활을 부인해 보려고 시도하다가 성경에 무식하다는 말만 듣고 끝나자(18-27절) 이제는 서기관 중에 한 사람(바리새파)이 등장하여 제일 큰 계명이 무엇이냐고 예수님께 질문한다.

서기관은 예수님의 답변의 정확함과 훌륭함에 놀라 스스로 말문을 닫는다. 이 서기관의 질문을 끝으로 다른 사람이 감히 묻지 못했다. 이 부분은 마 22:34-40과 병행한다. 그러나 서로 일치하지 않는 점들이 있다. 마태는 서기관이 악의로 질문한 것으로 말하고 마가는 선의로 질문한 것으로 말한다. 서기관이 예수님께 나아와서 제일 큰 계명이 무엇이냐는 질문에 대해 마태와 마가가 차이를 보이고 있는데 이것은 이 두 복음이 서로 충돌하는 것이 아니라 보완적임을 드러내는 것이다.

막 12:28. 서기관 중 한 사람이 그들이 변론하는 것을 듣고 예수께서 잘 대답하신 줄을 알고 나아와 묻되 모든 계명 중에 첫째가 무엇이니이까.

바리새파의 서기관 중의 한 사람이 사두개인들이 변론하는 것을 듣고(18-27절) 있다가 예수님께서 "잘 대답하신 줄 알았다." 바리새인들은 예수님과 심각히 대치하고 있었지만 예수님께서 부활 문제를 가지고 사두개인들을 꼼짝 못하게 해주신 것에 대해서는 얼마나 좋았는지 환영일색이었다. 이유는 바리새인들은 부활도 있고 천사도 있다고 믿었기 때문이었다(행 23:8). 그러나 바리새인들이 예수님을 다른 방면에 있어서는 환영하지 않았다. 이유는 예수님의 영향력이 너무 올라가고 강해짐을 두려워했기 때문이다. 그래서 바리새인들은 예수님을 또 시험하려고 서기관 중에 실력이 있는 사람 하나를 택해서 예수님께 파견했다. 서기관은 예수님께 나아와서 "모든 계명 중에 첫째가 무엇이니이까"라고 질문한다 (마 22:35-36). 마태는 서기관이 "큰 계명"이 무엇인가 하고 질문했다고 말한다. 유대인들은 계명을 아주 잘게 쪼개기도 했고(구약의 계명을 613개조로 나누었다) 어느 계명이 큰지 연구하기도 했다. 이 서기관은 아마도 이를 연구하는 사람이었을 것이다.

막 12:29-30. 예수께서 대답하시되 첫째는 이것이니 이스라엘아 들으라 주

곧 우리 하나님은 유일한 주시라 네 마음을 다하고 목숨을 다하고 뜻을 다하고 힘을 다하여 주 너의 하나님을 사랑하라 하신 것이요.

예수님은 모든 계명 중에 첫째 되는 계명은 "이스라엘아 들으라 주 곧 우리 하나님은 유일한 주시라 네 마음을 다하고 목숨을 다하고 뜻을 다하고 힘을 다하여 주 너의 하나님을 사랑하라"는 계명이라고 하신다. 그런데 이 구절에서 제일 앞에 나오는 히브리어 단어가 "들으라"(שְׁמַע)는 단어이기에 이 전체의 구절을 "쉐마"("들으라"는 뜻)라고 간단하게 부른다. 다시 말해 유대인들은 "이스라엘아 들으라"(신 6:4)에서 "이스라엘아"를 빼고 그저 "쉐마"라고 부른다. 유대인들은 지금도 "쉐마"를 아침저녁으로 암송하기도 하며 또 이 "쉐마"(Shema)를 암송하면서 회당 예배를 시작하기도 한다. 그리고 그들은 이 "쉐마"를 사랑하므로 수호부(守護符)속에 넣어 앞이마나 팔에 매달고, 그것을 언제든지 풀어서 읽는다. 유대인들은 또 메주자(Mezuzah-신명기의 몇 절을 기록한 양피지 조각)를 직사각형의 금속상자나 나무상자에 넣어서 자기들이 살고 있는 집안의 문지방 위에 붙인다. 양피지에 기록된 "쉐마"는 더 길었는데 정해진 규칙대로 22줄로 되어 있다. "쉐마는 옛날이나 오늘날이나 유일신(唯一神)론의 기초가 되어 있고 또 하나님 한분만이 사랑을 받으셔야 한다는 것을 강조한다. 이런 내용은 신약성경(요 3:16; 롬 5:8; 8:32)만 아니라 구약성경의 신명기에서도 직접적으로나 암시적으로 가르치고 있다(신 33:27; 시 27:10; 87:2; 103:8-14; 145:8-9; 잠 3:12; 사 55:7; 렘 31:31; 호 11:8)."[23]

예수님은 유대인들이나 오늘 우리가 사랑해야 할 분은 "주 곧 우리 하나님"이시고 또 그 분은 "유일한 주시라"라고 말씀한다(신 6:4). 다신교가 성행했던 당시나 오늘날이나 우리는 '오직 한분이신 주님만' 사랑해야 한다는 말씀이다. 다른 주님은 없다. 오늘날의 다원주의는 잘못된 신관에 속한다.

예수님은 유일하신 하나님을 "마음을 다하고 목숨을 다하고 뜻을 다하고

---

23) 윌렴 헨드릭슨, p. 222.

힘을 다하여...사랑하라"고 하신다(눅 10:27). 네 가지를 "다하여" 사랑해야 한다는 것이다. "마음"은 인격의 중심이고, "목숨"은 육신 생명을 지칭하며, "뜻"은 우리의 지성을 의미하고, "힘"은 우리가 하나님으로부터 받은 능력을 지칭한다. 한마디로 우리는 우리의 인격 전체를 다하여 하나님을 사랑해야 한다. 우리는 하나님으로부터 엄청난 것들을 받았다. 아들을 받았고, 성령을 받았으며, 구원을 받았고, 모든 것을 받았다(롬 8:32). 오늘 우리는 하나님을 향하여 적당히 살 수는 없다. 모든 것을 다하여 사랑해야 한다.

막 12:31. 둘째는 이것이니 네 이웃을 네 자신과 같이 사랑하라 하신 것이라 이보다 더 큰 계명이 없느니라.

예수님은 첫째 계명을 말씀하신(앞 절) 다음 본 절에서는 둘째 계명을 말씀하신다. 둘째 계명은 "네 이웃을 네 자신과 같이 사랑하라"는 말씀이라고 하신다(레 19:18; 마 22:39; 롬 13:9; 갈 5:14; 약 2:8). 사람은 다 자기 자신을 사랑하게 되어 있다는 것을 암시하시며 자기 자신을 사랑하는 것만큼 이웃을 사랑해야 한다고 하신다. 예수님은 이웃이 누구인가 하고 찾아다닐 필요 없이 어려움을 만난 사람이 우리의 이웃이라고 말씀하신다(눅 10:25-37). 우리는 어려움을 만난 사람을 우리 자신을 돌보듯이 돌보아야 한다. 예수님은 요한복음에서 이웃 사랑에 대한 표준을 한층 더 높여 놓으셨다(요 13:34; 15:12-14).

그리고 "이보다 더 큰 계명이 없느니라"고 하신다. 이것보다 더 중요한 계명이 없고 더 큰 계명이 없다는 말씀이다. 사랑의 계명이 그 어떤 것보다 큰 이유는, 사랑은 자기를 희생해서 남에게 주는 것이기 때문이다. 우리는 하나님으로부터 복을 받으려고 애를 쓰고 있지만 하나님을 사랑하는 일이나 이웃을 내 몸같이 사랑하는 일에는 별로 관심이 없을 수가 있다. 제일 큰 계명을 버린다는 것은 참으로 가슴 아픈 일이 아닐 수 없다. 예수님께서 말씀하신 제일 큰 것이 무엇인지를 말씀해주신 이상 우리는 바로 그 큰 것을 등한히 여겨서는 안 된다.

막 12:32. 서기관이 이르되 선생님이여 옳소이다 하나님은 한 분이시요 그 외에 다른 이가 없다 하신 말씀이 참이니이다.

　　서기관은 예수님께서 말씀하시는 것을 듣고 있다가(29-31절) "선생님이여, 옳소이다 하나님은 한분이시요 그 외에 다른 이가 없다 하신 말씀이 참이니이다"라고 찬사를 보낸다(신 4:39; 사 45:6, 14; 46:9). 율법전문가인 서기관은 예수님께서 말씀하시는 것을 듣고 "선생님이여"라고 존경어를 사용하면서 "옳소이다", 곧 '틀림없는 말씀입니다'라고 찬사를 드린다. 아마도 서기관은 당시에 다신교의 풍토 속에서 고통을 받고 지내다가 예수님께서 '하나님은 유일하신 우리의 주님'이시라는 말씀을 듣자 너무 감격하여 찬사를 보낸 것 같다. 그리고 그는 예수님께서 하나님께 대한 의무(신 6:4-5, 십계명의 1-4계명)와 사람에게 대한 의무(레 19:18, 십계명의 5-10계명)를 분명하게 나누어 말씀하신데서 놀랐을 것이다.

막 12:33. 또 마음을 다하고 지혜를 다하고 힘을 다하여 하나님을 사랑하는 것과 또 이웃을 자기 자신과 같이 사랑하는 것이 전체로 드리는 모든 번제물과 기타 제물보다 나으니이다.

　　예수님의 말씀을 듣고 있던 서기관은 예수님께서 하신 말씀을 거의 그대로 반복하면서 이 계명을 실행하는 것이 "전체로 드리는 모든 번제물과 기타 제물보다 나으니이다"라고 응수한다(삼상 15:22; 호 6:6; 미 6:6-8). 하나님께 대한 계명을 지키며 또한 사람에 대한 계명을 지키는 것이 전체로 드리는 번제물보다 낫다고 응수한다. 번제물을 태워서 드리는 제사도 매우 중요하지만 율법의 근본정신인 사랑을 실행하는 것이 더 중요하다는 것이다. 아무리 많은 제물을 드려도 하나님께 대한 사랑과 이웃에 대한 사랑 없이는 하나님께 상달되지 않는다(마 5:23-24).

막 12:34. 예수께서 그가 지혜 있게 대답함을 보시고 이르시되 네가 하나님의 나라에서 멀지 않도다 하시니 그 후에 감히 묻는 자가 없더라.

예수님은 그 서기관이 지혜 있게 대답함을 보시고 말씀하시기를 "네가 하나님의 나라에서 멀지 않다"고 하신다. 서기관은 큰 계명이 무엇인지를 알고 있었다. 그리고 예수님에 대해 호의적이었다. 그는 하나님의 나라에서 멀지 않은 사람이었다. 그러나 그렇다고 그가 하나님의 나라에 들어간 것은 아니었다. 그저 멀지 않은 것뿐이었다. 어떤 서기관들은 사소한 전통 속에 갇혀서 살며 또 그 전통 속에 다른 사람들을 가두려고 했다(예를 들면 식사 전에 손을 씻어야 한다고 주장하는 서기관들, 고르반 신앙을 주장하는 바리새인들과 서기관들). 그러나 이 서기관은 무엇이 큰 계명인지를 알았고 또 번제를 드리는 것조차도 계명을 지키는 것보다 중요하지 않다는 사실을 알았다. 그만큼 그는 율법의 근본정신을 알았다. 그래서 그는 하나님의 나라에서 멀지 않은 사람이었다. 그는 조금만 더 나아가면 하나님의 나라에 들어갈 수 있는 사람이었다. 다시 말해 그 서기관은 율법이라는 것이 무엇임을 알기에 이제 율법의 무능함을 깨닫고 예수님을 믿을 시간이 다가오고 있었다. 바울도 율법은 우리를 그리스도에게로 인도하는 가정교사라고 했다(갈 3:24). 전통의 사소한 조항에 사로 잡혀 있는 사람들은 율법을 모르는 사람들이다. 그런 사람들은 하나님의 나라에서 먼 사람들이다. 그러나 이 서기관은 구약 율법에 정통했고 이제 소망이 있는 사람이었다. 그는 율법의 인도를 받아서 예수님을 믿을 시간을 맞이할 수 있었다. 그는 하나님 나라에 가까운 사람이었다.

화요일의 도전자들은 이제 모두 완패를 당하고 서기관을 끝으로 "그 후에 감히 묻는 자가 없었다"(마 22:46). 수난 주간 화요일에 수많은 도전자들이 예수님을 넘어뜨리려 했지만 예수님은 그 모든 도전을 물리치셔서 이제는 감히 도전하는 자가 없었다. 예수님의 지혜와 권능에 다 눌려버린 것이다. 그리스도인들은 그리스도 안에서 그리스도의 지혜를 받아서 세인의 모든 질문에 대해야 한다.

6) 예수님은 다윗의 자손이 아니시다 12:35-37

무슨 계명이 큰 것인가를 말씀하신 예수님은 더 이상 다른 질문을 받지 않으신다(앞 절). 그리고 이제 성전에서 교육하시며 자신은 다윗의 자손이 아니라 다윗의 주님이라고 교훈하신다. 예수님은 유대인들의 메시야 관(觀)을 수정하신다. 이 부분은 마 22:41-46; 눅 20:41-44과 병행한다.

막 12:35. 예수께서 성전에서 가르치실새 대답하여 이르시되 어찌하여 서기관들이 그리스도를 다윗의 자손이라 하느냐.

예수님께서는 성전에서 일반청중들을 상대하여(이 청중들 속에는 바리새인들이 끼어있었다.마 22:41) 교육하실 때 "대답하여 이르시기를 어찌하여 서기관들이 그리스도를 다윗의 자손이라 하느냐"고 하신다(마 22:41; 눅 20:41). 예수님께서 "대답하여 이르셨다"는 말씀은 일견 이상하게 보인다. 아무도 질문한 사람이 없었는데 대답하셨다고 하니 말이다. 그러나 예수님은 일반 백성들 속에 암암리에 존재하고 있는 질문에 답하셨다는 뜻이다(10:24; 마 11:25). 일반군중들은 서기관들의 교육으로 말미암아 "그리스도를 다윗의 자손"으로만 알고 있었다. 그래서 예수님은 그리스도가 육신적으로 다윗의 자손도 되시지만(마 9:27; 15:22) 다윗의 주님이 되신다는 것을 교육하신다. 그러니까 예수님은 사람으로서는 다윗의 자손이시지만 또 한편으로 하나님이신 점에서는 다윗의 주님이라는 뜻이다. 조금 전에 예수님께 나아와 어느 계명이 제일 크냐고 질문하던 서기관이 예수님께서 교육하시는 이 현장에서 예수님의 말씀을 들어서 예수님을 다윗의 주님이시라고 믿었더라면 그는 이제 하나님의 나라에서 가까운 사람이라기보다는 하나님의 나라 안으로 들어갔을 것이다.

막 12:36-37b. 다윗이 성령에 감동되어 친히 말하되 주께서 내 주께 이르시되

내가 네 원수를 네 발 아래에 둘 때까지 내 우편에 앉았으라 하셨도다 하였느니라 다윗이 그리스도를 주라 하였은즉 어찌 그의 자손이 되겠느냐 하시니.

예수님은 다윗이 성령에 감동되어(삼하 23:2) 말한 구약 성경(시 110:1)을 들어 예수님이 다윗의 주님이라고 말씀하신다. 성령이 다윗을 감동하였다는 말은 성령님이 다윗이 글을 쓸 때에 실수가 없도록 완전히 주장하셨다는 뜻이다(벧후 1:21). 다윗은 성령에 감동되어 친히 말하기를 "주께서 내 주께 이르시되 내가 네 원수를 네 발 아래에 둘 때까지 내 우편에 앉았으라 하셨다"고 기록하였다. 다윗은 '주(하나님)께서 내 주(예수님)께 이르시기를 내(하나님)가 네(예수님) 원수를 네(예수님) 발아래에 둘 때까지 내(하나님) 우편에 앉았으라 하셨다'고 하였다는 것이다. 다윗이 이렇게 성령에 감동되어 "그리스도를 주라 하였은즉" 예수 그리스도께서 어찌 그의 자손이 되겠느냐고 예수님은 말씀하신다. 다윗이 '예수님을 주님이라고 불렀으니' 어찌 다윗의 자손이라고 말할 수 있겠느냐고 교정하여 주신다. 예수님은 다윗의 주님이시다. 그리고 예수님은 오늘 우리의 주님이시다.

막 12:37b. 많은 사람들이 즐겁게 듣더라.

많은 사람들(바리새인들과 서기관들 포함)은 예수님께서 서기관들이 잘못 교육한 것을 시정시키셨는데도 예수님의 말씀을 즐겁게 거부감 없이 들었다고 전한다. 아마도 이들 중에 얼마는 예수님을 그리스도로 믿어서 구원을 얻었을 것이다. 조금 전에 나아와서 예수님께 제일 큰 계명이 무엇이냐고 질문했던 서기관도 예수님을 그리스도로 믿어 구원에 동참했을 것으로 보인다.

7) 서기관들을 삼가라고 하시다 12:38-40

서기관들 중에 예수님을 구주로 믿어 구원에 이른 사람들도 있었겠지만 또 한편의 많은 서기관들은 믿는 자 답지 않게 행동하고 있었다. 그래서 예수님은 제자들을 향하여 서기관들의 행위(허영심, 탐욕, 외식)를 조심하라고 명령하신다. 마 23:1-36; 눅 20:45-47 참조.

막 12:38-39. 예수께서 가르치실 때에 이르시되 긴 옷을 입고 다니는 것과 시장에서 문안 받는 것과 회당의 높은 자리와 잔치의 윗자리를 원하는 서기관들을 삼가라.

예수님은 "무리와 제자들"을 교육하시고(마 23:1), "모든 백성이 들을 때"에 (눅 20:45) 본 절의 내용처럼 서기관들을 삼가라고 교육하신다(4:2). 즉 예수님은 무리와 제자들에게 서기관들의 행동, 곧 첫째, "긴 옷을 입고 다니는 것"(눅 20:46), 둘째, "시장에서 문안 받는 것"(눅 11:43), 셋째, "회당의 높은 자리와 잔치의 윗자리를 원하는 것"을 삼가라고 하신다. 서기관들의 이 세 가지 행위는 그들의 허영심을 보여주는 말이다. 긴 옷은 예식 때에 입는 옷이었는데 평소 때도 사람들의 존경을 받기 위하여 입고 돌아다녔다. 그리고 그들은 어디에 나갈 때 항상 문안 인사를 받기를 좋아하였다. 그리고 그들은 어디를 가든지 높은 자리를 탐하였다(눅 14:8). 아무튼 그들은 사람들로부터 존경 받기를 좋아하였다. 예수님은 제자들이나 무리들은 서기관들과 같이 행하지 말라고 경계하신다.

막 12:40. 저희는 과부의 가산을 삼키며 외식으로 길게 기도하는 자니 그 받는 판결이 더욱 중하리라 하시니라.

넷째, "과부의 가산을 삼키는 것"을 삼가라고 하신다(마 23:14). 탐욕을 삼가라는 말씀이다. 우리는 먹을 것과 입을 것이 있은즉 족한 줄로 알아야 한다(딤전 6:8). 다섯째, "외식으로 길게 기도하는 것"을 삼가라고 하신다. 아마도 이들은 과부의 가산을 삼킨 후 그 행위를 감추려고 경건한척 하느라 길게 기도했을 것이다. 그들은 마음에 없는 기도를 길게 하여 경건한 모습을 보였다. 참으로 가증한 행위였다.

예수님은 이런 서기관들에게 "그 받는 판결이 더욱 중하리라"고 선언하신다. 서기관들은 율법을 연구하고 해석하며 일반 사람들에게 가르치는 직분자들이었는데 자기들도 율법대로 행하지 않을 뿐 아니라 일반 사람들에게 바른 행위를 보이지 못했다. 그래서 그들은 더욱 큰 심판을 받을 수밖에 없다는 것이다. 오늘 우리도 많이 맡은 자들에게 큰 심판이 따를 줄 알아야 한다(눅 12:48).

8) 과부가 모든 사람보다 헌금을 더 많이 했다고 하시다 12:41-44

예수님은 성전에서 많은 교육을 하시고 이제 수난 주간 화요일로서는 마지막으로 헌금 생활에 대해 교육하신다. 우리가 헌금을 어떻게 해야 하는가를 말씀하신다. 이 부분은 눅 21:1-4과 병행한다.

막 12:41-42. 예수께서 헌금함을 대하여 앉으사 무리가 어떻게 헌금함에 돈 넣는가를 보실새 여러 부자는 많이 넣는데 한 가난한 과부는 와서 두 렙돈 곧 한 고드란트를 넣는지라.

예수님은 사람들이 헌금하는 것을 보실 수 있는 헌금함 가까이 앉으셨다. 사실은 예수님께서는 전지하시므로 헌금함[24] 가까이 앉지 않으셔도 누가 얼마를 헌금했는지 훤하게 아실 수 있으셨으나 제자들을 교육하시기 위해서 일부러 그 자리에 앉으셨다(눅 21:1). 예수님은 "무리가 어떻게 헌금함에 돈 넣는가를 보시고" 계셨다(왕하 12:9). 예수님은 성도들이 어떻게 신앙생활을 하는가를 보신다. 헌금 생활, 기도 생활, 봉사 생활 등 수많은 분야에 걸쳐 관찰하신다(행 5:1-11; 고후 9:6-7; 히 4:13). 우리는 그의 눈에 합격할 수 있도록 해야 한다. 혹자는 '우리가 감히 어떻게 예수님 보시기에 합격할 수 있겠는가', '그저 은혜로 합격하는 것이

---

24) "이 연보 궤는 약 15,000명 정도를 수용할 수 있는 [여인의 뜰]에 있었다. 그 연보 궤는 나팔 모양의 입을 가진, 13개의 커다란 놋쇠 용기로 되어 있으며, 각각 다른 목적을 위해 돈을 넣도록 되어 있었다"(Ralph Earle, pp. 188-89). 9개의 헌금함은 성전세와 제물대금(제물 대신 바치는 대금)을 넣는 곳이고, 4개는 성전의 수리와 장식을 넣는 헌금함이었다.

아닌가'라고 말한다. 하지만 여기 과부는 칭찬을 듣지 않았는가. 우리는 우리 나름대로 최선을 다해야 하지 않을까. 예수님께서 관찰하시는 중에 "여러 부자는 많이 넣는데 한 가난한 과부는 와서 두 렙돈 곧 한 고드란트를 넣는 것"을 보셨다. 예수님은 헌금하는 한 두 사람만 보신 것이 아니라 여러 사람이 헌금하는 것을 모두 보셨다. 그 여러 사람들 중 부자들은 액수로 꽤 많이 넣는 것을 보셨는데, 한 가난한 과부는 유대의 화폐 단위 중에서 제일 작은 단위의 화폐 두 렙돈(lepta), 곧 로마 화폐로 한 고드란트(quadrans)를 넣는 것을 보셨다. 예수님은 이제 제자들을 교육하실 수 있는 재료를 얻으시고 제자들을 부르신다.

막 12:43. 예수께서 제자들을 불러다가 이르시되 내가 진실로 너희에게 이르노니 이 가난한 과부는 헌금함에 넣는 모든 사람보다 많이 넣었도다.

예수님은 "제자들을 불러다가 이르신다." 바로 전에 예수님께서 서기관들을 삼가라는 말씀을 하실 때(38-39주해 참조)는 제자들과 함께 계셨었는데 이제 잠시 제자들을 떠나서 홀로 헌금함을 대하여 앉으셔서 사람들이 헌금하는 것을 보시고 계시다가 교육재료가 하나 생기셔서 제자들을 부르신 것으로 보인다. 예수님은 가끔 이렇게 제자들을 불러서 교육하셨다(3:13; 6:7; 8:1, 34; 10:42).

예수님은 제자들을 부르신 후 "내가 진실로 너희에게 이를 것이 있다"고 하신다. 참으로 중요한 사실을 말씀하시기 위하여 예수님은 자주 내가 진실로 너희에게 이를 것이 있다고 하시면서 말씀을 이어가신다. 우리도 예수님께서 "내가 진실로 너희에게 이르노니"란 말씀을 하실 때에 더욱 긴장하고 잘 들어야 한다.

예수님은 제자들의 주의를 집중시키신 후 "이 가난한 과부는 헌금함에 넣는 모든 사람보다 많이 넣었도다"라고 칭찬하신다(고후 8:12). 아마도 "이 가난한 과부"(ἡ χήρα αὕτη ἡ πτωχὴ)는 아직 제자들의 눈에 띄는 곳에 있었던 것으로 보인다. 예수님은 방금 두 렙돈을 헌금한 이 가난한 과부가 그 어떤 사람들, 곧 부자들보다 헌금을 더 많이 넣었다고 칭찬하신다. 예수님은 오늘도 우리들 중에 누가 헌금을 많이 넣고 적게 넣는지 아신다. 우리는 지금 어느 정도 헌금하는지, 많이 하는지 혹은 적게 하는지 자기의 행위를 살펴야 한다.

막 12:44. 그들은 다 그 풍족한 중에서 넣었거니와 이 과부는 그 가난한 중에서 자기의 모든 소유 곧 생활비 전부를 넣었느니라 하시니라.

　　본 절은 이유접속사(γάρ)로 시작한다. 예수님은 가난한 과부가 많이 넣었다고 칭찬하셨는데(앞 절) 그 이유를 본 절에서 밝히신다. 부자들은 "다 그 풍족한 중에서 넣었거니와 이 과부는 그 가난한 중에서 자기의 모든 소유 곧 생활비 전부를 넣었기" 때문이라고 하신다(신 24:6). 과부가 많이 넣었다고 할 수 있는 이유는 비율에 있다고 하신다. 부자들은 풍족한 중에서 많이 넣었고 과부는 가난한 중에서 모든 소유, 곧 생활비 전부를 넣었기 때문이었다. 두 렙돈 중에서 한 렙돈만 넣어도 많이 넣었다고 할 수 있는데 두 렙돈 곧 생활비 전부를 넣었으니 많이 넣었다고 하신 것이다. 과부는 자기의 생활을 하나님께 온전히 맡기고 헌금했다. 하나님을 전적으로 믿는 믿음으로 헌금한 것이다. 오늘도 예수님은 헌금액이 아니라 헌금의 비율을 보신다. 우리는 지금 어느 정도로 바치는가.

제 13 장

예수님께서 인류 종말에 관해 예언하시고 교훈하시다

6. 종말을 예언하시며 또 종말을 대비할 것을 명령하시다
   13:1-37

　　　　　예수님은 예루살렘으로부터 조금 떨어져 있는 감람산 위에서 제자들에게 세상의 종말을 예언하신다. 이 예언은 감람산 위에서 하셨기 때문에 '감람산 예언'이라고도 하는데, 또 한편 '소(小) 계시록'이라고도 불리며, 마 24장, 눅 21장과 병행한다. 예수님은 먼저 성전이 파괴될 것을 예언하시고(1-4절), 종말의 징조를 조목조목 알려주신다(5-13절). 그리고 종말을 당하여 대 환난이 올 것을 말씀하시고(14-23절), 그리스도의 재림을 예언하시며(24-27절), 무화과나무로부터 배우라고 하시고(28-31절), 그리스도께서 오실 날과 때를 모르니 항상 예비하고 있어야 한다고 주의를 주신다(32-37절).

1) 성전이 파괴될 것이라고 하시다 13:1-4

　　　　　예수님은 수난 주간 화요일(화요일 오후일 가능성이 크다)에 성전을 떠나시면서 제자들(마 24:1) 중에서 한 제자가 대표적으로 질문한 것에 대한 답변으로 예루살렘 성전이 파괴될 것을 예언하신다.

막 13:1. 예수께서 성전에서 나가실 때에 제자 중 하나가 이르되 선생님이여 보소서 이 돌들이 어떠하며 이 건물들이 어떠하니이까.

예수님은 성전 안의 여인의 뜰에서 한 가난한 과부가 두 렙돈을 헌금하는 것을 보시고 칭찬하신(12:41-44) 다음 마지막으로 성전25)을 떠나시면서 제자들 중에 하나가 "선생님이여 보소서 이 돌들이 어떠하며 이 건물들이 어떠하니까"라고 하는 감탄 섞인 질문을 받으신다(마 24:1; 눅 21:5). 이 제자가 이렇게 질문한 이유는 예수님께서 예루살렘과 예루살렘 성전이 황폐화 되리라고 말씀하셨기 때문일 것으로 보인다(마 23:38; 눅 13:35). 제자들은 예수님의 말씀이 도무지 믿어지지 않아서 "보소서 이 돌들이 어떠하며 이 건물들이 어떠합니까"하고 질문했을 것이다. '이 돌들은 엄청나고 이 건물들이 엄청나게 크고 화려하고 거룩한데 황폐화되다니 잘 납득이 가지 않는데요, 참으로 황폐하여 버린바가 될 것입니까?'하고 질문한다. 제자들은 성전 겉모양만 보았다. 그러나 예수님은 내부에서 행해지는 죄들을 보신다.

막 13:2. 예수께서 이르시되 네가 이 큰 건물들을 보느냐 돌 하나도 돌 위에 남지 않고 다 무너뜨려지리라 하시니라.

예수님은 제자들을 대표하여 질문한 제자에게 "네가 이 큰 건물들을 보느냐 돌 하나도 돌 위에 남지 않고 다 무너뜨려지리라"고 예언하신다(눅 19:44). 건물들이 아무리 크고 화려하며 거룩해보여도 그 안에서 교권주의자들이 하는 행위들을 보신 예수님은 성전이 처참하게 파괴되리라고 말씀하신다. 하나님은 중심을 보시는 분이시다(삼상 16:7). 이 예언은 주후 70년 로마의 베스파시안(Vespasian. A. D. 69-79) 황제의 아들 디도(Titus) 장군에 의해 예루살렘이 함락됨으로써 성취되었

---

25) 성전에 대한 설명은 11:15절의 주해를 참조하라. 요세푸스에 의하면 예루살렘 성전은 희고 단단한 재료들로 지어졌으며 그 돌들의 길이는 25규빗, 높이는 8규빗, 그리고 넓이는 12규빗이나 되었다. 그리고 그 성전은 어마어마하게 화려했으며 성소의 높이는 30m 이상이었으며 벽은 하얀 대리석으로 되어 있고, 지붕은 금박이 입혀 있었다고 전한다.

다. 로마 군인들은 돌과 돌 사이에 보물이 감추어 있다는 말을 듣고 돌을 하나씩 흩었다. 그래서 예수님의 예언 그대로 파괴해버렸고 도시도 역시 완전히 파괴하였다. 이후로 예루살렘을 찾아온 유대인들이 그 옛터도 알지 못하게 되었다고 한다. 이때 예루살렘 사람들은 대략 100만 명 이상이 살해되었다고 한다.[26] 이 예언 성취야 말로 인류종말을 미리 보여주는 것이 아닐 수 없다. 우리는 죄의 말로를 보고 죄를 두려워하지 않을 수 없다. 지금 세계는 인류역사상 그 어느 때 보다도 더 무서운 죄구덩이 속에 빠져 있지 않은가.

막 13:3-4. 예수께서 감람산에서 성전을 마주 대하여 앉으셨을 때에 베드로와 야고보와 요한과 안드레가 조용히 묻되 우리에게 이르소서 어느 때에 이런 일이 있겠사오며 이 모든 일이 이루어지려 할 때에 무슨 징조가 있사오리이까.

예수님께서 예루살렘 성전이 완전히 파괴되리라고 말씀하신 예언의 말씀을 들은(2절) 제자들은 무섭고 두려워서 소름이 끼쳤고 머리끝이 하늘위로 올라갔다. 그들은 덜덜 떨리는 심정이었다. 그래서 "예수께서 감람산에서 성전을 마주 대하여 앉으셨을 때에' 베드로와 야고보와 요한과 안드레 4사람은 심정은 떨렸지만 조용한 음성으로 예수님께 물었다. "어느 때에 이런 일이 있겠사오며 이 모든 일이 이루어지려 할 때에 무슨 징조가 있을 것입니까?"(마 24:3; 눅 21:7). 한 질문 안에 두 가지의 엄청난 질문이 들어있다. 다시 말해 어느 때에 "이런 일"(예루살렘 도시와 예루살렘 성전파괴)이 벌어질 것이며, "이 모든 일"(세상 종말에 이루어질 일들)이 성취되기 전에 무슨 징조라도 있을 것인가 하고 여쭈었다(이렇게 분리해서 해석하는 이유는 마태복음의 병행구절 때문이다.마 24:3). 이들의 질문에 따라 예수님은 그의 답변에서 1)예루살렘 멸망을 예언하시고, 2)종말에 진행될 사건까지 꿰뚫어

26) 유대와 로마간의 전쟁이 끝난 후 요세푸스가 쓴 전쟁사(History of the Jewish War) 7권 중에서 제 6권에 보면 "그 거룩한 성전이 불타고 있었을 때...나이에 대한 동정이나 지위에 대한 경의도 찾아볼 수 없이 아이들로부터 노인들에 이르기까지 그리고 제사장들까지도 하나같이 학살당했다"(VI권 271)고 전하고 있다(William Hendriksen).

말씀하신다. 그는 앞으로 대환난이 올 것을 말씀하시고 또 자신의 재림까지 언급하신다. 예루살렘 성전의 파괴는 곧 세상 멸망을 보여주는 전형적인 사건이라는 것이고, 앞으로 닥칠 인류종말에 있을 파괴들은 예루살렘 성전의 파괴에서 그 모습을 찾아야 한다고 하신다.

2) 종말의 징조를 말씀하시다   13:5-13

예수님은 4 제자들에게 종말의 징조를 말씀하신다. 다시 말해 종말이 오기 전에 몇 가지의 징조를 보면 종말이 다가오고 있는 것을 알 수 있다고 하신다. 이 부분은 눅 21:8-19과 병행한다. 그리고 막 13:5-8은 마 24:4-8; 눅 21:8-11과 병행한다.

막 13:5-6. 예수께서 이르시되 너희가 사람의 미혹을 받지 않도록 주의하라 많은 사람이 내 이름으로 와서 이르되 내가 그라 하여 많은 사람을 미혹하리라.

예수님은 4제자들에게 먼저 "너희가 사람의 미혹을 받지 않도록 주의하라"고 말씀하신다(렘 29:8; 엡 5:6; 살전 2:3). 사람이 사람을 미혹하는 일은 종말의 첫째 징조이다. 여기 "사람의 미혹"은, 6절에 나오는 대로 많은 사람들이 스스로를 일컬어 그리스도라고 주장하며 속일 것을 지칭하는 말씀이다. 예수님은 "많은 사람들이 내 이름으로 올 것"을 예언하신다. 곧 '많은 사람들이 그리스도라고 자칭하면서 "내가 그라"(ἐγώ εἰμι), 즉 '내가 그리스도라'하여 많은 사람을 미혹할 것이라는 말씀이다. 지금까지 세상에는 자칭 예수 그리스도라는 사람들이 많이 나왔다. 그런데 앞으로도 계속해서 그런 사람들이 나와서 신자들을 헷갈리게 하고 그리스도로부터 떠나게 할 것이란 말씀이다. 이런 거짓 그리스도는 예루살렘이 멸망하기 전에도 있었고(행 5:36-37; 8:9; 21:38) 그 후에도 있었으며 기독교가 있는 곳에는 어디든지 나타날 것이다. 사람의 탈을 쓰고 감히 어떻게 그런 거짓말을 하며 또 한편으론 그런 거짓 그리스도들에게 사람들은 왜 속는 것인가. 우리는 성령의 충만한 삶 속에서 영을 분변하면서 살아야 한다.

막 13:7-8a. 난리와 난리의 소문을 들을 때에 두려워하지 말라 이런 일이 있어야 하되 아직 끝은 아니니라. 민족이 민족을, 나라가 나라를 대적하여 일어나겠고.

　　"난리와 난리의 소문"은 종말의 두 번째 징조이다. "난리"(전쟁)는 '당장 우리 눈앞에서 일어난 전쟁'을 지칭하고 "난리의 소문"은 '멀리서 전쟁이 진행되고 있다는 소식'을 지칭한다. 당장에 우리 눈앞에서 전쟁을 하든지 아니면 멀리서 전쟁이 일어났다는 소식이 들려오든지 "두려워하지 말라"고 하신다. 이유는 "이런 일이 있어야 하기" 때문이라고 하신다. 전쟁이 계속해서 일어나야 하는 이유는 세상에 죄가 있기 때문이다. 그 죄란 무엇보다도 사람들이 하나님을 멀리 떠난 것을 말한다. 이렇게 많은 죄가 있어서 그 벌로 세상에서 전쟁이 계속해서 일어나지만 "아직 끝은 아니라"고 하신다. 전쟁은 종말이 오고 있다는 하나의 징조일 뿐이지 인류의 끝은 아니라는 말씀이다. 20세기 들어 수많은 전쟁이 있었다. 1, 2차 전쟁 등 굵직한 전쟁들이 일어났었고 국지적으로 많은 전쟁이 있었다. 그러나 그렇다고 인류의 종말이 온 것은 아니다. 단지 종말이 오고 있다는 징조일 뿐이었다.

　　예수님은 앞으로 전쟁이 계속해서 일어날 것이라고, 즉 "민족이 민족을, 나라가 나라를 대적하여 일어나겠다"고 하신다. 민족 간에 전쟁이 계속해서 일어나고, 나라 간에 계속해서 전쟁이 일어난다는 말씀이다. 말씀하신 대로 때로는 서방에서, 때로는 동방에서 전쟁이 일어났다.

막 13:8b. 곳곳에 지진이 있으며 기근이 있으리니 이는 재난의 시작이니라.

　　예수님은 종말이 오고 있음을 알리는 세 번째 징조를 말씀하신다. 세계 곳곳에 지진과 기근이 있으리라고 하신다. 세계는 10대 지진대(地震帶)가 있어서

수시로 지진이 일어나는데 지금은 점점 더 자주 일어난다. 그리고 기근은 전쟁의 결과이기도 하지만 천재지변으로 일어나는 수가 많다. 지금 세계 인구의 4분의 1이 굶주리고 있다고 한다. 소위 [세계식량기구]라는 구제기관이 있지만 세계인들의 배고픔을 전적으로 감당할 수는 없다. 이유는 점점 더 식량문제가 심각해지기 때문이다. 그러나 이런 일들도 종말이 왔음을 의미하는 것이 아니라 단지 "재난의 시작이라"고 하신다(마 24:8). 다시 말해 종말이 오고 있음을 알리는 종소리에 불과하다는 말씀이다.

막 13:9. 너희는 스스로 조심하라 사람들이 너희를 공회에 넘겨주겠고 너희를 회당에서 매질하겠으며 나로 말미암아 너희가 권력자들과 임금들 앞에 서리니 이는 그들에게 증거가 되려 함이라.

예수님은 종말이 오고 있다는 것을 알리는 네 번째 징조를 말씀하신다(9-13절). 예수님은 성도들이 세상에서 핍박을 받는 것이 종말이 오고 있음을 알리는 징조라고 하시면서 다른 징조보다 더 길게 말씀하신다.

예수님은 성도들에게 "너희는 스스로 조심하라"고 하신다. 핍박을 받을 때 그리스도를 부인하거나 떠나지 말라고 하신다. 예수님은 제자들에게 "사람들이 너희를 공회에 넘겨주겠고 너희를 회당에서 매질하겠다"고 하신다(마 10:17-18; 24:9; 계 2:10). 사람들은 제자들과 성도들을 공회(유대의 최고 법정)에 넘겨줄 것이며 또 각 지방에 흩어져있는 회당에 넘겨서 매로 칠 것이라고 하신다.

제자들이나 성도들은 예수님을 믿는 것 때문에 별수 없이 "권력자들과 임금들 앞에 설 것"이라고 하신다(행 4:3; 5:17-41; 6:11-13; 12:2; 16:19-34; 25:23). 다시 말해 정치가들의 핍박에 직면할 것이라고 경고하신다. 이렇게 종교지도자들 앞에 끌려가서 매질을 당하며, 또한 세상 정치가들에게 핍박을 받을 이유는 "그들에게 증거가 되려 함이기" 때문이다(빌 1:12). 그들 앞에서 그리스도를 전해야 하기 때문이란 말씀이다.

막 13:10. 또 복음이 먼저 만국에 전파되어야 할 것이니라.

제자들과 성도들이 세상에서 핍박을 받으면서 복음을 전파하다보면 결국은 인류의 종말이 오기 전에 복음이 먼저 만국에 전파된다는 말씀이다. 복음의 세계적 정복이 다섯 번째 징조이다. 마 24:14에는 "이 천국 복음이 모든 민족에게 증언되기 위하여 온 세상에 전파되리니 그제야 끝이 오리라"고 말씀하신다(마 24:14). 본문에 "만국"이란 말은 '온 세상'을 지칭한다. 복된 소식이 제자들이나 성도들이 받는 핍박을 통하여 온 세상에 전파될 것이라는 예언은 구약 시대부터 증언되었다(시 72:8-11, 17; 87:1-7; 96:1-10; 사 42:1-7; 49:6-12; 52:10; 60:1-3, 6). 바울 사도 역시 복음이 만국에 전파된다고 말씀한다(롬 10:12-11:25).

본문에 "전파되어야 할 것이니라"는 말씀에 주의를 집중해야 한다. 복음은 반드시 만국에 전파되어야 한다. 우리가 받는 환난과 핍박을 통하여 복음이 만국에 전파되어야 한다는 것이다. 계속해서 서진(西進)하여 전파된 복음은 지금 많이 전파되었다. 그러나 아직 무슬림 지역의 벽을 뚫지는 못했다. 하지만 그곳도 하나님의 은혜와 전도자들의 참여로 복음이 전파될 것이다.

막 13:11. 사람들이 너희를 끌어다가 넘겨줄 때에 무슨 말을 할까 미리 염려하지 말고 무엇이든지 그 때에 너희에게 주시는 그 말을 하라 말하는 이는 너희가 아니요 성령이시니라.

사람들이 제자들과 성도들을 끌어다가 공회나 회당이나 또 세상의 높은 벼슬을 하는 사람들과 왕들 앞에 넘겨서 심문을 받게 할 때에 제자들이나 성도들은 무슨 말을 할까하고 미리 염려하지 말라는 것이다(마 10:19; 눅 12:11; 21:14). 미리 말을 꾸미다가 오히려 실수할 수 있으니 그냥 담담하게 성령님의 지시를 기다려야 한다(행 2:4; 4:8, 31). 베드로나 요한(행 4:8-12, 19, 20), 그리고 바울(행

21:39-22:21; 23:1, 6; 24:10-21; 26:1-23)은 성령님이 직접 주시는 말씀을 받아서 설교한 적이 있었다.

그런데 어떤 사역자들은 오늘날 이 말씀에 근거하여 설교 준비를 하지 않고 그저 주일 아침까지 담담하게 기다리는 사람들이 있다. 그래서 설교를 잘 감당하지 못하여 그 교회에서 더 시무하지 못하고 교회를 떠나기도 한다. 본문의 말씀은 설교 준비를 할 수 없는 곳에 끌려갔을 경우를 위해서 주신 말씀이다. 아무 곳에도 끌려가지도 않고 사택에 있으면서 준비하지 않는 것은 게으른 것이다. 우리는 순교 정신을 가지고 설교를 준비해야 한다(마 24:45-46).

막 13:12. 형제가 형제를, 아비가 자식을 죽는데 내주며 자식들이 부모를 대적하여 죽게 하리라.

예수님을 미워하는 가족이 예수님을 믿는 가족을 죽이는 일이 있을 것이라고 하신다(미 7:5; 마 10:21; 24:10; 눅 21:16). 과거에 친형제 간에 살육이 벌어지고, 부모 자식 간에 끔찍한 살육이 벌어졌다(창 4:8; 히 11:4). 그리고 형제간에 신앙 때문에 등진 사례들도 많이 있었다(미 7:6). 역사적으로 과거 공산주의 사회에서 수많은 학살이 있었다. 앞으로 세상은 더욱 악해져서 불신 가족들이 믿는 가족들을 죽이는 사례가 생길 것이다. 당장 오늘 우리 사회에도 반기독교운동이 확산되고 있다.

막 13:13. 또 너희가 내 이름으로 말미암아 모든 사람에게 미움을 받을 것이나 끝까지 견디는 자는 구원을 받으리라.

예수님의 제자들이나 성도들은 예수님을 믿는 믿음 때문에 모든 사람에게 미움을 받을 것이라고 하신다. 이런 사례는 복음이 전파된 후로부터 지금까지 계속되었다(마 10:22; 24:9; 눅 21:17; 요 15:18-20; 요일 3:13). 성도가 세상에서 미움을 받는 이유는, 예수님께서 세상에서 미움을 받으셨기 때문이다. 스승이

핍박을 받으니 제자들도 핍박을 받게 된다.

그러나 "끝까지 견디는 자는 구원을 받으리라"고 하신다(단 12:12; 마 10:22; 24:13; 계 2:10). 여기 "끝까지"란 말은 '예수님께서 재림하실 때까지'라는 뜻이다. 우리가 그 때까지 살아 있으면 그 때까지 견뎌야 하고 우리가 일찍 죽으면 우리가 죽을 때까지 그리스도를 믿는 믿음을 가지고 견뎌야 한다. 그리스도의 사랑은 우리를 일곱 가지 어려움(환난, 곤고, 핍박, 기근, 적신, 위험, 칼)에서 넉넉히 구원하실 것이다(롬 8:35-39). 우리는 지금도 세상에서 미움을 받는다. 그러나 끝까지 그리스도를 바라보는 중에 우리는 이기는 자들이 되어야 한다(요일 5:4).

3) 종말의 대 환난이 올 것을 예언하시다 13:14-23

예수님은 주후 70년의 예루살렘 멸망을 예언하시면서 또한 멀리 종말에 대 환난이 일어날 것이라고 예언하신다. 종말에 대 환난이 일어난다고 하는 것은 구약성경과 신약성경의 공통점이다. 요한 계시록의 예언(6:1-18:24)도 종말의 대 환난을 예언하고 있다. 이 부분은 마 24:15-25과 병행한다.

막 13:14. 멸망의 가증한 것이 서지 못할 곳에 선 것을 보거든 (읽는 자는 깨달을진저) 그 때에 유대에 있는 자들은 산으로 도망할지어다.

예수님은 "멸망의 가증한 것," 곧 '이방 신들'이 "서지 못할 곳," 즉 '예루살렘 성전'에 선 것을 보거든 그 때에 유대에 있는 사람들은 산으로 모두 도망하라고 권고하신다(마 24:15). 여기 "멸망의 가증한 것"(τὸ βδέλυγμα τῆς ἐρημώσεως)이란 말(단 9:27; 11:31; 12:11)[27]은 '멸망 받아야 할 가증한 것,' '파괴되어야 할

---

27) 다니엘의 예언(단 9:27; 11:31; 12:11)은 주전 168년에 일차로 수리아왕 안티오커스가 예루살렘 성전 번제단 위에 쥬피터(Jupiter)의 신상을 세움으로 이루어졌는데, 2차로는 주후 70년 로마 군대가 예루살렘 성전에 들어옴으로써 이루어졌다. 그런데 이 예언은 종말을 행해가면서 또 이루어질 것이며 대 종말에도 역시 이루어질 것이다. 예수님의 예언은 주후 70년에도 이루어지고 또 종말에도 비슷한 양상으로 이루어질 것이다.

역겨운 것,' '하나님으로부터 거부되고 멸망당해야 할 가증한 것'이란 뜻으로 주로 '이방의 신들'을 지칭한다. 그리고 "서지 못할 곳"이란 말은 마태에 의하면 "거룩한 곳"(마 24:15)을 지칭하는 말로 '예루살렘 성전'을 뜻한다. 그리고 "유대에 있는 자들은 산으로 도망할지어다"란 말은 '유대에 있는 기독교인들은 산으로 도망하여 그 동굴 속에서 난리를 피하라'는 뜻이다(눅 21:21). 유대인들은 주후 68년에 웨스파시누스가 예루살렘으로 진군하여 들어올 때 유대에 있었던 기독교인들은 요단 계곡 펠라(Pella)로 피난해서 생명을 보존했다고 한다. 산에는 보통 동굴이 많아서 그 동굴 속에서 전쟁을 피할 수 있었다고 한다. 역사가의 보고에 의하면 예수님의 예언을 기억한 기독교인들은 모두 피난해서 예루살렘 성 안에서 죽지 않았다고 한다(Eus. H. E. iii. 5:3). 본문에 "읽는 자는 깨달을진저"라는 말은 예수님의 예언의 말씀을 읽는 기독교인들은 읽어서 실행하라는 뜻이다. 오늘도 공산주의자들이나 하나님을 대적하는 군대(그들은 이방 신을 섬기는 자들이다)가 교회당을 점령할 때는 기독교인들은 심각한 때임을 기억하고 피난해야 하는 것이다.

막 13:15-16. 지붕 위에 있는 자는 내려가지도 말고 집에 있는 무엇을 가지러 들어가지도 말며 밭에 있는 자는 겉옷을 가지러 뒤로 돌이키지 말지어다.

지붕(유대나라의 지붕은 평평하다)위에 있는 사람들은 내려가서 집 안에 있는 무엇을 가지러 집안으로 들어가지 말고 산으로 피하라는 말씀이다. 지붕으로부터 밖으로 통하는 사다리를 타고 재빨리 산으로 도망해야지 결코 집안으로 들어가서 재산을 챙겨서는 안 된다는 것이다. 재산에 미련을 두어 집안으로 들어가는 경우 로마 군대에 잡혀서 포로가 되거나 아니면 죽을 수도 있다는 말씀이다. 그리고 밭에서 일을 하던 사람들은 작업복을 입은 채로 산으로 도망해야지 겉옷을 챙기기 위해서 집으로 들어가서 시간을 지체해서는 안 된다는 말씀이다. 그러다가는 역시 군대에 의해서 잡히거나 아니면 살해될 수 있다는 것이다. 심히 급박한 전쟁의 환경을 만날 때 빨리 도망해야 한다는 뜻이다.

막 13:17. 그 날에는 아이 밴 자들과 젖먹이는 자들에게 화가 있으리로다.

　　　　예루살렘이 군대들에게 포위되는 날, 그리고 예루살렘 성전이 로마 군인에 의해 포위되는 날에는 두 종류의 사람들, 곧 아이를 임신한 임산부들과 또 아이를 낳아서 젖을 먹이는 산모들은 산으로 도망하기가 쉽지 않아 화를 당할 것이라고 하신다(눅 21:23; 23:29). 남자들은 재빨리 도망할 수 있으나 아이를 임신한 여자들과 갓난아기를 키우는 산모들은 재빨리 도망할 수 없어서 큰 화를 당할 것이라고 하는 예언은 그 전쟁의 참화가 얼마나 심각할지를 말해주고 있다. 한 사람의 역사가는 예루살렘이 함락되었을 때 예루살렘의 집들에는 부인들과 아이들로 가득 차 있었고 또 어떤 집의 어미들은 자기의 아이를 잡아먹었다고 전한다(Jos. B. F. v.10). 아이를 임신하거나 낳는다는 것은 참으로 복된 일이지만 환난의 날에는 어른들에게 괴로움을 더해줄 수도 있다.

막 13:18. 이 일이 겨울에 일어나지 않도록 기도하라.

　　　　산으로 도망하여 겨울을 나기는 쉽지 않은 일이다. 유대지방은 겨울에 비가 자주 와서 산에서 겨울을 지내기는 어렵다. 그래서 이런 환난이 겨울에 일어나지 않도록 기도하라고 하신다. 어차피 일어날 일이라면 다른 계절에 일어나도록 기도해야 한다는 말씀이다. 마태에 의하면 "겨울에나 안식일에 일어나지 않도록 기도하라"고 말씀한다(마 24:20). 안식일에 하나님께 예배해야 하므로 그날을 피할 수 있도록 하라고 하신다. 하나님은 우리의 기도를 들으시고 시간도 변경시켜 주신다(왕상 17:1; 18:1; 약 5:17-18).

막 13:19. 이는 그 날들이 환난의 날이 되겠음이라 하나님께서 창조하신 시초부터 지금까지 이런 환난이 없었고 후에도 없으리라.

환난이 겨울에나 안식일에 일어나지 않도록 기도해야 할 이유는 "그 날들이 환난의 날이 되겠기" 때문이라고 말씀하신다. 예수님은 주후 70년에 유대나라에 닥칠 환난의 심각 정도를 또 다른 말로 설명하신다. 곧 "하나님께서 창조하신 시초부터 지금까지 이런 환난이 없었고 후에도 없다"고 하신다(단 9:26; 12:1; 욜 2:2; 마 24:21). '하나님께서 창조하신 날로부터 주후 70년까지 없었고 후에도 찾아볼 수 없는 환난이라'고 하신다. 환난의 심각정도가 엄청날 것임을 말씀하신다. 한 사람의 역사가가 그 당시 상황의 세세한 부분을 기록하여 후대에 전하고 있다. 유월절에 예루살렘에 모인 수많은 사람들은 이 환난으로 100만 명 이상이 죽었고, 97만여 명이 외국에 포로로 잡혀갔다고 한다(Jos. B. J. vi. 9:3, vii.1).

혹자는 이 구절이 주후 70년에 임한 환난을 예언한 것이 아니고 주님의 재림 전에 있을 대 환난을 예언한 것이라고 주장하는데, 그 이유는 "지금까지 이런 환난이 없었고 후에도 없으리라"는 예언 때문이라고 한다. 이 예언이 주후 70년의 환난을 지칭한다면 주후 70년 이후에 더 큰 환난, 예를 들어 히틀러에 의해서 유대인들이 학살을 당한 것은 더 큰 환난이었으니 주후 70년의 환난이 전무후무한 환난이 될 수 없다고 주장한다. 그러나 본 절 초두에 있는 이유접속사(γὰρ)는 아무래도 본 절이 앞 절 내용과 연결되어 있고 또 앞 절 내용을 설명하는 것임을 감안할 때, 본 절은 주후 70년의 환난을 설명하는 것으로 보아야 할 것이다. 물론 본 절은 주후 70년 유대인이 당한 환난에 대한 예언이면서도 훗날 예수님이 재림하시기 전에 있을 환난을 예언하는 것으로 보아야 옳다. 이유는 본문이 설명하는 환난이 훗날의 대 환난을 지칭하기 때문이다. 그러니까 예수님의 예언은 한번 이루어지고 끝나는 것이 아니라 역사상에서 반복적으로 일어나는 환난을 가리키는 것으로 보아야 한다.

막 13:20. 만일 주께서 그날들을 감하지 아니하셨더라면 모든 육체가 구원을

얻지 못할 것이거늘 자기가 택하신 자들을 위하여 그 날들을 감하셨느니라.

예수님은 주후 70년에 있을 환난을 앞에 두고 하나님의 사랑이 나타날 것을 예언하신다. 예수님은 "만일 주께서 그날들을 감하지 아니하셨더라면 모든 육체가 구원을 얻지 못할 것이라"고 하신다. 다시 말해 '만약 환난의 기간을 하나님께서 단축하지 아니하셨더라면 모든 사람이 죽을 수가 있으니' 하나님께서 그 기간을 단축하실 것이란 말씀이다. 하나님은 "자기가 택하신 자들을 위하여 그 날들을 감하셨다"고 하신다. 여기 "택하신 자"란 말은 '유대인 중에서나 이방인 중에서 구원으로 들어가도록 택정하신 사람들'을 지칭한다. 하나님은 택하신 자들을 위하여 그 환난의 기간을 줄이셨다는 말씀이다. 그것은 주후 70년의 경우나 예수님의 재림 전의 환난의 경우나 똑같다. 하나님은 이 죄 많은 세상에서 우리를 구원하시기 위하여 얼마나 배려하시는지 모른다. 눈동자같이 지키신다.

막 13:21-22. 그 때에 어떤 사람이 너희에게 말하되 보라 그리스도가 여기 있다 보라 저기 있다 하여도 믿지 말라 거짓 그리스도들과 거짓 선지자들이 일어나서 이적과 기사를 행하여 할 수만 있으면 택하신 자들을 미혹하려 하리라.

환난의 때(주후 70년의 환난이나 혹은 종말에 있을 환난의 때)에 그리스도인들이 취할 태도에 대해 말씀하신다. 제자들이나 성도들은 종말의 제일 첫째 되는 징조(5-6절)를 염두에 두고 조심해야 한다. 혹시 어떤 사람이 제자들이나 성도들에게 말하기를 "보라 그리스도가 여기 있다 보라 저기 있다 하여도 믿지 말라"고 하신다(마 24:23; 눅 17:23; 21:8). 아무리 그리스도라고 하는 사람이 나타났다고 해도 그를 절대로 믿지 말라고 하신다. 환난의 때에는 무슨 지푸라기라도 붙잡으려는 심리가 있는 때인 만큼 절대로 동요하지 말고 그 사람들을 따르지 않아야 한다는 것이다. 이유는 "거짓 그리스도들과 거짓 선지자들이 일어나서 이적과 기사를 행하여 할 수만 있으면 택하신 자들을 미혹하려 하기" 때문이라고 하신다.

거짓 그리스도들과 거짓 선지자들은 사탄이 사용하는 사람들인데 사탄은 그 사람들을 이용하여 이적과 기사를 행하게 하여 택하신 성도들이 그리스도로부터 멀어지고 부인하게 만들기 때문에 절대로 그런 사람들을 믿거나 따라다녀서는 안 된다고 하신다. 여기 "이적"은 하나님의 초자연적인 역사를 말하고 주로 인간계에 나타나는 것을 지칭하며, "기사"는 하나님의 초자연적인 역사로서 주로 자연계에 나타나는 것을 지칭한다. 사탄도 이 두 가지 이적과 기사를 행할 수 있다(출 7:8-12).

막 13:23. 너희는 삼가라 내가 모든 일을 너희에게 미리 말하였노라.

예수님은 제자들을 향하여 "너희는 삼가라"고 하신다. 곧 '너희들은 조심하라. 아무나 따르지 말라. 우왕좌왕하지 말라'고 하신다(벧후 3:17). 예수님은 분명히 "내가 모든 일을 너희에게 미리 말하였노라"고 하신다. '조심하도록 모든 일들을 다 미리 말을 했다'고 하신다. 예수님은 성경에 모든 것들을 말씀해 놓으셨다. 우리가 미혹되지 않도록 일일이 다 말씀해 놓으셨다. 우리는 성경을 읽으면서 조심조심 살아야 한다. 이렇게 모든 일을 미리 말씀해 주신 분이 어디 계실까. 우리가 예수님의 말씀을 읽으면 두 가지가 좋다. 하나는 은혜를 받으니 좋고 또 하나는 대비할 수 있으니 좋다.

4) 그리스도께서 다시 오실 것을 예언하시다 13:24-27

종말의 대환난 후에 예수님께서 다시 오신다고 예언하신다. 먼저 천체의 이변이 있은 후 그리스도께서 재림하신다고 한다. 그때엔 천사들이 동원되어 그리스도께 수종을 든다. 마 24:29-31; 눅 21:25-28 참조.

막 13:24-25. 그 때에 그 환난 후 해가 어두워지며 달이 빛을 내지 아니하며 별들이 하늘에서 떨어지며 하늘에 있는 권능들이 흔들리리라.

먼저 환난이 있은 후 천체의 이변이 따른다. 그리고 예수님께서 재림하실 것이다(다음 절). 종말의 환난이 있은 후 "해가 어두워지며 달이 빛을 내지 아니하며 별들이 하늘에서 떨어지며 하늘에 있는 권능들이 흔들리리라"고 하신다(단 7:10; 습 1:15; 마 24:29; 눅 21:25). 첫째, "해가 어두워진다." 다시 말해 '해가 빛을 내지 아니한다'는 뜻이다. 둘째, "달이 빛을 내지 아니한다." 해가 빛을 내지 않으니 자연히 햇빛을 받아서 비추는 달도 빛을 내지 못한다. 셋째, "별들이 하늘에서 떨어지며 하늘에 있는 권능들이 흔들리리라"고 하신다. 여기 "권능들"은 바로 앞에 나온 "별들"을 지칭하는 것으로 보인다. 하늘의 별들이 궤도를 이탈하고 질서를 잃어버릴 것을 지칭한다. 세상의 종말에 천체에 이변이 있을 것이 성경에 많이 예언되어 있다. 구약에도 예언되었고(사 13:10; 34:4; 겔 32:7-8; 암 8:9; 욜 2:30-31; 3:15), 신약 성경에도 예언되어 있다(행 2:20; 벧후 3:10; 계 6:13-14). 이런 이변이 있은 후 그리스도께서 재림하신다(다음 절).

막 13:26. 그 때에 인자가 구름을 타고 큰 권능과 영광으로 오는 것을 사람들이 보리라.

"그 때에," 곧 '천체의 이변이 있을 때에'(24-25절) 다시 말해 하늘이 어두워졌을 때에 "인자가 구름을 타고 큰 권능과 영광으로 오는 것을 사람들이 보리라"고 하신다(14:62; 단 7:13-14; 마 16:27; 24:30; 26:64; 행 1:11; 살전 4:16; 살후 1:7, 10; 계 1:7). 본 절과 다음 절은 예수님께서 재림하시는 모습을 묘사한다. 첫째, 예수님께서 "구름을 타고" 오신다. 구름을 타고 오신다는 말씀은 예수님께서 '하나님의 위풍을 가지고, 영광스러운 위엄을 갖추고' 오신다는 뜻이다(출 13:21; 왕상 8:10). "구름"이란 하나님의 임재나 하나님의 신적인 위치를 보여주는 물체이다(단 7:13). 둘째, 예수님은 "큰 권능과 영광으로 오신다"(행 1:11; 살후 1:7-10; 2:8; 계 19:11-16). 초림의 모습과는 전혀 다른 모습이다. 천체의 무질서와 암흑을 뒤로 하고 예수님은 큰 권능(계 14:14-16; 20:11))을 가지시고 또 영광을 가지시고 오실 것이다. 위풍당당하게 오실 것이다. 셋째, 예수님은 만민이 보시는 중에 오신다. 구름을 타시고 땅위로 오시는 것을 세계 만민이 볼 것이다(계 1:7). 고금동서, 동서양 모든 사람, 누구든지 보는 중에 예수님은 재림하실 것이다. 그 영광은 형언할 길이 없을 것이다.

막 13:27. 또 그 때에 그가 천사들을 보내어 자기가 택하신 자들을 땅 끝으로부터 하늘 끝까지 사방에서 모으리라.

넷째, 예수님께서 재림하실 때에 혼자 오시지 않고 "천사들을 보내신다." 여기 천사들은 추수군의 일을 하기 위해 보냄을 받는다. 예수님께서 천사들을 보내시는 목적은 "자기가 택하신 자들을 땅 끝으로부터 하늘 끝까지 사방에서 모으시기" 위해서이다. 그리스도께서 구원하시기로 작정하신 사람들을 위해 "땅 끝으로부터 하늘 끝까지," 즉 '세계 모든 곳으로부터' 모으시기 위해서 보내신다. 이 천사들은 택한 자들의 구원을 위해 그리스도께 수종을 들었고(마 4:11), 의인의 영혼을 보호했었는데(유 1:9) 예수님 재림 시에는 택한 자들을 사방에서 모으는 추수꾼으로 쓰임을 받는다(마 13:41).

5) 무화과나무로부터 배우라고 하시다   13:28-32

종말의 징조를 말씀하시고(5-23절) 또 성도들을 구원하시려고 재림하시겠다는 예언을 하신(26-27절) 예수님은 무화과나무로부터 예루살렘의 멸망과 그리스도의 재림이 가까웠음을 배우라고 하신다(28-32절). 마 24:32-36; 눅 21:29-33과 병행한다.

막 13:28. 무화과나무의 비유를 배우라 그 가지가 연하여지고 잎사귀를 내면

여름이 가까운 줄 아나니.

　　예수님은 종말이 다가왔다는 여러 징조를 말씀하신(5-25절) 다음 이제는 무화과나무로부터 배우라고 하신다(누가는 "모든 나무"를 첨가한다). 혹자는 무화과나무가 이스라엘을 상징하는 나무라고 주장하나 그런 상징성은 본문에서 보이지 않는다. 다만 유대나라엔 무화과나무가 많아서 그 나무를 보면서 예수님의 재림이 가까웠음을 배우라는 뜻으로 받아들여야 할 것이다. 무화과나무의 가지에 수액이 오르고 가지가 연하여지며 잎사귀를 내면 여름이 가까웠음을 아는 것처럼, 여러 재림 징조들이 보이면 예루살렘의 종말(성전의 종말을 포함함)이 가까웠음을, 또 훗날 예수님의 재림이 가까웠음을 알라는 말씀이다(마 24:32; 눅 21:29).

　　여기 "여름이 가까운 줄 아나니"라는 말의 해석을 두고 성경 해석가들은 두 그룹으로 갈린다. 하나는 오직 주님의 재림이 가까웠다는 것만을 지칭한다고 해석하며, 또 혹자는 예루살렘 멸망이 가까워진 것만을 가리킨다는 주장으로 갈린다. 그러나 14-23절에서 예수님께서 주후 70년의 예루살렘 멸망을 예언하시면서 그 멸망 예언을 통하여 멀리 종말에 대 환난이 일어날 것을 예언하신 것처럼, 본문의 "인자가 가까이 곧 문 앞에 이른 줄 알라"는 말씀도 역시 예루살렘 멸망과 예수님의 재림을 가리키는 것으로 보아야 할 것이다. 예루살렘 멸망은 예수님께서 간섭하신 사건으로 보아야 하고 예수님의 재림은 예수님께서 직접 오시는 것으로 보아야 할 것이다. 오늘 우리는 우리 주위에 수많은 징조들을 보면서 신앙생활에 박차를 가하며 그리스도를 맞이할 준비를 해야 한다.

막 13:29. 이와 같이 너희가 이런 일이 일어나는 것을 보거든 인자가 가까이 곧 문 앞에 이른 줄 알라.

　　"이와 같이," 곧 '무화과나무의 가지가 연하여지고 잎사귀를 내면 여름이 가까워지는 줄을 아는 것 같이'(앞 절) "이런 일," 즉 '5-23절에 기록된 바와 같은 징조들이 일어나는 것을 보면 "인자가 가까이 곧 문 앞에 이른 줄 알라"고 예수님은 말씀하신다. 인자가 "가까이 곧 문 앞에 이른 줄 알라"는 말씀은 예루살렘의 멸망이 가까워온 줄을 알라는 말씀이고 동시에 예수님의 재림이 가까운 것을 알라는 뜻이다(앞 절 주해 참조). 지금쯤 예수님은 문고리를 잡고 문을 열려고 하신다.

막 13:30. 내가 진실로 너희에게 말하노니 이 세대가 지나가기 전에 이 일이 다 일어나리라.

예수님은 "내가 진실로 너희에게 말하노니"라고 말씀하시면서 바로 다음에 중요한 것을 말씀하시겠다고 하신다(3:28). 예수님은 예수님 당시의 세대(주후 1세기)가 지나기 전에, 다시 말해 예수님 당시에 살아있던 사람들이 죽기 전에 예수님께서 말씀하신 징조들이 다 일어날 것이라고 하신다. 여기 "이 세대가 지나기 전에"란 말에 대해 여러 해석이 시도되었는데 '예수님 당시의 세대가 지나기 전에'라고 해석하는 것이 가장 합당한 것으로 보인다(Calvin, Bengel, Gould, Hendriksen). 그리고 "이 일이 다 일어나리라"는 말씀은 예수님께서 말씀하신 징조들이 다 일어날 것이라는 뜻이다. 예수님 당시의 사람들이 죽기 전에 예수님께서 말씀하신 징조들이 다 일어나지만 그 때에 일어나고 끝나는 것이 아니라 앞으로 계속해서 예수님께서 재림하실 날까지 일어날 것이다.

막 13:31. 천지는 없어지겠으나 내 말은 없어지지 아니하리라.

예수님은 예수님께서 말씀하신 징조들이 계속해서 일어날 것을 강조하시기 위해서 "천지는 없어지겠으나 내 말은 없어지지 아니하리라"고 하신다. 예수님께서 만드신 천지는 없어지는 날이 있다고 할지라도 예수님께서 말씀하신 징조는 없어지지 않는다는 말씀이다. 주의 말씀은 세세토록 살아있어서 역사하신다(사 40:6-8; 벧전 1:24-25). 징조들은 계속해서 일어날 것이다.

막 13:32. 그러나 그 날과 그 때는 아무도 모르나니 하늘에 있는 천사들도, 아들도 모르고 아버지만 아시느니라.

예수님의 재림이 가까이 오고 있다는 징조는 계속해서 역사상에 일어나지만, 정작 재림의 날과 재림의 때는 아버지를 제외하고 아무도 모른다고 하신다. "하늘에 있는 천사들"이 예수님의 재림 때에 심부름꾼으로 보냄을 받지만(마 13:41; 24:31; 계 14:19) 예수님의 재림의 날과 때는 모른다. 그리고 예수님도 모른다고 하신다. 예수님께서 모르시는 것이 어디 있는가라고 말할 수 있겠지만 재림의 날과 때에 관해서만은 모르신다고 하신다. 예수님의 신성(神性)은 이를 아셨지만 인성(人性)으로는 모르신다는 뜻이다. 예수님은 인성을 가지시고 지상에서 활동하시는 동안 스스로를 자제하셨다(빌 2:5-8). 예수님께서 재림의 날과 때를 모르신다고 하신 말씀에 대해서 많은 해석이 시도되었지만 우리는 그저 예수님의 말씀에 따라 "아들도 모르고"라는 말씀을 액면 그대로 받아들여야 할 것이다. 예수님의 재림의 날짜와 때에 대해서는 오직 아버지만 아신다. 우리는 예수님께서 언제 오실는지 모르지만 재림을 준비하는 일에 큰 관심을 기울여야 한다. 역사상 수많은 실수가 있었고, 우리나라에서도 1992년 10월 28일 시한부 종말론자들이 실수하는 것을 보았다. 우리는 다시 예수님의 재림의 날짜를 점치는 시도를 하지 말아야 한다. 오직 죄를 자복하는 일에 열심을 다할 뿐 재림의 날짜를 점치는 시도는 하지 않아야 한다.

6) 그리스도께서 오실 때를 앞두고 항상 예비하라 하시다. 13:33-37

예수님의 재림이 언제일지 알지 못하니 성도들은 깨어있으라고 권고하신다(33-37절). 집 주인이 언제 돌아올지 모르는 상황에서 종들은 깨어서 집안일을 돌보아야 하는 것처럼 성도들은 예수님의 재림을 대비해야 한다고 하신다. 마 24:36-44; 25:13-14; 눅 21:34-36 참조.

막 13:33. 주의하라 깨어 있으라 그 때가 언제인지 알지 못함이라.

　　예수님은 제자들에게 그리고 성도들에게 "주의하라"(βλέπετε)고 하신다(5,
9, 23, 33절). '조심하라'는 말씀이다. 예수님은 또 "깨어 있으라"(ἀγρυπνεῖτε)고
하신다. '영적으로 깨어 있으라'는 뜻이다. 영적으로 깨어 있기 위해서는 기도해야
한다고 성경은 말씀한다(14:38; 벧전 4:7). 우리는 재림의 징조들을 접하면서 조심하
고 기도하여 영적으로 깨어있어야 한다. 이유는 "그 때가 언제인지 알지 못하기"
때문이다(마 24:42; 25:13; 눅 12:40; 21:34; 롬 13:11; 살전 5:6). 예수님의 재림의
때가 언제인지 알지 못하기 때문에 계속해서 성령 충만하며 살아야 한다.

**막 13:34. 가령 사람이 집을 떠나 타국으로 갈 때에 그 종들에게 권한을
주어 각각 사무를 맡기며 문지기에게 깨어 있으라 명함과 같으니.**

　　예수님은 집 주인의 이야기를 하신다. 집 주인이 집을 떠나 다른 나라로 갈
때 그의 종들에게 권한을 주어 한 사람 한 사람에게 집안일을 맡기며 또 문지기에게
깨어 있으라고 명령하고 떠남과 같다고 하신다(마 24:45; 25:14). 명령을 받은 종들은
자기의 사무를 잘 감당해야 하고 문지기는 깨어 있어야 한다. 각자가 할 일을 잘
감당해야 한다. 여기 "권한을 주어 사무를 맡긴다"는 말씀은 각 사람이 자기의 일을
잘 감당할 수 있는 권한을 지칭한다. 한 집안의 종들이 자기의 일을 잘 감당하고
깨어 있어야 하는 것처럼 성도들도 성령의 인도를 받아 자기가 맡은 바 직임을 잘
감당해야 한다. 우리는 지금 영적으로 각성하고 성화의 삶을 영위하며 우리가 맡은
일에 최선을 다해야 한다. 성령으로 사는 것은 바로 재림을 준비하는 삶이다.

**막 13:35. 그러므로 깨어 있으라 집 주인이 언제 올는지 혹 저물 때일는지,
밤중일는지, 닭 울 때일는지, 새벽일는지 너희가 알지 못함이라.**

　　예수님은 집 주인의 이야기를 하신(앞 절) 다음 그것을 본 절에서 성도들에게
적용하신다. 우리 성도들은 영적으로 "깨어있어야" 한다. 집 주인 되시는 예수님께
서 언제 오실는지 모른다(마 24:42, 44). 그런데 여기 예수님께서 낮에 오신다는

말씀은 없다. 모두 밤 시간(밤 사경)만 말씀해 놓으셨다. 예수님은 사람들이 영적으로 졸고 있고 잠자는 때에 오신다고 말씀하신다(마 25:1-13). 그래서 우리는 도덕적으로 해이하고 윤리적으로 해이하며 영적으로 깜깜한 시대에 깨어있어야 한다. 예수님은 결코 낮과 같은 때에는 오시지 않는다. 다시 말해 한창 기독교가 번창하고 교회가 부흥하는 때에는 오시지 않는다. 교회가 맥을 놓고 있고 사회의 윤리와 도덕이 해이하기 짝이 없는 때에 오신다. 지금 세상은 어떤 면에서 미쳐가고 있다고 해도 과언이 아닐 정도이다. 우리는 이런 때일수록 더욱 조심하고 영적으로 깨어있어야 한다.

막 13:36. 그가 홀연히 와서 너희의 자는 것을 보지 않도록 하라.

　　　　예수님의 재림은 불신자들에게는 갑작스런 사건이다(살전 5:3 참조). 만약에 신자들이 영적으로 잠든 상태에 빠진다면 소위 신자들도 불신자들처럼 예수님의 재림은 갑작스런 재림이 될 것이다. 그러므로 예수님이 "홀연히 와서 너희(성도들)의 자는 것을 보지 않도록 해야 한다." 우리는 매일 성경을 읽고 묵상해야 하며(시 1:2) 그리고 매일 기도에 열심을 다해야 한다. 다시 말해 쉬지 말고 기도해야 한다(살전 5:17).

막 13:37. 깨어 있으라 내가 너희에게 하는 이 말은 모든 사람에게 하는 말이니라 하시니라.

　　　　예수님은 재림을 준비하라는 말씀을 하시면서 그 결론으로 본 절을 말씀하신다. 즉 "깨어 있으라"고 하신다. 예수님께서 이외에 다른 무슨 말씀으로 주의를 시키실 수 있을까? 우리는 영적으로 깨어 있어야 한다. 계속해서 성령의 충만을 구해서 성령의 인도를 따라 살아야 한다. 예수님은 제자들에게 하신 말씀, 곧 "깨어 있으라"는 말씀을 지구상 "모든 사람에게 하는 말씀"이라고 하신다. 이 말씀뿐 아니라 성경의 모든 말씀은 지구상에 살고 있는 "모든 사람"에게 하시는 말씀이다.

제 14 장

체포되시기 전의 여러 사건들과
체포되신 일 및 재판 받으신 일

XXXIII. 예수님께서 체포되시기 전에 일어난 여러 사건들 14:1-41

모든 성도들은 그의 재림이 언제일지 알지 못하므로 깨어있어야 한다고 권고하신(13:33-37) 예수님은 이제 자신이 체포되시기 전에 여러 가지 사건들을 만나신다(1-41절). 대제사장들이 예수님을 죽이기를 모의하고(1-2절), 마리아가 베다니에서 예수님의 머리에 기름을 부으며(3-9절), 가룟 유다가 대제사장들과 예수님을 넘겨주기를 계획하고(10-11절), 제자들이 주님의 명령에 따라 유월절을 준비한 다음 예수님은 제자들과 함께 유월절 음식을 잡수신다(12-25절). 유월절 음식을 잡수신 다음 예수님은 감람산에서 제자들과 앞으로 될 일에 대해 대화하시고 (26-31절), 십자가를 앞두고 기도하신다(32-41절).

1. 산헤드린 공의회가 예수님을 죽이기를 모의하다 14:1-2

대제사장들과 서기관들은 예수님을 잡아 죽이고 싶어 드디어 공식적으로 모의하는 단계에까지 왔다. 그러나 민란(民亂)이 나려는 것을 염려하여 유월절에는 시행하지 않기로 하였으나 결국 유월절에 그 일을 시행하고 만다. 하나님의 섭리였다. 이 부분은 마 26:1-5; 눅 22:1-2과 병행한다.

막 14:1. 이틀이 지나면 유월절과 무교절이라 대제사장들과 서기관들이 예수를 흉계로 잡아 죽일 방도를 구하며.

"이틀이 지나면 유월절과 무교절"[28](유월절과 무교절은 수난 주간 목요일부터 시작되었다)이 된다고 하면 "대제사장들과 서기관들"은 분명히 화요일에 예수님을 잡아서 죽일 방도를 구했다(마 26:2; 눅 22:1; 요 11:55; 13:1). "대제사장들"(전직 대제사장 안나스와 현직 대제사장 가야바를 지칭한다)과 "서기관들"은 사적(私的)으로 모의한 것이 아니라 공적으로 모여서 공모했다. 이유는 마태에 의하면 "대제사장들과 서기관들과 백성의 장로들"(이 세 그룹은 산헤드린 공의회의 구성원들을 지칭한다)이 모였다고 말하기 때문이다(마 26:3). 그리고 그들은 "가야바라 하는 대제사장의 아문(관청)"에서 모임을 가졌다고 말하기 때문이다. 다시 말해 가야바의 관청(집)에서 모임을 가졌다.

그들은 예수님을 "흉계로 잡아 죽일 방도를 구했다." 여기 "흉계"란 말은 '속임수' 혹은 '거짓'이란 뜻으로, 예수님께서 죄가 없으셨으므로 정상적으로는 잡아 죽일 수가 없어서 '속임수'를 써서 잡아 죽일 방책을 의논했다. 그들은 비정상적인 방법을 동원하는 수밖에 없어서 서로 깊이 의논해야 했다. 그리고 본문에 "구하며"(ἐζήτουν)란 말은 미완료과거시제로, '계속해서 방책을 찾고 또 찾았다'는 것을 지칭한다. 그들은 예수님을 잡아 죽이기 위하여 계속해서 많은 생각을 짜냈다(3:6; 11:18; 12:12; 요 5:18; 7:1, 19, 25; 8:37, 40; 11:53). 하루하루 힘들게 머리를 굴리고 있었다.

교권자들 마음속에 사람을 잡아 죽이려는 생각이 있다는 것은 놀라운 일이다. 그러나 그런 마음은 교회 역사에서 계속해서 있어 왔다. 지금도 교회 안에는

---

28) 마태는 그저 "유월절"(마 26:2)이라고 말하고, 누가는 "유월절이라 하는 무교절"(눅 22:1)이라고 표현하고 있다. "유월절"은 니산월 14일에 유대인들이 애굽에서 구원받은 것을 기념하기 위하여 지키는 절기이고, 무교절은 니산월 15일부터 21일까지 7일간 누룩을 넣지 않은 떡을 먹었던 날을 기념하는 절기이다(출 12:15-20; 13:3-10). 이 두 절기를 마태가 한 절기로 말하는 이유는 두 절기가 다 같이 애굽에서 나온 것을 기념하는 절기이기 때문이고 또한 두 절기가 서로 붙어있는 절기이기 때문이다.

사람을 잡으려는 음모가 있고 사람을 치우려는 살인이 있다. 사탄의 역사이다. 우리 속에도 사람을 미워하고 싫어하는 생각이 없는지 살펴야 한다.

막 14:2. 가로되 민란이 날까 하노니 명절에는 하지 말자 하더라.

산헤드린 공의회 회원들은 예수님을 잡아서 죽이려고 많은 고심과 노력을 해왔지만(앞 절) 그들은 서로 말하기를 "민란이 날까 하노니 명절에는 하지 말자"고 결론을 내린다. 다시 말해 민중의 폭동이 일어날 가능성이 있으니 유월절에는 단행하지 말고 유월절이 지난 다음 좀 더 조용해진 때에 하자고 잠정적으로 결론을 내렸다. 그 공모자들은 예수님을 지지하는 세력이 많이 있다는 것을 알았다. 100만 명 이상이나 모인 유월절 군중 가운데서 교권주의자들을 빼 놓고는 거의 많은 사람들이 예수님을 지지하고 있었고, 게다가 갈릴리로부터 따라온 지지자들도 많아서 잘못했다가는 폭동이 일어날 가능성이 있었다. 요 12:17-19에 보면, 예수님께서 예루살렘에 입성하실 때 바리새인들은 "보라 온 세상이 저를 따르는도다"라고 탄식하며 말했다. 이런 분위기가 형성되어 있어서 공모자들은 예수님을 잡아 죽이는 시기를 유월절 뒤로 미루었다. 그러나 그들의 계획은 수정할 수밖에 없었다. 갑자기 가룟 유다가 그들을 돕겠다고 나타났고 결국 하나님의 섭리를 따라 유월절에 예수님을 십자가에 처형하였다(눅 22:22; 행 2:23; 엡 1:11). 그래서 유월절 양이신 예수님(고전 5:7)은 유월절에 죽으셔서 사람들의 유월절 양이 되셨다. 우리는 그 분이 유월절에 대신 죽으셔서 구원을 받았다. 하나님의 뜻은 사람을 거슬러 일어나기 마련이다. 우리는 하나님을 무한히 찬양해야 한다.

2. 마리아가 예수님에게 기름을 붓다   14:3-9

마가는 산헤드린 공의회가 예수님을 잡아 죽이기로 의논한 사건(1-2절)과 가룟 유다가 예수님을 종교지도자들(10-11절)에게 넘겨주기로 약속한 사건 사이에 지난 토요일에 예수께 마리아가 향유를 부은 사건을 기록하고 있다. 앞서 말한 두 사건(1-2절, 10-11절)은 수난 주간 화요일에 일어났던 사건이고, 마리아가 예수님의 몸에 기름을 부은 것은 베다니에서 행한 일로서 3일전 토요일에 있었던 일이다. 그런데 이렇게 화요일에 일어났던 두 사건 사이에 토요일에 진행되었던 일을 끼워놓은 이유는, 예수님의 죽음이 사람들의 계획 속에서만 진행된 것이 아니라 하나님의 인류에 대한 사랑이 그 중간에 끼어 있음을 부각시키기 위해서이다. 모든 슬픈 일들 속에 예수님의 대신 죽음이라는 놀라운 사랑이 있음을 사람들로 하여금 알게 하려는 배려에서 이렇게 두 사건 사이에 끼워 넣은 것으로 보아야 한다. 이 부분은 마 26:6-13과 병행한다.

막 14:3. 예수께서 베다니 나병환자 시몬의 집에서 식사하실 때에 한 여자가 매우 값진 향유 곧 순전한 나드 한 옥합을 가지고 와서 그 옥합을 깨뜨려 예수의 머리에 부으니.

예수님(일행과 함께)은 토요일에 베다니 지방에 도착하셔서 "나병환자 시몬의 집에서 식사하실 때" 마리아가 와서 예수님의 몸(8절)에 향유를 부었다(마 26:6; 요 12:1, 3). "나병환자 시몬"[29]은 당시에 나병을 앓고 있었던 사람이 아니라 이미 예수님으로부터 치유를 받은 사람으로 "나병환자 시몬"이란 이름은 시몬의 별명이 되어 버렸다. 만약 당시에 나병을 앓고 있었다면 예수님 일행을 초청하지 못했을 것이다(나병환자는 사람들과 교제하지 못하게 되어 있으니 말이다). 그는

---

29) 혹자는 여기 "시몬"이란 이름을 보고 베다니의 마리아가 기름 부은 사건을 눅 7:36-50에 기록된 "한 여인"의 기름 부은 사건과 동일한 사건이라고 주장하기도 하나 이 두 사건은 전혀 다른 사건으로 보아야 한다. 이유는 식사를 초청한 사람이 "시몬"이라는 점에서는 동일하나 기름을 부은 사람이 전혀 다른 여인들이다. 눅 7:36-50의 기름 부은 여인은 "한 죄인"이라는 여인이었고, 여기 베다니의 여인은 마리아인 점에서 다르고(요 12:3) 또한 장소도 눅 7:35-50의 사건은 가버나움에서 된 일이고 베다니는 예루살렘 가까운 곳이다. 따라서 "시몬"이란 사람도 동명이인(同名異人)으로 보아야 한다.

그의 병이 완전히 나았지만 여전히 그 별명으로 통하고 있었다. 그런데 여기 베다니의 "시몬"을 두고 혹자는 나사로의 아버지라 하고 혹은 나사로 자신, 혹은 마르다의 남편이나 동생 마리아의 남편이었을 것이라고 추측하나 추측에 불과하다.

예수님께서 식사하실 때 "한 여자," 곧 '마리아'(요 12:3)가 "매우 값진 향유 곧 순전한 나드 한 옥합을 가지고 와서 그 옥합을 깨뜨려 예수의 머리에 부었다." "매우 값진 향유"의 값은 300데나리온 이상을 받고 팔 수 있을 정도였다(5절). 한 데나리온은 한 사람의 노동자가 하루 종일 일을 해서 받을 수 있는 품삯에 해당하는데, 300데나리온 이상의 향유의 값은 참으로 많은 돈이었음에 틀림없다. 이렇게 값이 많이 나가는 향유를 예수님의 몸에 바른 것은 말할 수 없는 헌신이었다. 그리고 본문에 "순전한"이란 말은 '다른 것을 섞지 않았다'는 뜻이다. 그러니까 100% 순수 향유라는 뜻이다. 그리고 "나드"란 말은 '날도스타키스 자타만시'(Nardostachys Jatamansi)라고 불리는 향나무의 뿌리에서 추출되는 향기로운 액체를 지칭한다. 이 향나무는 히말라야 산맥이나 인도에서 성장하는데 팔레스틴에서 사용하기 위해서는 수입해야 했다. 따라서 가격이 높았다.

마리아는 나드 향유 한 옥합을 가지고 와서 그 옥합을 깨뜨려(옥합은 위로 올라가면서 좁아지는 병인데 향유를 쓰려면 목을 잘라야 한다) "예수의 머리에 부었다." 같은 사건을 다루는 요 12:1-8에서는 "예수의 발"에 부었다고 말한다. 그러니까 마리아는 한 옥합의 향유를 예수님의 머리에도 붓고 발에도 붓고 손에 부었으며 "몸"에 부은 것이다. 한 옥합의 양은 그만큼 붓기에 충분한 양이었다.

막 14:4. 어떤 사람들이 화를 내어 서로 말하되 어찌하여 이 향유를 허비하는가.

마리아가 예수님의 몸에 향유를 붓는 것을 보고 "어떤 사람들이 화를 내어 서로 말하되 어찌하여 이 향유를 허비하는가"라고 말했다. 여기 "어떤 사람들"은 '예수님의 제자들'이었다(마 26:8). 그들은 먼저 마리아의 행동을 보고 "화를 냈다."

여기 "화를 내어"(ἀγανακτοῦντες)라는 말은 현재 분사형으로 '계속해서 화를 낸다,' '계속해서 분내다'는 뜻이며, 제자들이 마리아의 행동을 보고 한번 분을 낸 것이 아니라 계속해서 분을 터뜨려 분이 하늘을 찌를 듯한 기세였음을 나타낸다. 그들은 마리아의 행동을 보고 미친 여자로 생각하면서 모두지 이해하지 못하고 화를 낸 것이다. 3년간이나 예수님을 따라다니면서 교육을 받은 제자들이 마리아의 놀라운 헌신의 행동을 보면서 이해하지 못했다. 그들은 아직도 마리아의 신령한 행동을 보고 이해하지 못하는 육(肉)의 사람들이었다(고전 2:14; 유 1:19). 우리는 하루 빨리 신령한 사람들(영적인 사람들)이 되어야 한다. 그들은 화만 낸 것이 아니라 "서로" 말을 하면서 이 여자의 행위에 대하여 불평했다. 화를 낸 것도 죄인데 또 서로에게 그 화를 전달했으니 죄에 죄를 더한 것이다. 그들은 마리아가 예수님의 머리에 기름 부은 것이 "허비"라고 정죄한다. 다시 말해 마리아가 예수님의 몸에 기름을 부어 예수님의 장례를 미리 준비해드린 것이 허비라고 생각했다. 마리아의 행위가 최고로 값어치 있는 일인 줄 모르고 엉뚱하게 허비라고 생각한 것이다. 오늘도 이런 엉뚱한 생각들이 교회 안에 있다. 예수님의 십자가 복음을 전하는 일에 돈을 쏟아 붓는 것이 허비라고 주장하며, 구제하는 일, 사회 사업하는 일에 돈을 써야 한다고 목청을 높이는 사람들이 있다. 아직 어두운 사람들이다. 예수님의 십자가 죽음을 잘 증언할 때에 결국 구제도 잘 할 수가 있다.

막 14:5. 이 향유를 삼백 데나리온 이상에 팔아 가난한 자들에게 줄 수 있었겠도 다 하며 그 여자를 책망하는지라.

그들은 "서로"를 향하여 말을 하다가 이제는 "이 향유를 삼백 데나리온 이상에 팔아 가난한 자들에게 줄 수 있었겠도다 하며 그 여자를 책망했다." 여기 "책망하는지라"(ἐνεβριμῶντο)란 말은 미완료 시제로 '계속해서 책망하고 있었다,' '계속해서 꾸짖고 있었다'는 뜻이며, 제자들이 여자를 향하여 책망하는 것이 끝나지 않고 있음을 표현하는 말이다. 그들은 이 한 옥합의 향유를 300데나리온 이상을 받고 팔아서 가난한 자들에게 줄 수가 있지 않겠느냐고 말하면서 여자를 앞에 놓고 직접 책망했다. 마리아를 향한 그들의 심한 책망에 결국 예수님께서 개입하셔서 시정하신다(7-8절). 이들은 겉으로는 가난한 자를 구제하는 것이 옳지 않느냐고 했지만, 사실은 가룟 유다가 주동이 된 일인 만큼, 그가 돈을 훔쳐가기 위해서 그런 말을 했다고 생각함이 옳다(요 12:6). 영적으로 무지한 사람들은 좀 더 영적인 사람들을 이해하지 못하고 책망하며 불평한다. 그래서 교회 안에서도 말이 많아진다. 그런 때는 그리스도의 개입을 기대해야 한다.

막 14:6. 예수께서 이르시되 가만 두라 너희가 어찌하여 그를 괴롭게 하느냐 그가 내게 좋은 일을 하였느니라.

예수님은 본 절과 다음 절에서 제자들의 잘못을 시정하신다. 예수님은 먼저 그 여자를 책망하지 말고 "가만 두라"고 하신다. 다시 말해 '괴롭히지 말'라고 하신다. 이유는 "그가 내(예수님)게 좋은 일을 하였다"는 것이다. 마리아가 예수님의 몸에 향유를 부은 일은 예수님에게 "좋은 일"(καλὸν ἔργον)이라고 하신다. 첫째, 예수님의 장례를 미리 치른 것이니 예수님에게 좋은 일이라는 것이다. 예수님께서 우리를 위하여 십자가에 죽으실 것을 미리 알아 드리는 행위이니 예수님의 마음을 지극히 기쁘시게 하는 것이고, 희열에 넘치게 하는 일이니 예수님에게 좋은 일이라는 말씀이다. 둘째, 마리아가 예수님께 최대의 헌신을 하였으니 예수님께 좋은 일을 했다는 뜻이다. 우리는 지금도 예수님께 좋은 일을 해야 한다. 예수님께서 우리를 위해 죽으신 사실을 알아드리고 또 십자가의 대속의 죽음을 부지런히 전해야 한다. 문서전도도 하고 노방전도도 하고 강단 설교에서 열심히 십자가의 대속의 죽음을 전해야 하며 외국에 나가서 그리스도의 십자가를 전해야 한다. 강단에서 너무 도덕 설교, 윤리 설교에 치중해서는 안 될 것이다.

막 14:7. 가난한 자들은 항상 너희와 함께 있으니 아무 때라도 원하는 대로 도울 수 있거니와 나는 너희와 항상 함께 있지 아니하리라.

예수님은 제자들을 시정시키는데 있어 "가난한 자들은 항상 너희와 함께 있으니 아무 때라도 원하는 대로 도울 수 있다"고 하신다(신 15:11). 그러나 "나는 너희와 항상 함께 있지 아니하리라"고 하신다. '곧 죽으시겠다'고 하신다. 십자가에서 대속의 죽음을 죽으시겠다고 예언하신다. 그러니까 가난한 자 구제하는 일도 중요하지만 예수님의 십자가 대속을 알아드리고 전하는 것이 더 급선무라고 하신다. 예수님은 우리가 교회에서 무엇을 더 급하게 해야 할 것인지 가르쳐주셨다.

막 14:8. 그는 힘을 다하여 내 몸에 향유를 부어 내 장례를 미리 준비하였느니라.

예수님은 제자들을 시정하신(6-7절) 다음 이제 본 절과 다음 절(9절)에서 그 여자를 대단히 칭찬하신다. 예수님은 "그는 힘을 다하여 내 몸에 향유를 부어 내 장례를 미리 준비하였다"고 하신다. 예수님은 그 여자가 힘을 다한 것을 아신다. 마치 가난한 과부가 자기의 생활비 전부를 헌금함에 넣은 것을 아셨듯이(눅 21:1-4) 마리아가 힘을 다하여 매우 값진 향유 한 옥합을 가지고 와서 예수님의 몸에 부은 줄을 아셨다. 그리고 마리아는 힘을 다하여 예수님의 몸에 향유를 부어 예수님의 장례를 미리 준비했다고 말씀하신다. 장례식은 사람이 죽은 후에 치르는 것인데 마리아는 예수님께서 죽기 전에 몸에 향유를 부어서 예수님의 장례식을 먼저 치렀다고 하신다. 마리아는 예수님께서 죽으실 것을 미리 알아드린 여자였다. 마리아는 겸손한 여자였고 또 말씀을 사모하는 여자였기에(눅 10:39) 평소 말씀을 듣는 중에 예수님께서 일찍 죽으실 것을 예상했을 것이며, 또 더욱 중요한 것은, 성령께서 마리아에게 예수님의 죽음이 임박했다는 무슨 깨달음을 주셨을 것으로 보인다. 마리아는 이번 기회가 지나면 또 언제 예수님을 뵈올지, 혹시 이번이 마지막 기회일지도 모른다는 생각으로 향유를 부어드렸을 것이다. 우리는 예수님의 죽음을 제일 귀하게 여겨야 한다. 그 죽음을 전하기 위해서 우리의 재산을 바치고 우리의 시간을 바치며 우리의 노력을 바쳐야 한다.

막 14:9. 내가 진실로 너희에게 이르노니 온 천하에 어디서든지 복음이 전파되는 곳에는 이 여자가 행한 일도 말하여 그를 기억하리라 하시니라.

예수님은 귀한 말씀을 하시기 위해서 "내가 진실로 너희에게 이른다"고 하신다(3:28). 예수님은 마리아를 지극히 칭찬하신다. "온 천하에 어디서든지 복음이 전파되는 곳에는 이 여자가 행한 일도 말하여 그를 기억하리라"고 하신다. 예수님은 제자들을 향하여 '온 천하에 어디서든지 복음'을 전파하라고 하신다. 그러면서 복음을 전파하는 곳에서 마리아가 예수님의 몸에 기름을 부은 일을 말하여 마리아를 기억하라고 하신다. 복음이 전파되는 곳마다 마리아가 행한 일도 말해야 한다는 것이다. 대단한 칭찬의 말씀이다. 우리는 마리아가 행한 일을 기억해야 한다. 그가 행한 일을 잊지 말아야 한다. 예수님은 마리아가 자신의 죽음을 알아드린 것을 너무 기쁘게 생각하신 나머지 우리들에게도 그 여자를 기억하라고 하신다. 예수님은 자신을 사랑하신 사람을 잊지 않으신다. 우리는 주님의 죽음을 진정으로 알아드려야 한다.

3. 가룟 유다가 예수님을 넘겨주기로 약속하다 14:10-11

산헤드린 공의회가 공적으로 예수님을 잡아 죽이는 문제를 가지고 논의하면서 백성들의 폭동이 두려워 예수님을 죽일 날짜를 미루어놓고 있었는데(1-2절) 가룟 유다가 그들의 좋은 도움자로 나선다. 가룟 유다는 그들을 친히 찾아가 예수님을 넘겨주겠다고 약속한다. 이 부분은 마 26:14-16; 눅 22:3-6과 병행한다.

막 14:10. 열둘 중의 하나인 가룟 유다가 예수를 넘겨주려고 대제사장들에게 가매.

복음서 기자들은 자주 가룟 유다의 이름을 부르려고 할 때 "열 둘 중의 하나"라고 말한다(14:10, 20, 43; 마 26:14; 눅 22:3-4; 요 6:70-71). 이 말의 뜻을 두고 혹자는 가룟 유다가 열둘 중에 속하기는 했었으나 못된 사람이라는 것을 부각시키기 위해서였을 것이라고 주장하나, 그 보다는 열 둘 중에 한 사람이라는 것이 얼마나 놀라운 특권이고 얼마나 놀라운 은혜인데 엉뚱한 짓을 했다는 뜻으로 보아야 할 것이다. 열 둘 중에 하나라는 것은 참으로 놀라운 복이고 특권이다. 오늘 목사라고 하면 놀라운 성직이 아닐 수 없다. 그런데 때로는 "목사가 그런 짓을 했다"는 말을 듣는다. 부끄러운 일이 아닐 수 없다.

가룟 유다는 산헤드린 공의회 회원들이 예수님을 잡아서 죽이려는 계획이 난감해질 때 참으로 좋은 도움자로 나타난다. 그는 "예수를 넘겨주려고 대제사장들에게 갔다." 가룟 유다가 이런 행동을 한데는 여러 가지 원인이 있었던 것으로 보인다. 그 원인을 우리가 다 찾을 수는 없으나 첫째, 그의 기대가 완전히 무너졌다는 데서 그런 짓을 했을 것으로 보인다. 그는 예수님에게 기대를 걸고 3년이나 따랐는데 그의 생각에 예수님이야말로 너무 무기력해서 예루살렘에 정권을 세워서 유대나라를 로마에서 구해낼 것 같지 않아 배반하기로 한 것으로 보인다. 둘째, 돈을 사랑하므로 예수님을 배반하게 되었다(마 26:14-15). 예수님을 배반하면 다만 얼마의 돈이라도 생긴다는 생각에서 배반했지 않을까. 셋째, 가룟 유다의 마음에 사탄이 들어간 것이다(눅 22:3). 궁극적으로는 유다의 마음속에 사탄이 들어간 때문이다. 우리는 예수님을 믿으면서 세상적인 기대를 할 것이 아니고 또한 부자 되려는 생각으로 그리스도를 바라볼 것이 아니다. 우리는 오직 주님을 바라보며 좁은 길을 가야 한다.

막 14:11. 그들이 듣고 기뻐하여 돈을 주기로 약속하니 유다가 예수를 어떻게 넘겨줄까 하고 그 기회를 찾더라.

대제사장들과 서기관들과 그리고 장로들은 얼마나 좋았겠는가. 그들은 가룟 유다의 말을 "듣고 기뻐했다." 그들에게 가룟 유다의 말(예수님을 배반하게 된 동기, 예수님을 안전하게 잡아서 넘기는 장소를 말했을 것이며 또한 방법 등을 말했을 것이다)은 복음이 아닐 수 없었다. 그래서 그들은 "돈을 주기로 약속했다." 유다는 돈을 좋아했으니(마 26:15) 돈을 받는 것이 그에게는 기쁜 일이었다. 가룟 유다는 돈을 받기로 한 다음부터 "예수를 어떻게 넘겨줄까 하고 그 기회를 찾았다." 그에게 부과된 의무는 예수님을 잡아서 그들에게 넘겨주는 것이었다. 그는 계속해서 예수님을 넘겨줄만한 좋은 장소와 좋은 기회를 찾았다.

4. 제자들과 함께 유월절을 지키시다 14:12-21

11:20부터 바로 앞의 14:11까지는 고난 주간 화요일에 진행된 사건을 기록했는데 본 절부터는 고난 주간 목요일에 발생한 사건을 기록한다. 예수님은 제자들에게 최후의 만찬을 제자들로 하여금 준비하게 하시고(12-16절) 자신이 12제자 중의 한 사람에 의해서 팔릴 것을 예언하신다(17-21절). 이 부분은 마 26:17-25; 눅 22:7-13, 21-23과 병행한다.

막 14:12. 무교절의 첫날 곧 유월절 양 잡는 날에 제자들이 예수께 여짜오되 우리가 어디로 가서 선생님께서 유월절 음식을 잡수시게 준비하기를 원하시나 이까 하매.

"무교절의 첫날 곧 유월절 양 잡는 날," 곧 '고난 주간 목요일'이 되었다(마 26:17; 눅 22:7). 사실 "무교절의 첫날"은 니산월 15일을 지칭하는데, 때로는 "무교절의 첫날"이 아주 넓은 의미로 사용될 때에는 유월절 양 잡는 날 14일까지를 포함하기도 한다(출 12:18; 눅 22:7). 더욱이 본문에 "유월절 양 잡는 날"(출 12:6)이란 말이 뒤따라오므로 "무교절의 첫날"이 니산월 14일(목요일)을 지칭하는 것으로 보아야 한다.[30]

그런데 예수님과 제자들이 수요일에 무엇을 하셨는지에 대해서는 성경에서 침묵하고 있다. 아마도 베다니에서 제자들을 가르치기 위해서 하루 쉬셨을 것으로 보인다.

제자들은 목요일에 예수님께 여쭙기를 "우리가 어디로 가서 선생님께서 유월절 음식을 잡수시게 준비하기를 원하시나이까"라고 말씀드린다. "어디로 가서" 유월절을 준비해야 하겠습니까하고 여쭌 것이다. 그들이 "어디로 가서"라고 말하는 것을 보면 그들은 아직 베다니에 있었던 것이 확실하다. 그리고 그들이 "어디로 가서"라고 여쭌 것을 보면 예수님께서 제자들과 함께 매년 유월절을 충실히 지킨 것을 암시해준다. 그들이 "유월절을 준비해야할까요?"라고 여쭙지 않고 "어디로 가서 준비해야할까요"라고 여쭌 것은 예수님과 제자들은 매년 충실하게 유월절을 지켰다는 것을 암시하는 말이다.

---

30) 혹자는 "무교절의 첫날 곧 유월절 양 잡는 날"을 니산월 13일이라고 주장한다. 이유는 요 18:28의 "유월절 잔치를 먹고자 하여 관정에 들어가지 아니하더라"는 말 때문이라고 한다. 곧 최후의 만찬을 잡수신(요 13:1) 예수님께서 겟세마네 동산에서 기도를 마치시고 그 다음 날 새벽에 로마의 관정에 끌려가셨을 때 유대인들은 "유월절 잔치를 먹고자 하여 (이방인의) 관정에 들어가지 아니했다"는 기록을 보면 분명히 "무교절의 첫날 곧 유월절 양 잡는 날"이 니산월 13일이라는 것이다. 다시 말해 유월절을 먹는 날은 니산월 14일 저녁시간부터(목요일) 15일에 걸쳐 진행되는데 그들이 아직 유월절을 먹지 않았으니 그 때는 13일이라는 것이다. 그러나 그 날이 니산월 14일이라고 말해야 더 타당하다고 할 수 있다. 이유는 예수님께서 제자들과 함께 유월절을 이미 잡수셨는데(13:1) 유대인들이 아직 유월절 잔치를 먹지 않았다고 말한 요한복음 18:28의 말씀에 대한 해석은 두 가지가 있는데 그 어떤 해석을 취해도 본문이 주장하는 날은 니산월 14일 목요일로 보는 것이 옳아 보인다. 1)유대인들이 먹지 않았다는 유월절은 목요일 저녁의 것을 지칭하는 것이 아니라 7일 동안 매일 먹는 음식인 "차기가"(chagigah)를 의미한다는 주장이다(대하 30:22, 존 라일, 윌럼 헨드릭슨, 렌스키, 모리스). 2)유대인들은 목요일 저녁에 유월절을 먹어야 했음에도 불구하고 그들이 예수님을 잡아 결박하여 유대 교권주의자들의 심문을 거쳐 총독 관저에까지 오느라 유월절 먹는 시간을 놓쳤기에 이제라도 유월절을 먹어야 한다는 뜻으로 해석한다(존 라일, 윌럼 헨드릭슨). 이 두 해석 중에 둘째 해석이 더 타당한 해석으로 보인다.

막 14:13-14. 예수께서 제자 중의 둘을 보내시며 이르시되 성내로 들어가라 그리하면 물 한 동이를 가지고 가는 사람을 만나리니 그를 따라가서 어디든지 그가 들어가는 그 집 주인에게 이르되 선생님의 말씀이 내가 내 제자들과 함께 유월절 음식을 먹을 나의 객실이 어디 있느냐 하시더라 하라.

예수님은 "제자 중의 둘," 곧 '베드로와 요한'(눅 22:8)을 보내시며 이르시기를 "성내로 들어가라 그리하면 물 한 동이를 가지고 가는 사람을 만나리니 그를 따라가서 어디든지 그가 들어가는 그 집 주인에게 이르되 선생님의 말씀이 내가 내 제자들과 함께 유월절 음식을 먹을 나의 객실이 어디 있느냐 하시더라"고 명령을 내리신다. 첫째, "성내로 들어가라"고 하신다. 다시 말해 '예루살렘 성안으로 들어가라'는 명령이다. 유월절은 예루살렘 성 안에서 지켜야 함으로 그 안으로 들어가라고 하신 것이다. 둘째, "물 한 동이를 가지고 가는 사람"을 만날 것인데 그 사람을 따라가라고 하신다. 물 한 동이를 가지고 가는 사람은 남자 노예나 혹은 남자 아이를 지칭하는 말이다. 물동이를 나르는 사람은 보통 여자였는데 여기 "사람"(ἄνθρωπος)이란 말이 남성 명사인고로 남자 노예나 혹은 남자 아이를 지칭하는 말이다. 물동이를 가지고 가는 남자를 만나기는 물동이를 이고 가는 여자를 만나기보다는 비교적 쉬운 일이었다. 그러나 베드로와 요한이 성내로 들어가면 물 한 동이를 가지고 가는 남자를 만날 것이라고 하신 예수님의 말씀은 인간적으로 보면 참으로 허황한 명령이시다. 이유는 유월절에 수많은 사람이 우글거리는 예루살렘 성내에서 그런 사람을 만나기란 어려운 일이 아닌가. 그러나 그들이 예루살렘에 들어가서 어렵지 않게 그런 사람을 만나서 유월절을 준비했다(16절). 오늘도 우리가 예수님의 명령에 순종하기만 하면 다음의 문제는 예수님께서 하나하나 풀어주시고 해결해 주신다. 셋째, "어디든지 그가 들어가는 그 집 주인에게 이르되 선생님의 말씀이 내가 내 제자들과 함께 유월절 음식을 먹을 나의 객실이 어디 있느냐 하시더라"고 말하라고 명령을 내리신다. 성(姓)도 이름도 모르는 집 주인에게 이르기를 예수님의 말씀에 예수님이 제자들과 함께 유월절 먹을 객실이 어디 있느냐고 물어보라 하신다. 이 집의 주인은 아마도 예수님을 존경하는 사람인 것같이 보인다. 이유는 예수님께서 제자들을 통하여 그 사람에게 예수님 자신을 소개하시는 호칭을 보면 알 수 있다. 곧 "선생님의 말씀이 내가 내 제자들과 함께 유월절 음식을 먹을 나의 객실이 어디 있느냐'고 말씀하시는 것을 보면 그 집의 주인은 분명히 예수님에 대해서 호감을 가지고 있고 예수님의 교훈을 좋아하는 사람임에 틀림없다. 이 사람이 누구인가를 두고 전승을 통하여 전해 내려오는 여러 추측이 있으나 어디까지나 추측으로 보아야 한다. 여기 '나의 객실'이 란 말은 '나를 위한 방' 혹은 '나를 위해 준비해 놓은 방'을 지칭한다. 예수님은 '나를 위해 준비해 놓은 방'에서 제자들을 초청하여 유월절을 잡수시겠다고 하신다. 유월절 준비는 제자들이 한 것이 아니라 예수님께서 하신 것으로 보아야 하고 제자들은 다만 심부름만 했다. 예수님은 유월절을 준비하셨고 또 유월절 양으로 죽으셔서 만백성의 죄를 대속하셨다.

막 14:15-16. 그리하면 자리를 펴고 준비한 큰 다락방을 보이리니 거기서 우리를 위하여 준비하라 하시니 제자들이 나가 성내로 들어가서 예수께서 하시던 말씀대로 만나 유월절을 준비하니라.

"그리하면," 곧 '예수님의 명령대로 성내로 들어가서 물동이를 가지고 가는 사람을 따라 그 집 주인에게 예수님의 부탁을 전하면 "자리를 펴고 준비한 큰 다락방을 보일 것이라'고 하신다. 여기 "자리를 펴고'란 말은 '방안에 꼭 있어야 하는 가구가 갖추어져 있다'는 뜻으로 당시에 필요했던 모든 가구가 구비되어 있었다는 뜻이다. 주인은 가구가 갖추어진 준비한 큰 다락방을 보일 것이라고 하신다. "큰 다락방"(ἀνάγαιον)이란 말은 '이층에 있는 방'이란 뜻으로, 예수님께서 마지막 유월절을 기념하셨고 또 주의 만찬을 제정하셨으며 소위 유명한 다락방

강화를 하신 곳이다. 예수님은 바로 그 다락방에서 "우리를 위하여 준비하라"고 하신다. '예수님과 제자들을 위해서 유월절 음식을 준비하라'고 하신다.

베드로와 요한 두 사람은 "성내로 들어가서 예수께서 하시던 말씀대로 만나 유월절 음식(무교병, 포도주, 쓴 나물, 양념 등)을 준비했다." 예수님께서 명령하신 일에는 막힘도 없었고 제자들의 불순종도 없었다. 오늘 우리는 예수님께서 명령하시는 일에는 막힘이 없을 것을 알고 명령대로 순종해야 한다.

막 14:17. 저물매 그 열둘을 데리시고 가서.

"저물매," 곧 '목요일이 막 지나고 금요일이 시작되는 때에'(우리의 시간으로는 목요일 밤 12시가 되어야 금요일이 되지만 유대인들의 시간으로는 목요일 저녁 해질 때부터 금요일이 시작된다) 예수님은 베다니로부터 "그 열둘을 데리시고" 예루살렘 다락방으로 가신다(마 26:20). 예수님은 이제 마지막 유월절을 지키시고 죽으시기 위하여 제자들과 함께 그 다락방을 향해 가신다.

막 14:18. 다 앉아 먹을 때에 예수께서 이르시되 내가 진실로 너희에게 이르노니 너희 중의 한 사람 곧 나와 함께 먹는 자가 나를 팔리라 하신대.

예수님은 예루살렘의 다락방에 도착하셔서 우선 제자들의 발을 닦으신다(요 13:1-20). 그런 다음 다 "앉아(유대인의 식사 자세는 비스듬히 앉음) 먹을 때에" 예수님께서 말씀하시기를 "너희 중의 한 사람 곧 나와 함께 먹는 자가 나를 팔리라 하신다." 예수님은 '너희 열둘 중에 한 사람 곧 함께 유월절 식사를 하는 사람이 나(예수님)를 팔 것이라'고 넌지시 말씀하신다. 이렇게 넌지시 말씀해도 제자들 사이에서는 청천벽력과 같은 말씀이었다. 그러면 처음부터 직접 가룟 유다의 이름을 부르지 않으신 이유는 무엇인가. 아직도 유다에게 치명적인 타격을 주지 않으시고 회개를 촉구하시기 위함이다. 20절에서는 예수님께서 더욱 범위를 좁혀 "나와 함께 그릇에 손을 넣는 자"가 나를 팔리라고 하신다. 회개하지 않는 가룟 유다에게 예수님은 점점 범위를 좁혀나가신다. 예수님은 지금도 범죄자에게 채찍을 드실 때 가벼운 채찍부터 드시고 다음 점점 더 아픈 채찍을 드신다.

막 14:19. 그들이 근심하며 하나씩 하나씩 나는 아니지요 하고 말하기 시작하니.

　　　　제자들의 반응이 나타나기 시작한다. 첫째, 그들이 식사하다가 말고 "근심하게" 되었다. 이처럼 어처구니없는 말씀이 어디 있는가? 제자가 선생을 판다는 것은 있을 수도 없지 않은가. 그들은 근심하지 않을 수 없었다. 둘째, "하나씩 하나씩 나는 아니지요 하고 말하기 시작했다." 가룟 유다를 제외한 다른 제자들 한 사람 한 사람씩 제자들은 자기가 무어 잘 못한 것이 있는 게 아닌가하고 "나는 아니지요?"라고 여쭈었다. 예수님으로부터 "아니다"라는 확답을 듣고 싶어서였다. 셋째, 가룟 유다는 한참을 기다렸다가 "랍비여 내니이까"라고 질문한다(마 26:25). 마치 자기는 아닌 듯이 "랍비여 내니이까"라고 음흉스럽게 질문한다. 사람은 자기 속에 있는 것을 감추어 놓고 자기는 깨끗한 듯이 이렇게 음흉스럽게 질문할 수가 있다. 넷째, 요한은 예수님께 "주여 누구오니이까"라고 질문한다(요 13:25). 요한은 '자기는 분명히 아닌데 도대체 누구인가, 그런 괘씸한 사람이 있는가'하고 질문한다. 아무튼 여러 가지 반응이 나타났다. 오늘날에도 역시 세상 사람들의 반응은 가지각색이다.

막 14:20. 그들에게 이르시되 열둘 중 하나 곧 나와 함께 그릇에 손을 넣는 자니라.

　　　　예수님은 이제 18절의 말씀보다 더 범위를 좁혀서 "나와 함께 그릇에 손을 넣는 자"가 자신을 팔 사람이라고 하신다(시 41:9). 이제는 예수님께서 가룟 유다에게 마지막으로 경고하신 셈이다. 이 때 다른 제자는 예수님께서 넣는 그릇에 손을 넣지 않고 오직 유다의 손만 그 그릇에 넣어졌다. 더 피할 수 없게 된 것이다. 오늘 우리는 이 지경이 되기 전에 회개해야 한다. 그러나 가룟 유다는 끝까지 회개하지 않고 그냥 밖으로 나가버렸다(요 13:30).

막 14:21. 인자는 자기에게 대하여 기록된 대로 가거니와 인자를 파는 그 사람에게는 화가 있으리로다 그 사람은 차라리 나지 아니하였더라면 자기에게 좋을 뻔하였느니라 하시니라.

       예수님은 가룟 유다의 배신으로 교권주의자들에게 은 30에 팔리고 또 그들로부터 로마 병정에게 넘겨지지만 그러나 "인자는 자기에게 대하여 기록된 대로 가는 것"이라고 말씀한다(마 26:24; 눅 22:22). 여기 "인자"란 말은 '고난 받으시는 메시야'를 지칭하는데 예수님은 고난을 받으시는 메시야로서 예수님에 대해서 구약 여러 곳에 기록된 대로 죽으신다고 하신다. 구약 여러 곳(시 22편; 시 41편; 사 53장 등 수많은 구절들)에 예수님께서 택한 백성들을 위해서 대속의 죽음을 죽으실 것이라고 예언해 놓았다. 그렇게 예수님에 대해서 예언한대로 예수님은 죽으신다고 하신다.

       그러나 예수님은 예수님께서 구약 성경에 예언된 대로 죽으신다고 해서 가룟 유다에게 전혀 도덕적 책임이나 형벌이 없는 것은 아니라고 하신다. 예수님은 분명히 "인자를 파는 그 사람에게는 화가 있으리라"고 하신다. 어느 정도의 화가 있는가를 예수님은 바로 뒤에 말씀하신다. 곧 "그 사람은 차라리 나지 아니하였더라면 자기에게 좋을 뻔한" 정도의 화를 당한다고 하신다. 그가 현세적인 비참함(행 1:18)과 내세적인 불행(행 1:25)을 당한다는 것이다. 오늘도 세상에 나지 않았더라면 자기에게 더 좋았을 사람들이 많이 살고 있다. 이단자들의 괴수들과 반기독인들과 하나님을 부인하는 공산주의자들은 나지 않았더라면 더 좋았을 사람들이다. 그들은 세상에서 사는 날이 많으면 많을수록 더 비참하게 될 사람들이다(마 21:44).

5. 예수님께서 유월절 만찬을 잡수시다   14:22-25

예수님은 유월절 만찬을 잡수시면서 새롭게 성만찬의 법을 제정하신다 (22-25절). 예수님은 유월절 만찬을 성만찬의 법으로 제정하시면서 목요일 밤에 잡수셨다. 예수님께서 금요일 오전에 십자가에 달리셔야 하므로 하루 일찍 목요일 밤에 유월절 만찬을 잡수셨다. 예수님은 유월절 만찬을 잡수시면서 고기는 잡수시 지 않고 떡과 포도주만 드셨다. 이 부분은 마 26:26-29; 눅 22:14-20절과 병행한다. 고전 11:23-25 참조.

막 14:22. 그들이 먹을 때에 예수께서 떡을 가지사 축복하시고 떼어 제자들에게 주시며 이르시되 받으라 이것은 내 몸이니라 하시고.

"그들이 먹을 때에," 곧 '유월절 식사를 마칠 무렵에' 예수님은 새롭게 성만찬 예식을 제정하신다(마 26:26; 눅 22:19; 고전 11:23).[31] 예수님은 유월절을 지키는 것과 주의 만찬을 제정하신 것을 시간적으로 연결시키시며 또한 그 본질도 동일한 것임을 보이신다.

예수님은 식탁에서 무교병("떡") 한 조각을 집으시고 "축복하신다." 여기 "축복하신다"는 말은 '감사기도 하신다'(23절)는 뜻과 동일하다. 예수님은 무슨 일을 하시든지 하나님께 감사하시고(찬양하시고) 시작하신다. 예수님은 떡을 앞에 놓고 하나님께 감사기도 하시고 떼어 제자들에게 주신다. 그리고 말씀하시기를 "받으라 이것은 내 몸이니라"고 하신다. 예수님은 제자들을 향하여 떡 조각을 "받으라"고 하시면서 "이것(떡 조각)은 내 몸이니라"고 하신다. '이 떡 조각은 나를 상징하는 것이니 받으라'는 말씀이다. 이 떡 조각은 예수님의 몸이 아니다. 예수님의

---

31) 매튜 헨리는 말하기를 "성찬식은 제자들이 유월절 양을 배불리 먹고 난 후에 최초의 만찬 이 끝날 무렵에 제정되었는데 이것은 성찬이 육신의 식사를 의도하고 있지 않다는 것을 보여주기 위한 것이다"라고 말한다. 매튜 헨리, *마가복음. 누가복음*, 매튜헨리주석, 박문재 옮김 (고양: 크리스찬다이제스트, 2006), p. 272.

몸은 그대로 몸으로 있다. 천주교에서 말하는 것처럼 떡이 몸으로 변한 것은 아니다. 이 떡 조각이 몸으로 화했다면 예수님께서 말씀하시던 당시에 두 종류의 몸이 있었을 것이다. 손에 들려진 몸, 또 예수님의 몸. 그러나 손에 들려진 것은 몸이 아니라 떡이었다. 그런고로 예수님의 손에 들려진 떡은 예수님의 몸을 상징하는 상징물이었다. 다시 말해 예수님을 기념하는 기념물이었다(눅 22:19; 고전 11:24). 우리는 이 떡을 믿음으로 받을 때 예수님의 영(성령님)이 함께 하심을 알게 된다.

막 14:23-24. 또 잔을 가지사 감사기도 하시고 그들에게 주시니 다 이를 마시매 이르시되 이것은 많은 사람을 위하여 흘리는 나의 피 곧 언약의 피니라.

저녁 먹은 후에(눅 22:20; 고전 11:25) 예수님은 "또 잔을 가지사 감사기도 하시고 그들에게 주신다." 이 잔(포도주가 담긴 잔)은 이제 유월절 식사 중에 마지막 잔이었다. "잔"(ποτήριον)은 헬라어에서 '하나의 잔'이라고 쓰였는데 예수님은 그 하나의 잔을 가지시고 감사기도하시고 제자들에게 주셔서 돌려 마시게 하셨다. 예수님은 한 개의 포도주 잔을 가지고도 하나님께 감사하신다. 우리는 무슨 일을 하든지 하나님께 감사해야 한다. 제자들은 예수님께서 주신 잔을 받고 모두(가룟 유다는 없다) "잔을 마셨다." 이 잔에 들어있는 포도주는 그냥 포도주대로 있으면서 예수님의 피를 상징하는 것이었다. 결코 사제가 기도한다고 해서 포도주가 예수님의 살로 변하는 것은 아니다.

예수님은 말씀하시기를 "이것은 많은 사람을 위하여 흘리는 나의 피 곧 언약의 피니라"고 선언하신다. 여기 "이것"이란 말은 '예수님께서 감사기도에 의하여 거룩하게 된 포도주'를 지칭한다. 그리고 "많은 사람"이란 말은 말씀 그대로 '많은 사람'을 지칭하는 말이다(사 53:12; 마 1:21; 20:28; 막 10:45; 요 10:11, 14-15, 27-28; 17:9; 행 20:28; 롬 8:32-35; 엡 5:25-27). 결코 혹자가 주장하는 것처럼 '세상 모든 사람'을 지칭하는 말은 아니다. 성경은 만인(萬人) 구원을 말하지 않는다. 예수님을 믿는 사람들만 구원한다고 밝힌다(요 3:16). 그리고 "위하여"(ὑπέρ)란 말은 '...대신하여'라는 뜻으로 예수님의 피 흘리심은 우리를 대신하여 대신 흘리신다는 뜻이다. 그리고 본문에 "흘리는"(ἐκχυννόμενον)이란 말은 현재분사 수동태로 '계속해서 흘려지는'이란 뜻으로 예수님의 피 흘리심은 영원한 효과를 나타낼 것을 말한다. 예수님께서 십자가에서 흘리신 피는 지금도 여전히 대속의 효과를 지니고 있으며 무수한 사람을 구원하고 있다.

그리고 "나의 피 곧 언약의 피"란 말은(출 24:8; 레 17:11) '나(예수님)의 피'는 '언약(διαθήκης)의 피'란 뜻이다. 다시 말해 '내가 흘리는 피는 언약을 발효시키는 피'란 뜻이다.[32] 예수님께서 하루 뒤 금요일에 십자가에서 흘리실 피는 언약을 확증하고 발효시키는 피란 말이다. 사실은 예수님께서 십자가에서 흘리신 피만 언약의 피가 아니라 모세가 백성에게 뿌린 피도 역시 언약의 피인 것은 사실이다(출 24:8). 그러나 모세가 뿌린 피는 옛 언약을 확증하였고 예수님께서 십자가에서 흘리신 피는 새로운 언약을 확증하였다(sealed).[33] 이 점에 관하여

---

32) "예수님께서는 어떤 의미로 '새 언약'이라고 말씀하셨는가? 하나님은 구약 시대에 자기 백성이 제사장에게 동물을 희생 제물로 가져오면 그들의 죄를 용서하시겠다고 하셨다. 이 희생제도가 시작되었을 때에 하나님과 인간의 계약은 동물의 피로 확증되었다(출 24:8). 하지만 동물의 피 자체가 죄를 없앤 것은 아니었으며(오직 하나님만이 죄를 용서하실 수 있으셨다), 동물의 희생제사는 날마다 해마다 반복되어야 했다. 예수님은 '새 언약,' 즉 인간과 하나님 사이의 새로운 계약을 맺으셨다. 이 개념은 모든 신약 신약의 핵심이며, 이로 인해 신약 성경이라는 이름이 생기게 된다. 이 새 언약 아래서 예수님은 죄인들을 대신하여 죽으실 것이다. 동물의 피와는 달리 예수님의 피는(그 분은 하나님이시기 때문에) 그 분을 믿는 모든 이들의 죄를 참으로 제거할 것이다. 그리고 예수님의 희생은 결코 되풀이 될 필요가 없을 것이다. 이 희생은 영원히 그 효력을 발휘할 것이다(히 9:23-28). 선지자들은 구약의 희생제사로 맺은 계약을 완성할 이 새 언약을 고대하였으며(렘 31:31-34), 세례 요한은 예수님을 '세상 죄를 지고 가는 하나님의 어린 양'(요 1:29)이라고 불렀다"(브루스 B. 바톤, 마크 패클러, 네일 윌슨, 린다 K. 테일러, 데이비드 R. 비어만, *마가복음*(하), Life Application Bible Commentary, 박대영 역, 서울: 한국성서유니온선교회, 2003, p. 216).

33) 윌렴 헨드릭슨은 "사 복음서를 살펴보면 그리스도의 피와 그의 언약 사이의 관계가 맺어져 있음을 알 수 있다. 마태와 마가에 의해서 기록된 대로 예수께서는 '나의 언약의 피'라고 말씀하셨다. 이에 대한 것은 출 24:8과 레 17:11을 보라. 그리고 다음 내용을 유의하라. '피 흘림이 없은즉 사함이 없느니라'(히 9:22; 엡 1:7 참조). 그러므로 언약이 없이는

존 D. 그래믹은 "시내산에서의 옛 언약(모세의 언약)이 희생의 피로 그 효력이 발생했다면(출 24:6-8) 골고다에서 흘리신 예수의 피는 새 언약을 발효시켰다(렘 31:31-34). 이 언약은 예수를 믿는 믿음으로 하나님께 나아오는 사람에게 성령의 내주하심을 통해 죄를 용서받으며 하나님과의 사귐이 이뤄짐을 약속해준다. 언약(다아데케, διαθήκη)이란 서로 대등한 당사자들끼리의 합의에 사용되는 말이 아니라(이 경우에는 순데케, συνθήκη를 사용한다) 어느 한쪽의 주도하에서 이루어지는 것을 말한다. 여기에서는 하나님에 의해서 설정되는 관계를 의미한다. 언약의 다른 당사자(사람)는 그것을 변경시킬 수 없고 단지 그것을 받아들이거나 거부할 수 있을 뿐이다. 새 언약은 그리스도의 죽음에 근거하여 하나님이 사람을 대하시는 새로운 방법이다(히 8:6-13 참조)"라고 설명한다.[34] 비록 마가복음 본문에는 "새 언약"이란 말이 없지만 눅 22:20과 고전 11:25에는 "새"라는 글자가 "언약"이란 낱말 앞에 붙어있다. 그러니까 마가복음에 나오는 "언약"도 "새 언약"임에 틀림없다. 하나님은 선지자를 통하여 "새 언약"(렘 31:31), "영원한 언약"(겔 16:60)을 예언하셨다. 그리스도의 피로 말미암는 새 언약은(눅 22:20) 이스라엘 백성에 한하지 않고 세계 만민에게 주어졌으며 이 새 언약의 피는 유대인과 이방인을 구별하지 않고 믿는 자들의 죄를 영원히 사하는 능력을 가지고 있다(마 26:28). 아직도 죄 사함을 받지 못하는 사람이 있다고 하면 그 자신에게 책임이 있다(히 9:22). 새 언약의 피가 영원히 흐르고 있지 않은가.

그런데 혹자는 예수님의 피가 사람의 죄를 사하고 또 하나님과의 교제를 발효시키는 것을 믿으면서도 다른 한편 믿는 자들에게 약속된 물질적인 복들은

하나님과 그의 백성 사이에 특별한 교제도 없다. 하나님과 화해는 언제나 피, 즉 속죄의 희생을 요구한다. 사람은 스스로 그러한 희생의 값을 치를 수 없기 때문에 믿음으로 받아진 대속물이 요구되어진다(사 53:6, 8, 10, 12; 마 20:28; 막 10:45; 요 3:16; 6:51; 롬 4:19; 8:32; 고후 5:20-21; 갈 2:20; 3:13; 벧전 2:24)"고 말한다. *마가복음* (하), 최태영 옮김, p. 331.

34) 존 D. 그래믹, *마가복음*, 두란노강해시리즈 20, 김도훈 옮김, 서울: 두란노서원, 1988.

신약시대에 성취되지 않았고 그리스도가 재림하여 이스라엘 백성과 함께 천년왕국 시대에 성취될 것이라고 주장하나 그리스도의 십자가의 죽음을 통하여 지금 벌써 성취되었고 허락되었다고 믿어야 한다(10:29-30).

여기 잔은 예수님의 피를 상징하는 것이고 따라서 언약의 피를 상징하고 기념한다. 잔속에 있는 포도주는 사제가 기도할 때에 그리스도의 피로 변하는 것이 아니라 그냥 포도주대로 있고 또 예수님의 피는 피대로 있는 고로 잔은 그리스도의 피를 상징하고 있는 것이다. 천주교에서는 사제가 기도할 때 잔 안에 들어있는 포도주가 그리스도의 피로 변한다고 주장하나 결코 성립될 수 없는 학설이다. 우리는 잔을 들면서 그리스도께서 대속의 피를 흘린 것을 기념하는 것이다. 우리가 기념할 때에 성령님께서 역사하셔서 은혜를 받는다.

막 14:25. 진실로 너희에게 이르노니 내가 포도나무에서 난 것을 하나님 나라에서 새 것으로 마시는 날까지 다시 마시지 아니하리라 하시니라.

예수님은 다시 중대한 발표를 하시기 위하여 "진실로 너희에게 이르노니"라고 하신다(3:28). 그 중대한 발표는 다름 아니라 "내가 포도나무에서 난 것을 하나님 나라에서 새 것으로 마시는 날까지 다시 마시지 아니하리라"는 말씀이다. "내가 포도나무에서 난 것"이란 말은 문맥에 의하여 '포도주'를 가리키는 말이다(사 24:7 참조). 예수님은 본 절에서 두 가지를 말씀하신다. 첫째, 성만찬에서 잡수신 포도주를 지상에서는 "다시 마시지 아니하시겠다"고 하신다. 이제는 유월절 식사도 그리고 성만찬도 다시는 땅위에서는 가지지 않고 우리를 대신하여 죽으시겠다는 것을 강하게 발표하신다. 예수님은 우리를 대신하여 죽으시기를 열망하신다. 둘째, 앞으로 "하나님 나라에서 새것으로 마시는" 날이 있을 것이라고 하신다. 우리가 앞으로 하나님 나라(시 73:24-25; 행 7:56, 59; 고후 5:8; 빌 1:21, 23; 히 12:23; 계 20:4-5)에서 새로운 교제를 할 것을 예언하신다. 오늘 우리는 성만찬을 가지면서 예수님께서 우리를 대신해서 죽으신 것과 또 앞으로 천국에서 주님께서 베푸시는 교제의 상에 참여할 것을 생각하며 소망 중에 살아야 한다.

6. 감람산에서 제자들과 대화하시다 14:26-31

예수님은 성만찬을 마치시고 제자들과 함께 감람산으로 가신다. 예수님은 감람산에서 제자들이 자신을 배신할 것을 예언하신다. 그러나 베드로는 다른 제자들이 다 주님을 버려도 자신만은 절대로 예수님을 버리지 않을 것이라고 장담한다. 그러나 주님은 베드로가 세 번 주님을 부인할 것을 예언하신다. 그 때 베드로와 다른 제자들은 결코 주님을 부인하지 않겠다고 힘주어 말한다. 이 부분은 마 26:30-35; 눅 22:31-34과 병행한다.

막 14:26. 이에 그들이 찬미하고 감람산으로 가니라.
예수님과 제자들은 유월절 음식을 먹고 또 주의 성찬을 마치시고 또 예수님께서 다락방 강화를 하시고(요 14:-16:) 대제사장으로서의 기도를 하나님께 드리신(요 17장) 다음 할렐(Hallel)의 후반부(시 115-118)를 부르며 감람산으로 향하신다(마 26:30). 더 정확하게 말하자면 예루살렘서 기드론 시내를 건너 감람산 기슭에 위치한 겟세마네 동산으로 찬미를 부르며 갔다(32절). 예수님께서 그곳에 가신 이유는 항상 하시던 습관대로 기도하시기 위함이었다(눅 22:39). 마지막 십자가를 앞두고 기도로 끝마치시기를 원하신다.

막 14:27. 예수께서 제자들에게 이르시되 너희가 다 나를 버리리라 이는 기록된 바 내가 목자를 치리니 양들이 흩어지리라 하였음이니라.
예수님은 본 절과 다음 절(28절)에서 제자들이 자신을 버릴 것을 예언하신다(마 26:31). 그들이 예수님을 버릴 수밖에 없는 것은 구약 성경에 예언된 말씀을 이루기 위함이라고 하신다. 구약 스가랴 13:7에 보면 "내가 목자를 치리니 양들이 흩어지리라"고 하였다. 곧 '하나님께서 백성들의 목자 되신 예수를 칠 것이니 양들이 흩어지리라'고 예언되었기에 제자들이 다 예수님을 버릴 것이라고 하신다. 하나님은 우리를 위하여 그 아들 예수님을 때리시고 치시며 징벌하신다(롬 8:32). 하나님은 우리를 위하여 그 아들을 내어주신다. 예수님께서 하나님으로부터 치심을 당하시고 징벌을 당하실 때에 제자들은 사방으로 흩어지고 도망하고 말았다 (14:50). 예수님의 우리를 위한 대속은 누구의 도움이나 협조를 받아 이룩하시는 것이 아니라 홀로 이루셔야 했으므로(단독사역) 제자들은 다 흩어져야 했다.

막 14:28. 그러나 내가 살아난 후에 너희보다 먼저 갈릴리로 가리라.

"그러나," 곧 '제자들이 예수님을 버리고 흩어지기는 하지만' 결코 실망스럽게 영원히 흩어져버릴 것이 아니라 "내(예수)가 살아난 후에 너희보다 먼저 갈릴리로 가리라"고 하신다(16:7). 예수님은, 1)제자들에게 자신이 부활하시리라는 소망을 주셨고, 또 2)제자들보다 앞서 갈릴리로 가서서 제자들로 하여금 새로운 출발을 갖게 해주시겠다고 하신다. 예수님은 끝까지 제자들에게 두 가지의 소망스러운 음성을 들려주신다. 실제로 예수님은 부활하신 후에 갈릴리에서 제자들을 만나주셨고(마 28:16) 또 고기잡이 하러 갔던 베드로 일행을 회복시켜 주셨다(요 21:1-23). 예수님은 제자들이 예수님을 버리리라는 말씀만(앞 절) 하신 것이 아니라, 소망에 넘치는 말씀으로 위로하여 주신다.

막 14:29. 베드로가 여짜오되 다 버릴지라도 나는 그리하지 않겠나이다.

베드로는 예수님의 말씀을 듣고 심히 자존심이 상했던 것으로 보인다(27-28절). 그는 "다 버릴지라도 나는 그리하지 않겠나이다"라고 말하여 자존심을 회복해 보려고 한다(마 26:33-34; 눅 22:33-34; 요 13:37-38). 그러나 베드로는 세 가지면에서 겸손한 자가 가져야 하는 심리를 이탈하고 있었다. 하나는, 예수님께서 말씀하신 예언을 불신하는 태도를 가지고 있었다("너희가 나를 버리리라"는 말씀에 대한 불신앙을 가지고 있었다). 또 하나는, 다른 제자들하고는 자기가 다르다는 것을 은근히 들어낸다. 다시 말해 그는 우월감을 가지고 있었다. 그리고 마지막 하나는, 너무 인간적인 자신감에 가득 차 있었다. 사람이 이렇게 그리스도의 말씀을 불신하고 또 다른 사람하고는 다르다는 우월감을 가지고 있으며, 또 지나친 자신감으로 충만할 때 반드시 넘어진다. 우리는 자신을 살펴야 한다.

막 14:30. 예수께서 이르시되 내가 진실로 네게 이르노니 오늘 이 밤 닭이 두 번 울기 전에 네가 세 번 나를 부인하리라.

예수님은 교만한 베드로를 향하여 중대한 선언을 하시기 위하여 "내가 진실로 네게 이르노니"라고 말씀하신다(3:28). 이제 이어 나오는 말씀은 중대선언이시다. 곧 "오늘 이 밤 닭이 두 번 울기 전에 네가 세 번 나를 부인하리라." 그가 그토록 교만하지만 않았더라면 예수님을 세 번이나 부인하지 않고 그냥 다른 제자들처럼 말없이 도망했을 것이다. 우리는 세상에 살면서 예수님의 말씀을 거역해서는 안 되며 또한 다른 사람들보다는 우월하다는 우월의식을 가지지 말아야 할 것이며 오히려 다른 사람을 나보다 낫게 여겨야 할 것이다(빌 2:3).

우리는 주님의 정확한 예언을 접하고 그리스도를 절대적으로 의지해야 한다. 주님께서 베드로를 향하여 "오늘 이 밤 닭이 두 번 울기 전에 네가 세 번 나를 부인하리라"고 하신대로 베드로는 정확하게 예수님을 부인하고 말았다는 것을 생각하고 위대하신 그리스도를 믿으며 그리스도만을 높이며 살아야 하겠다.

막 14:31. 베드로가 힘 있게 말하되 내가 주와 함께 죽을지언정 주를 부인하지 않겠나이다 하고 모든 제자도 이와 같이 말하니라.

베드로는 다시 그리스도를 힘 있게 거역한다. "내가 주와 함께 죽을지언정

주를 부인하지 않겠나이다"라고 말한다. 그는 "주님과 함께 죽을지언정"이라고 극단적인 언사를 사용하면서 자기의 의지를 믿는다. 자기를 믿는 사람은 결국 꺾이고 만다. 우리가 약함을 느낄 때에 주님을 더욱 의지하게 되는 것을 알고 우리 자신들은 무한히 약한 자들임을 알아야 할 것이다.

그런데 베드로만 그런 것이 아니라 "모든 제자도 이와 같이 말했다"고 마가는 전한다. 아마 다른 제자들의 자존심도 거의 베드로 수준에까지 올라갔던 것으로 보인다. 베드로가 저 정도로 나오는데 자기들은 가만히 있어서 예수님에게 불충성하는 것이 보여서는 안 될 것처럼 생각되었던 것으로 보인다. 그래서 베드로를 따라서 큰 소리를 친 것이다. 그들은 결국 다 예수님을 버리고 도망하고 말았다 (14:50). 그러나 그들은 베드로와는 달리 예수님을 부인하거나 저주하지는 않고 그냥 도망가기만 했다.

7. 겟세마네 동산에서 기도하시다 14:32-41

예수님은 제자들과 함께 다락방에서 마지막 만찬을 잡수시고(22-26절) 찬미하면서 감람산으로 오신 후 겟세마네라 하는 곳으로 옮기셔서 기도하시기 전 제자들을 한 곳에 있게 하시고 세 제자들을 데리고 가시면서 그의 심경을 밝히신다. 그는 심각한 고민을 세 제자들에게 말씀하시면서 세 제자들에게 시험에 들지 않도록 기도하라고 부탁하신다. 그러나 그들은 예수님께서 기도하시는 내내 잠을 자고 말았다. 이 부분은 마 26:36-45; 눅 22:39-46과 병행한다.

막 14:32. 그들이 겟세마네라 하는 곳에 이르매 예수께서 제자들에게 이르시되 내가 기도할 동안에 너희는 여기 앉아 있으라 하시고.

예수님과 제자들은 감람산의 서쪽 기슭에 자리 잡고 있는 겟세마네(기름 짜는 곳, 또는 기름 짜는 틀이란 뜻)라고 하는 곳에 이르자 제자들에게 "내가 기도할 동안에 너희는 여기 앉아 있으라"고 부탁하신다(마 26:36; 눅 22:39; 요 18:1). 예수님은 십자가의 죽음을 앞두고 "기도하시겠다"고 하신다. 예수님은 항상 그의 사역 중에 기도하기를 힘쓰셨다(1:12-13; 6:46). 예수님은 큰 일 때마다 기도하셨다. 그는 세례 받으실 때 기도하셨고(눅 3:21) 또 사도들을 택하실 때 기도하셨으며(눅 6:12-13) 이번에 십자가를 앞두시고 기도하신다. 우리는 크고 작은 일을 앞두고 기도해서 감당해야 한다.

예수님은 십자가 대속의 죽음을 앞두시고 기도하시려고 자리를 옮기실 때 제자들 8명을 한 자리에 남겨놓으시면서 "너희는 여기 앉아 있으라"고 하신다. 3명의 제자들을 데리고 조금 떨어진 곳으로 옮기시면서(다음 절) 8명의 제자들에게 기도를 시키지 않으시고 그냥 "앉아 있으라" 하신다. 예수님은 11명 제자들과 함께 기도하시지 않으셨다. 통성기도나 돌아가면서 한 사람씩 기도하지 않으시고, 단독으로 기도하셨다. 이유는 십자가 대속의 죽음을 홀로 감당해야 했기 때문이다. 혹자는 예수님께서 3명의 제자들에게 기도하게 하지 않으셨느냐(34절, 37절)고 반문할지 모르나 그 기도는 제자들로 하여금 시험에 들지 않게 기도를 시키신 것뿐이다. 예수님은 홀로 우리의 죄를 담당하셨다. 할렐루야!

막 14:33-34a. 베드로와 야고보와 요한을 데리고 가실 새 심히 놀라시며 슬퍼하사 말씀하시되 내 마음이 심히 고민하여 죽게 되었으니.

예수님은 11제자들 중에서 베드로와 야고보와 요한 세 제자를 데리고 약간 거리가 떨어진 장소로 옮기시면서 "심히 놀라시며 슬퍼하시는" 모습을 보이신다. 예수님께서 이렇게 세 제자들에게만 좀 더 자신을 보여주신 것은 이번이 처음이 아니라 과거 아이로의 딸을 고치실 때(5:37)나 변화산에서(9:2)도 보여주셨다. 예수님은 지금도 그 어떤 종들에게는 더 자신을 보여주시고 계시를 더 깨닫게 해주신다.

예수님께서 이 세 제자들에게 그의 심경을 보여주신 것은 그가 인류의 죄를 대신 지시는 것이 쉬운 것이 아님을 알려주시기 위한 것이다. 예수님은 "심히 놀라셨다." 예수님은 이 때 인류의 죄를 대신 지신 분으로서 최초의 충격을 받으신 것으로 보인다. 우리 한 사람의 죄의 무게를 느낄 때에도 엄청난 충격인데 수많은 사람들의 죄악을 한꺼번에 느끼시는 것이니 엄청난 충격을 받으셨을 것이다. 예수님은 죄가 없으신 분이니 더 심하게 느끼셨다. 그리고 예수님은 "슬퍼하셨다." '수많은 사람들의 죄를 대신 지시고 고민을 하신 것이다.' 죄는 사람을 심하게 괴롭게 만든다. 죄처럼 사람을 괴롭게 만드는 것은 없다.

그리고 예수님은 제자들에게 "내 마음이 심히 고민하여 죽게 되었으니 너희는 여기 머물러 깨어 있으라"고 하신다(요 12:27). 예수님은 "내 마음이 심히 고민하여 죽게 되었다"고 하신다. 고민이 너무 심하여 죽을 지경에 이르렀다는 뜻이다(히 5:8). 죄로 말미암은 고민은 회개한 사람만이 잘 알 수 있다. 회개한 사람, 죄를 자복해본 사람은 그 마음속에 남아있는 죄가 사람을 죽을 지경에 이르게 한다는 것을 안다. 그는 그 자신이 죄로 삼음이 되셨기에 심각한 고민에 빠지셨다(고후 5:21). 그래서 바울은 "오호라, 나는 곤고한 사람이로다. 누가 이 사망의 몸에서 나를 건져내랴"고 했다(롬 7:24). 예수님은 "다 이루었다"고 외치실 때까지 그는 택한 백성들의 셀 수도 없는 죄를 지시고 고통을 당하셨다(요 19:30).

막 14:34b. 너희는 여기 머물러 깨어 있으라 하시고.

예수님은 3제자(베드로, 야고보, 요한)에게 여기 머물러 있으면서 "깨어 있으라"고 하신다. 곧 '깨어서 기도하라'고 부탁하신다. 주님은 주님의 십자가 죽음을 돕기 위해 기도하라고 하신 것이 아니라 제자 자신들이 예수님을 부인하는 일을 하지 않도록 기도하라고 부탁하신 것이다. 우리도 역시 예수님을 부인하지

않기 위해서는 기도해야 한다. 다른 말로 해서 죄를 짓지 않기 위해서 기도해야
한다.

**막 14:35. 조금 나아가사 땅에 엎드리어 될 수 있는 대로 이때가 자기에게서
지나가기를 구하여.**

예수님은 조금 나아가서서(돌 던질 만큼의 거리-눅 22:41) 땅에 엎드리어
"될 수 있는 대로 이때가 자기에게서 지나가기를 구하신다." '될 수 있는 대로
십자가 죽음의 기회가 그냥 지나가기를 구하신다.' 상상할 수 없는 그 고통의
기회가 그냥 지나가기를 구하는 것은 당연한 소망이었다. 인류의 죄를 대신 지신
그 고통은 너무 엄청난 고통인고로 지나가기를 소원하는 것은 무리가 아니었다.

**막 14:36. 이르시되 아빠 아버지여 아버지께는 모든 것이 가능하오니 이 잔을
내게서 옮기시옵소서 그러나 나의 원대로 마옵시고 아버지의 원대로 하옵소서
하시고.**

예수님은 먼저 아버지 하나님의 능력을 알아드린다. "아빠 아버지여(롬
8:15; 갈 4:6) 아버지께는 모든 것이 가능하다"고 하신다. 하나님은 모든 것이
가능하신 분임을 믿으시면서 기도하신다(히 5:7). 다음 예수님은 "이 잔을 내게서
옮기시옵소서"라고 소원을 아뢰신다. 십자가 고난을 면케 해주시라는 기도를 하신
다. 그리고 다음 "그러나 나의 원대로 마옵시고 아버지의 원대로 하옵소서"라고
아버지의 뜻에 굴복하신다(요 5:30; 6:38). 우리도 역시 아버지의 소원대로 이루어지
기를 위해 기도해야 한다.

**막 14:37. 돌아오사 제자들이 자는 것을 보시고 베드로에게 말씀하시되 시몬아
자느냐 네가 한 시간도 깨어 있을 수 없더냐.**

예수님은 기도하신 다음 세 제자들이 있는 곳으로 돌아오셔서 제자들이
자고 있는 것을 보시고 베드로에게 말씀하시기를 "시몬아 자느냐 네가 한 시간도

깨어 있을 수 없다냐고 가볍게 책망하신다. 베드로가 이 때 한 시간만 기도했더라면 예수님을 부인하거나 저주하지 않았을 것이다. 예수님은 그가 예수님을 부인할 것을 아시고 기도하기를 부탁하셨다. 우리는 쉬지 말고 기도해서 죄를 짓지 않아야 한다.

막 14:38. 시험에 들지 않게 깨어 있어 기도하라 마음에는 원이로되 육신이 약하도다 하시고.

예수님은 이제라도 "시험에 들지 않게 깨어 있어 기도하라"고 하신다. 예수님은 앞으로 두 번 더 기도하실 것을 예상하시고 제자들로 하여금 기도하라고 말씀하신다. 그런데 예수님은 제자들이 기도하지 못하는 원인을 말씀하시면서 동정하신다. 곧 "마음에는 원이로되 육신이 약하도다"라고 말씀하신다(롬 7:23; 갈 5:17). 다시 말해 마음에는 기도하기를 원하고 있는데 "육신이 약해서" 기도하지 못하고 있구나 하고 동정하신다. 여기 "육신이 약하다"는 말씀은 '육체가 약하다'35) 는 뜻이다. 결코 사람의 부패성 때문에 선에 대하여 약하다는 것을 뜻하는 말은 아니다. 마음으로는 예수님을 부인하지 않고 기도하고 싶어도 육체가 따라가 주지 않는다는 뜻이다(다음 절 참조).

막 14:39. 다시 나아가 동일한 말씀으로 기도하시고.

예수님은 세 제자들을 그냥 두시고 다시 전에 기도하시던 장소로 나아가 "동일한 말씀으로 기도하신다." 예수님께서 동일한 말씀으로 기도하시는 것은 중언부언이 아니다. 중언부언하는 기도는 아무 생각 없이 기도를 반복하는 것을

---

35) 렌스키는 "(사람의) 영은 시험을 견지해 나가고 정복하기를 간절히 원하나 우리의 육신은 약하여 시험에서 완전히 무력한 것이니 우리의 육신은 영에 대하여 무겁게 끄는 무서운 방해물이 된다. 깨어서 기도하라고 부르시므로 예수님은 그들의 영을 완전히 활동하도록 자극시키고자 하였다. 잠이 오고 마음에는 깊은 근심이 생기는 졸음은 육신의 정욕을 왕성케 하였다. 그래서 예수님의 말씀은 이 육신에 대하여 경성시킨 것이다. 그들의 시련의 시험은 눈앞에 방금 오고 있었다"고 말한다(렌스키 p. 246).

말한다. 기도를 오래 해야 하나님께서 들으실 줄 생각하고 시간을 끌며 오래오래 기도하는 것을 지칭한다. 우리는 성령께서 인도하시는 대로 반복해서 기도할 수도 있음을 알아야 한다(고후 12:8).

막 14:40. 다시 오사 보신즉 그들이 자니 이는 그들의 눈이 심히 피곤함이라 그들이 예수께 무엇으로 대답할 줄을 알지 못하더라.

　　예수님께서 기도를 마치시고 두 번째 오셔서 그 세 제자들이 자고 있는 것을 보신다. 그들이 자고 있었던 이유는 "그들의 눈이 심히 피곤하기" 때문이라고 하신다. 밤이 깊어 그들의 눈이 심히 피곤하여 갔는데도 그들은 예수님께 어떻게 대답할지 몰라서 쩔쩔 매었다.

막 14:41. 세 번째 오사 그들에게 이르시되 이제는 자고 쉬라 그만 되었다 때가 왔도다 보라 인자가 죄인의 손에 팔리느니라.

　　예수님은 세 번째 기도하신 후에 제자들에게 오셔서 그들에게 말씀하시기를 "이제는 자고 쉬라 그만 되었다 때가 왔도다 보라 인자가 죄인의 손에 팔린다"고 하신다(요 13:1). 예수님은 첫째, "이제는 자고 쉬라"고 하신다. "이제는 자고 쉬라"(καθεύδετε τὸ λοιπὸν καὶ ἀναπαύεσθε)는 말씀에 대해서는 많은 해석이 시도되었다. 그 중에서 브루스(F.F. Bruce)의 해석을 택하는 것이 제일 나을 듯하다. 그는 "나로서는 이제는 너희들이 계속해서 쉬어도 괜찮다. 더 이상 너희들에게 무엇이라고 권하겠는가?"라고 해석한다. 다시 말해 예수님은 제자들에게 지금까지 잔 것처럼 계속해서 자고 쉬어도 괜찮다고 하시며 더 이상 그 문제에 대해 무어라 말하지 않겠다고 하신다. 이제는 제자들 편에서 깨어서 기도할 시간이 지났다는 뜻으로 이렇게 말씀하신 것으로 보인다. 둘째, "그만 되었다"(ἀπέχει)고 하신다. 이 말씀에 대하여도 역시 많은 해석이 시도되었는데 '이만하면 충분히 잔 것이다'라고 말씀하시는 것으로 보인다. 셋째, "때가 왔도다"라고 하신다. "때가 왔도다"란 말은 죽음의 때가 왔다는 뜻이다(35절). 주님은 이제는 그 죽음의 "때"를 두려워하지 않으시고 담대하게 맞이하고 계신다. 세 차례에 걸쳐 기도하신 주님의 태도는 이제 더욱 적극적으로 죽음의 때를 맞이하신다. 그리고 마지막 네 번째, "보라 인자가 죄인의 손에 팔리느니라"고 하신다(8:31; 9:31; 10:33-34). 예수님은 제자들을 향하여 눈으로 "보라"고 하신다. 가룟 유다 일행이 온 것을 "보라"는 뜻이다. 현실이 드디어 다가왔다고 하신다. 예수님은 '인자(메시야)가 죄인들의 손들(가룟 유다의 손과 무리들의 손) 안으로 팔리신다'고 말씀하신다. 혹자는 여기 "죄인의 손"을 '가룟 유다의 손'이라고만 해석하나 '여러 죄인들의 손들'로 보아야 한다. 이유는 "죄인의 손"(τὰς χεῖρας τῶν ἁμαρτωλῶν)이란 말이 '죄인들의 손들'이라고 복수로 되어 있기 때문이다. 예수님은 이제 가룟 유다와 무리들의 손 안으로 팔리신다는 뜻이다.

XXXIV. 예수님께서 체포되셔서 재판을 받으시다 14:42-15:14

예수님은 그가 체포되시기 전에 여러 가지 사건들을 맞이하신(1-41절) 후 이제는 드디어 체포되시고(42-52절), 대제사장들 앞에서 재판을 받으시며(53-65절), 제자들로부터 부인을 당하신다(66-72절). 그리고 예수님은 빌라도 법정에서 재판을 받으신다(15:1-14).

1. 예수님께서 배반당하시고 체포되시다 14:42-52

유다는 예수님을 체포하기 위해서 산헤드린 공의회로부터 파송 받은 무리들과 함께 겟세마네로 와서 무리들로 하여금 예수님을 잘 체포하도록 솔선해서 돕는다. 한편 예수님 옆에 있던 베드로는 예수님께서 무리들에게 잡히실 때 칼을 빼어 대제사장의 종의 목을 치려다 빗맞아서 귀를 베어버렸다. 예수님은 베드로에게 칼을 쓰지 말라고 충고하시고 그 종을 고쳐주신다. 예수님께서 체포되신 후 제자들은 다 예수님을 버리고 도망치고 또한 예수님을 따르던 한 청년까지 도망쳤음을 볼 때 당시의 분위기는 예수님을 따르던 사람들이 다 도망치는 분위기였다. 사람들은 그리스도의 대속의 죽음에 아무런 도움도 드리지 못했고 예수님 홀로 대속을 이루셨다. 이 부분은 마 26:46-56; 눅 22:47-53과 병행한다.

막 14:42. 일어나라 함께 가자 보라 나를 파는 자가 가까이 왔느니라.

　　예수님은 제자들에게 "일어나라 함께 가자"고 권유하신다(마 26:46; 요 18:1-2). 가룟 유다와 무리들이 예수님을 잡으러 오는데 그 사람들을 맞이하기 위하여 함께 가자고 하신다. 예수님은 바로 이 순간을 위해 하늘 영광을 버리고 오셨으니 이제 함께 가자고 하신 것이다. 예수님은 "나(예수님)를 파는 자(유다)가 가까이 왔느니라"고 하시며 자신을 잡으려고 온 유다를 만나러 가자고 담담히 말씀하신다. 예수님은 동산에서 기도로 준비하셨기에 이제 담대히 유다를 만나러 가신 것이다.

막 14:43. 예수께서 말씀하실 때에 곧 열둘 중의 하나인 유다가 왔는데 대제사장들과 서기관들과 장로들에게서 파송된 무리가 검과 몽치를 가지고 그와 함께 하였더라.

　　본 절부터 46절까지는 예수님께서 체포당하시는 과정을 보여주고 있다. "예수께서 말씀하실 때에," 곧 '예수님께서 제자들과 말씀하시는 중에'(41-42절) "열둘 중의 하나인 유다가 왔다"(마 26:47; 눅 22:47; 요 18:3). 여기 마가가 유다를 "열둘 중의 하나"(14:10, 20, 43; 마 26:14; 눅 22:3; 요 6:70-71)라고 표현한 것은 유다의 특권이 얼마나 놀라운 특권이고 얼마나 놀라운 은혜인데 엉뚱한 짓을 했다는 것을 암시한다(10절 주해 참조). 열 둘 중에 하나라는 것은 참으로 놀라운 복이고 특권이었다. 유다는 너무 엉뚱한 사람이었다.

유다는 "대제사장들과 서기관들과 장로들"(유대나라의 최고 의결기관의 구성원들)로부터 파송된 무리와 함께 동행 했는데 그 무리는 검과 몽치를 가지고 함께 왔다. 검(칼)은 로마 군인들이 동행한 것을 암시하고 몽치는 성전 수비대가 동행한 것을 암시하고 있다. 그리고 산헤드린 공의회의 회원들도 몇 명 동행했을 것으로 보인다. 예수님의 제자들을 제어하기 위해서는 그래도 상당한 병력이 동원되었을 것이고 혹시 갈릴리로부터 따라온 예수님의 지지자들이 갑자기 나타날지 모른다는 생각에서 충분한 병력을 동원하여 왔을 것이다. 사탄은 때때로 많은 사람을 동원하여 일하는 것을 볼 수 있다. 오늘도 사탄은 세상의 정치세력을 동원하기도 하고 때로는 사회의 주먹들을 동원하여 세상을 어지럽히기도 한다. 그러나 그들은 어떤 한두 가지 일을 이룬 후 사라지고 만다.

막 14:44. 예수를 파는 자가 이미 그들과 군호를 짜 이르되 내가 입 맞추는 자가 그이니 그를 잡아 단단히 끌어가라 하였는지라.

"예수를 파는 자," 즉 '유다'가 이미 그 파송 받은 사람들과 군호를 짜서 말하기를 "내가 입 맞추는 자가 그이니 그를 잡아 단단히 끌어가라 하였다." 유다는 예수님께 접근하기 훨씬 전에 그 무리와 이미 군호를 짜놓았다. 유다는 자신이 예수님과 입을 맞추는 것을 보면 바로 그 분이 예수님이니 그를 잡아 단단히 끌어가야 한다고 사전에 그 무리들과 신호(암호)를 짜놓았다. 입을 맞추는 것은 사랑의 표시이며 우정의 표시인데 그것을 이용하여 사람을 잡는다는 것은 참으로 기가 막힌 일이 아닐 수 없다. 오늘도 이런 가면은 세상에 횡행하고 있다. 사랑하는 척, 존경하는 척, 동정하는 척하면서 사람을 잡는 사람들이 얼마나 많은가.

막 14:45. 이에 와서 곧 예수께 나아와 랍비여 하고 입을 맞추니.

유다는 만반의 준비를 하고 이제는 예수님께 와서 "랍비여 하고 입을 맞추었다." 그가 예수님을 부르는 호칭을 보아도 거듭난 자가 아님이 분명했다. 거듭난 자는 분명히 예수님을 "주님"으로 부른다. 유다는 거듭난 자가 아니었다(요 13:10-11). 그는 드디어 예수님께 "입을 맞추었다." 천하에서 가장 가증한 입맞춤이었다. 사랑도 없이 존경도 없이 그저 무리들로 하여금 잘 잡아갈 수 있도록 암호용으로 입을 맞춘 것이다.

막 14:46. 그들이 예수께 손을 대어 잡거늘.

여기 "그들"(파송된 무리들)이 누구인가 하는 것은 요 18:3, 12절이 보여주고 있다. 첫째, 군대와 그 지휘관이었던 천부장과, 둘째, 성전 경비병들이 합세해서 예수님께 손을 대어 잡았다. 그들은 큰 고기를 낚았다고 생각했을 것이다. 참으로 무서운 줄도 모르고 마구 덤빈 것이다. 그들은 훗날 어떤 벌을 받을지도 모르고 마구 덤비고 있었다.

막 14:47. 곁에 서 있는 자 중의 한 사람이 칼을 빼어 대제사장의 종을 쳐 그 귀를 떨어뜨리니라.

예수님께서 무리에게 잡히실 때 예수님의 "곁에 서 있는 자 중의 한 사람"이었던 베드로(요 18:10)가 "칼을 빼어 대제사장의 종을 쳐 그 귀를 떨어뜨렸다." 마가가 그의 복음서를 쓰면서 베드로의 이름을 쓰지 아니하고 그저 "곁에 서 있는 자 중의 한 사람"이라고만 기록한 이유는 아직도 베드로의 이름을 쓰기에는 이르기 때문인 것으로 보인다. 그러나 늦은 시대에 요한복음을 기록한 요한 사도는 '베드로'의 이름을 기록해도 괜찮았기에 기록했을 것으로 보인다(요 18:10). 베드로는 "칼을 빼어 대제사장의 종을 쳐서 그 귀를 떨어뜨렸다." 마가는 대제사장의 종의 이름을 쓰지 않았다. 이유는 아직 그의 이름도 써서는 안 되는 시대였기 때문인 것으로 보인다. 그러나 요한은 늦게 그의 복음서를 기록했기에 대제사장의 종의 이름 "말고"의 이름을 기록할 수가 있었으리라고 본다. 베드로는 예수님 옆에 있다가 역시 예수님 가까이 접근한 대제사장의 종 "말고"를 죽이려고 칼로 쳤는데 말고가 재빨리 피하였기에 빗나가서 칼이 귀를 잘랐을 것이다. 하지만 예수님은 베드로에게 "네 칼을 집에 도로 꽂으라 칼을 가지는 자는 다 칼로 망하느니라"(마 26:52)고 하신다. 성도들이 입과 몸과 무기로 싸움을 하는 것은 합당하지 않다. 바울 사도도 "우리의 씨름은 혈과 육을 상대하는 것이 아니요 통치자들과 권세들과 이 어두움의 세상 주관자들과 악의 영들을 상대함이라"고 말한다(엡 6:12). 우리는 사탄의 활동을 제재하기 위해서 혈기로 상대할 것이 아니라 주님께 기도로 아뢰어야 한다. 그러면 어렵지 않게 승리할 수가 있다.

막 14:48-49. 예수께서 무리에게 말씀하여 이르시되 너희가 강도를 잡는 것 같이 검과 몽치를 가지고 나를 잡으러 나왔느냐 내가 날마다 너희와 함께 성전에 있으면서 가르쳤으되 너희가 나를 잡지 아니하였도다 그러나 이는 성경을 이루려 함이니라 하시더라.

예수님은 본 절과 다음 절(49절)에서 무리에게 말씀하시기를 자신을 잡는 것은 구약 성경의 기록들을 이루는 것이라고 하신다. 예수님은 그들에게 "너희가 강도를 잡는 것 같이 검과 몽치를 가지고 나를 잡으러 나왔느냐"고 하신다(마 26:55; 눅 22:52). 여기 "강도"(λῃστὴν)란 말은 '노상강도,' '도둑,' '폭도'란 뜻으로 예수님을 강도 취급한 것을 지칭한다. 예수님은 강도취급 당하셔서 겟세마네 동산에서 잡히시고, 강도들과 함께 십자가에 달려 죽으심으로 우리의 죄를 대속하셨다. 예수님은 자신이 "내가 날마다 너희와 함께 성전에 있으면서 가르쳤으되 너희가 나를 잡지 아니하였도다"라고 하신다. 지금까지 며칠 간 예루살렘 성전에서 백성들을 가르쳤지만(11:15-18; 12:28-40) 그 동안 예수님을 잡지 아니하다가 이제는 예수님을 잡으러 겟세마네 동산까지 찾아와서 이렇게 예수님을 강도 잡듯 하는 것은 구약 성경기록들

(γραφαί)을 이루는 일이라고 하신다(시 22:6; 사 53:7, 12; 눅 22:37; 24:44). 구약성경은 여러 곳에서 메시야가 고난을 당하실 것을 예언하고 있다.

막 14:50. 제자들이 다 예수를 버리고 도망하니라.

본 절과 다음 절(51-52절)은 예수님의 제자들과 또 지지자들 모두가 다 예수님을 버리고 도망한 사실을 기록한다. 예수님께서 27절에서 "너희가 다 나를 버리리라"고 예언하신 것처럼 그들은 다 예수님을 버리고 도망하고 말았다(27절; 시 88:8). 제자들은 하나같이 "주와 함께 죽을지언정 주를 부인하지 않겠나이다"라고 맹세했지만(31절) 예수님께서 무기력하게, 맥없이 잡히시는 것을 보고 자기들도 잡혀서 죽을까하는 생각 때문에 뿔뿔이 자기 살 길 찾아서 도망하고 말았다. 그들은 도망하면서 인간의 의지(意志)가 얼마나 무기력한가 하는 것을 실감했을 것이며 또한 훗날 성령 강림절에 성령의 은혜를 받고 난 후에는 이제 이후에는 전적으로 성령님만 의지해야 한다는 생각으로 가득 차게 되었을 것이다. 우리는 우리의 약함을 철저히 고백하고 하나님만 의지해야 한다. 제자들이 이렇게 도망하다가 조금 후에 베드로와 요한 두 사람이 양심에 심한 가책을 받아 예수님께로 돌아와서 예수님을 멀찍이(54절; 요 18:15) 따르고 있었다. 베드로는 이렇게 멀찍이서 예수님을 따르다가 결국 예수님을 세 번이나 부인한다. 예수님을 향하여 욕을 하면서 부인하는 것보다는 차라리 도망하는 편이 나았을 것이다.

막 14:51-52. 한 청년이 벗은 몸에 베 홑이불을 두르고 예수를 따라가다가 무리에게 잡히매 베 홑이불을 버리고 벗은 몸으로 도망하니라.

마가는 예수님께서 무리에게 잡혀가실 때 제자들도 예수님을 버리고 도망하고 또 예수님의 지지자들도 예수님을 버리고 도망한 것을 기록하기 위하여 여기 "한 청년"의 사건을 기록한다. 그런데 마가는 그 청년이 누구인지 말하지 않고 그저 "한 청년"이라고만 말한다. 이 한 청년이 누구인지에 대해서는 수많은 설(設)이 있으나(혹자는 나사로, 예수님의 친 동생 야고보, 요한 사도, 상징을 위해서 어떤 청년을 내 세웠다는 설, 예수님께서 부활하신 날 아침에 나타났던 천사 중에 하나라는 학설 등) 마가 자신으로 보아야 할 것이다. 이유는 마가가 자신 이외에 다른 사람의 행적에 대해서 어떻게 상세하게 알겠는가. 자기 자신의 행적이니까 이렇게 소상하게 알 수 있었을 것으로 보인다. 그 야심한 밤에 신문 기자처럼 한 청년을 따라다니면서 취재할 사람이 누구겠는가. 누가 이미 잠자리에 들어서 "벗은 몸"으로 자다가 예수님을 잡으러 온 유다와 무리의 왁자지껄 떠드는 소리를 듣고(유다는 만찬석상에서 떠나 산헤드린 공의회 회원들한테 가서 파송된 무리와 함께 마가의 집에 예수님께서 계실 것으로 알고 잡으러 와서 떠들었다) 갑자기 베 홑이불(곧 겉옷)을 두르고 예수님에게 심각한 상황을 보고하러 갔다가 무리에게 잡혔던 일이 있었는지에 대해서 어떻게 알겠는가. 자기 자신이니까 이렇게 알 수 있었을 것으로 보인다. 예수님의 지지자들조차 예수님을 다 버리고 도망했다는 것을 강조해야 하는데 그렇다고 자기 이름을 쓰기는 어렵지 않겠는가. 마가는 예수님의 지지자들조차 다 예수님을 버리고 도망쳤다는 것을 말하기 위해서 자기 이름을 익명으로 내세운 것으로 보인다. 마태와 누가는 이 사건이 중요하게 여겨지지 않아서 기록하지 않았지만 마가는 그 밤의 아슬아슬했던 일을 영원히 잊을 수 없어서 짧게나마 기록했다. 마가의 요지는 다 예수님을 버리고 도망했다는 것이다. 예수님 홀로 그 밤에 잡혀서 홀로 재판을 받으시고 홀로 대속물(10:45)이 되셔서 우리를 구원하셨다고 강조한다.

2. 예수님께서 대제사장들 앞에서 재판을 받으시다 14:53-65

예수님은 겟세마네 동산에서 체포되셔서 먼저 전직 대제사장 안나스에게 끌려가서 심문을 받으신(요 18:12-14, 19-23) 후 현직 대제사장인 가야바에게로 끌려오셔서 심문을 받으신다(53-65절). 야심한 시각이었지만 산헤드린 공의회가 열렸고 예수님을 죽이기 위하여 거짓 증언자들을 많이 동원하였다. 그러나 그 증언들은 서로 합하지 못하여 결국 증거재판이 이루어지지 못했다. 그러나 예수님을 죽이기로 결의한 이상 어떤 트집을 잡아서라도 죽여야 하므로 대제사장은 예수님에게 신성모독죄를 적용한다. 지극히 짧은 불법 재판이 끝나자 무리는 예수님을 한껏 모욕하고 조롱한다. 마치 자기들이 승리나 한 것처럼 마음껏 예수님을 때리기도 했다. 이 부분은 마 26:57-68; 눅 22:54-55, 63-71과 병행한다.

막 14:53. 그들이 예수를 끌고 대제사장에게로 가니 대제사장들과 장로들과 서기관들이 다 모이더라.

무리가 예수님을 끌고 현직 대제사장 가야바에게 가기 전에 요한복음에 보면(요 18:12-14, 19-23) 예수님을 끌고 먼저 전직 대제사상인 안나스(주후 7-17년 재직)에게로 끌고 가서 심문을 받게 했다. 그런 다음 본문에 기록된 것처럼 무리가 "예수를 끌고 대제사장에게로 갔다"(마 26:57; 눅 22:54). 다시 말해 '예수님을 현직 대제사장 가야바(주후 18-36년 재직)에게 끌고 갔다.' 예수님께서 자기의 시기심을 자극했으므로(마 27:18) 가야바는 예수님을 정죄하기 위하여 모든 수단을 동원하였다. 그는 철저한 위선자였다(63절). 예수님께서 대제사장 가야바의 궁전(요 18:13, 15, 24)으로 끌려오셨을 때 산헤드린 공의회가 회집되었다("대제사장들, 장로들, 서기관들"은 산헤드린의 회원들이었다). 공의회의 회원들은 무엇이 옳고 그름을 판단하지 못하고 예수님을 정죄하기 위하여 모여든 것이다.

막 14:54. 베드로가 예수를 멀찍이 따라 대제사장의 집 뜰 안까지 들어가서 아랫사람들과 함께 앉아 불을 쬐더라.

베드로가 예수님을 좇아갔으나 세 가지 두드러진 현상이 보인다. 하나는 베드로가 예수님을 "멀찍이 따라갔다"는 것이다. 안 따라가는 것보다는 낫다는 판단에서 멀찍이 따라간 것이고 또 너무 가까이 따르다가는 위험이 따를지도 모른다는 생각에서 멀찍이 따라갔다. 오늘 우리는 참으로 그리스도를 가까이 따라야 한다. 둘째로, 베드로가 "대제사장의 집 뜰 안까지 따라 들어갔다"는 사실이다. 대제사장의 문간에서 뜰 안까지 들어간 데는 요한의 역할이 있었다(요 18:15-16). 요한 사도는 대제사장과 아는 사람이었는데 문간에서 문지키는 여자에게 말하여 베드로가 들어갈 수 있도록 허락받았다. 그러나 차라리 베드로가 그곳에 들어가지 않았더라면 그에게 더 나았을 것이다. 거기에 들어갔기에 그가 예수님을 세 번이나 부인하는 일이 발생했다. 그리고 셋째로, 베드로는 "아랫사람들과 함께 앉아 불을 쬐었다"는 점이다. 즉 '대제사장의 궁전 하인들과 또 성전경비병들과 함께 불을 쬐었다.' 하인들과 성전의 경비병들과 함께 불을 쬔 것은 당시 날이 추운 이유도 있었지만 무엇보다도 자신의 몸을 노출시키지 않기 위해서였다. 그는 그리스도에 대한 사랑을 나타내기 위해 그곳에서 불을 쬐었고 또한 성전경비병들과 하인들을 무서워하는 공포심 때문에 자기는 예수님 일당에 속하지 않은 것처럼 가장하기 위해 긴 시간 불안한 가운데 불을 쬐고 있었다.

막 14:55-56. 대제사장들과 온 공회가 예수를 죽이려고 그를 칠 증거를 찾되 얻지 못하니 이는 예수를 쳐서 거짓 증언하는 자가 많으나 그 증언이 서로 일치하지 못함이라.

본 절부터 59절까지는 "대제사장들과 온 공회가 예수를 죽이려고 그를 칠 증거를 찾되 얻지 못한" 것에 대해 기록하고 있다(마 26:59). 즉 '산헤드린 공의회가 예수님을 죽이려고 미리부터 정해 놓고 나서 이 날 밤에 여러 증거를 찾기는 찾았으나 결국은 실패하고 말았다.' 본문에 "찾되"(ἐζήτουν)란 말은 미완료 시제로 '계속해서 찾았다'는 뜻이다. 공회는 이런 증인들, 저런 증인들을 찾기는 찾았으나 그 증인들이 예수님을 죽일만한 증언을 하지 못했고 또 증인들의 증언도 서로 엇갈렸다.36) 일을 무리하게 짜 맞추려고 할 때 일이 틀려지고 마는 법이다.

막 14:57-59. 어떤 사람들이 일어나 예수를 쳐서 거짓 증언하여 이르되 우리가 그의 말을 들으니 손으로 지은 이 성전을 내가 헐고 손으로 짓지 아니한 다른 성전을 사흘 동안에 지으리라 하더라 하되 그 증언도 서로 일치하지 않더라.

어떤 사람들이 일어나서 예수님을 죽일만한 증언이라고 확신하여 말하기를 "우리가 그의 말을 들으니 손으로 지은 이 성전을 내가 헐고 손으로 짓지 아니한 다른 성전을 사흘 동안에 지으리라 하더라"고 증언했다(15:29; 요 2:19). 그 두 사람(마 26:61)은 예수님께서 사역 초기에 하신 말씀을 기억하고 있기는 했으나 엉터리로 기억하고 있었다. 예수님께서 사역 초기에 예루살렘 성전을 정화하고 계실 때 유대인들이 말하기를 "네가 이런 일을 행하니 무슨 표적을 우리에게 보이겠느냐"(요 2:18)고 질문했을 때 예수님은 "너희가 이 성전을 헐라 내가 사흘 동안에 일으키리라"(요 2;19)고 대답하셨는데 그 말씀은 '너희들이 나(예수)를 죽이면 사흘 만에 부활할 것이라(요 2:21)는 뜻이었는데, 두 사람의 거짓 증인들은 엉터리로 증언하고 있었다. 첫째, 예수님이 예루살렘 성전을 허는 것으로 기억하고 또 그렇게 증언한다. 예수님께서는 그런 말씀을 하신 적이 없으셨다. 둘째, 그들은 예수님께서 "손으로 짓지 아니한 다른 성전"을 짓겠다고 하신 것으로 증언한다. 다시 말해 예루살렘 성전을 예수님께서 허시고 다른 성전을 짓겠다고 하신 것으로

---

36) 윌럼 헨드릭슨은 "예수에 대한 재판은 다음과 같은 몇 가지 전문적인 근거에 있어서 불법적이었다는 사실이 여러 학자들에 의하여 강조되었다: a)생명형을 내리는 재판은 야간에 실시될 수 없었다. 그런데도 예수는 금요일 새벽 1시-3시 사이에 실시된 재판에서 유죄 판결을 받았고 명절에 처형되었다. 그런데 명절에 처형을 실시하는 것도 금지된 일이었다. 바리새의 법에 따르면 생명형이 수반되는 재판의 심문은 유월절 같은 큰 명절의 전날 저녁에는 시작도 할 수 없었다. 큰 명절들 중의 한 명절에 판결을 집행하는 것은 당시에 확립된 규례에 거스르는 일이었다. b)예수의 체포는 뇌물, 즉 유다가 받은 피 값의 결과로 이루어졌다. c)스스로를 유죄로 인정하라는 요구가 예수에게 주어졌다. d)사형을 언도하는 재판에 있어서, 유대 법은 피고가 유죄로 확정된 그 날이 지난 후에야 형을 언도할 수 있도록 되어 있다"고 말하고 있다(p. 376).

증언한다. 그들은 예수님께서 다른 건물을 지으실 것이라고 말해 놓고는 이제까지 짓지 않았으니 예수는 거짓말쟁이라는 것이었다. 셋째, 그들은 예수님께서 성전을 헐겠다고 한 것은 신성모독죄를 지은 것이라고 하여 예수님은 큰 죄인이라고 증언한다. 그들은 예수님을 사기꾼으로 몰고 있었다. 그런데 마가는 "그 증언도 서로 일치하지 않더라"고 전한다. 그 증언도 자기들끼리 서로 달랐다는 말이다. 거짓말을 하려면 이렇게 서로 이가 맞지 않는다.

막 14:60. 대제사장이 가운데 일어서서 예수에게 물어 이르되 너는 아무 대답도 없느냐 이 사람들이 너를 치는 증거가 어떠하냐 하되.

원래 예수님을 죽이려고 결의해 놓은 산헤드린 공회(1-2절)는 예수님을 죽여야 한다는 당위성을 드러내기 위해 증거들을 수집하기를 원했지만 여의치 않자 대제사장 자신이 전면으로 나서고 있다. 그는 예수님에게 두 가지를 질문한다. 하나는 "너는 아무 대답도 없느냐"고 질문한다(마 26:62). '왜 침묵하고 있느냐는 것이었다.' 예수님은 그들의 증언에 대해서 얼마든지 반박하실 수 있으셨다. 그러나 예수님은 하나님의 뜻을 따라 죽기로 하셨기 때문에(36절) 아무 대답도 하지 않으셨다. 다시 말해 말씀(요 1:1)이신 예수님이 말씀하지 않으셨다. 그는 죽기 위하여 오신 분이시기에 말씀하지 않으셨다. 둘째로, 대제사장은 "이 사람들이 너를 치는 증거가 어떠하냐"고 질문한다. 아무 대답도 하지 않으시는 예수님에게 대제사장은 증인들의 증언이 어떠냐고 묻는다. 맞는다고 생각하느냐 혹은 틀린다고 생각하느냐 하고 묻는다. 그러나 예수님은 입을 열어 변호하기를 거절하셨다. 그들의 거짓 증언에 대해 이러쿵저러쿵 반박하면 할수록 대제사장은 더 트집을 잡을 것이었다.

막 14:61. 침묵하고 아무 대답도 아니하시거늘 대제사장이 다시 물어 이르되

네가 찬송 받을 이의 아들 그리스도냐.

대제사장 가야바의 질문에 대하여(앞 절) 예수님은 "침묵하고 아무 대답도 아니하셨다"(사 53:7; 마 26:63). 예수님께서 이렇게 침묵하실 일이 구약에 예언되어 있었다(시 38:13-14; 사 53:7). 예수님은 죽으시기 위해 이 땅에 오셨으니 침묵하고 아무 대답도 하지 않으셨다.

예수님의 침묵에 안달한 가야바는 '네가 찬송 받을 이의 아들 그리스도냐'고 묻는다. 곧 '네가 찬송 받으셔야 하는 하나님의 아들 메시야'냐고 물은 것이다. 다시 말해 '네가 메시야냐'는 질문이었다. 정곡을 찌른 질문이었다. 대제사장이 여러 증인들을 세워서 증언을 시킨 것도 바로 예수 자신의 입으로 '내가 바로 메시야요'라고 고하기를 원해서 증인들을 세운 것이었다. 그렇게 예수님께서 고하시면 예수님을 신성모독 죄로 잡기를 원했다. 예수님께서 그런 말씀을 하시지 않자 대제사장 자신이 예수님에게 그런 질문을 한 것이다. 대제사장이야 말로 참으로 흉악한 사람이었다. 인생은 누구나 이처럼 악독하다.

막 14:62. 예수께서 이르시되 내가 그니라 인자가 권능자의 우편에 앉은 것과 하늘 구름을 타고 오는 것을 너희가 보리라 하시니.

예수님은 대제사장 가야바로부터 "네가 찬송 받을 자의 아들 그리스도냐"라는 질문을 받으시고(앞 절) 자신의 정체를 세 가지로 밝히신다. 그 동안에는 침묵하셨으나 예수님은 진리를 위해 이 땅에 오셨으므로(요 18:37) 진리를 밝히신다. 첫째, 예수님은 "내가 그니라"(ἐγώ εἰμι)고 하신다. 이 본문과 병행구절인 마태복음에서는 예수님께서 대제사장 가야바에게 "네가 말하였느니라"고 말씀하신다(마 26:64). 두 복음서에서 말하는 말씀의 뜻은 똑같다. 본문의 "내가 그니라"는 말은 '그리스도'란 뜻이다. 예수님은 그리스도로서 선지자(先知者) 직, 제사장(祭司長) 직, 왕(王) 직을 감당하시는 분이시다. 예수님은 하나님의 뜻을 우리에게 전해주시

며 또 우리를 대신하여 희생당하시며 또 우리의 영육을 다스리고 돌보는 일을
감당하신다. 그리스도는 우리의 모든 것을 돌보신다. 그러므로 우리에게는 아무런
부족이 없다(시 23:1). 둘째, 예수님은 "인자가 권능자의 우편에 앉은 것"을 당시의
사람들도 보게 될 것이라고 하신다(시 110:1; 단 7:13-14; 마 24:30; 26:64; 눅
22:69). "인자"란 말은 예수님께서 자신을 칭하시는 자칭호(自稱號)로 '고난을 받으
시는 메시야'란 뜻이다(2:10, 28; 8:31, 38; 9:9, 12, 31; 10:33, 45; 13:26; 14:21,
41, 62). 그리고 "권능자"란 말은 하나님에 대한 별칭으로 하나님의 권능이 무한하심
을 두고 지칭한 말이고, "우편"이란 말은 어떤 장소적인 뜻을 가진 말이 아니라
'힘 있는 편(박윤선)을 지칭한다(10:37; 행 2:33; 히 2:9; 계 12:5). 이 말은 예수님의
권능도 무한하시다는 것을 뜻한다. 그리고 예수님께서 하나님의 "우편에 앉은
것"을 보리라는 말씀은 '예수님께서 권능으로 우주를 통치하시는 것'을 보리라는
뜻이다. 예수님은 지금도 우주를 통치하고 계시며 또한 교회의 머리로서 교회를
주장하고 계신다. 셋째, 예수님은 "하늘 구름을 타고 오는 것을 너희가 보리라"고
하신다(단 7:13; 계 1:7). '예수님께서 구름을 타고 재림하실 것을 보리라'는 예언의
말씀이다. 지구상에서 살다가 간 모든 사람과 또 예수님 재림 시에 살아있는
모든 사람은 예수님께서 재림하실 것을 보게 될 것이다. 대제사장들도 역시 예수님
께서 재림하실 것을 보게 된다.

막 14:63. 대제사장이 자기 옷을 찢으며 이르되 우리가 어찌 더 증인을 요구하리요

대제사장이 예수님에게 네가 "네가 찬송 받을 이의 아들 그리스도냐"(61절)
고 물은 것은 예수님을 믿기 위해 물은 것이 아니라 트집 잡기 위해 물은 것임이
드러난다. 대제사장은 예수님께서 "내가 그니라 인자가 권능자의 우편에 앉은
것과 하늘 구름을 타고 오는 것을 너희가 보리라"고 말씀하시자 곧장 광기(狂氣)가
치밀었다. 대제사장은 "자기 옷을 찢었다." 사람이 옷을 찢는 것은 슬픔과 고통과

분노의 표현이었다(민 14:6; 삼하 1:11-12; 왕하 2:12). 대제사장 가야바는 예수님의 자아주장을 듣고 슬퍼하거나 고통을 받은 것도 아니며 다만 분노의 표현으로 옷을 찢었다. 하지만 그의 속마음엔 기쁨이 충만했다. 이제 예수를 처형할 좋은 기회가 온 것으로 알고 이제는 자기의 소원이 성취되리라 기대하며 얼마나 좋았을까. 그는 "우리가 어찌 더 증인을 요구하리요"라고 말한다. 더 이상 증인이 필요가 없고 이만하면 충분하고 만족하다는 뜻이다. 그는 이제 골치 아픈 존재가 곧 제거될 것이라고 생각하면서 승리감에 도취되었다. 오늘날 세상에도 예수님을 비방하고, 그리스도인들을 핍박하면서 승리에 도취된 사람들이 얼마나 많은가. 그리스도께서 재림하실 것을 알고 회개에 회개를 거듭해야 할 것이다.

막 14:64. 그 신성 모독 하는 말을 너희가 들었도다 너희는 어떻게 생각하느냐 하니 저희가 다 예수를 사형에 해당한 자로 정죄하고.

대제사장 가야바는 자기의 감정을 표현했고 또 자기의 의견을 드러낸(앞절) 다음 이제는 산헤드린 공의회의 다른 모든 재판관들의 의견을 묻는다. 가야바는 "그 신성 모독 하는 말을 너희가 들었도다"라고 말한다. "신성 모독하는 말," 곧 '하나님을 모독하는 말을 너희도 들었으니 "너희는 어떻게 생각하느냐"는 것이다. 그랬을 때 아리마대 요셉을 빼놓고(눅 23:50-51) "저희가 다 예수를 사형에 해당한 자로 정죄했다." 그런 때에 그 분위기에 휩쓸리지 않을 사람이 또 어디 있겠는가. 그들은 예수야말로 십자가 처형에 합당하다고 일치하게 정죄했다. 그들은 잘 판단하지도 않고 예수님을 사형에 해당한자로 정죄하고 말았다. 우리는 어느 때든지 성령님의 인도를 받으면서 정확하게 따져보아야 한다.

막 14:65. 어떤 사람은 그에게 침을 뱉으며 그의 얼굴을 가리고 주먹으로 치며 이르되 선지자 노릇을 하라 하고 하인들은 손바닥으로 치더라.

산헤드린 공의회의 사람들이 예수님을 사형에 해당한 자로 정죄하자마자

"어떤 사람은 그에게 침을 뱉으며 그의 얼굴을 가리고 주먹으로 치며 이르되 선지자 노릇을 하라고 했다." 여기 "어떤 사람"(τινες)이란 말은 복수로 '어떤 사람들'을 지칭하는 말이다. 그러니까 몇몇 사람들은 1)예수님에게 "침을 뱉었다" (민 12:14; 신 25:9; 욥 30:10; 사 50:6). 예수님에게 대단한 모욕을 가한 것이다. 참으로 비열한 사람들이었다. 2)그들은 "그(예수님)의 얼굴을 가리고 주먹으로 치며 이르되 선지자 노릇을 하라"고 말한다. 누가 때렸는지 선지자처럼 한번 알아 맞추어보라고 놀란다. 예수님을 마구 대한 것이다. 그리고 또 "하인들," 곧 '성전 경비병들'은 예수님을 "손바닥으로 쳤다." 자기들의 상관들이 예수님을 정죄해 놓으니 성전의 경비병들은 제 세상을 만난 느낌이었다. 손바닥으로 딱 소리가 나게끔 마구 예수님을 친 것이다. 그들은 예수님을 동네북 치듯 마구 쳤다. 아무튼 "어떤 사람들"과 "하인들"이 예수님에게 행한 행동들은 한마디로 난장판이었고, 세상말로 표현하면, 개판이었다. 그래도 예수님은 꿈쩍하지 않으셨다. 그분은 바로 그리스도셨고, 하나님 우편에 앉으실 분이시며, 앞으로 재림하실 분이신데 꿈쩍이나 하셨겠는가. 우리 역시 그리스도 안에 있는 사람들로서 세상의 환난 중에도 꿈쩍하지 않는 사람들이 되어야 할 것이다.

3. 베드로가 예수님을 세 번 부인하다 14:66-72

예수님께서 재판을 받으시는 동안 베드로는 예수님을 세 번이나 부인했고 마지막 세 번째는 저주까지 하면서 부인했다. 그는 절대로 예수님을 부인하지 않겠다고, 죽음에도 동행하겠다고 호언장담하던 사람이었지만 여지없이 넘어지고 말았다. 사람이 성령으로 인도함을 받지 않으면 아무 것도 아님을 알 수 있다. 이 부분은 마 26:69-75; 눅 22:56-62과 병행한다.

막 14:66-67. 베드로는 아래 뜰에 있더니 대제사장의 여종 하나가 와서 베드로가 불 쬐고 있는 것을 보고 주목하여 이르되 너도 나사렛 예수와 함께 있었도다 하거늘.

마가는 본 절부터 68절까지에 걸쳐 베드로가 첫 번 부인한 것을 기록하고 있다. 베드로가 첫 번 부인할 때 그 자신은 "아래 뜰에 있었다." 곧 예수님께서 대제사장 관저의 위층에서 모욕을 당하시고 계실 때 베드로는 '아래 뜰에 있었다.' 그런데 마태는 당시 베드로가 "바깥 뜰"에 있었다고 말한다(마 26:69; 눅 22:55; 요 18:16). 같은 내용을 말하는 것으로 예수님께서 실내에서 모욕을 당하고 계실 때 베드로는 바깥뜰에 있었다는 뜻이다. 베드로가 아래 뜰에서 불을 쬐고 있을 때 "대제사장의 여종 하나가 (베드로에게 가까이) 왔다." 바로 대제사장 관저의 문지기 여종이 베드로에게 다가와서 베드로가 하인들과 함께 불을 쬐고 있는 것을 보고 자세히 주목하여 보다가 말하기를 "너도 나사렛 예수와 함께 있었도다"고 말한다. '아무리 보아도 아까 이 문을 통하여 들어온 너는 나사렛 예수와 함께 있었던 것이 분명하다. 네가 아닌척하고 지금 불을 쬐고 있지만 내가 눈여겨보았는데 네가 나사렛 예수와 함께 있었던 것을 부인할 수 없을 것이다'라고 말했다.

막 14:68. 베드로가 부인하여 이르되 나는 네가 말하는 것이 무엇인지 알지도 못하고 깨닫지도 못하겠노라 하며 앞뜰로 나갈새.

베드로는 즉각적으로 부인한다. "나는 네가 말하는 것이 무엇인지 알지도 못하고 깨닫지도 못하겠노라." 베드로는 두 가지 표현을 사용하여 예수님을 부인한다. 아주 딱 잡아떼고 말았다. 베드로의 생각에 아마도 만약 이 때에 딱 잡아떼지 아니하면 자신이 말고의 귀를 자른 사람이라고 찍혀서 잡힐지도 모르므로 잡아떼는 수밖에 없다고 판단했을 것이다. 그는 크게 당황하면서 자리를 "앞뜰로" 옮겼다. 여기 "앞뜰"은 '출입구에 가까운 뜰'로서 베드로는 좀 더 예수님으로부터 멀리 옮긴 것이다. 그는 불안해서 견딜 수가 없었다. 앞뜰은 불빛이 좀 더 희미하여 자신을 숨기기에 유리한 곳이었을 것이다. 참으로 비참한 베드로의 모습을 볼 수가 있다. 성령의 인도하는 바가 없으면 사람이 자기 목숨을 위하여 종종 이럴 수가 있다.

막 14:69-70a. 여종이 그를 보고 곁에 서 있는 자들에게 다시 이르되 이 사람은 그 도당이라 하되 또 부인하더라.

앞뜰에서 베드로와 대화했던 여종(66-67절)은 베드로가 바깥뜰로 후퇴하자 (앞 절) 따라와서 "곁에 서 있는 자들에게 다시 이르되 이 사람은 그 도당이라"고 말한다. 그런데 마태에 의하면 베드로에게 두 번째로 말을 건 사람은 "다른 여종"이 었다(마 26:71). 그리고 누가에 의하면 "다른 사람"('다른 남자')이었다(눅 22:58). 그러니까 첫 번째로 베드로에게 여종이 말을 걸자 다른 종들도 베드로를 의심하고 말을 걸은 것으로 보인다. 동네 개들 중에 한 마리가 짖으면 동시에 여러 마리가 짖듯이 여러 종들이 달라붙어 말한 것으로 보인다. 베드로는 여러 종들이 의심해서 질문할 때 "또 부인하고" 말았다. 그런데 여기 "부인하더라"(ἠρνεῖτο)는 말은 미완료 시제로 '계속해서 부인했다'는 뜻이다. 마태의 병행구절에는 맹세까지 하면서 부인 했다고 말한다. 그는 점점 깊은 죄에 빠져들고 있었다.

막 14:70b. 조금 후에 곁에 서 있는 사람들이 다시 베드로에게 말하되 너도 갈릴리 사람이니 참으로 그 도당이니라.

마가가 "조금 후에"라고 표현한(마 26:73) 반면 누가는 "한 시간쯤 있다가"(눅 22:59)라고 표현하고 있다. 그러니까 종들의 두 번째 질문과 세 번째 질문 사이에는 어느 정도의 시간이 흘렀던 것으로 보인다. 세 번째 질문에는 "곁에 서 있는 사람들"이 질문했다. 다시 말해 베드로의 곁에 있었던 사람들이 베드로에게 질문했 던 것으로 보인다. 그런데 마태의 병행구절에서는 곁에 있었던 사람들이 베드로의 갈릴리 사투리("네 말소리가 너를 표명한다")를 문제 삼고 질문한 것으로 말하고 있다(마 26:73). 그리고 요한에 의하면 세 번째 질문한 종들 중에는 베드로가 귀를 잘라버린 말고의 친족 중에 한 사람이 가담했던 것으로 말하고 있다(요 18:26). 그러니까 세 번째 질문한 종들은 여럿이었는데 그 중에 하나가 말고의 친척이었다. 그들은 아무래도 베드로가 의심스러워서 가까이 하면서 질문했다. 그들은 "다시 베드로에게 말하되 너도 갈릴리 사람이니 참으로 그 도당이니라"고 말했다. 그들은 베드로의 갈릴리 사투리를 듣고 틀림없이 예수님과 한 패라고 단정 지었던 것으로 보인다. 베드로를 의심하는 정도가 점점 좁혀져가고 있었다. 검찰들이 쓰는 수법처럼 종들도 점점 물증을 가지고 좁혀가고 있었다.

막 14:71. 그러나 베드로가 저주하며 맹세하되 나는 너희가 말하는 이 사람을 알지 못하노라 하니.

베드로가 피할 수 없을 정도로 되자 베드로는 "저주하며 맹세하되 나는 너희가 말하는 이 사람을 알지 못하노라"고 말한다. 베드로는 '저주하였다.' 그는 '자신을 저주했다'(RSV). 다시 말해 '자기가 거짓말을 한다면 자기는 하나님으로부터 벌 받을 놈'이라고, '저주받아 마땅한 놈'이라고 말한 것이다(삼하 3:9). 그리고 그는 '맹세하였다.' 그의 맹세는 "너희가 말하는 이 사람을 알지 못하노라"는 말을 완전히 성립시키기 위한 맹세였다. 진짜 모른다는 맹세였다. 그러나 그의 맹세는 가짜였다. 그가 이 사람을 알지 못하노라고 말할 때 그의 인격은 잠시나마 파괴되고 있었다. 기가 막혔을 것이다. 살기 위해 몸부림 치다보니 이렇게까지 전락하고 만 것이다. 우리는 성령님의 은총이 아니면 예수님을 믿을 수도 없지만(고전 12:3) 또한 성령님의 인도가 아니면 예수님을 시인할 수도 없는 나약한 사람들이다.

막 14:72. 닭이 곧 두 번째 울더라 이에 베드로가 예수께서 자기에게 하신 말씀 곧 닭이 두 번 울기 전에 네가 세 번 나를 부인하리라 하심이 기억되어 그 일을 생각하고 울었더라.

베드로가 예수님을 세 번 부인한 뒤에 드디어 예수님께서 예언하셨던 것처럼 (30절) "닭이 곧 두 번째 울었다"(마 26:75). 베드로는 자신의 귀로 닭 울음소리를 확실하게 들을 수 있었다. 베드로는 닭 울음소리를 듣고 "예수께서 자기에게 하신 말씀 곧 닭이 두 번 울기 전에 네가 세 번 나를 부인하리라 하심이 기억되어 그 일을 생각하고 울었다." 그는 말할 수 없는 마음의 고통 중에 예수님께서 예언하신 말씀이 기억되었다. 베드로가 예수님의 예언의 말씀을 기억할 수 있었던 것은 예수님께서 매 맞아서 상처 난 얼굴을 하신 채 베드로를 바라보셨기 때문이었다(눅 22:61). 예수님께서 베드로를 바라보실 때 베드로는 "그 일을 생각하고 울었다"고 마가는 전한다. "그 일을 생각하고 울었다"(ἐπιβαλὼν ἔκλαιεν)는 말은 '예수님의 말씀에 마음을 두고 계속해서 울었다'는 뜻이다. 여기 "생각했다"(ἐπιβαλὼν)는 말은 부정(단순)과거 분사형으로 '...에 그의 마음을 두고 있었다'(A. T. Robertson) 혹은 '...에 대해 생각하고 있었다'(A.V., A.R.V. Gould Robertson, Erdman)는 뜻으로 "그 일을 생각하고 울었다"는 말은 '예수님의 말씀을 마음에 두고 계속해서 통곡하고 있었다'는 뜻이다.[37] 베드로가 이렇게 예수님의 말씀에 마음을 두고 통곡했기에 회복될 수 있었다. 예수님의 말씀을 생각하면서 통회하는 사람에게는 무한한 소망이 있다. 우리는 한 생애 동안 많이 통회해야 한다.

---

37) 주석학자 크랜필드(Cranfield)는 "생각하고"(ἐπιβαλὼν)란 말에 대하여 여러 가지 의미를 내놓았다. 그는 '그가 거기에 대해 생각했다,' '자기의 머리를 감쌌다,' '겉옷을 얼굴 쪽으로 끌었다,' '달려 나갔다,' '땅 바닥에 몸을 던졌다,' '본격적으로...하기 시작했다'는 뜻을 제시했다. 이렇게 많은 뜻을 내놓고 그는 마지막 뜻이 가장 합당하다고 말한다. 그리고 에반스도 크랜필드의 해석을 받아서 마지막 뜻 곧 '본격적으로...하기 시작했다'는 뜻이 가장 합당하다고 주장한다. 그러니까 크랜필드(Cranfield)나 에반스(Evans)는 본 구절의 뜻을 '베드로는 울기 시작했다'는 뜻으로 보는 것이다. 그러나 이런 해석이 나오려면 헬라어에서 "울었더라"는 말이 부정사(Infinitive)가 되어야 하는데 미완료 시제로 되어 있다는 점이 문제인 것 같다. 따라서 본 구절의 뜻을 '예수님의 말씀에 마음을 두고 계속해서 울었다'고 해석하는 것이 좋을 것이다.

제 15 장

빌라도의 예수님 심문과 사형선고 및
예수님의 십자가형과 장례

4. 예수님께서 빌라도 법정에서 재판을 받으시다   15:1-14

　　산헤드린 공의회가 지난 밤중(한 밤중이었다)에 예수님을 죽이기로 결정한
것(14:55-56)을 이제 합법화하기 위해 몇 시간이 지난 새벽에 다시 공식적으로
회집되었다. 산헤드린 공의회의 회원들은 이 새벽에 예수님을 처형하기로 결의(언
도)하고 유대 총독 빌라도에게 넘겨준다(1절). 그런데 예수님이 빌라도에게 넘겨진
후 가룟 유다의 자살 사건이 있었는데(마 27:3-10) 본서는 이를 생략하고 있다.
빌라도는 예수님을 1차 심문한(2-5절) 다음 예수님을 혼자 담당하기 힘들어 갈릴리
의 분봉왕 헤롯 안디바스에게 보내어 심문받게 했는데 마가는 이를 또 생략하고
있다(눅 23:6-12). 헤롯 안디바스의 심문은 예수님의 침묵으로 무산되고 결국
빌라도에게 다시 보내지고 빌라도의 2차 심문이 진행된다(6-15절). 그런데 빌라도
는 대제사장들의 충동에 사로잡힌 백성들의 집요한 예수 사형 요구에 결국 굴복한
다. 그로 말미암아 예수 사형 이후 2,000년이 지난 오늘날까지 주일마다 성도들은
예수님이 '본디오 빌라도에게 고난을 받으사 십자가에 못 박혀 죽으셨다'고 고백하
고 있다. 한 번의 잘못이 몇 천 년 간 기억되고 있음을 알 수 있다. 이 부분은
마 27:1-26; 눅 23:1-5, 13-25과 병행한다. 요 18:28-19:16 참조.

1) 예수님께서 빌라도에게 1차 심문을 당하시다   15:1-5

막15:1. 새벽에 대제사장들이 즉시 장로들과 서기관들 곧 온 공회와 더불어 의논하고 예수를 결박하여 끌고 가서 빌라도에게 넘겨주니.

예수님을 사형에 처하는 문제는 지난 밤(14:55-56)에 다 결정된 문제였는데 그래도 그 결정을 합법화하기 위해 몇 시간이 지난 다음 이 "새벽에"(눅 22:66) 사형 언도를 하기 위해 산헤드린 공의회가 다시 회집되었다. 새벽시간이 되자 "대제사장들이 즉시 장로들과 서기관들 곧 온 공회와 더불어 의논했다"(시 2:2; 마 27:1; 눅 22:66; 23:1; 요 18:28; 행 3:13; 4:26). 여기 세 부류의 사람들(8:31; 14:43, 53)은 유대 최고의결 기관(산헤드린 공의회)의 구성원들이었는데 그들은 예수님을 사형하도록 언도하기 위해 모여서 의논했다. 그들은 이 모임에서 사형을 언도했지만 또 어떻게 하면 빌라도를 설득하여 쉽게 사형을 집행하도록 만들까를 의논했을 것이다. 만고에 최고의 중한 죄를 지은 모임이었고 언도였다.

산헤드린 공의회에서 사형언도를 한 후 그들은 즉시 사형을 집행할 수가 없었다. 유대나라가 로마의 식민지였기에 로마의 비준을 받아야 했다. 그래서 그들은 "예수를 결박하여 끌고 가서 빌라도에게 넘겨주었다." 그들은 "예수를 결박했다." 예수님은 지난 밤(목요일 밤)에도 결박되었었다(요 18:12, 24). 그는 우리로 하여금 사탄의 결박에서 풀어주시기 위하여 대신 결박당하셨다(요 8:36; 갈 5:1). 그들은 예수님을 결박한 후 "끌고 갔다." 예수님은 그들이 끄는 그대로 사지(死地)로 가는 양과 같이 끌려 다니셨다(행 8:32). 우리는 예수님 때문에 사탄이 끄는 그대로 끌려 다니지 않게 되었다. 할렐루야.

그들은 예수님을 끌고 가서 "빌라도에게 넘겨주었다." 빌라도는 주후 26년에 로마 황제 디베료 가이사(Tiberius Caesar)에 의해 임명되어 주후 36년까지 유대총독으로 재직했던 자였다. 당시 총독 빌라도는 가이사랴에서 총독 일을 보았으나 유월절이나 큰 명절 때에는 백성들의 소요가 우려되어 예루살렘에서 임시 근무하기

도 했다. 그는 이 때 성전의 북서쪽 모퉁이에 있는 안토니아(Antonia) 성채에서
집무했던 것으로 보인다. 예수님께서는 자신이 친히 예언하신대로 이방인에게
넘겨지셨다(10:33). 예수님을 인계받은 빌라도는 교만한 사람이었고(요 19:10)
또한 잔인한 사람이었기에(눅 13:1) 예수님에게 사형 언도를 하기에 안성맞춤인
사람이었다. 하나님의 뜻이 이루어지기 위해서 하나님은 그런 사람으로 하여금
그 곳에서 시무하도록 섭리하셨다.

막15:2. 빌라도가 묻되 네가 유대인의 왕이냐 예수께서 대답하여 이르시되 네 말이 옳도다 하시매.

이제 빌라도의 제 1차 심문이 시작된다. 빌라도는 예수님을 심문하기 전에
고소자들에게 예수님을 왜 고소하는지를 물어보았는데(요 18:28-32) 마가는 이를
생략하고 있다. 빌라도는 예수님을 왜 고소하느냐를 두고 별로 의심하지 않고
심문을 시작한다. 고소자들은 세 가지 이유로 예수님을 고소한다고 말한다. 눅
23:2에 보면, 첫째, "우리 백성을 미혹하기" 때문이라 하고(반역자라는 뜻), 둘째,
"가이사에게 세금 바치는 것을 금하기" 때문이라고 하며(선동가라는 뜻), 셋째,
"자칭 왕 그리스도라 하기" 때문이라고 한다(정치적으로 언제 로마 나라를 뒤집을지
모르는 사람이라는 뜻). 이 세 가지 죄목 중에 빌라도는 세 번째 죄목을 그대로
받아 "네가 유대인의 왕이냐"고 묻는다(마 27:11). 사실은 이 세 번째 고소 죄목이
원래는 "(예수는) 신성을 모독한 사람"이라는 종교적인 죄목이었는데 로마의 총독
에게 고소하기 위해서 유대인들은 정치적인 죄목으로 바꾸어야 했다. 이유는
로마가 유대나라에 종교적인 자유를 허락했지만 정치적인 문제에 대해서는 엄격했
기 때문에 예수님으로 하여금 정치적으로 걸려들게 하기 위해서였다.

예수님은 빌라고가 네가 유대인의 왕이냐고 묻자 "네 말이 옳다"고 대답하신
다(요 18:33-37). 예수님은 빌라도의 다른 심문에 대해서는 침묵하시면서도 "네가

유대인의 왕이냐'고 질문하는데 대해서는 주저 없이 "네 말이 옳다"고 하신다. 이유는 예수님께서 왕이시기 때문이었다(요 18:37). 예수님은 영원히 우리를 다스리시며 우리를 보호하시고 돌보시는 왕이시다.

막15:3. 대제사장들이 여러 가지로 고발하는지라.

대제사장들이 제일 앞에 서서 예수님을 열심히 고발했으나 별로 효과가 없자 "대제사장들이 여러 가지로 고발했다." 곧 여러 가지로 예수님을 비난했다. 눅 23:5에 보면 "그가 온 유대에서 가르치고 갈릴리에서부터 시작하여 여기까지 와서 백성을 소동하게 하나이다"라고 비난한다. 참으로 비열한 종교가들이었다. 종교가들이 타락하면 일반 사람들보다 더 더럽게 되는 것을 볼 수 있다.

막15:4. 빌라도가 또 물어 이르되 아무 대답도 없느냐 그들이 얼마나 많은 것으로 너를 고발하는가 보라 하되.

빌라도는 대제사장들의 비난을 예수님께 직접 들려주면서 예수님께 "또 물어 이르되 아무 대답도 없느냐 그들이 얼마나 많은 것으로 너를 고발하는가 보라"고 한다(마 27:13). 빌라도는 아마도 예수님을 고소한 대제사장들의 비난에 대해 일일이 예수님께 전달해주는 대신 직접 듣게 하여 예수님으로 하여금 변호해보도록 시도한다. 빌라도는 고소자들이 예수님을 비난하도록 허락해서 문제를 해결해보려는 생각이 있었는지도 모른다. 아무튼 예수님은 비난의 홍수를 만나셨는데도 아무 말씀을 하지 않으셨다(사 53:7). 성도가 때로는 세상에서 여러 가지 수모를 겪을 때 모두를 대응해야 하는 것은 아님을 배우게 된다.

막15:5. 예수께서 다시 아무 말씀으로도 대답하지 아니하시니 빌라도가 놀랍게 여기더라.

예수님은 무리들의 비난에 대해 변론하실 수 있는 기회를 받으셨는데도

"다시 아무 말씀으로도 대답하지 아니하셨다"(사 53:7; 요 19:9). 예수님은 자신이 왕이시라는 말씀만 하신 다음에는 일체 침묵하셨다. 예수님의 침묵을 지켜본 빌라도는 "놀랍게 여겼다." 빌라도가 예수님의 침묵에 대하여 "놀랍게 여긴" 이유는 첫째, 다른 죄수들은 죄를 탕감 받으려고 안간 힘을 쓰는데 비해, 예수님은 죄가 없으심에도(요 18:38b) 불구하고 처형 받게 되었는데도 시종일관 침묵하시는 것을 보고 참으로 이상하게 여겼다. 둘째, 대제사장들이나 무리들이 예수님을 고소하면서 아주 안 좋은 사람으로 고발했는데 빌라도의 눈으로 보기에는 전혀 딴 사람으로 보여 "놀랍게 여겼다."

예수님은 입을 열지 않으시고 침묵하셨다. 그가 입을 여시면 석방되셔서 십자가에서 죽으실 수 없으시므로 침묵하신 것이다. 그는 성경의 예언을 성취하시기 위하여 침묵하셨다(14:61; 사 53:7; 마 26:63; 27:12, 14; 벧전 2:23). 이 땅에 말씀하시러 오신 말씀(요 1:1)이 말씀을 하시지 않고 침묵하셨다. 그는 가야바 앞에서 침묵하셨고(14:60-61), 빌라도 앞에서 침묵하셨으며(본 절), 헤롯 앞에서 침묵하셨고(눅 23:9-12), 다시 빌라도 앞에서 침묵하셨다(요 19:9). 예수님께서 침묵하셨기에 십자가에 달려 우리를 대신한 죽음을 죽으실 수 있으셨다.

2) 예수님께서 빌라도로부터 사형 언도를 받으시다   15:6-15

막15:6. 명절이 되면 백성들이 요구하는 대로 죄수 한 사람을 놓아 주는 전례가 있더니.

여기 "명절"은 유월절인 것은 분명하나 다른 명절(예를 들어 오순절, 수장절 등)도 포함되는지는 확인할 수 없다. "명절이 되면 백성들이 요구하는 대로 죄수 한 사람을 놓아주는 전례가 있었다"는 것이다(마 27:15; 눅 23:17; 요 18:39). 여기 "놓아주는"(ἀπέλυεν)이란 말이 미완료 시제로 되어 있어 계속해서 유월절에 백성들의 요구대로 죄수 한 사람을 놓아주고 있었다. 이것은 총독의 사면권에

의한 사면이 아니라 명절이기 때문에 백성들의 요구에 따라 한 사람씩 놓아주고
있었던 석방이었다.

막15:7. 민란을 꾸미고 그 민란 중에 살인하고 체포된 자 중에 바라바라 하는 자가 있는지라.

그런데 백성들은 아주 흉악한 사람을 석방시키려고 하고 있었다. 바라바라
고 하는 사람은 첫째, "민란을 꾸민 자"였다. 유대의 독립을 위하여 로마에 반란을
일으킨 자로 보인다. 유대인들은 아마도 바라바를 영웅으로 추앙했을지 모른다.
그리고 둘째로, "그 민란 중에 살인하고 체포된 자"였다. 반란을 일으킨 자들
중에서도 특별히 로마 사람을 죽이기까지 한 것을 보면 바라바가 강렬한 성격의
소유자인 것처럼 보인다. 하지만 아무리 유대나라를 위해서 난리를 일으켰다고
해도 사람을 죽였으니 최고형을 받을만한 자였다. 이런 사람을 놓아주고 예수님을
십자가에 못을 박아 죽인다는 것은 너무 잘못한 일이었다. 그러나 백성들의 이런
잘못을 통해서 하나님의 뜻이 이루어졌다는 것은 참으로 기이한 일이다. 가룟
유다의 배신이나 대제사장들의 시기심이나 백성들의 외침이나 모두 악하기 이루
말할 수 없는 것들이었는데 그런 악들을 통하여 하나님의 뜻이 이루어졌다니
참으로 기이한 일이 아닐 수 없다.

막15:8. 무리가 나아가서 전례대로 하여 주기를 요구한대.

무리들은 빌라도에게 나아가서 전례대로 하여 주기를 요구했다. 여기 "무리"
는 대제사장의 사주를 받은 무리로서(마 27:20) 바라바를 석방해주기를 바라는
사람들이었다. 본문에 "나아가서"란 말은 빌라도의 법정이 평지보다 위에 있었기
때문에 생긴 표현이다. 무리는 전에 하던 대로 죄수 한 사람을 놓아주는 전례대로
한 사람을 놓아달라고 요구했다. 본문에 "하여 주기를"(ἐποίει)이란 말은 미완료

시제로 '계속해서 하던 대로 해주기를' 바라는 소망을 표현하고 있다. 매년 명절에 하던 대로 죄수 한 사람을 놓아달라는 것이었다. 무리는 자기들의 생각대로 사는 사람들이 아니라 다른 사람의 충동을 받는 것이 보통이었다. 오늘날의 대중도 역시 비슷하게 자기의 건전한 신념이 없이 소수의 강경파를 따라가는 경향을 보이고 있다.

막15:9. 빌라도가 대답하여 이르되 너희는 내가 유대인의 왕을 너희에게 놓아 주기를 원하느냐 하니.

빌라도는 무리의 요구를 받고 얼른 예수님을 석방하고 싶은 심정에서 "너희는 내가 유대인의 왕을 너희에게 놓아 주기를 원하느냐"고 묻는다. 마태에 의하면 빌라도는 바라바와 예수 둘 중에 누구를 놓아주기를 원하느냐고 무리에게 선택하라고 말은 했지만(마 27:17) 그래도 빌라도의 마음에는 예수님을 석방하고 싶은 생각이 더 앞섰던 것이 확실했다. 더욱이 빌라도는 유대의 교권주의자들이 예수님을 시기하여 체포해서 끌고 온 것을 잘 알고 있었기에(마 27:18) 이제 예수님을 석방하기를 더욱 원했던 것으로 보인다. 그런데 빌라도가 유대인들을 향하여 예수님을 석방하기를 소원하면서 "유대인의 왕"이라는 명칭을 사용한 이유는 무엇인가. 아마도 빌라도는 예수를 어느 정도 경멸하는 뜻으로 유대인의 왕이라는 명칭을 붙였을 것이다. 다시 말해 이런 초라한 사람이 유대인의 왕이라면 석방시켜도 유대나라에 큰일은 없을 것이라고 암시하는 듯이 보인다. 빌라도는 예수님을 별 것 아닌 사람으로 알고 석방하자고 제안한다.

막15:10. 이는 그가 대제사장들이 시기로 예수를 넘겨 준 줄 앎이러라.

본 절은 빌라도가 예수님을 놓아주자고 제안한 이유를 밝히고 있다. 빌라도가 예수님을 석방하고자 제안했던 이유는, "대제사장들이 시기로 예수를 넘겨

준 줄 알기" 때문이라고 한다. 대제사장들의 시기심은 이방인 총독에게까지 알려졌다. 그것도 한 사람의 대제사장이 아니라 두 사람(안나스와 가야바)의 대제사장의 시기심이 만천하에 드러났다. 우리 속에 있는 시기심을 속히 제거하지 않으면 나중에는 걷잡을 수 없는 재앙으로 이어진다는 것을 알아야 한다.

한편 빌라도가 예수님을 석방하려고 시도하는 중에 빌라도의 아내가 사람을 보내어 예수님에게 손을 대지 말라고 제안한다(마 27:19). 빌라도의 아내는 "저 옳은 사람(예수님)에게 아무 상관도 하지 마옵소서"라고 말한다. 이런 의(義)의 소리가 들려 왔어도 무리들의 소리가 이겨서 결국 예수님은 십자가에서 처형되고 말았다. 오늘날 사회에 가끔 퍼지고 있는 옳은 소리는 맥을 추지 못하고 악의 소리에 파묻히고 마는 수가 얼마나 많은지 모른다.

막15:11. 그러나 대제사장들이 무리를 충동하여 도리어 바라바를 놓아 달라 하게 하니.

빌라도 내외의 석방 운동에도 불구하고(9-10절) "대제사장들이 무리를 충동하여 도리어 바라바를 놓아 달라 하게 했다"(마 27:20; 행 3:14). 대제사장들은 자기들의 힘만으로는 부족한 것을 알고 무리를 충동한다. 정치가들이나 종교가들은 민중을 선동하는 기술을 알고 있다. 역시 대제사장들 두 사람도 무리를 충동하여 바라바를 놓아 달라 하게 하는데 성공했다. 대제사장들은 예수님에 대해서는 악평했고, 바라바에 대해서는 유대 나라를 사랑해서 난리를 일으킨 애국자라고 선동했을 것이다. 일반 대중은 비교적 판단력이 약한 사람들이다. 사태를 악화시키는 것은 지도자들이다.

막15:12. 빌라도가 또 대답하여 이르되 그러면 너희가 유대인의 왕이라 하는 이를 내가 어떻게 하랴.

빌라도는 무리가 바라바를 놓아 달라 하는 말을 듣고 "또 대답하여 이르되 그러면 너희가 유대인의 왕이라 하는 이를 내가 어떻게 하랴'고 묻는다. 빌라도는 조금 전에도 무리에게 누구를 놓아주기를 원하느냐고 물었다(9절). 이제 무리가 바라바를 놓아주기를 원했을 때 빌라도는 다시 한 번("또") 무리에게 질문한다. 빌라도는 이때 무리의 의사를 묻지 말고 자기의 소신에 따라 예수님을 석방했어야 했다. 그러지 않고 무리의 의견을 물은 것은 소신 없는 처사였고 직무를 유기한 무책임한 처사였다. 무리에게 물어서 재판한다는 것은 어불성설이었다. 아마도 빌라도는 무리들의 입에서 예수 석방이라는 말이 나오기를 기대했을 것이다. 그러나 청천벽력과도 같이 다음 절과 같은 말이 나왔다.

막15:13. 그들이 다시 소리 지르되 그를 십자가에 못 박게 하소서.

무리는 대제사장의 충동을 받아서 이제 본색을 드러내고 있다. 곧 "그를 십자가에 못 박게 하소서"라고 외친다. 예수님께서 예언하신대로 무리는 외치고 있었다(마 20:19; 26:2). 십자가형은 전쟁포로나 노예들이나 혹은 일반 백성 중에도 중죄인들에게나 가하는 형벌이었는데 대제사장들은 무리를 충동하여 예수님을 십자가에 못 박히게 만든다. 이 무리들은 대부분 유월절을 지키러 예루살렘에 올라온 무리들일 것이고 또 예루살렘에 거주하는 사람들일 것으로 보인다. 아무튼 일반대중은 믿을 수 없는 무리였다. 흔들거리는 것이 특징이다. 우리는 일반 무리들이 되어서는 안 되고 무게가 있고 판단력이 있는 대중이 되어야 한다.

막15:14. 빌라도가 이르되 어찜이냐 무슨 악한 일을 하였느냐 하니 더욱 소리 지르되 십자가에 못 박게 하소서 하는지라.

"그를 십자가에 못 박게 하소서"라는 무리의 외침을 듣고(앞 절) 빌라도는 "어찜이냐 무슨 악한 일을 하였느냐"고 질문한다. 빌라도는 예수님을 십자가형에 처할 이유가 없다고 생각하여 예수가 무슨 악한 일을 했는가 하고 묻는다. 그러나 무리는 빌라도의 질문에 답을 하지 않고 "더욱 소리 지른다." 이들이 예수님을 향하여 10사람의 나병환자처럼 "소리 높여...우리를 불쌍히 여기소서"(눅 17:13)라고 외쳤더라면 엄청난 복을 받았으련만 예수님을 "십자가에 못 박게 하소서"라고 소리를 질러 외쳤기에 그들은 자신들 뿐 아니라 후손들까지도 엄청난 재앙에 휩싸이게 했다. 여리고 근방의 맹인도 예수님께서 지나실 때 "심히 소리 질러 다윗의 자손이여 나를 불쌍히 여기소서"라고 했기에 눈을 뜨는 복을 받았는데(마 20:29-34; 막 10:46-52; 눅 18:35-43) 예루살렘의 무리는 소리 높여 예수를 "십자가에 못 박게 하소서"라고 소리를 질러 비참하게 되고 말았다. 무슨 소리를 지르느냐 하는 것은 대단히 중요하다. 우리는 지를만한 소리를 지르며 살아야 한다.

눅 23:13-23에는 빌라도와 무리의 실랑이가 한참 진행되었다. 빌라도는 예수에게 죄가 없다는 것을 세 번이나 확인하면서(눅 23:4, 14, 22) 예수를 때려서 놓겠노라고 주장했으며 무리는 사형에 처하라고 안간힘을 쓰며 외쳐댔다(눅 23:18, 21, 23). 이 와중에서 결국은 무리의 소리가 이겨서(눅 23:23) 빌라도는 예수님을 십자가에 못 박도록 내어주고 말았다. 그들은 그리스도를 죽인 일로 인하여 씻을 수 없는 죄를 짓고 자신들과 후손이 화를 받고 말았다(마 27:25). 그들은 주후 70년에 예루살렘이 망할 때 함께 망했고 또한 후손들은 주후 70년 이후 2,000년 동안 나라 없는 백성으로 방황하며 살게 되었고 또한 2차 대전을 전후하여 수백만의 유대인들이 학살당하는 비극을 경험하게 되었다. 철없는 외침, 광적인 외침은 외칠 때는 스트레스가 풀릴지 모르나 외치고 나면 비극이 찾아오는 법이다.

XXXV. 예수님께서 십자가에서 처형당하시다 15:15-47

빌라도의 예수 석방노력에도 불구하고 대제사장들과 무리의 집요한 예수 사형 요구에 빌라도는 민중 편을 들어 예수님을 십자가에 사형하도록 넘겨주어 예수님은 결국 사형장으로 끌려가신다(15-20절). 예수님은 일단 군대에 의하여 브라이도리온 광장에서 희롱을 당하신(16-20절) 후 골고다로 끌려가셔서 십자가에 못 박히신다(21-28절). 예수님께서 십자가에 못 박히신 후 길을 가는 행인들, 대제사장들, 서기관들, 십자가에 함께 못 박힌 강도들이 이런저런 말을 하면서 예수님을 욕한다(29-32절). 금요일 6시(우리 시간 낮 12시)가 되어 땅이 어두워지기 시작했고(33절), 9시(우리 시간 오후 3시)가 되어 예수님은 마지막 숨을 거두신다 (34-37절). 예수님이 죽으신 후 성소 휘장이 찢어지고(38절) 백부장이 예수님을 하나님의 아들로 고백하며(39절), 갈릴리에서부터 따라온 여자들이 예수님의 마지막을 지켜본다(40-41절). 그리고 예수님의 시신은 아리마대 요셉에 의해 장사된다 (42-47절). 이 부분은 마 27:31-61; 눅 23:26-56과 병행한다.

1. 빌라도가 예수님을 십자가에 못 박도록 넘겨주다 15:15

막15:15. 빌라도가 무리에게 만족을 주고자 하여 바라바는 놓아 주고 예수는 채찍질하고 십자가에 못 박히게 넘겨 주니라.

빌라도는 무리의 집요한 외침(13-14절)을 그냥 묵살할 수 없었다. 빌라도는 "무리에게 만족을 주고자 하여 바라바는 놓아 주고 예수는 채찍질하고 십자가에 못 박히게 넘겨주었다"(마 27:26; 요 19:1, 16). 빌라도는 무리에게 만족을 주고자 하여: 첫째, "바라바를 놓아주었다." 민란을 꾸미고 이 민란에 살인한 사람을 그냥 놓아주었다. 바라바가 아무리 유대 민족을 위해서 난리를 일으켰다고 해도 사람을 죽인 이상 벌을 받아야 했는데 유대 민중의 끈질긴 요구 때문에 빌라도는 그 사람을 놓아주고 말았다. 둘째, "예수는 채찍질하고 십자가에 못 박히게 넘겨주었다." 유대 민족은 빌라도를 위협하였다. "이 사람을 놓으면 가이사의 충신이 아니니이다 무릇 자기를 왕이라 하는 자는 가이사를 반역하는 것이니이다"라고 외쳐댔다

(요 19:12). 빌라도는 위협을 느끼는 수밖에 없었다. 그가 잘못 처신하면 자기의 목이 달아날지도 모른다는 생각까지 들어갔다. 그는 결국 예수님을 채찍질 하도록 내주었다. 예수님의 양편에서 두 사람의 채찍 군이 예수님을 마구 내리쳤다. 짧은 막대기에 여러 개의 가죽 끈을 달고 그 가죽끈 끝에 여러 가지 날카로운 쇠 조각을 붙여서 예수님의 등을 한없이 내리쳤다. 때로는 채찍을 맞다가 죽는 수도 있고 또 매를 맞는 중에 살점이 떨어져 나가는 것은 흔히 있는 일이라고 한다. 예수님은 너무 맞아서 골고다 언덕까지 십자가를 지고 가실 수가 없어서 구레네 시몬이 대신 지고 갔다. 그런데 예수님께서 이렇게 맞으셔야 할 이유가 있었는가. 구약성경에 보면 분명히 그렇게 맞으셔야 한다고 예언되어 있다. 사 53:5에 "그가 찔림은 우리의 허물 때문이요 그가 상함은 우리의 죄악 때문이라 그가 징계를 받음으로 우리는 평화를 누리고 그가 채찍에 맞음으로 우리는 나음을 받았도다"라고 예언한다(벧전 2:24). 빌라도는 예수님을 죽도록 맞게 한 다음 결국 십자가에 못 박히도록 내주었다. 로마 군대로 하여금 십자가를 이용한 사형에 처하도록 내주었다.

2. 군인들이 예수님을 희롱하다   15:16-20

막15:16. 군인들이 예수를 끌고 브라이도리온이라는 뜰 안으로 들어가서 온 군대를 모으고.

   이제는 빌라도의 손으로부터 예수님은 로마 군인들의 손으로 넘어가신다. 군인들은 "예수를 끌고 브라이도리온이라는 뜰 안으로 들어가서 온 군대를 모은다"(마 27:27). 여기 "브라이도리온"은 라틴어 "프라에토리움"(Praetorium)에서 온 말로 '총독의 관저' 혹은 '총독의 저택'을 지칭하는 말이다(마 27:27). 그리고 "뜰"(αὐλῆς)이란 말은 '궁전,' '관저'란 뜻으로 "브라이도리온"이란 뜻과 같은 뜻을 지니고 있다. 군인들은 예수님을 끌고 총독 관저 안으로 들어가서 예수님을 희롱하기 위해서 온 군대를 모은다. 여기 군대의 규모는 대략 300-600명의 군인 병력이었다. 이유는 "군대"(σπεῖρα)란 말이 '보병대,' '(600명) 중대'를 뜻하기 때문이다. 아마도 예루살렘 근처에서 근무하던 병력일 것으로 보인다. 그들이 그 새벽에 치안을 유지하러 왔다가 빌라도로부터 예수님을 인계받고 빌라도의 관저 안으로 예수님을 끌고 들어간 것이다.

막15:17-19. 예수에게 자색 옷을 입히고 가시관을 엮어 씌우고 경례하여 이르되 유대인의 왕이여 평안할지어다 하고 갈대로 그의 머리를 치며 침을 뱉으며 꿇어 절하더라.

로마 군인들은 예수님을 희롱하는 방법을 다 동원한 것으로 보인다. 그들은 첫째, 예수님에게 "자색 옷을 입혔다." 그들이 예수님이 입고 계시던 옷을 벗기고 자색 옷을 입혔다. 예수님께서 매를 수없이 맞으셨으니 군인들이 예수님의 옷을 벗기고 자색 옷을 입힐 때 몸이 얼마나 아프셨을까. 자색 옷은 왕들이 입는 옷인데 예수님을 희롱하기 위해서 이렇게 자색 옷을 입혔다. 마 27:28에는 "홍포"를 입힌 것으로 표현하고 있다. 아마도 로마 군인들이 입는 낡은 홍포를 구해서 입혔을 것이다. 홍색이 낡았으니 자주색으로 보였을 것이다. 그리고 둘째, "가시관을 엮어 씌웠다." 총독 관저의 근처에 있는 나무가시에서 가시를 잘라 가시관을 조립하여 예수님의 머리에 씌웠다. 왕들에게 금관을 씌우는 것처럼 예수님에게 가시관을 씌운 것이다. 이 가시관은 예수님의 머리를 찔러 많은 피를 냈을 것이다. 셋째, 예수님에게 "경례했다." 예수님을 희롱하기 위해서 왕에게 경례하듯 예수님에게 경례를 했다. 한 사람이 경례하고 또 다른 군인이 경례하는 방식으로 모두 경례했을 것이다. 예수님께서 보시기에 그들이 얼마나 불쌍한 존재들이었을까. 넷째, 예수님께 "유대인의 왕이여 평안할지어다"라고 인사말을 했다. 마음속으로는 "저주나 받아라"하면서 "평안할지어다"라고 말했을 것으로 보인다. 다섯째, "갈대로 그의

머리를 쳤다." 이 갈대는 마태에 의하면 예수님의 손에 들려주었던 갈대였다(마
27:29-30). 예수님의 손에 들려졌던 갈대는 왕의 손에 들려진 홀(忽)을 상징하는
것으로 예수님을 희롱하는 뜻으로 들려주었던 것이다. 그런데 그 갈대를 빼앗아
예수님의 머리를 칠 때 머리에 쓰신 가시관을 움직여 예수님은 형언할 길 없이
아픔을 느끼셨을 것이며 또한 피가 흘렀을 것으로 보인다. 그리고 본문에 "치
며"(ἔτυπτον)란 말은 미완료 시제로 계속해서 친 것을 뜻한다. 여섯째, "침을
뱉었다." 얼굴에 침을 뱉는 것은 최고의 모욕이었다(10:34; 14:65). 여기 "침을
뱉다"(ἐνέπτυον)란 말은 미완료 시제로 계속해서 침을 뱉은 것을 뜻한다. 일곱째,
예수님 앞에 군인들이 "꿇어 절했다." 여기 "절하다"(προσεκύνουν)란 말은 유대인
의 가짜 왕을 향하여 인사한다는 뜻으로 무릎을 꿇어 절했다. 이상의 모든 희롱은
모두 작란이었는데 '네가 무슨 왕이냐 참 웃긴다'는 뜻으로 조롱한 것이다.

**막15:20. 희롱을 다한 후 자색 옷을 벗기고 도로 그의 옷을 입히고 십자가에
못 박으려고 끌고 나가니라.**

군인들은 예수님을 희롱할 만큼 희롱하고 난 후 예수님으로부터 자색 옷을
벗기고 그의 옷을 다시 입힌다. 그리고 군인들은 예수님을 "십자가에 못 박으려고
끌고 나간다." 아무튼 예수님은 목요일 밤에 잡히신 후 금요일 아침때까지 계속해서
"끌려" 다니셨다. 여기 "끌고 나가다"(ἐξάγουσιν)란 말은 현재 시제로 예수님께서
골고다로 끌려 나가셨다는 역사적인 사건을 말하고 있다. 예수님은 분명히 예루살
렘 성 밖으로 끌려 나가셨다. 성 안에서는 사형을 집행할 수 없다는 규정 때문이었다
(레 24:14; 민 15:35-36; 행 7:58; 히 13:12). 그는 우리를 대속하시고 거룩하게
하시려고 성(城) 밖에서 고난을 받으셨다.

3. 군병들이 예수님을 십자가에 못 박다 15:21-28

막15:21. 마침 알렉산더와 루포의 아버지인 구레네 사람 시몬이 시골로부터 와서 지나가는데 그들이 그를 억지로 같이 가게 하여 예수의 십자가를 지우고.

"구레네"라고 하는 곳은 북부아프리카 리비아의 수도 트리폴리(Tripoli)를 지칭하는데 당시 많은 유대인들이 그 도시에서 살면서 왕래한 것으로 보인다(행 6:9). 시몬은 이 때 아마도 유월절을 지키러 예루살렘에 왔을 것이다. 시몬이 자기 두 아들의 이름을 유대 식 이름이 아니라 헬라 식 이름 곧 알렉산더와 루포라고 지은 것을 보면 개방적인 사람으로 추정된다. 시몬의 아들들의 이름이 여기 복음서에 기록된 것을 보면 시몬이 예수님의 십자가를 대신 멘 다음 온 가족이 다 예수님을 신앙한 것으로 보인다. 시몬은 그리스도의 십자가를 대신 지고 골고다까지 가서 예수님께서 십자가에 달리는 것을 직접 목격하고 또 예수님께서 십자가에서 일곱 마디 말씀을 하시는 것을 듣고 성령의 역사로 인하여 큰 은례를 받고 기독교로 개종한 것으로 보이며, 또 롬 16:13에 "루포"라는 이름이 기록된 것을 보아도 시몬의 집이 모두 기독교로 개종한 것으로 보인다.

그런데 시몬이 무슨 일 때문인지는 몰라도 시골로부터 와서 지나가고 있었는데 로마 군인들이 그 사람을 "억지로 같이 가게 하여 예수의 십자가를 지웠다"(마 27:32; 눅 23:26). 로마 군인들은 예수님께서 십자가를 조금 지고 가시다가(요 19:16-17) 더 지고 가실 수 없는 것을 확인하고 길을 가고 있던 시몬을 강제로 잡아서 십자가를 지게 해서 골고다까지 가게 했다. 군인들은 그 십자가가 저주의 십자가로 알아서 지지 않고 만만해 보이는 시몬을 붙잡은 것으로 추정된다. 시몬은 예수님께서 져야 하는 십자가를 지고 골고다까지 갔기에 큰 은총을 받아 그리스도를 믿게 되었다. 그가 십자가를 대신 졌기에 첫째, 그가 그리스도에 대해서 한번 생각해보는 기회를 가지게 되었을 것이고, 둘째, 그가 십자가를 졌기에 그리스도를 믿는 기회를 가지게 되었을 것이다. 그는 생각밖에 그리스도로부터 놀라운 은총을 받게 되었다. 은총이란 항상 불가항력적으로 오는 법이다. 오늘날도 십자가는 억지로 져도 훗날 큰 은혜를 받는다는 것을 알 수가 있다.

막15:22. 예수를 끌고 골고다라 하는 곳(번역하면 해골의 곳)에 이르러.

로마 군인들은 예수님을 "끌고" 골고다라는 곳에 이르렀다(마 27:33; 눅 23:33; 요 19:17). 예수님은 지난 밤(목요일 밤)에 잡힐 때부터 여러 차례 "끌려" 다니셨다. "끌고"(φέρουσιν)란 말은 현재 시제로 예수님께서 끌려 다니신 역사적인 사실을 생생하게 묘사하는 말이다. 인류를 인도하시고 성도들을 인도하시는 분이 이때는 사람들에게 끌려 다니셨다. "골고다"(Γολγοθα)란 말은 아람어로서 헬라어로 음역한 것이다. 십자가를 세운 곳을 골고다라고 이름붙인 이유는 바로 그곳이 사람의 해골처럼 생겼기 때문이라는 견해가 유력하다(Calvin, Cranfield, Cyril, De Wette, Plummer, Bengel, Gould, 박윤선, 이상근). 제롬의 라틴역(Valgate)은 이를 "칼바리아"(Calvaria)로 번역해놓았다. 여기에서 갈보리라는 말이 나왔다. 이곳이 정확하게 어디인가 하는 것은 확정하기가 어려우나 오늘날 전통적으로 '성묘교회'(Church of Holy Sepulcher)가 서 있는 곳으로 통하고 있다. 예수님은 죽음의 곳 골고다로 끌려가서 십자가에 달리셨다.

막15:23. 몰약을 탄 포도주를 주었으나 예수께서 받지 아니하시니라.

예루살렘의 동정어린 여자들이 주었는지 혹은 사형집행인이 주었는지 예수님께 몰약(복숭아과에 속하는 나무껍질에서 빼낸 마취제이다)을 탄 포도주를 "주었으나" 예수님께서 받지 아니하셨다(마 27:34). 여기 "주었으나"(ἐδίδουν)란 말이 3인칭 복수 미완료 시제로 '두 사람 이상의 사람들이 계속해서 예수님께 권한 것'을 의미한다. 예수님으로 하여금 고통을 덜 느끼시도록 하기 위해서 누군가가 계속해서 권했으나 예수님께서는 받지 않으셨다. 이유는, 1)택한 백성들의 고통을 대신 당하시는 시간에 마취제를 마실 수 없었기 때문이었고, 2)십자가 위에서 똑똑한 정신으로 일곱 마디 말씀을 하시기 위해서였다. 예수님은 대신 고통을 당하러 오신 분이었다. 우리의 지옥 고통은 이미 십자가에서 예수님께서 다 당하셨다.

막15:24. 십자가에 못 박고 그 옷을 나눌 새 누가 어느 것을 가질까 하여 제비를 뽑더라.

군인들이 예수님을 "십자가에 못 박았다"는 말을 마치는 아주 짧게 기록한다. 많은 사람들이 군병들이 예수님을 십자가에 못 박았다는 사실을 다 알기 때문이었다. 여기 "십자가에 못 박았다"(σταυροῦσιν)는 말은 현재시제로 예수님께서 역사적으로 확실하게 못 박혔다는 사건을 나타내기 위해 취한 시제이다. 예수님은 십자가에 달리시기 전에 혹독한 고통을 당하셨기에 빨리 사망하셨다(15절, 21절; 요 19:33). 그가 십자가에서 당하신 고통은 택한 백성들이 당해야 하는 모든 고통을 합한 고통이었다. 그것은 우리로서 가히 짐작할 수 없는 고통이었다.

군병들이 예수님을 십자가에 못을 박은 다음 "그 옷을 나눌 새 누가 어느 것을 가질까 하여 제비를 뽑았다"(시 22:18; 눅 23:34; 요 19:23). 그들은 습관에 따라 예수님을 십자가에 못 박고 겉옷 네 가지(머리 덮개, 허리 띠, 겉옷, 신)를 제비 뽑아 나누어 가졌고 또 속옷은 한 통으로 되어 있기 때문에 나눌 수 없어 제비를 뽑아 한 사람이 가져갔다. 이렇게 군인들이 예수님의 겉옷을 제비 뽑아 나누어 가지고 또 속옷을 제비 뽑아 한 사람이 가진 것은 구약성경에 예언된 것이었다(시 22:18). 구약 성경에 예언된 말씀들이 성취된 것을 기록해 놓은 것이 신약 성경이다. 요 19:23-24의 주해 참조하라.

제비나 뽑아서 옷 몇 가지나 집으로 가지고 가는 군병들이야 말로 불쌍한 사람들임에 틀림없다. 그와 반면에 백부장은 예수님을 십자가에 못 박는 일을 하다가 예수님이 바로 하나님의 아들임을 알게 되었다(39절). 우리는 지금 얼마나 예수님을 알고 있는가.

막15:25. 때가 제삼시가 되어 십자가에 못 박으니라.

본 절은 예수님께서 십자가에 못 박히신 시간을 전해주고 있다. 마가는 "때가 제 삼시가 되어 예수님께서 십자가에 못 박혔다"고 말한다(마 27:45; 눅 23:44; 요 19:14). 제 3시는 유대의 시각이고 로마의 시각으로는 아침 9시를 말한다. 예수님은 우리들의 시각으로 오전 9시에 십자가에 못 박히셨다. 요 19:14에 보면 예수님은 제 6시에 재판을 받으셨다. 다시 말해 로마 시간으로 아침 6시에 재판을 받으셨다. 그런 다음 오전 9시에 십자가에 못 박히셨다. 유대의 대제사장들과 무리들은 속전속결로 몰아붙였다. 서양의 비평가들은 이 대목을 도무지 이해하지 못하여 성경에 오류가 있다고 주장하나 속전속결에 익숙해 있는 우리 한국인으로서는 얼마든지 이해하고도 남을 일이다.

막15:26. 그 위에 있는 죄 패에 유대인의 왕이라 썼고.

빌라도는 예수님의 머리 위에 있는 "죄 패에 유대인의 왕이라"고 썼다(마 27:37; 눅 23:38; 요 19:19). 이 죄 패는 죄수들이 십자가 형장으로 갈 때 자신의 죄목을 쓴 패를 가슴에나 혹은 목에 걸고 가게 되어 있었는데 이 패를 예수님의 머리 윗부분에 붙인 것이다. 죄명(罪名)은 4복음서에 각각 다르게 기록되어 있다. 마태는 "이는 유대인의 왕 예수"(마 27:37), 누가는 "이는 유대인의 왕"(눅 23:38), 요한은 "나사렛 예수 유대인의 왕"(요 19:19)이라고 기록했다. 복음서 기자들은 자기들이 본 것을 축약해서 쓴 것으로 추정된다. 이 중에 요한이 기록한 것이 가장 완전한 기록일 것이다. 요한은 예수님께서 십자가에 달리실 때 옆에서 자세히 오랜 시간 보았기에 축약해서 쓰지 않고 전체의 문장을 온전하게 기록했다. 그런데 빌라도는 이 죄 패를 히브리어, 로마어, 헬라어로 기록했다(요 19:20). 이유는 누구든지 읽을 수 있도록 하기 위해서였다.

그러면 빌라도는 왜 예수님의 죄 패에 "유대인의 왕"이라고 썼을까. 왜 빌라도는 유대인의 제사장들이 "유대인의 왕이라 말고 자칭 유대인의 왕이라"고 고쳐달라고 부탁한 말을 거절하고(요 19:21) 그냥 "유대인의 왕"이라고 썼을까. 빌라도는 왜 고집하였을까. 그것은 빌라도가 보기에 예수님에게는 전혀 죄가 없는 사람이기에 죽은 후에라도 그렇게 써 준 것으로 보인다. 그는 유대인의 압력에 밀려서 예수님을 십자가에 못 박도록 내주었지만 이제는 더 밀리지 않겠다는 의도로 고쳐주지 않은 것으로 보아야 한다. 그리고 또 더 큰 이유는 성령님께서 빌라도를 주장하신 것으로 보아야 한다. 빌라도 자신도 모르는 중에 성령님은 빌라도를 주장하여 예수님을 유대인의 왕, 우주의 왕으로 알리게 한 것이다. 성령님은 우주 안에 있는 모든 사람을 주장하시며 또한 삼라만상을 주장하신다.

막15:27. 강도 둘을 예수와 함께 십자가에 못 박으니 하나는 그의 우편에, 하나는 좌편에 있더라.

당시 예수님 혼자 십자가에 달리시지 않고 양 옆에 강도들이 달리게 된 것은 예수님이 강도 취급을 받으셨다는 것을 보여주기 위해서였다(마 27:38). 예수님은 우리를 위하여 강도 취급을 당하셨다. 예수님은 도둑으로 취급되시지도 않고 도둑을 뛰어 넘어 강도 취급을 받으신 것이다. 이 강도들은 아마도 바라바와 함께 로마 정권에 반기를 들었던 사람들일 것으로 보인다. 사형을 집행하는 당국자들이 예수님을 한 가운데 둔 것은 사 53:12("범죄자 중 하나로 헤아림을 받았음이라")을 성취하기 위한 것이었다. 사실 그 자리는 바라바가 달릴 자리였는데 예수님께서 그 자리를 차지하신 것이다. 예수님은 죄인들을 대신해서 죽으셨다.

막15:28. (없 음).

　　보다 권위 있는 고대 사본들에는 이 구절이 빠져 있고 후대의 어떤 사본에는 이 구절이 기록되어 있다. 영국 흠정 역은 "그리하여 '그가 범죄자들과 더불어 헤아림을 받았다'고 말한 성경이 이루어졌더라"는 말씀을 가지고 있다(사 53:12; 눅 22:37).

4. 여러 부류의 사람들이 십자가에 달리신 예수님을 욕하다 15:29-32

막15:29-30. 지나가는 자들은 자기 머리를 흔들며 예수를 모욕하여 이르되 아하 성전을 헐고 사흘에 짓는다는 자여 네가 너를 구원하여 십자가에서 내려오라 하고.

　　본 절과 다음 절은 지나가는 사람의 욕설을 기록하고 있다. 지나가는 자들은 우선 "머리를 흔들었다"(시 22:7). 지나가는 사람들로 하여금 십자가를 보게 한 이유는 어떤 경각심을 주기 위하여 사람들이 많이 다니는 곳에 십자가를 세웠기 때문이었다. 지나는 사람들이 머리를 흔든 것은 예수님을 멸시하는 뜻이었다(욥 16:4; 시 22:7; 109:25; 사 37:22; 렘 18:16). 지나가는 자들은 예수님을 심히 조롱하는 심리를 가지고 머리를 흔들고 지나면서 욕을 퍼부었다. 사람들은 보통 무엇을 깊이 살피지 않고 함부로 의견을 발표하는 경우가 많다.

　　그들은 예수님을 향하여 "아하 성전을 헐고 사흘에 짓는다는 자여 네가 너를 구원하여 십자가에서 내려오라"고 욕한다(14:58; 요 2:19). 여기 "아하"라는 말은 심한 모욕을 표현하는 말로 지나가는 자들은 예수님을 심하게 조롱을 한다. 그리고 그들은 예수님에게 "성전을 헐고 사흘에 짓는다는 자"라고 하는 별명을 붙여준다. 이 말은 막 14:58에서 대제사장의 궁전에서 어떤 증인들이라는 사람들이 말한 말이었는데 그 말이 많은 백성들 중에 퍼져 있었던 것으로 보인다. 예수님은 사람들이 자신을 죽이면 자신은 삼일 만에 다시 살아날 것이라는 뜻으로 이 말씀을 하셨는데 사람들은 예수님의 말씀을 악의적으로 사용하여 예수님께서 성전을 허무시고(destroy) 또 다른 성전을 지으실 것이라는 뜻으로 돌려서 악하게 선전하고 다녔다. 이 말이 유대 사회에 퍼지지 않았으리라고 해석하는 학자들이 있으나 예수님께서 그의 사역 초기에 하셨으니(요 2:19) 몇 년간 퍼진 것으로 보면 많이 퍼졌을 것으로 보아야 한다. 참으로 인생은 악한 존재임에 틀림없다. 그리고 지나가는 자들은 "네가 너를 구원하여 십자가에서 내려오라"고 말한다. 예수님께서 십자가에 달리셔야 사람을 구원하실 수 있으신 데도(요 3:15) 그들은 그 진리도 모르고 내려오라고 말한다. '이제 어떻게 거기서 내려오겠느냐고 비아냥거린다. 예수님은 그 십자가에서 절대로 내려오셔서는 안 되는 분이었다. 우리를 대속하시기 위해서는 그 고난의 십자가를 참으셔야 했다. 사람들은 그것도 모르고 지껄였다.

막15:31-32a. 그와 같이 대제사장들도 서기관들과 함께 희롱하며 서로 말하되 그가 남은 구원하였으되 자기는 구원할 수 없도다 이스라엘의 왕 그리스도가 지금 십자가에서 내려와 우리가 보고 믿게 할지어다 하며.

이제는 대제사장들과 서기관들의 조롱이 이어진다. 문장 처음에 있는 "그와 같이"란 말은 '종교지도자들도 역시 지나가는 사람들과 다르지 않다'는 표현이다. 지나가는 사람들이나 종교지도자들이나 똑같이 예수님을 조롱하는 데는 일반이라는 뜻이다. 종교지도자들은 "함께" 예수님을 조롱한다. 그들은 서로에게 말하기를 "그(예수)가 남은 구원하였으되 자기는 구원할 수 없도다"라고 한다. 한 마디로 '예수는 웃기는 사람이다. 그가 과거에는 사탄의 힘으로 다른 병자들을 구원하고, 죽은 사람들을 살렸으면서 이제 자기는 저 모양, 저 꼴이라. 사탄으로부터 힘을 얻지도 못하여 자기 자신을 구원하지는 못하는구나라고 서로에게 말하며 놀려댄다. 그들은 과거에 예수님께서 이적을 행하실 때 귀신의 왕을 힘입어 이적을 행하는 것이라고 말했다(3:22). 그런데 과거에 행하던 그 이적도 행하지 못하는 사람이 되었다고 놀린다. 그들은 참으로 악질적인 사람들이다. 과거에는 예수님께서 바알세불의 힘을 빌려서 이적을 행하는 것으로 말하더니 이제는 과거에 예수님께서 남을 구원한 사실을 인정하는 것처럼 말한다. 그러면서 이제는 그런 능력도 없다고 조롱한다. 다시 말해 이제는 바알세불의 힘도 빌리지 못하고 그냥 십자가에 달려 있느냐고 조롱한다.

그리고 그들은 "이스라엘의 왕 그리스도가 지금 십자가에서 내려와 우리가 보고 믿게 할지어다"라고 말한다. 여기 그들이 예수님을 "이스라엘 왕"이라고 부른 것은 예수님께서 빌라도 앞에서 자신이 "유대인의 왕"이라고 시인한 말을 인용한 것이다. 그러니까 그들이 예수님을 "이스라엘의 왕"이라고 부른 것은 '네까짓 게 무슨 왕, 어이없다'는 뜻이 담겨있는 말이다.

그들은 예수님을 이스라엘의 왕이라고 놀리면서 "그리스도가 지금 십자가에서 내려와 우리가 보고 믿게 할지어다"라고 놀린 것은 '너(예수)는 절대로 십자가에서 내려 올 수 없게 된 사람이다. 그렇게 두 손, 두 발 다 못 박혔고 창으로 옆구리를 찔렸으니 어떻게 내려오겠니, 전혀 불가능하다고 희롱하는 말이다. 그들이 말한바 "내려와 우리가 보고 믿게 할지어다"란 말은 순전히 희롱하는 말이지 실제로 내려와 보라는 말이 아니었다. 그들은 자기들이 예수님을 십자가에 못 박아놓고 이제는 "내려와 보라"고 희롱한다. 말도 되지 않는 말이다. 참으로 인간쓰레기들임이 틀림없다.

막 15:32b. 함께 십자가에 못 박힌 자들도 예수를 욕하더라.

"함께 십자가에 못 박힌 자들," 곧 두 강도도 예수님을 욕했다(마 27:44; 눅 23:39). 하나는 예수님의 좌편에서 그리고 하나는 예수님의 우편에서 예수님을 욕했다. 두 강도들 중에 한 사람이 예수님을 욕한 내용이 눅 23:39에 기록되어 있다. 그는 "네(예수)가 그리스도가 아니냐 너와 우리를 구원하라"고 욕했다. 그렇게 예수님에게 욕을 퍼붓다가 한편 쪽 강도가 완전히 변화되어 욕하는 일을 중지하고 다른 쪽 강도를 향하여 "네가 동일한 정죄를 받고서도 하나님을 두려워 아니하느냐 우리는 우리가 행한 일에 상당한 보응을 받는 것이니 이에 당연하거니와 이 사람이 행한 것은 옳지 않은 것이 없느니라"고 타일렀다. 이 사람이 이렇게 갑자기 변화된 이유는 예수님께서 자신을 십자가에 못 박은 사람들의 죄를 용서해 주십사고 하나님께 기도하신 것을 들었기 때문이었다(눅 23:34). 예수님은 기도하시기를 "아버지여 저희를 사하여 주옵소서 자기의 하는 것을 알지 못함이니이다"라고 하셨다. 이렇게 예수님께서 기도하시는 내용을 들을 때 성령님께서 역사하시므로 그 강도가 갑자기 변화된 것이다. 예수님께서 이 기도를 하실 때 성령님은 놀랍게 역사하셔서 그 강도를 신앙인으로 변케 하셨다. 성령님은 통상 말씀을 가지고 일하신다(엡 6:17). 그런 일이 있기 전에는 두 강도가 자기들의 처지도 모르고 열심히 예수님을 욕했다. 다른 사람들이 욕하니까 자기들도 욕해도 되는 줄 알고 욕을 했다. 아무튼 예수님은 온 세상 사람들로부터 욕을 잡수셨다. 심지어 지독한 강도들한테까지도 욕을 잡수셨으니 온 세상이 다 달라붙어 욕을 한 것이다. 예수님은 우리를 대신하여 온갖 희롱을 받으셨다.

5. 금요일 6시가 되어 땅이 어두워지다 15:33

막15:33. 제육시가 되매 온 땅에 어둠이 임하여 제 구시까지 계속하더니.
　　　　예수님께서 십자가에 못 박히신 금요일 오전 9시부터 낮 12시까지 예수님은 여러 사람들부터 많은 욕을 잡수셨고 또한 십자가 위에서 세 마디 말씀("저희를 사하여 주옵소서," "네가 나와 함께 낙원에 있으리라," "여자여, 보소서 아들이니이다. 보라 네 어머니라")을 하셨다.

본문 초두에 "제육시가 되매"란 말은 우리 시간으로 '낮 열두시가 되었다'는 뜻이다(마 27:45; 눅 23:44). 정오가 되어 "온 땅에 어둠이 임하여 제 구시까지 계속했다"고 마가는 전한다. 다시 말해 낮 열두시부터 어둠이 임하여 제 9시, 곧 우리 시간으로 오후 3시까지 세 시간이나 계속했다는 것이다. 이 어둠이 어떻게 왔느냐는 문제를 두고 수없는 학설이 대두되었으나 하나님께서 그렇게 하셨다고 말하는 것이 옳다. 누가는 말하기를 "해가 빛을 잃었다"고 말한다(눅 23:44-45). 해가 빛을 잃었으니 온 땅에 어둠이 오는 것은 당연하다. 해가 빛을 잃는 것은 순전히 하나님께서 만드신 이적이다. 달리 설명하는 것은 하나님의 뜻을 거스르는 것이 될 것이다.

그러면 어둠이 세 시간이나 온 땅에 임한 것은 무엇을 의미하는가 하는 점이다. 온 땅에 어둠이 임한 것은 하나님께서 예수님에게 저주를 퍼부은 것을 뜻한다. 빛은 밝음이고 생명이며 행복을 의미한다. 그런데 하나님께서 예수님으로부터 빛을 거두시고 대신 어둠, 곧 저주(사 5:30; 60:2; 욜 2:30-31; 암 5:18, 20; 습 1:14-18; 마 24:29-30; 계 6:12-17)를 한없이 퍼부으셨다. 그것도 세 시간, 즉 충분히 예수님께 퍼부으신 것이다. 우리가 받아야 할 저주를 예수님께서 세 시간 동안 충분히 받으셨다. 오늘 우리는 예수님께서 우리를 대신하여 십자가에서 저주, 심판을 받으신 것을 믿어야 한다. 그리고 한없이 감사해야 한다.

6. 금요일 9시에 예수님이 마지막 숨을 거두시다 15:34-37

막15:34. 제 구시에 예수께서 크게 소리 지르시되 엘리 엘리 라마 사박다니 하시니 이를 번역하면 나의 하나님, 나의 하나님 어찌하여 나를 버리셨나이까 하는 뜻이라.

"제 구시에' 즉 '우리 시간으로 오후 3시에' 예수님께서 아람어를 사용하셔서 "엘리 엘리 라마 사박다니"($\epsilon\lambda\omega\iota$ $\epsilon\lambda\omega\iota$ $\lambda\epsilon\mu\alpha$ $\sigma\alpha\beta\alpha\chi\theta\alpha\nu\iota$)라고 크게 소리를 지르셨다 (시 22:1, 마태는 유대인 신자를 상대하여 히브리어로 기록하였다). 이를 번역하면 '나의 하나님, 나의 하나님 어찌하여 나를 버리셨나이까'라는 뜻이다.[38] 예수님께서 하나님으로부터 버림을 당하시는 사실을 "크게 소리 질러" 알리신 이유는 예수님께서 우리를 대신하여 버림을 당하신 것을 모두 알아야 하기 때문이었다(마 27:46). 지금 우리는 예수님께서 우리를 대리하여 버림을 당하신 사실을 믿어야 한다.

낮 12시로부터 온 땅에 어둠이 임하여 오후 3시까지 세 시간 동안 한없는 저주를 체험하신 예수님은 하나님으로부터 버림을 당하시는 고통을 느끼셨다. 예수님은 우리를 대신하여 하나님으로부터 버림을 당하신 것이다(고후 5:21). 사람이 하나님으로부터 버림을 당하는 것보다 더 힘든 일은 없다. 오늘 우리는 예수님께서 우리를 대신하여 하나님으로부터 버림을 당하신 것을 믿어야 한다.

예수님은 한 번도 하나님을 "나의 하나님"이라고 불러보신 적이 없으셨고 항상 "아버지'라고만 부르셨다. 그러나 이번만은 아버지로부터 버림을 당하셨으므로 아버지라고 부르시지 않고 "나의 하나님"이라고 부르셨다. 그만큼 예수님은 우리를 대신하여 하나님으로부터 버림을 당하시는 고통을 당하셨다. 그런데 예수님은 아버지로부터 버림을 당하시는 순간에도 "나의 하나님"이라고 부르셨다. 예수님은 하나님으로부터 고통을 당하시고 버림을 당하셔도 여전히 하나님은 "나의 하나님"이라고 하신다.

막15:35. 곁에 섰던 자 중 어떤 이들이 듣고 이르되 보라 엘리야를 부른다 하고.

---

38) 예수님께서 십자가 위에서 말씀하신 7마디 말씀 중에 첫 번째 말씀이 눅 23:34에 기록되었고, 두 번째 말씀이 눅 23:43에, 세 번째 말씀이 요 19:26-27에, 네 번째 말씀이 마 27:46; 막 15:34에, 다섯 번째 말씀이 요 19:28에, 여섯 번째 말씀이 요 19:30에, 일곱 번째 말씀이 눅 23:46에 기록되어 있다.

예수님의 십자가 "곁에 섰던 자들"이 있었다. 십자가 곁에서 예수님이 죽는 것을 보기를 원하여 6시간이나 기다린 악의적인 지독한 사람들이 있었다. 그런데 예수님께서 당시의 통용어인 아람어를 사용하여 "엘로이 엘로이"("나의 하나님 나의 하나님")라고 큰 소리로 하나님을 부으실 때(시 22:1) 십자가 곁에 서 있었던 그들은 예수님께서 "엘리야"를 부르는 것으로 착각했다. 그래서 그들은 "보라 엘리야를 부른다"고 웅성거렸다. 다시 말해 곁에 서 있었던 사람들은 예수님께서 구약 선지자 엘리야를 불러서 도움을 요청하는 것으로 착각했다. 옆에 서 있었던 사람들이 예수님의 외침을 듣고 구약의 엘리야를 얼른 생각하게 된 것은 '엘리야는 도움을 주는 사람'(9:12)이라는 구약의 말씀을 기억했기 때문인 것으로 보인다(사실 구약의 말씀은 이들이 생각한대로의 뜻은 아니다).

여기서 학자들의 견해는 갈린다. 즉 혹자는 십자가 곁에 서 있던 사람들이 예수님께서 외치실 때의 아람어 발음("엘로이")과 "엘리야"라는 발음이 완전히 다르기 때문에 혼돈했을 이유가 없고 그들이 예수님을 희롱하기 위해서 일부러 왜곡했다고 주장하기도 하고 또 혹자는 예수님의 십자가 곁에 서 있었던 사람들이 유대인이 아니라 헬라계의 사람인고로 예수님의 발음을 혼돈한 것이라고 주장하기도 한다. 또 한편 혹자는 예수님께서 간밤에 고생하시고 또 십자가에 벌써 6시간이나 달려 계셨기에 "엘로이"라고 외치실 때의 발음이 분명하지 않아 십자가 곁에 서 있었던 사람들이 "엘리야"로 착각했다고 말하기도 한다(James D. Stevens, p. 1259). 그러니까 착각이냐 아니면 일부러 왜곡해서 예수님을 희롱한 것이냐 하는 차이가 있기는 하나 예수님께서 외치신 말씀이 사람들로 하여금 "엘리야"를 회상하게 한 것은 사실이었다. 예수님의 십자가 고통은 형언할 길 없이 대단했음을 감안하면 발음이 분명하지 않으셨을 것은 당연하다. 아무튼 십자가 곁에 서 있었던 사람들은 예수님께서 죽기만을 기다리고 있었을 뿐, 동정이란 전혀 없는 살인마들이었다. 그들은 예수님에게 어떤 일이 발생하든 희롱하려는 생각으로만 충만한 사람들이었다. 예수님께서 기운이 다하여 "엘리야"라는 말로 들릴 정도로 발음하신 것을 가지고 십자가 밑에서 조롱을 일삼고 있었던 사람들이 그것을 이용하여 예수님께서 엘리야를 부르는 것으로 받아 예수님을 조롱한 것으로 보인다. 예수님 께서 아무 말도 안하셨으면 사람들이 그런 조롱도 하지 않았을 것이다. 그러나 예수님께서 그런 비슷한 발음을 하셨으므로 그 발음을 가지고 사람들이 조롱한 것이다.

막 15:36. 한 사람이 달려가서 해면에 신 포도주를 적시어 갈대에 꿰어 마시게 하고 이르되 가만 두라 엘리야가 와서 그를 내려 주나 보자 하더라.

예수님의 십자가 곁에서 6시간 동안이나 웅성거리던 사람들 중에 "한 사람이 달려가서 해면에 신 포도주를 적시어 갈대에 꿰어 마시게 했다"(마 27:48; 요 19:29). 요 19:28에 의하면 예수님은 방금 가상칠언(架上七言) 중에 다섯 번째의 말씀을 하셨을 것으로 보인다("내가 목마르다"). 십자가 곁에 있던 백부장(39절)은 예수님의 말씀을 듣고 한 사람의 군인에게 명령을 내려 예수님의 갈증을 조금이나마 해갈(解渴)해 드리기 위해 달려가서 해면(스펀지)에 신 포도주를 적시어 갈대에 꿰어 예수님으로 하여금 마시게 했다(시 22:15; 69:21). 하나님은 백부장을 사용하 셔서 그의 아들의 고통을 잠시 덜어드린 것이다. 이제 예수님께서 대속을 이루신 마당이니 고통을 덜어드리기 시작하셨다.

예수님에게 신포도주를 드린 군인 이외에 다른 어떤 사람들은 말하기를 "가만 두라 엘리야가 와서 그를 내려 주나 보자"고 말한다. 다시 말해 엘리야가 와서 예수님을 십자가에서 내려주는지 확인해보자고 말한다. 그들은 다 죽어가는 예수님을 보면서 끝까지 조롱하는 뜻으로 예수님을 가만 두라고 말한다. 그런데 여기 "가만 두라"(ἄφετε)는 말씀을 누가 했느냐 하는 것이다. 마가의 문장에 의하면 한 사람이 한 것처럼 되어 있고, 마태에 의하면 십자가 곁에 있었던 여러 사람들이 발설한 것으로 되어 있다(마 27:49). 우리는 마가의 문장이 마태에 의하여 분명히 드러난 것으로 보면 좋을 것이다. 그러므로 "가만 두라"는 말은 '예수님에게 마실 것을 주지 말고 가만 두어라'고 보는 것이 바를 것으로 보인다.

막15:37. 예수께서 큰 소리를 지르시고 숨지시니라.

예수님께서 숨지시기 전에 두 마디 말씀을 더 하셨다. 여섯 번째 말씀으로 "다 이루었다"(요 19:30)는 말씀을 하셨고, 또 일곱 번째는 "내 영혼을 아버지 손에 부탁하나이다"(눅 23:46)라는 말씀이었다. 예수님께서 (큰 소리를) "지르셨다"(ἀφείς)는 말씀은 부정(단순)과거 분사로 '소리를 들리게 하다,' '감탄을 발하다'라는 뜻으로 사람들이 예수님의 죽음을 알 수 있도록 소리를 지르신 것을 지칭한다(마 27:50; 눅 23:45; 요 19:30). 그런데 예수님께서 지르신 소리의 내용은 본 절에 없으나 눅 23:46에 보면 예수님은 "내 영혼을 아버지 손에 부탁하나이다"라는 소리를 크게 지르신 것으로 보인다. 예수님께서 우리 대신 하나님의 버림을 당하셔서 고통 하셨던 네 번째의 말씀("나의 하나님, 나의 하나님 어찌하여 나를 버리셨나이까")을 지나 이제는 하나님을 "아버지"로 부르시면서 그 영혼을 아버지 손에 다시 부탁하는 회복의 시간을 맞으신 것이다. 그리고 본문에 "숨지시니라"(ἐξέπνευσεν)는 말은 부정(단순)과거 능동태로 예수님께서 자원해서 숨을 끊으셨음을 뜻한다(마 27:50; 눅 23:46; 요 19:30). 예수님은 우리 위해 이 땅에 오셨고 우리 위해 이 땅에서 섬기시다가 우리 위해 자원하셔서 숨을 거두셨다. 모든 것을 자원하셔서 하셨다. 예수님은 마지막 숨을 내쉬고 낙원으로 가셨다.

7. 예수님이 죽으신 후 성소 휘장이 찢어지다 15:38

막15:38. 이에 성소 휘장이 위로부터 아래까지 찢어져 둘이 되니라.

예수님의 몸이 찢어지시니(앞 절; 요 19:34) 성소와 지성소 사이의 "휘장이 위로부터 아래까지 찢어져 둘이 되었다"(마 27:51; 눅 23:45). 곧 '성소와 지성소를 구분하는 휘장이 위로부터 아래까지 찢어졌다'(히 6:19; 9:3; 10:19-20). 그러나 혹자는 여기 "성소 휘장"을 '안쪽 휘장, 곧 둘째 휘장(성소와 지성소를 구분하는 휘장)과 바깥쪽 휘장(성소와 안뜰을 구분하는 휘장) 모두'를 의미하는 것으로 주장하나 '안쪽 휘장, 곧 둘째 휘장만을 지칭하는 것으로 보아야 할 것이다. 우리는 예수님의 죽으심으로 말미암아 하나님께 담대히 나가게 되었다(히 4:14-16). 예수님은 글자 그대로 "길이요 진리요 생명이시다"(요 14:6).

예수님께서 죽으실 때 둘째 휘장(성소와 지성소를 구분하는 휘장)이 찢어져 둘이 되었는데 그 휘장이 찢어질 때 위에서부터 아래까지 찢어졌다. 이것은 사람이 찢은 것이 아니라 하나님께서 찢으신 것을 보여주는 말씀이다. 성소 휘장이 찢어져서 지성소에 들어가는 길이 열렸듯이 예수님께서 십자가에서 대속의 죽음을 죽으심으로 우리의 죄가 씻어져서 하나님 앞에 담대히 나아가게 되었다. 우리는 매일 그리스도의 피 공로를 의지하고 하나님께 나아가는 행복 자들이 되었다.

8. 백부장이 십자가에 달리신 예수님을 하나님의 아들로 고백하다 15:39

막15:39. 예수를 향하여 섰던 백부장이 그렇게 숨지심을 보고 이르되 이 사람은 진실로 하나님의 아들이었도다 하더라.

백부장과 함께 예수를 지키던 자들이 금요일 오전 9시부터 오후 3시까지 6시간 동안 예수님을 지켜보았고, 또 예수님 부활 시에 지진이 일어나고 그 되는 일들을 관찰하고 "이 사람은 진실로 하나님의 아들이었다"고 고백한다(마 27:54; 눅 23:46). 백부장과 군인들은 예수님의 십자가를 바라보며 예수님께서 하나님을 신뢰하는 모습에 놀랐을 것이며 또한 예수님께서 십자가 위에서 일곱 마디 말씀을 하실 때 유대인들에게 그 뜻을 듣고 알았을 것이며(백부장과 군인들은 로마인이니까) 또 놀라운 지진 현상을 보고 예수님이야말로 "하나님의 아들"이라고 고백하기에 이르렀다. 혹자는 백부장의 고백을 두고 백부장이 예수님을 영웅정도로 알았을 것이라고 말하나, 그가 예수님을 진정으로 하나님의 아들로 믿었다고 보는 것이 옳을 것이다. 그렇지 않으면 마가가 여기 백부장의 기사를 쓰지 않았을 것으로 보인다. 예수님 옆의 한 강도는 겨우 예수님의 첫마디 한 말씀(예수님을 십자가에 못 박은 사람들을 용서하소서라고 기도한 말씀)을 듣고도 성령님의 역사로 회개했는데 백부장과 군인들은 예수님의 모습을 관찰했고 또 예수님의 일곱 마디나 되는 말씀을 들었으며 또한 지진을 경험하는 중에 성령님의 역사로 회개한 것으로 보는 것이 옳을 것이다. 전통(traditions)에 의하면 그는 훗날 복음을 전파하다가 순교하였다는 것이다. 그는 예수님을 아주 짧게 경험하고도 하나님의 아들로 고백했다고 하면 오늘 우리는 오래 동안 설교를 통하여 혹은 성경말씀을 통하여 예수님을 믿어 왔으니 더욱 그리스도를 잘 고백해야 하는 것은 당연하다.

9. 여자들이 예수님의 마지막을 지켜보다 15:40-41.

막15:40-41. 멀리서 바라보는 여자들도 있었는데 그 중에 막달라 마리아와 또 작은 야고보와 요세의 어머니 마리아와 또 살로메가 있었으니 이들은 예수께서 갈릴리에 계실 때에 따르며 섬기던 자들이요 또 이 외에 예수와 함께 예루살렘에 올라온 여자들도 많이 있었더라.

이 부분은 예수님의 십자가 죽음을 끝까지 관찰한 여인들이 있었음을 기록하고 있다(마 27:55; 눅 23:49). 요한 사도를 제외한 제자들 모두가 도망해버린 때에 멀리서나마(시 38:11) 예수님의 십자가 죽음을 바라보는 여자들이 있었다.

마가는 "그 중에 막달라 마리아와 또 작은 야고보와 요세의 어머니 마리아와 또 살로메가 있었다"고 전한다. 마가는 세 사람을 기록한 반면, 마태는 "막달라 마리아 야고보와 요셉의 어머니 마리아 세배대의 아들들의 어머니"를 기록했고(마 27:56), 누가는 "예수의 아는 자들과 및 갈릴리로부터 따라온 여자들"을 기록했으며(눅 23:49), 요한은 "예수의 모친과 이모와 글로바의 아내 마리아와 막달라 마리아"를 기록하고 있다(요 19:25).

"막달라 마리아"는 일곱 귀신이 들었던 여자로 예수님에 의해 고침 받고 예수님에게 최선을 다해 봉사했다(눅 8:1-3). 이 여자는 예수님을 사모하는 일에 열성을 다한 사람으로 예수님의 부활 후에 가장 먼저 예수님의 부활을 목격하는 영광도 얻었다(요 20:11-12).

"작은 야고보와 요세의 어머니 마리아"는 '글로바의 아내'와 동일인으로 추정된다(3:18; 마 10:3). 여기 "요세"는 마태(27:56)에는 "요셉"으로 기록되어 있다. "요세"는 헬라식 이름이고 "요셉"은 히브리식 이름이다. 그리고 "야고보"라는 이름 앞에 "작은"이란 말이 붙은 것은 세배대의 아들 야고보와 구분하기 위함이었다. 그런데 "작은"(μικρός)이란 말이 정확하게 무엇을 의미하는지 정확하게 알기가 어렵다. 혹시 '키가 더 작은'이란 뜻인지, '더 젊은'이란 뜻인지, '덜 알려진'이란 뜻인지 확인할 길은 없다. 이 여자는 그리스도를 매장할 때에 막달라 마리아와 함께 그 자리에 있었고(마 27:61; 막 15:47), 그리스도의 몸에 향품을 바르기 위하여 주일 새벽에 무덤을 찾아간 여자였다(마 28:1; 막 16:1).

"살로메"는 마 27:56의 세배대의 아들들의 어머니로 추정된다. 요 19:25에 의하면 이 여인은 '예수님의 이모'로 추정된다. 그럴 경우 살로메는 예수님의 어머니 마리아와 자매간이 된다. 이들 세 사람은 예수께서 갈릴리에 계실 때에 따르며 섬기던 자들이다. 참으로 본받을만한 여자들이다. 남자들은 그리스도를 섬기고 사랑하는 일에 있어서 여자들보다 뒤떨어지는 것을 인정해야 한다. 남자들은 한층 분발해야 할 것이다. 그런데 마가는 이 세 여자만 아니라 "이 외에 예수와 함께 예루살렘에 올라온 여자들도 많이 있었다"고 전한다. 그러나 명단은 기록하지 않는다. 이름 없이 빛도 없이 섬긴 여자들이다. 한 가지 추가할 일은 마태와 마가에는 세 여자들이 똑같이 기록되어 있고 요한은 거기에 예수님의 어머니 마리아를 기록하고 있다.

10. 아리마대 요셉이 예수님의 시신을 장사하다 15:42-47

막15:42-43. 이 날은 준비일 곧 안식일 전날이므로 저물었을 때에 아리마대 사람 요셉이 와서 당돌히 빌라도에게 들어가 예수의 시체를 달라 하니 이 사람은 존경 받는 공회원이요 하나님의 나라를 기다리는 자라.

요셉이 예수님을 장례한 날은 "준비일 곧 안식일 전날"이라고 말한다(마 27:57; 눅 23:50; 요 19:38). "준비일"이란 말은 '안식일(토요일)'을 잘 지내기 위해 준비하는 날, 즉 금요일'이라는 뜻이고, "안식일 전날"이란 말도 역시 '안식일이 되기 전 금요일'이란 뜻이다. 그리고 마가는 안식일 전날(금요일) 중에 "저물었을 때"(오후 3시부터 6시 사이)라는 시각을 말한다. 안식일의 "저물었을 때"란 말은 오늘날로 말하면 '금요일 해가 지기 전'을 지칭하는 말이다. 안식일(그 때는 더욱 유월절 때의 안식일이었다)이 되면 시체를 옮겨 장례할 수 없으므로 해가 지기 전에 예수님의 시신을 장례해야 했으므로 "아리마대 사람(라마고지라는 뜻사람) 요셉이 와서 당돌히 빌라도에게 들어가 예수의 시체를 달라"고 한다. 요셉은 산헤드린 공의회 회원들 전원이 예수님을 십자가에 처형하기를 원할 때에 동의하지 않았을 뿐 아니라(눅 23:51) 예수님에 대한 반감이 팽배했던 때에 담대하게 빌라도에게 들어가서 예수님의 시신을 달라고 요구했다. 대단한 용기의 소유자였다. 마가는 요셉이라고 하는 사람에 대해 평하기를 "존경 받는 공회원이요 하나님의 나라를 기다리는 자"라고 말한다(눅 2:25, 38). 요셉은 남달리 사람들로부터 존경을 받는 공회원이었고 하나님의 나라(통치)를 기다리는 사람이었다. 그는 아마도 예수님으로부터 하나님의 통치를 기대한 것으로 보인다. 예수님이야 말로 하나님의 통치를 이 땅에 실현하는 분이 아닐까 하고 생각했던 것 같다. 그는 공회원일 뿐 아니라 부자요 예수님의 제자이기도 했다(마 27:57). 보통 사람을 넘어 저명한 인사로서 산헤드린 공회로부터 배신자라는 소리, 혹은 대역죄를 지은 사람이라는 말을 감수한 사람이었다. 오늘도 옳은 사람, 용기의 사람이 필요하다.

막15:44-45. 빌라도는 예수께서 벌써 죽었을까 하고 이상히 여겨 백부장을 불러 죽은지 오래냐 묻고 백부장에게 알아 본 후에 요셉에게 시체를 내주는지라.

　　　　요셉의 요청을 받고 총독 빌라도가 활동한다. 그는 첫째, "예수께서 벌써 죽었을까 하고 이상히 여겼다." 오후 3시에 예수님께서 숨지셨는데 "저물었을 때" 곧 '해지기 조금 전'에 벌써 죽었을까하고 미심쩍어 했다(십자가에 달린 어떤 죄수들은 2-3일이 지나야 죽었다고 한다). 그래서 둘째, "백부장을 불러 죽은지 오래냐 묻고 백부장에게 알아보았다." 백부장을 통해 예수님의 죽음을 확인했다. 백부장이 총지휘를 했으니 말이다. 셋째, 백부장에게 알아본 후에 "요셉에게 시체를 내준다." 빌라도는 유대의 교권주의자들하고 예수님의 시체에 대해 상의하지 않고 단독으로 일을 처리한다. 그는 유대인들에게 대한 반감을 가지고 예수님의 시신을 해결한다. 백부장의 확인 절차를 거쳐 요셉에게 내어준바 된 예수님의 시신은 확실히 예수님께서 죽었음을 확인한 것이었다. 예수님께서 기절하셨다가 서늘한 무덤에서 살아나셨다고 하는 학설은 터무니없는 학설이다.

막15:46. 요셉이 세마포를 사고 예수를 내려다가 그것으로 싸서 바위 속에 판 무덤에 넣어 두고 돌을 굴려 무덤 문에 놓으매.

　　　　빌라도의 허락을 받은 요셉은 장례 절차를 밟는다(마 27:59-60; 눅 23:53;

요 19:40). 첫째, "세마포를 샀다." 요셉은 부자였기에 세마포를 사는 것은 힘들지 않았을 것이다. 둘째, "예수님을 내려왔다." 두 손과 두 발에 박혔던 못들을 빼고 피를 제거한 후 시신을 내렸다. 그리고 창 자루에 찔린 곳의 피를 제거했다. 셋째, 세마포로 예수님의 시신을 "쌌다." 예수님을 "정한" 세마포(마 27:59)로 싼 것은 정중하게 장례를 치른 것을 뜻한다(요 19:40). 요셉은 예수님을 존경하는 마음으로, 또 사랑하는 마음으로 정성을 다해서 쌌다. 우리는 예수님께 대한 헌신의 마음으로 충만해야 한다. 넷째, "바위 속에 판 무덤에 넣어 두었다." 이 무덤은 바위를 뚫어서 만든 것이었는데 아무도 사용하지 않았던 새 무덤이었다(요 19:41). 요셉은 자기 가족의 무덤(마 27:60)을 예수님께 드리는 헌신의 사람이었다. 우리는 모든 것을 그리스도에게 드려야 한다(막 10:29-30). 그리고 다섯째, "돌을 굴려 무덤 문에 놓았다." 짐승으로부터 시신을 보호하기 위해, 그리고 도적으로부터 예수님의 시신을 보호하기 위해 무덤 문을 막았다. 이 무덤 문을 열기 위해서 여러 사람의 장정의 힘이 필요하였다(16:3).

막15:47. 막달라 마리아와 요세의 어머니 마리아가 예수 둔 곳을 보더라.

막달라 마리아와 요세의 어머니 마리아는 십자가 곁에 있다가 요셉과 니고데모가 예수님의 시신을 매장한 후에까지 남았다가 "예수 둔 곳을" 확인하고 집으로 돌아갔다. 여기 "보더라"(ἐθεώρουν)는 말은 미완료 시제로 그냥 슬쩍 보는 것이 아니라 '계속해서 자세히 확인하는 것'을 뜻하는 말이다. 이렇게 확인하고 돌아갔기에 주일 새벽, 곧 예수님의 부활의 아침에 그 무덤을 정확하게 찾을 수 있었다. 끝까지 그리스도를 사랑하는 여인들의 모습을 볼 수 있다(40절). 하나님께서 이런 증인들을 세우신 이유는 그리스도의 부활을 증언하시기 위함이었다. 오늘 우리는 예수님을 보지 않고 믿는 사람으로서 역시 증인의 역할을 감당해야 한다.

제 16 장

예수님께서 무덤에서 부활하시다

XXXVI. 예수님께서 부활하시고 지상명령을 남기신 후 승천하시다
16:1-20

　　예수님께서 십자가에서 처형당하신(15:15-41) 후 요셉에 의하여 장사지낸 바 되셨다가(15:42-47) 3일 만에 부활하신다(1-8절). 부활하신 예수님은 막달라 마리아에게 나타나시고(9-11절), 또 두 제자에게 나타나시며(12-13절), 지상명령을 남기신(14-18절) 다음 승천하신다(19-20절). 그런데 이 부분을 주해함에 있어서 어려운 점은 9-20절까지의 글이 마가의 글이냐 아니냐 하는 것이다. 본 필자는 이 부분도 역시 하나님의 말씀으로 알고 주해한다.

1. 예수님께서 부활하시다　16:1-8

　　아리마대 사람 요셉과 니고데모에 의하여 장사지낸바 되셨던(15:42-47; 요 19:38-42) 예수님은 안식일이 지나 주일 아침에 부활하신다. 부활의 아침에 예수님의 무덤을 찾아갔던 여인들은 천사의 보고를 듣고 몹시 놀라 무덤에서 도망하고 무서워하여 아무에게도 아무 말도 하지 못한다. 이 부분은 마 28:1-8; 눅 24:1-12; 요 20:1-10과 병행한다.

막 16:1. 안식일이 지나매 막달라 마리아와 야고보의 어머니 마리아와 또 살로메가 가서 예수께 바르기 위하여 향품을 사다 두었다가.

　　"안식일(금요일 해 질 때로부터 토요일 해 질 때까지가 안식일이다)이 지나서"(마 28:1; 눅 24:1; 요 20:1) 곧 '토요일 저녁 해가 진 때'(이 때에 향품을 사는 것은 안식일을 범하는 것이 아니었다) "막달라 마리아와 야고보의 어머니 마리아와 또 살로메가 가서 예수께 바르기 위하여 향품을 사다 두었다"(눅 23:56). 여기 부활의 아침에 무덤을 찾아간 여자들에 대해서는 15:40절 주해를 참조하라. 그들은 예수님께서 십자가에 못 박혀 6시간이나 십자가에 달려 계실 때 십자가에 달려계신 예수님을 멀리 지켜보았고(15:40) 또한 예수님을 매장하는 시간까지 있다가 예수님의 시신이 매장되는 것까지 지켜보았다(15:47). 이 여자들은 안식일이 지나서 상점이 열리자 향품을 샀다. 주일 아침에 무덤을 찾아가서 예수님의 몸에 바르기 위해서 그들이 가지고 있던 돈으로 향품을 산 것이다. 충성스러운 여인들이었다.

막 16:2. 안식 후 첫날 매우 일찍이 해 돋을 때에 그 무덤으로 가며.

　　세 여인들은 하룻밤을 자고 나서 "안식 후 첫날 매우 일찍이 해 돋을 때에 그 무덤으로 갔다"(눅 24:1; 요 20:1). 그들은 "안식 후 첫날," 즉 '주일(일요일)이 되자' 매우 일찍이 해 돋을 때에 예수님의 몸에 향품을 바르려고 그 무덤으로 갔다. 그런데 네 복음서의 시간 표현이 각각 다르다. 마가는 "매우 일찍이 해 돋을 때"라 말하고, 마태는 "미명에"(마 28:1)라고 말하며, 누가는 "새벽에"(눅 24:1)라고 묘사하고, 요한은 "아직 어두울 때에"(요 20:1)라고 표현하고 있다. "가능한 대답: 여자들이 출발했을 때는 아직 어두웠지만, 무덤에 도착했을 때는 해가 돋았다"(윌럼 헨드릭슨). 그 여자들의 주님께 대한 사랑과 존경심은 보통 사람들이 따라갈 수 없을 정도였다. 우리는 오늘 부활 승천하셔서 온 우주를 통치하시는 주님께 진정한 사랑을 표해야 할 것이다.

막 16:3. 서로 말하되 누가 우리를 위하여 무덤 문에서 돌을 굴려 주리요 하더니.

그 여인들은 "서로 말하되 누가 우리를 위하여 무덤 문에서 돌을 굴려 주리요"라고 서로 이야기를 나누었다. 이들이 말하는 내용을 들어보면 무덤 문을 막고 있었던 돌은 세 여인들도 어찌할 수 없는 정도로 컸던 것으로 추정된다. 이렇게 무거운 돌로 무덤 문을 막아놓은 이유는 도굴하는 것을 막고 또 짐승들이 시체를 건드리는 것을 막기 위해서였다. 이 여인들이 걱정하던 돌은 오늘 많은 사람들의 마음속에도 자리 잡고 있다. 그러나 사실 그 돌은 여인들이 걱정할 것이 아니었고, 우리가 걱정할 사안도 아니다.

막 16:4. 눈을 들어본즉 벌써 돌이 굴려져 있는데 그 돌이 심히 크더라.

그들은 무덤 가까이 가서 "눈을 들어 보았다." 여기 "눈을 들어보다"(ἀνα-βλέψασαι θεωροῦσιν)란 말은 '눈을 들은 후 본다'는 뜻으로 그들이 무덤에 가기까지 수심에 차서 땅을 보고 가다가 무덤에 가까이 와서 눈을 들어 무덤을 본 모양이다. 그들은 무덤 가까이에 이르렀을 때 무덤을 보지 않을 수 없었다. 그런데 이게 웬일인가. "벌써 돌이 굴려져 있었다." 벌써 돌이 굴려져 무덤 문이 열려 있는 것을 볼 수 있었다. 마태는 무덤 문이 열린 사건을 두고 말하기를 "큰 지진이 나며 주의 천사가 하늘로서 내려와 돌을 굴려내고 그 위에 앉아있었다"고 말한다(마 28:2). 여인들의 돌이나 우리의 무거운 짐은 모두 주님께서 다 해결하신다. 지진도 주님이 쓰신 방법이었고 천사도 주님께서 동원하신 피조물이었다.

그런데 마가는 "그 돌이 심히 크더라"고 말한다. 아마 한 눈에 보아도 큰 돌이었던 것으로 보인다. 베드로는 그 당시의 돌이 대단히 큰 돌로 기억하고 있다가 마가에게 전하여 복음서에 기록하게 했는데 그 돌이 대단히 컸다는 것이다. 파수 군이 지키는 상황에서 그 큰 돌을 누가 치우고 예수님의 시신을 도적할 수 있을까. 시체 도적 설은 상황에 도저히 맞지 않는 허무맹랑한 이야기이다. 허무맹랑한 이야기를 하는 사람들은 어느 시대에나 많이 있다.

막 16:5. 무덤에 들어가서 흰 옷을 입은 한 청년이 우편에 앉은 것을 보고 놀라매.

그 여인들은 무덤의 열린 문을 통하여 무덤 안으로 들어갔다(눅 24:3; 요 20:11-12). 그리고 "흰 옷을 입은 한 청년이 우편에 앉은 것을 보고 놀란다." 여기 "흰 옷을 입은 한 청년"은 '흰 옷을 입은 한 천사'를 뜻한다. "흰 옷을 입은 한 청년"을 두고 마태는 "그 형상이 번개 같고 그 옷은 눈같이 희다"고 묘사하고(마 28:3), 누가는 "찬란한 옷을 입은 두 사람"으로 말하고(눅 24:4), 요한은 "흰 옷 입은 두 천사"(요 20:12)로 표현한다. 누가와 요한은 천사의 수가 둘이라고 말하고 마태와 마가는 한 사람이라고 기록한다. 기록자에 따라 두 천사를 다 기록했고 또 한 천사만을 기록하기도 했다.

그리고 천사가 있었던 위치를 보면 마가는 "한 청년이 우편에 앉았다"고 말하고, 마태는 무덤 문에서 굴려낸 "돌 위에 앉았다"고(마 28:2), 누가는 "두 사람이 곁에 섰다"고(눅 24:4), 요한은 "예수의 시체 뉘었던 곳에 하나는 머리 편에 하나는 발편에 앉았다"(요 20:12)고 표현하고 있다. 이렇게 천사들이 있었던 위치가 달리 표현된 것은 목격자들이 천사를 본 시간이 다른 데에 기인한다. 여인들이 한 청년을 보고 놀란 것은 기대하지도 않은 때에 보았기 때문이다. 사람은 기대하지 않은 장소에서 사람을 볼 때 놀란다. 그 여인들은 그날 하루 종일 많이 놀랐다. 예수님께서 부활하신 것을 보고 놀랐고 또 그분이 살아나신 사실을 제자들에게 보고했을 때 그들이 믿지 않은 것을 보고 놀랐을 것이다.

막 16:6. 청년이 이르되 놀라지 말라 너희가 십자가에 못 박히신 나사렛 예수를 찾는구나 그가 살아나셨고 여기 계시지 아니하니라 보라 그를 두었던 곳이니라.

　　본 절과 다음 절은 한 사람의 "청년," 즉 '한 천사가 말한 내용을 기록하고 있다. 청년은 첫째, "놀라지 말라 너희가 십자가에 못 박히신 나사렛 예수를 찾는구나"라고 말한다(마 28:5-7). 여인들은 천사가 보기에도 심히 놀랐기에 천사는 여인들에게 '놀라지 말라'고 부탁하고는 여인들이 지금 예수님의 무덤을 정확하게 찾아왔다고 말한다. 엉뚱한 무덤을 찾아가지 않고 예수님께서 매장되셨던 무덤을 올바로 찾아왔다고 안심시킨다. 천사는 여인들이 다른 시신을 찾는 것이 아니라 지금 나사렛 사람 예수의 시신을 찾고 있다고 말하여 여인들을 안심시킨다. 하나님은 지금도 모든 것을 동원하여 우리를 안심시키고 계시다. 둘째, 천사는 "그(예수님)가 살아나셨고 여기 계시지 아니하니라"고 말한다. '살아나셨기에 여기 계시지 않다고 말한다. 천사의 이 말이야 말로 천지를 진동하는 말이고 모든 의심을 물리쳐주는 말이다. 천사는 오늘도 '예수님께서 살아나셨다'고 외치고 있다. 여기 "살아나셨다"(ἠγέρθη)는 말은 부정(단순)과거 수동태로 '단번에 부활하시므로 영원히 부활하신 것'을 지칭하는 말이다. 그는 부활 승천하셔서 영원히 역사하고 계시다. 셋째, 천사는 "보라 그를 두었던 곳이니라"고 말한다. 천사는 여인들에게 예수님께서 부활하신 사실을 먼저 말하고 다음으로 예수님이 누어계시던 곳을 가리키면서 "보라 그를 두었던 곳이라"고 말한다. 천사는 그의 말의 진실성을 알리기 위해 시신이 없는 빈자리를 보라고 말한다. 천사의 말과 빈자리는 지금도 여전히 예수님의 부활을 증언하고 있다. 우리는 지금도 천사의 증언을 믿고 예수님의 부활을 증언해야 한다.

막 16:7. 가서 그의 제자들과 베드로에게 이르기를 예수께서 너희보다 먼저 갈릴리로 가시나니 전에 너희에게 말씀하신 대로 너희가 거기서 뵈오리라

하라 하는지라.

　　그리고 넷째, 천사는 여인들에게 "가라"고 말한다. 일단 예수님의 부활소식을 들었으면 제자들과 세상 사람들에게 전파해야 하므로 "가라"는 것이다. 우리도 예수님의 부활을 증언하러 세상으로 "가야" 한다. 문서로 전하든지 노방에서 전하든지 혹은 매스컴으로 전하든지 혹은 강단에서 전하든지 가기는 가야 한다. 안 가면 불복하는 것이다. 그리고 천사는 여인들에게 "그의 제자들(예수님은 예수님을 배신한 그 얄망한 사람들을 계속해서 "그의 제자들"이라고 말씀하신다)과 베드로(세 번이나 예수님을 부인한 베드로의 이름을 불러주신다. 눈물겨운 일이다)에게 이르기를 "예수께서 너희보다 먼저 갈릴리로 가실 것이라"고 전하라고 말한다. 그리고 천사는 여인들에게 "(예수님께서) 전에 너희에게 말씀하신 대로(14:28; 마 26:32) 너희가 거기서 뵈오리라 하라"고 전하라고 말한다. 예수님은 한번 말씀하시면 반드시 그대로 행하신다. 하나님의 약속은 이제 다 그대로 이루어질 것이다!

막 16:8. 여자들이 몹시 놀라 떨며 나와 무덤에서 도망하고 무서워하여 아무에게 아무 말도 하지 못하더라.

　　여자들은 갑작스럽게 무덤 안에서 청년을 만나고 또 청년이 말하는 것을 듣고 "놀라 떨었다." 자연스러운 반응이었다. 그런 일을 당하고 놀라지 않고 떨지 않을 여자들이 어디 있겠는가. 그런데 이 장면을 전해주는 마태는 여자들이 "무서움과 큰 기쁨으로 무덤을 빨리 떠났다"고 말한다(마 28:8). 자연스러운 감정의 전환을 설명한다. 처음에는 무서워했고 다음에는 기뻐했다. 그래서 그들은 무덤에서 "나와 도망했다." 그리고 도망하면서 "무서워하여 아무에게 아무 말도 하지 못했다"(마 28:8; 눅 24:9). 이 장면을 말해주는 마태는 "빨리 떠나 제자들에게 알게 하려고 달음질했다"고 말하고(마 28:8), 누가는 "무덤에서 돌아가 이 모든 것을 열 한 사도와 모든 다른 이에게 고했다"고 말한다(눅 24:9). 마가는 여인들이 청년을 만난 처음의 놀라는 심정, 처음의 떠는 심정, 무덤에서 나와 아무에게도 아무 말도 하지 못한 심정만을 전하고 있다. 결국 마가도 여인들이 기뻐하는 심정을 반대하는 것이 아니라 처음의 강렬한 심정만 전하고 있을 뿐이다. 이제 어떤 성경해석학자들은 여기까지만 마가의 글이라고 말하기도 하고 또 혹자는 다음의 9-20절까지를 마가의 글이라고 주장하기도 한다.

9-20절에 대한 문제: 혹자는 마가가 9-20절을 쓰지 않았다고 주장한다. 9-20절을 마가가 쓰지 않았다고 주장하는 학자들은 고대의 유력한 사본들 속에 이 구절이 빠져 있다는 것(B, ℵ, K, 시내 수리아 사본 등)과 유세비우스(Eusebius)나 제롬(Jerome)도 9-20절이 당시의 대부분의 사본들에 없다고 언급한 점, 9-20절에 사용된 용어들이 마가복음의 다른 곳에 사용된 용어들과 사뭇 다른 용어들이 사용되었고 또한 문체도 9-20절에 사용된 문체와 다른 곳에 사용된 문체와 다른 문체라는 것이다. 이런 이유들은 마가가 9-20절을 쓰지 않았다는 힘 있는 이유들이 된다.

그러나 또 한편 마가가 9-20절을 썼다고 주장하는 학자들도 적지 않다. 그들이 주장하는 가장 중요한 이유는, 마가가 만약 막 16:8로 책을 끝마쳤다면 이상한 마침이 된다는 것이다. 다시 말해 분명히 끝이 될 만한 말을 남겼어야 한다고 주장한다. 주님께서 부활하신 다음 40일을 땅에 계셔서 활동도 하시고 또한 승천도 하시는 장면이 있어야 한다는 주장이다. 그러므로 가장 바람직한 결론은 마가가 8절에서 끝을 맺지 않고 최초의 원본에는 분명히 결론 부분을 썼을 것으로 보이나, 결론 부분이 파손되었든지 아니면 분실로 인해 사본들 속에 그 결론 부분이 빠져서 다른 필사자들이 더 써넣은 것으로 보는 것이다(Donald W. Burdick). 아무튼 본 주해자는 9-20절이 바로 책의 결론부분으로 보고 주해할 것이다.

2. 예수님께서 부활하신 후 막달라 마리아에게 나타나시다
   16:9-11

막 16:9. (예수께서 안식 후 첫날 이른 아침에 살아나신 후 전에 일곱 귀신을 쫓아내어 주신 막달라 마리아에게 먼저 보이시니.

예수님은 안식(토요일) 후 첫날(주일) 이른 아침에 살아나신 후 "전에 일곱 귀신을 쫓아내어 주신 막달라 마리아에게 먼저 보이셨다"(눅 8:2; 요 20:14). 막달라 마리아는 주님으로부터 은혜를 크게 받은 자가 또 주님을 뜨겁게 사랑하다가 또 주님의 큰 사랑을 입은 사람의 표본이라 할 수 있다. 우선 막달라 마리아는 예수님으로부터 크게 은혜를 받았다. 그는 일곱 귀신이 들려 소망 없이 지옥 같은 고통의 삶을 살다가 주님께서 은혜만 받고 돌아서지 않고 주님을 따라다니며 자기의 재산을 드려 주님을 뜨겁게 섬긴 여자였다(눅 8:1-3). 그녀는 주님을 따라 몇몇 여자들과 함께 예루살렘에 올라왔다가 주님의 십자가까지 따라왔고 또 부활의 아침에 부활의 현장에서 주님을 제일 처음 만나는 영광을 얻었다(마 27:56, 61; 28:1; 막 15:40, 47; 16:1; 눅 24:10; 요 19:25; 20:1). 막달라 마리아가 부활의 주님을 만난 것에 대해서는 요 20:11-18 주해를 참조하라. 오늘도 심각한 절망의 사람들도 주님만 믿고 섬기면 큰 영광의 자리를 만날 수 있음을 알아야 한다.

막 16:10. 마리아가 가서 예수와 함께 하던 사람들이 슬퍼하며 울고 있는 중에 이 일을 알리매.

부활의 주님을 만난 막달라 마리아는 그 자리에 그냥 있거나 자기 집으로 돌아가지 않고 사람들이 있는 곳으로 찾아 "갔다." 우리도 은혜를 받았으면 사람들이 있는 곳으로 찾아가야 한다. 막달라 마리아는 "예수와 함께 하던 사람들이 슬퍼하며 울고 있는 중에 이 일을 알렸다"(눅 24:10; 요 20:18). 예수님의 제자들은 일단 도망갔다가 다시 한 곳에 모여서 울고 있었다. 그들은 예수님을 잃었다는 생각에서만 운 것이 아니라, 예수님이 잡혀가실 때 자기들의 목숨을 위하여 도망갔었다는 비굴감에서 한없이 울고 있었다. 막달라 마리아는 바로 그들에게 찾아갔다. 그리고 "이 일," 곧 '예수님께서 부활하셔서 자기(막달라 마리아)를 만나주신 일'을 알렸다. 막달라 마리아는 할 일을 했다.

막 16:11. 그들은 예수께서 살아나셨다는 것과 마리아에게 보이셨다는 것을 듣고도 믿지 아니하니라.

예수님의 제자들과 동행자들은 "예수께서 살아나셨다는 것과 마리아에게 보이셨다는" 막달라 마리아의 보고를 듣고도 믿지 아니했다(눅 24:11). 그들은 예수님께서 살아나셨고 마리아에게 보이셨다는 사실이 도무지 믿어지지 않았다. 이유는 그런 일이 어떻게 있을 수 있느냐고 생각했기 때문이었다. 그들은 계속해서 슬퍼해왔고 또 예수님을 배신했다는 자책감에 시달리고 있었는데 갑자기 예수님께서 부활하셨고 마리아에게 보이셨다는 사실이 도무지 믿어지지 않았다. 가끔 사람들은 너무 좋은 소식을 들어도 믿지 못한다. 오늘날 복음을 대하는 사람들의 모습이 그렇다. 우리의 머리를 예수님을 신앙하는 방향으로 빨리 회전하고 믿어야 하는데, 이 회전을 위해서는 성령님의 역사가 필요하다.

3. 부활하신 예수님께서 두 제자에게 나타나시다 16:12-13

막 16:12. 그 후에 그들 중 두 사람이 걸어서 시골로 갈 때에 예수께서 다른 모양으로 그들에게 나타나시니.

"그 후에" 즉 '예수님께서 막달라 마리아에게 보이신 후에' "그들 중 두 사람이 걸어서 시골로 갈 때에 예수께서 다른 모양으로 그들에게 나타나셨다"(눅 24:13). 예수님을 믿는 제자들 중에 두 사람이 걸어서 엠마오라는 시골로 갈 때에 예수님께서 "다른 모양"으로 그들에게 나타나셨다는 뜻이다(눅 24:13-35). 예수님 께서 부활하신 후 "다른 모양"으로 나타나셨다는 말씀은 눅 24:16에서 말하는 대로 "저희(두 사람)의 눈이 가리어져서 그이인 줄 알아보지 못했다"는 말씀을 반영하는 것으로 해석하는 수밖에 없을 것이다. 이유는 이 부분이 눅 24:13-35의 말씀을 반영하는 것이기 때문이다.

막 16:13. 두 사람이 가서 남은 제자들에게 알리었으되 역시 믿지 아니하니라.

   "두 사람," 곧 '글로바와 다른 제자 두 사람'이 엠마오로부터 예루살렘으로 돌아가서 남은 제자들(11제자들, 눅 24:33)에게 예수님께서 자기들에게 나타나신 사실을 알렸는데 역시 이 두 사람의 말도 믿지 않았다. 그러나 똑같은 사건을 말하는 눅 24:33-34에서는 제자들이 예수님의 부활을 믿은 것으로 말하고 있으므로 논란이 되어 왔는데 아마도 누가의 기록대로 제자들 중에 믿은 사람도 있었지만 마가의 기록대로 믿지 않은 사람도 있었던 것으로 보인다. 기록하는 사람의 관점에 따라 약간 다른 관점을 보일 수도 있다. 아무튼 마가가 말한 대로 제자들은 예수님의 부활을 믿지 못하고 있었던 것이 확실하다(다음 절).

4. 지상명령을 남기시다   16:14-18

막 16:14. 그 후에 열한 제자가 음식 먹을 때에 예수께서 그들에게 나타나사 그들의 믿음 없는 것과 마음이 완악한 것을 꾸짖으시니 이는 자기가 살아난 것을 본 자들의 말을 믿지 아니함일러라.

   엠마오로부터 예루살렘으로 올라온 두 제자가 예수님에 대해서 말씀한 후에 "열한 제자가 음식 먹을 때에" 예수님께서 나타나셔서 먼저 그들의 불신을 꾸짖으신다(눅 24:36-43; 요 20:19-25). 그런 다음 예수님은 제자들에게 지상명령을 내리신다(다음 절). 그런데 마가는 "그들의 믿음 없는 것과 마음이 완악한 것"을 병행시킨다. "믿음이 없는 것"과 "마음이 완악한 것"은 서로 밀접한 관련이 있다. 여기 "믿음이 없는 것"(ἀπιστία)은 믿음이 아주 없는 것을 뜻하지 않고 '믿음이 대단히 약한 것'을 지칭하는 말이다. 그들은 예수님께서 이 현장에 나타나시기 전에 막달라 마리아와 두 제자로부터 예수님께서 부활하셨다는 것을 들었는데도 선뜻 믿지 못하고 아주 약하게 반응했다. 그래서 믿음이 아주 없는 것도 아니고 그렇다고 잘 믿는 것도 아니었다. 그저 아주 약한 믿음을 가지고 있었다. 그리고 그들의 "마음이 완악한 것"(σκληροκαρδία)은 '확실한 증거를 보고도 거절하는 굳은 마음'을 지칭한다. 애굽의 바로는 모세를 통하여 주어진 확실한 증거를 보고도 믿기를 거절하는 굳은 마음의 소유자였다. 제자들은 예수님께서 살아났다는 증언을 듣고도 얼른 믿지 못하고 거절하였다. 우리는 하나님께서 우리들에게 주시는 모든 성경의 증거를 하나도 빼지 말고 그냥 받아들여야 한다. 완악하게 거절하는 것은 죽음을 부르는 마음이다.

예수님께서 꾸짖으신 이유는, "자기가 살아난 것을 본 자들의 말을 믿지 아니하였기" 때문이었다. 성경 말씀과 전도자의 말씀을 믿지 않는 것은 꾸짖음 받을만한 이유가 된다. 전도자들이 말씀을 전파할 때 성령께서 역사하시기 때문에 얼마든지 그 말씀을 믿을 수 있는데도 그러지 않는 것은 성령의 역사를 거부하는 것이며 성령의 감화를 소멸하는 행위이다(살전 5:19).

막 16:15. 또 이르시되 너희는 온 천하에 다니며 만민에게 복음을 전파하라.
예수님은 예루살렘에서 제자들의 불신앙을 꾸짖으셨고(앞 절) 이제는 갈릴리에서 제자들에게 "온 천하에 다니며 만민에게 복음을 전파하라"고 명령하신다(마 28:18-20; 요 15:16). 마음이 완악하여 불신앙하는 제자들에게 지상명령을 주시는 것을 이상하게 생각할 수가 있으나, 제자들이 오순절에 성령의 충만을 받을 것을 예상하시고 이런 부탁을 하신 것이다. 전도자는 성령의 지배와 인도 없이는 사실한 발자국도 나가지 못한다. 여기 "온 천하"란 말은 공간적으로 지구상 전체를 지칭하며, "만민"은 '모든 피조물'이란 뜻으로 '지구상에 살고 있는 사람 누구든지를 지칭한다. 어느 특정지역의 사람들만을 말하지 않고 지구상의 모든 사람들에게 전하라는 부탁이다. 그리고 "복음"은 '그리스도께서 우리를 위해 죽으시고 또한 그리스도께서 우리의 의(義)를 위하여 부활하신 사실'을 말한다. 우리는 그리스도께서 우리를 위해 죽으신 것과 우리의 의를 위해 부활하신 사실을 전파해야 한다(골 1:23).

막 16:16. 믿고 세례를 받는 사람은 구원을 얻을 것이요 믿지 않는 사람은 정죄를 받으리라.

본 절은 제자들의 복음 전파를 통하여 "믿고 세례를 받는 사람은 구원을 얻을 것이요 믿지 않는 사람은 정죄를 받으리라"고 한다(요 3:18, 36; 12:48; 행 2:38; 16:30-32; 롬 10:9; 벧전 3:21). 제자들이나 복음전도자들이 복음을 전할 때에 성령님이 역사하시므로 "믿는" 자들이 생긴다. 좀 더 구체적으로 말하면 복음 전도자들이 복음을 전파하면 성령님의 역사로 말미암아 예수님을 구주로 받아들이며 예수님과 연합하게 되고 새 생명을 받게 된다. 다시 말해 중생(重生)하게 된다. 이것은 예수님을 믿을 때의 최초의 사건이다.

이때에 믿은 사람들은 자신들이 예수님을 믿었음을 공적으로 고백하면서 "세례를 받는다." 여기 "세례를 받는 것"은 '물세례를 받는 것'으로 이제 옛사람은 죽고 새 생명을 받았다는 외적인 표시로 물세례를 받는다. 그러나 이 물세례는 필수적으로 받아야 하는 것은 아니다. 십자가 옆에서 죽은 한 강도는 물세례를 받을 기회가 없어서 받지 못하고 낙원에 갔다. 그러나 예수님을 구주로 받아들여 믿은 사람들은 자신이 바로 그런 사람이 되었다는 것을 많은 사람들에게 발표하는 의미에서 물세례를 받는다. 이런 사람들은 "구원을 얻는다."

그러나 그 반대로 "믿지 않는 사람은 정죄를 받으리라"고 하신다. '복음, 곧 예수님의 대속과 부활의 소식'을 믿지 않는 사람들은 정죄를 받는다. 여기 "정죄"란 말은 구원이란 말과 반대되는 개념으로 '종말적인 심판,' '종말적인 멸망,' '파멸'을 뜻한다. 그리스도를 믿는 것과 믿지 않는 것은 너무나 큰 차이를 이룬다.

막 16:17. 믿는 자들에게는 이런 표적이 따르리니 곧 그들이 내 이름으로 귀신을 쫓아내며 새 방언을 말하며 뱀을 집어올리며 무슨 독을 마실지라도 해를 받지 아니하며 병든 사람에게 손을 얹은즉 나으리라 하시더라.

이 부분은 믿는 자들에게 따르는 다섯 가지의 표적을 열거한다. 예수님은 사도들을 임명하실 때 복음을 힘 있게 전하기 위해서 이런 표적을 행할 수 있는 권능을 주셨다(마 10:1; 막 3:15; 9:38; 눅 9:1; 10:17). 그런데 본문에서는 모든 "믿는 자들에게 이런 표적이 따를 것"이라고 하신다. 곧 다섯 가지의 표적이 따를 것이라고 하신다. 첫째, "그들이 내 이름으로 귀신을 쫓아낼 것"이라고 하신다(눅 10:17; 행 5:16; 8:7; 16:18; 19:22). 여기 "내 이름으로"란 말은 '예수님의 이름을 의지하고'란 뜻으로 신자 개인의 권능으로가 아니라 예수님을 굳게 의지해야 할 것을 말한다. 둘째, "새 방언을 말할 것"이라고 하신다(행 2:4; 10:46; 19:6; 고전 12:10, 28). 여기 "새 방언"이란 '오순절 때에 방언을 말한 것과 고린도교회의 방언'을 지칭하는 것으로 보인다. 셋째, "뱀을 집어 올릴 것"이라고 하신다(눅 10:19 참조). "뱀을 집어 올릴 것"이라는 말씀은 바울 사도가 멜리데에서 뱀에 물렸으나 아무런 어려움을 당하지 않은 사실 같은 것을 가리킨다(행 28:3-6). 성경에는 더 이상의 언급이 없지만 혹시 사도 시대에 이런 경우들이 더 있었을 수도 있다. 넷째, "무슨 독을 마실지라도 해를 받지 아니할 것"이라고 하신다. 이 말씀은 예수님의 치유의 능력이 크기 때문에 예수님을 믿는 사람들이 상함을 받지 아니하고 보호를 받을 것이라는 말씀으로 알아야 한다. 혹시 박해자들이

성도들을 박해하기 위하여 독극물을 먹일 때 그리스도께서 지켜주셔서 무사할
수도 있을 수 있다. 그러나 이 말씀이 하나님의 말씀인가 하고 의심하는 뜻으로
해석해서는 안 된다. 그러니까 "뱀을 집어 올릴 것이라는 말씀이나 무슨 독을
마실지라도 해를 받지 아니할 것"이라는 말씀은 예수님의 치유의 능력이 워낙
크기 때문에 성도들이 세상에서 받는 내적(內的), 외적(外的) 박해와 아픔이 치유될
수 있다는 말씀으로 받아야 한다. 그러나 성도들은 뱀을 애완동물로 가지고 산다든
지 혹은 실제로 독극물을 마신다든지 하는 일을 해서는 안 된다. 역사상에 실제로
이런 두 가지 일을 하는 이단들(국외에서, 그리고 국내에서)이 발생했으나 예수님의
말씀의 의도를 잘못 이해한데서 비롯된 것이다. 다섯째, "병든 사람에게 손을
얹은즉 나으리라"고 하신다(행 5:15-16; 9:17). 병든 사람을 위해 성도들이 안수하면
치유되리라는 말씀으로 사도행전에도 많이 있고(행 28:8) 또 실제 우리 주위에서도
많이 일어나고 있다. 오늘 믿는 사람들이 주님의 이름을 믿고 기도할 때 병이
치유되고 있다(약 5:15). 주님은 지금도 우리와 함께 하신다. 우리가 병든 자를
위하여 기도하고 혹은 고난당하는 자를 위하여 기도할 때 놀라운 치유의 역사가
임하므로 우리는 기도에 열심을 다해야 한다.

5. 예수님께서 승천하시다 16:19-20

**막 16:19. 주 예수께서 말씀을 마치신 후에 하늘로 올려지사 하나님 우편에
앉으시니라.**

　　마가는 본 절에서는 예수님의 승천을 말하고, 다음 절(20절)에서는 예수님께
서 하나님 우편에서 제자들을 사용하셔서 복음을 전파하시는 것을 말씀한다.
마가는 "주 예수께서 말씀을 마치신 후에" 즉 '예수님께서 부활하신 후 세상에서
40일간 계시면서 여러 가지 말씀을 마치신 후에' 하늘로 올려 지셨다고 말한다(행

1:2-3, 11, 21; 눅 24:51; 딤전 3:16). 예수님은 승천하셔서 "하나님 우편에 앉으셨다" (시 110:1; 행 7:55). 여기 "앉으시니라"(ἐκάθισεν)는 말은 부정(단순)과거 시제로 '확실히 앉으셨다'는 뜻이다. 예수님은 지금도 하나님 우편에 앉으셔서 우주를 통치하시고 교회를 주장하신다. 우리는 주님의 통치에 전적으로 순종해야 한다.

막 16:20. 제자들이 나가 두루 전파할 새 주께서 함께 역사하사 그 따르는 표적으로 말씀을 확실히 증언하시니라.)

　　　본 절은 예수님께서 하나님 우편에 앉아계시면서 제자들의 활동을 주장하셔서 복음을 전하게 하신다는 기록이다. 제자들은 예수님의 승천을 감람산에서 지켜본(눅 24:50; 행 1:12) 후 예루살렘으로 돌아와서 오순절에 성령을 받고 예루살렘으로부터 "나가" 여기 저기 "두루" 복음을 "전파했다." 여기 "전파했다"(ἐκήρυξαν)라는 말은 부정과거 시제로 '확실히 전파했다'는 뜻이다. 제자들이 두루 전파할 때 하나님 우편에 계신 "주께서 함께 역사하사 그 따르는 표적으로 확실히 증언하셨다"(행 5:12; 14:3; 고전 2:4-5; 히 2:4). 여기 "주께서 함께 역사하셨다"는 말은 오순절에 강림하신 성령님이 임하셔서 성령님께서 역사하셨다는 뜻이다. 성령님께서 역사하시지 않았다면 제자들은 전혀 복음을 전하지 못했을 것이다. 그 험한 불신사회를 어떻게 뚫고 복음을 전할 수 있겠는가. 성령님이 앞서 나가면서 정지작업을 하셨고 제자들에게 힘을 주셔서 복음을 전파하게 하셨으며 사람들로 하여금 믿게 하셨다. 그리고 주님은 제자들로 하여금 이적을 행하게 하셔서(17-18절; 행 5:15-16; 히 2:4) 말씀을 분명하게 전하게 하셨다. 오늘도 전도자들의 복음 전파는 전도자 개인의 힘으로 하는 것이 아니라 성령님께서 하시는 일이다. 그러므로 전도자들은 무엇보다 성령 충만을 힘써 구해야 한다. 전도자들이 성령으로 충만할 때 승리하게 된다.

- 마가복음 주해 끝 -

마가복음 주해

2008년 4월 7일 1판 1쇄 발행 (도서출판 목양)
2024년 4월 15일 2판 1쇄 발행

지은이 | 김수흥
발행인 | 박순자
펴낸곳 | 도서출판 언약
주   소 | 수원시 영통구 중부대로 271번길 27-9, 102동 1303호
전   화 | 031-212-9727
E-mail | kidoeuisaram@naver.com
등록번호 | 제374-2014-000006호

  정가 21,000원

* 파본은 교환해 드립니다.
* 이 출판물은 저작권법에 의해 보호를 받는 저작물이므로 무단 복제할 수 없습니다.
* 독자의 의견을 기다립니다.

ISBN : 979-11-89277-0-0 (94230)(세트)
ISBN : 979-11-89277-2-4 (94230)